THINKR
新思

新一代人的思想

[美]苏珊·怀斯·鲍尔———— 著 Susan Wise Bauer 徐彬 李庆庆 杨依霖————译

世界史的故事

The History
of the Renaissance World

6

旧世界的终结

13 世纪 —— 15 世纪

1300 A.D.

1500 A.D.

中信出版集团 | 北京

图书在版编目（CIP）数据

世界史的故事. 东西方文明的碰撞　旧世界的终结 /（美）苏珊·怀斯·鲍尔著；徐彬，李庆庆，杨依霖译. -- 北京：中信出版社, 2023.4（2025.1重印）
书名原文：The History of the Renaissance World: From the Rediscovery of Aristotle to the Conquest of Constantinople
ISBN 978-7-5217-1933-8

Ⅰ. ①世… Ⅱ. ①苏… ②徐… ③李… ④杨… Ⅲ. ①世界史－通俗读物 Ⅳ. ① K109

中国版本图书馆 CIP 数据核字（2020）第 093261 号

The History of the Renaissance World: From the Rediscovery of Aristotle to the Conquest of Constantinople
by Susan Wise Bauer
Copyright © 2013 by Susan Wise Bauer
Simplified Chinese translation copyright © 2023 by CITIC Press Corporation
ALL RIGHTS RESERVED
本书仅限中国大陆地区发行销售

世界史的故事·东西方文明的碰撞　旧世界的终结
著者：　　［美］苏珊·怀斯·鲍尔
译者：　　徐彬　李庆庆　杨依霖
出版发行：中信出版集团股份有限公司
　　　　（北京市朝阳区东三环北路 27 号嘉铭中心　邮编 100020）
承印者：　北京通州皇家印刷厂

开本：880mm×1230mm 1/32　印张：32.5　字数：736 千字
版次：2023 年 4 月第 1 版　印次：2025 年 1 月第 4 次印刷
京权图字：01-2015-7853　书号：ISBN 978-7-5217-1933-8
审图号：GS（2018）5373 号（此书中地图系原文插附地图）
定价：398.00 元

版权所有·侵权必究
如有印刷、装订问题，本公司负责调换。
服务热线：400-600-8099
投稿邮箱：author@citicpub.com

献给

丹尼尔

目　录

01　重夺君士坦丁堡　　　　　　　1
　　拉丁帝国、尼西亚帝国　1254—1261

02　狮子的兽穴　　　　　　　　　9
　　德意志、意大利、西西里、英格兰　1252—1273

03　最后的十字军东征　　　　　　21
　　北非、埃及、法国、意大利、
　　十字军国家　1270—1291

04　忽必烈汗　　　　　　　　　　31
　　中国、日本、高丽、占婆、大越　1273—1294

05　西西里晚祷　　　　　　　　　41
　　德意志、意大利、西西里、阿拉贡、法国　1274—1288

06　爱德华一世的战争　　　　　　50
　　英格兰、苏格兰、威尔士、法国　1275 1299

07　第二个德里苏丹国　　　　　　62
　　印度　1287—1300

08 教皇君主制的终结 71
　　法国、德意志、意大利　1301—1317

09 奥斯曼崛起 83
　　拜占庭和伊利汗国的突厥人　1302—1347

10 卡尔吉的败落 94
　　印度　1303—1320

11 布鲁斯的胜利 103
　　苏格兰、英格兰、爱尔兰　1304—1314

12 大饥荒 112
　　全欧洲　1310—1321

13 苏丹和可汗 119
　　埃及、伊利汗国、金帐汗国　1310—1335

14 马里曼萨穆萨 127
　　西非　1312—1360

15 饥荒之后 136
　　法国、英格兰　1318—1330

16 南北朝时代 148
　　日本　1318—1339

17 叛乱 158
　　印度　1320—1351

18	文艺复兴之得名	167
	德意志、意大利、法国　1322—1341	
19	湖上城市	177
	中美洲　1325—1375	
20	百年战争	186
	法国、英格兰　1329—1347	
21	世界末日	197
	亚洲、欧洲　1338—1353	
22	战争的欲望	207
	法国、英格兰、西班牙诸王国　1349—1369	
23	白莲教与红巾军	221
	中国　1351—1382	
24	蒙古人之后	228
	东南亚　1351—1399	
25	奥斯曼人和绝望的皇帝	236
	拜占庭、奥斯曼人的领土、意大利之行　1352—1373	
26	德里的解体	246
	印度、僧伽罗　1352—1388	
27	克雷沃联合	255
	波兰、匈牙利、立陶宛　1364—1399	

28 蒙古帝国的复兴 264
中亚、中东、印度、罗斯人的领土 1367—1399

29 妥协与和解 274
朝鲜半岛、日本 1368—1392

30 维斯孔蒂家族与教皇国 283
法国、意大利 1368—1390

31 坏的开端 292
法国、英格兰 1369—1381

32 移位 305
非洲 1370—1399

33 疯癫和篡夺 311
卡斯提尔、葡萄牙、英格兰、法国 1383—1401

34 尼科波利斯战役 321
奥斯曼帝国、君士坦丁堡、东欧地区 1385—1396

35 卡尔马联盟的成立与瓦解 330
斯堪的纳维亚 1387—1449

36 胡斯起义 340
德意志、意大利、匈牙利、波希米亚 1388—1419

37 攻占法国 353
法国、英格兰 1401—1420

目录

38 帖木儿帝国的兴亡　　　　　　　　　364
　　印度北部、帖木儿帝国、奥斯曼土耳其的领土、
　　埃及、拜占庭　1401—1415

39 明朝撤军　　　　　　　　　　　　　375
　　中国、大越　1405—1455

40 失败　　　　　　　　　　　　　　　385
　　神圣罗马帝国故土、拜占庭残余领地　1412—1440

41 永久的奴隶　　　　　　　　　　　　397
　　葡萄牙、卡斯提尔、非洲　1415—1455

42 失去法国　　　　　　　　　　　　　409
　　法国、英格兰　1422—1453

43 君士坦丁堡的陷落　　　　　　　　　424
　　拜占庭、奥斯曼帝国、匈牙利、德意志、
　　瓦拉几亚、波希米亚、塞尔维亚　1430—1453

注　释　　　　　　　　　　　　　　　438
授权声明　　　　　　　　　　　　　　458
致　谢　　　　　　　　　　　　　　　459

/ 01

重夺君士坦丁堡

> 1254 年至 1261 年，拉丁帝国瓦解，拜占庭帝国重获新生。

13 世纪初，拜占庭帝国分裂成四个小国，之后逐渐从人们的视野中消失。近千年来，君士坦丁堡一直是国际政治的支点；现在，和基辅、布拉加（Braga）或克拉科夫（Krakow）这些城市一样，君士坦丁堡只对近邻城市而言至关重要，除此之外就没那么重要了。

君士坦丁堡现在是面积狭小、一贫如洗的"拉丁帝国"的首都。第四次十字军东征占领了这座城市之后，佛兰德伯爵统治的拉丁帝国便迅速从君士坦丁堡扩张到希腊南部，穿过黑海包围小亚细亚海岸。但自从伯爵的外甥，11 岁的鲍德温二世于 1228 年继承皇位，拉丁帝国领土便开始缩水。野心勃勃的伊凡·阿森二世（Ivan Asen II）统治的保加利亚帝国不断向西部边境进攻，心狠手辣的约翰三世·瓦塔特泽斯统治的尼西亚帝国则从东部袭击。鲍德温军力不足，也没有钱雇用佣兵。一个由方济各会和多明我会修士组成的代表团曾于1234年到访君士坦丁堡,他们对这座城市的描述是"没有任何防御力量",皇帝是个穷光蛋:"所有雇佣骑士都离开了。威尼斯人、比萨人……还有其他国家的船只都准备离开,有的早已不见踪影。这片土地被人抛弃,而让我们担心的是敌人正在周围虎视眈眈。"[1]

鲍德温二世在君士坦丁堡外四处游走,一个接一个地访问欧洲的贵族,并向每一位基督教国王发出请求,希望他们能帮他守卫这座曾被视为基督教东方明珠的城市。法兰西的路易九世和英格兰的亨利三世捐了点小钱,但由于皇帝长时间不在国内,君士坦丁堡每况愈下。到1254年,鲍德温能统治的就只剩君士坦丁堡这座城了。他把城中大部分财物和神器都变卖了:真十字架(True Cross)*的残片、圣维罗尼卡走向各各他(Golgotha)时为耶稣擦脸的那张纸巾、在十字架上刺穿耶稣的那根长矛、荆棘冠。(路易九世买下了大部分神器,为了加以保存,他还特意在巴黎建了一座教堂。)他从威尼斯商人那里借了太多钱,为了延期还债不得不把儿子腓力交给威尼斯人当人质;他把君士坦丁堡的铜制穹顶拆下来熔化铸币。[2]

在拉丁帝国凋零的同时,尼西亚帝国正在崛起。自称是拜占庭流亡皇帝的约翰三世·瓦塔特泽斯把33年的统治几乎全用在了战争上:吞并了君士坦丁堡的大部分土地;从保加利亚手中夺取色雷斯;把第三个小国,伊庇鲁斯君主国的塞萨洛尼基纳入自己的版图。(第四个小国,特拉比松帝国,一直盘踞于黑海沿岸,从未大幅向外扩张。)到1254年,尼西亚帝国从小亚细亚一直延伸到希腊,还有爱琴海以北地区。

---

* 真十字架是基督教圣物之一,据称是钉死耶稣基督的十字架。在基督教传统中,真十字架是耶稣为人类带来救赎的标志,具有极其重要的象征意义。——译者注

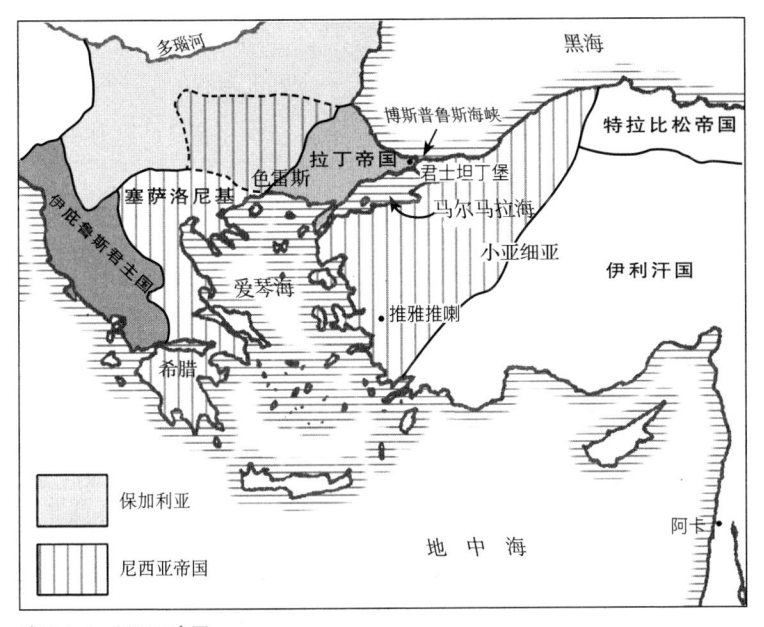

地图 1-1　尼西亚帝国

　　1254 年 2 月，61 岁的约翰三世·瓦塔特泽斯在卧室癫痫发作。虽然他的身体慢慢恢复，但癫痫发作仍持续困扰着他。"发作越来越频繁，"住在尼西亚宫廷的历史学家乔治·阿克罗波立塔写道，"他日渐消瘦……病痛不给他一丝喘息的机会。" 11 月，皇帝驾崩；他 33 岁的儿子西奥多（Theodore）继任。[3]

　　但没过多久，西奥多二世就得了和父亲一样的病。"他瘦得皮包骨头，"阿克罗波立塔说。他统治了不到 5 年就死了，8 岁的儿子约翰四世（John IV）成了继承人。[4]

　　野心勃勃的米海尔·巴列奥略（Michael Palaeologus）立即开始辅佐约翰，他是优秀的士兵也是贵族，他是拜占庭皇帝阿历克塞三世的曾外孙。拥有众多尼西亚人的支持（"他们认为，"阿克罗波立塔说，"把这样一个伟大的帝国交给一个稚气未脱的孩子统治很不合适。"），米海尔首先自称摄政，后来在1259年将自己捧为共治皇帝，称米海尔八世（Michael VIII）。[5]

从登上皇位的那一刻开始，米海尔八世便意在收复曾外祖父的城市。"他的一切努力都只有一个目的，那就是把那座城市从拉丁人的手中拯救出来。"阿克罗波立塔写道。在统治的前两年，他为进攻君士坦丁堡做准备：平息边境战乱，和保加利亚以及伊利汗国达成和平协议。[6]

他还找到了新的同盟。热那亚商人刚刚遭遇了一场商业灾难。1256年，他们曾为一块位于阿卡的临海土地和威尼斯人发生激烈争执，那里是耶路撒冷王国的最后一方净土。拥有这片土地就能从阿卡的港口抵御入侵船只，这两个以海为生的国家都想得到这一优势。"基督徒开始了可耻又卑鄙的战争，"当时的史书《罗德兰史续编》（*Rothelin Continuation*）记载道，"双方都极具侵略性。"这是战争史上首次大规模海战，一方是拥有39艘船的威尼斯舰队（有睦邻比萨支援的船只），另一方是拥有50艘大桨帆船的热那亚海军，结果热那亚惨败。1257年至1258年，战火蔓延到阿卡全境：

> 一整年投入使用的投石机不下60架，无论房屋还是塔楼，凡是在投石机射程内的建筑全被夷为平地，这些投石机中有10架能投掷重达1500磅（约为680千克）的巨石……阿卡所有的塔楼和坚固的房屋都被摧毁……双方有2万人在这场战争中送命……战争让阿卡面目全非，其激烈程度如同基督徒和萨拉森人的战争。[7]

热那亚战败了。到 1258 年年底，他们全部被赶出阿卡；阿卡的古老的热那亚基地也被全部拆毁，威尼斯人和比萨人用石头重建了商栈。[8]

现在热那亚急需在地中海东部寻找新的贸易基地。热那亚政治家古列尔莫·博卡内格拉（Guglielmo Boccanegra）与米海尔八世从 1260 年冬到次年 7 月都在小心谨慎地谈判。最终他们签署了一份重要条约：《南菲宏条约》（Treaty of Nymphaion），条约承诺如果热那亚协助皇帝征服君士坦丁堡，他们就可以在君士坦丁堡建造属于自己的免税贸易中心。[9]

征服其实没什么难度；鲍德温二世没有任何抵抗姿态，城市也几乎没什么防御力量。《南菲宏条约》签署后，米海尔派一队人前往君士坦丁堡去恐吓骚扰。这队人却惊讶地发现留守的拉丁守军大部分都被派去攻打博斯普鲁斯海峡附近的一座尼西亚港岛了。在夜色的掩护下，他们爬进城中，迅速消灭了剩下的几个守卫，然后打开城门。鲍德温当时正在皇宫睡觉，听到外面有人呼喊大叫，立即起床飞奔出城，皇冠都没拿。拉丁帝国不复存在了。[10]

米海尔八世当时正驻扎于推雅推喇（Thyateira，今称阿克希萨尔）北部。占领君士坦丁堡的消息一传到他的营帐，他的妹妹便立即把他叫醒，边摇他边叫道："快醒醒，皇上，基督把君士坦丁堡给你了！"据阿克罗波立塔记载，他回答说："怎么可能？我还没派什么像样的军队呢。"[11]

3 周后，他来到了君士坦丁堡的大门前。他于 8 月 14 日以复兴的拜占庭的第一皇帝的身份进城，却发现城内一片狼藉："就是个烂摊子，到处都是废墟和坟地。"皇宫里肮脏不堪、灰尘遍地，必须从上到下擦洗之后才能住进去。[12]

时间线 1

法国	教皇	神圣罗马帝国	英格兰	拉丁帝国	尼西亚	拜占庭	特拉比松	伊庇鲁斯
					西奥多·拉斯卡里斯（1204—1222）		阿历克塞·科穆宁（1204—1222）	
阿尔比派十字军（1209—1229）			在英格兰的犹太人遭囚禁（1210）	鲍德温一世（1204—1206）		君士坦丁堡被十字军占领（1204）		米海尔·科穆宁（1205—1214）
布汶战役（1214）		腓特烈二世（1212—1250，1220年加冕）						西奥多·科穆宁·杜卡斯（1214—1230）
	第四次拉特兰公会议（1215）		《大宪章》（1215）					
			贵族对抗国王的战争（1215—1217）					
	洪诺留三世（1216—1227）		亨利三世（1216—1272）	约兰达，摄政（1217—1219）				
				罗伯一世（1221—1228）				
路易八世（1223—1226）					约翰三世·瓦塔特泽斯（1222—1254）			
路易九世（1226—1270）								
	格列高利九世（1227—1241）			鲍德温二世（1228—1261）				
	图卢兹会议（1229）		入侵布列塔尼（1230）					
	《绝罚通谕》（1231）	拉韦纳帝国议会（1231）						
	《罗马之声》（1233）	亨利七世的反叛（1234）						
		康拉德四世（1237—1254，未加冕）						
		腓特烈二世被教皇废黜（1239）						
塔耶堡战役（1242）								

时间线 1（续表）

法国	教皇	神圣罗马帝国	英格兰	拉丁帝国	尼西亚	拜占庭	特拉比松	伊庇鲁斯
	英诺森四世（1243—1254）							
		德意志内战开始（1246）						
路易九世被迫投降（1250）		腓特烈二世去世（1250）						
牧人起义（1251）	《灭绝》诏书（1252）		埃德蒙宣称拥有西西里（1254）					
路易九世返回法国（1254）		康拉德四世去世（1254）			西奥多二世·拉斯卡里斯（1254—1258）			
	亚历山大四世（1254—1261）							
		曼弗雷德，西西里国王（1258—1266）	《牛津条例》（1258）		约翰四世·拉斯卡里斯（1258—1261）			
						米海尔八世·巴列奥略（1259—1261）		
	乌尔班四世（1261—1264）			拉丁帝国灭亡（1261）		米海尔八世·巴列奥略（1261—1282）		
			第二次贵族对抗国王的战争（1264—1267）					
	克雷芒四世（1265—1268）							
		安茹的查理，西西里国王（1266—1282）						
		塔利亚科佐战役（1268）						
		小康拉丁被处决（1269）						
		鲁道夫一世（1273—1291，未加冕）						

热那亚人得到了回报，在拜占庭建立了垄断贸易，重回地中海商业龙头的地位。鲍德温二世最后逃到了意大利，仍称自己是拉丁人的皇帝。

米海尔的共治皇帝，约翰四世，仍待在尼西亚。米海尔八世意在以新王朝创始人的身份独立统治复兴的拜占庭。四个月后，他下令将约翰四世弄瞎，然后关进位于马尔马拉海中一个小岛的一座城堡里。命令于 1261 年的圣诞节执行，那天正是约翰四世 11 岁的生日。

/ 02

狮子的兽穴

> 1252 年至 1273 年，三位教皇想把西西里从帝国分离出去，英格兰国王想降伏贵族，腓特烈二世断了香火。

死敌腓特烈二世去世后，教皇英诺森四世得意扬扬地回到了罗马。托马斯·阿奎那曾写道："所有基督教人民的国王都要臣服于罗马教皇。"这点英诺森四世完全同意。"所有试图逃避基督代理人权威的人，"他宣称，"都是在削弱基督的权威。万王之王……已赋予我们全部力量。"[1]

他将这种力量同时作用于两方面。1252 年，他发布了教皇诏书《灭绝》（Ad Extirpanda），这份诏书详细介绍了管理意大利宗教法庭的程序。每个裁决民事的官员都要成立委员会负责搜寻逮捕异端。而官员自己则要"逼迫"异端招供，可以不择手段，但不能致人死亡或毁容（citra membri diminutionem, et mortis periculum）。于是，可供使用的刑讯逼供的手段（鞭笞、饥饿、拷问台）层出不穷；这是教皇首次将宗教法庭用刑合法化。[2]

与此同时，英诺森四世还忙着削弱下一任神圣罗马帝国皇帝的权力。他早就希望将西西里从由德意志、意大利、西西里组成的三元帝国中分离出来。腓特烈二世的儿子、继承人康拉德击败了荷兰的威廉并保住王位后，1254 年，英诺森四世派使者给英格兰的亨利三世送信，加冕其二儿子埃德蒙（Edmund）为西西里的合法国王。

这对英格兰来说可不是笔好买卖。英诺森除了空名号外什么也没给；亨利三世要以被逐出教会的绝罚立誓，向罗马上交大量财富，还要派军队把西西里从康拉德的手中夺过来。虽然如此，马修·帕里斯口中那个无所事事、懦弱又愚蠢的国王亨利三世还是代表 9 岁的埃德蒙接受了。[3]

事实证明，英格兰国内对西西里没有太大兴趣，亨利组建军队时四处碰壁。他还在忙于此事时，在亚平宁半岛南部低洼沼泽地作战的康拉德死于疟疾。他的继承人是他 2 岁的儿子康拉丁（Conradin），而康拉德同父异母的弟弟曼弗雷德（Manfred）声称自己有权担任孩子的摄政。

曼弗雷德把孩子送到巴伐利亚，保障其安全，然后开始和英诺森四世谈判。显然，他相信教皇会收回加冕埃德蒙的决定，然后把这好处让给自己。但谈判失败了；曼弗雷德劝告西西里人支持他，不要让教皇把他们交给异国人统治。12 月，他率军来到意大利南部进攻驻扎于福贾的教皇士兵，并轻松得胜。[4]

英诺森当时在那不勒斯，日益严重的疾病让他痛苦不堪。听到战败的消息后，他的病情急转直下，最终于 1254 年 12 月 7 日去世。

枢机主教们选举亚历山大四世（Alexander IV）接替他的位置："他善良又虔诚，"马修·帕里斯说，"孜孜不倦地祈祷，严格地禁欲，但很容易受马屁精的左右。"60 多岁的亚历山大四世很有野心但威信不高。他将曼弗雷德逐出教会，确认了埃德蒙的王权，但教皇的军队根本不是曼弗雷德军队的对手，亚历山大四世不得不撤退到教皇辖境，把西西里让给曼弗雷德。到1258年，曼弗雷德虽然被逐出教会，但他依旧相信西西里人的忠心，认为他们会将自己加冕为西西里国王。[5]

与此同时，小康拉丁失去了德意志的王位。康拉德的对手荷兰的威廉过河时淹死了；康拉德死后，德意志的选侯就聚集在一起决定下一任德意志国王的人选。没人选康拉丁。显然，德意志在经历了10年的混乱后需要一位成人当国王——最好是外国的，因为所有的德意志候选人都只能得到部分选侯的支持。

但外国人中也没有特别好的选择。经过近一年的争吵，有一半的选侯决定支持莱昂-卡斯提尔的国王，阿方索十世（Alfonso X），这位经验丰富的政治家恰好也是德意志士瓦本公爵腓力（Philip of Swabia）的外孙。其他人则支持亨利三世的弟弟，康沃尔的理查（Richard of Cornwall），无地王约翰的二儿子。理查设法将亚历山大四世拉拢过来，甚至去德意志加冕。但想要实际统治这个国家就必须取得半数人民的信服，这让他打了退堂鼓，放弃王位回家去了。[6]

现在，英格兰王室为了个人私利陷入了两个国家的泥潭中——一个是西西里，一个是德意志。不受爱戴的亨利三世，就没做过几次正确的决定。娶了普罗旺斯的埃莉诺（Eleanor of Provence）后，他让妻子的众多法国亲属身居高位，这让英格兰大臣烦恼不已。为了凑齐应支付给教皇的费用以得到西西里王位，他又增加了税额，把所有人都得罪了。在摄政垂帘听政的环境中长大的他尖刻暴躁，对那些看起来控制欲比较强的进言者都愤恨厌恶。他与自己的官员意见不合；他和妹夫小西蒙·德·蒙福尔争执不休；《大宪章》

将神父和地主的集合称为"御前会议",也就是君主法庭(Curia Regis),可每当他需要君主法庭的批准时,便总是只召集那些一定会赞同他的人;他在曾是英格兰地盘的法兰西领土上大打伤财无用之仗。"他在自己的国土上搜刮民脂民膏,养肥了他的兄弟和亲戚,"马修·帕里斯总结道,"……整个王国……不再有信任,到处都是狡猾的叛徒。"[7]

亨利三世也有被驱逐出教会的可能。他既没能组建起军队,也没有按照向英诺森四世所发的誓言筹集资金。1258年3月,亚历山大四世向他发出最后通牒:如果他6月1日还没能履行诺言,他就会被逐出教会。

亨利别无选择。要想筹集资金,他需要整个御前会议同意开征新的免除兵役税。1258年4月初,他于伦敦召集神父和英格兰贵族,向他们索要金钱。

亨利的困境给了英格兰贵族机会,发泄对他积攒了30年的抱怨和委屈。亨利会得到他的钱,但贵族让他必须先答应几个条件:他要把大部分法国籍官员赶出英格兰;他要承认《大宪章》的条款;他要把政策的最终决议提交至一个由24位贵族领袖组成的议会,议会的成员由他选12位,御前会议选12位。"他们坚持认为,国王应经常征询他们的意见,听取他们的建议。"帕里斯总结道。[8]

和他的父亲约翰不同,亨利三世不愿冒被逐出教会的风险。1258年6月11日,他同意了贵族的要求,最终确定的协议被称为《牛津条例》(Provisions of Oxford)。原来的要求已经改变为:他现在如果想签署一个决定要经过一个由15人组成的委员会的批准,外加一个12人的委员会以及原来24人议会的批准。[9]

但征服西西里的军队还是没能组建起来,付给教皇的费用也未能筹集到。旱季在英格兰引发了严重的食物短缺，饥荒与疾病蔓延。"一量器的小麦价格至少上涨了15先令，"帕里斯写道，"那时，国家贫困，饿殍遍野。"亚历山大四世延长了付款期限。与此同时，英格兰贵族将《牛津条例》扩充成更详尽的《威斯敏斯特条例》（Provisions of Westminster）以进一步限制亨利筹集资金的能力。[10]

亨利三世放弃了大量王权，却什么也没换来。但他有约翰国王作为参照；他和亚历山大四世密谈，指出如果教皇能出台法令让他不再受《牛津条例》约束，他就能筹到资金。

亚历山大四世同意了。1261年4月13日，他发布了教皇训令，宣布国王不再受两项条例的限制；6月14日，亨利把诏书送到刚在温彻斯特成立的议会并大声宣读。[11]

以小西蒙·德·蒙福尔为首的贵族们开始备战。

但战斗并没有立即开始。无论贵族还是亨利都没有能力发动全面内战；1258年的饥荒之后，粮食丰收了好几年，经济恢复繁荣，这就意味着整体来说英格兰人不想打仗。另一方面，持续近3年、前景越来越惨淡的谈判开始了。教皇诏书发布后不久亚历山大四世去世，他的继任者乌尔班四世（Urban IV）仍承认此诏书；小西蒙·德·蒙福尔仍是亨利的死敌，而其他贵族则在领头人和国王之间摇摆不定；亨利的大儿子太子爱德华起初在道德立场上与他父亲不和（帕里斯说，他拒绝"接受此赦免及此赦免带来的任何好处"），后来转变了立场，与亨利三世和好并成为王室军队的领导人。[12]

1263年夏，小西蒙·德·蒙福尔开始公开酝酿武装反抗。1264年3月，贵族支持的蒙福尔和统领王室军队的爱德华相向进军，驻地相距仅30千米。突袭、小规模冲突以及对附近庄园的掠夺战开始了。

5月14日，两军在英格兰南部沿海城市刘易斯（Lewes）相会。统领一翼军队的爱德华粉碎了与其为敌的贵族军队，把他们一直赶到了农村。但其余的王室军队不堪一击。爱德华回来的时候，亨利三世已经投降：他的马在其胯下被杀死，王室军队解散了。

爱德华太子也被迫投降。统领贵族军队的蒙福尔现在是英格兰最有权势的人。他派宫廷卫队将爱德华和亨利囚禁在伦敦塔中。"从那开始，"帕里斯记载道，"他就展现出一种不想和谈的态度……因为他挟国王而令全国。"一连15个月，君主都在他的控制之下。[13]

1265年年初，爱德华设法说服卫兵让他到城门外骑马锻炼。他们同意后，他就说要和他们来场赛马，比赛中他将他们远远地甩在后边，然后跑到了位于威格莫尔（Wigmore）城堡的王室游击队避难。他在伦敦外发现了众多王室支持者。"越狱后，"帕里斯说，"爱德华一呼百应，集结了一支大军。"战争再次打响。7月和8月初的冲突最后都以小西蒙·德·蒙福尔的撤退收尾。两军的第三次较量发生在8月4日，位于伊夫舍姆（Evesham）的牧场，战斗只持续了2个小时，爱德华以犀利的进攻屠杀了敌方军队。小西蒙·德·蒙福尔战死沙场。[14]

伊夫舍姆战役给第二次贵族对抗国王的战争画上了句号，也剥夺了亨利三世的所有权力。2年后，和平协议签订；7年后，亨利三世的统治结束。而伊夫舍姆战役一结束，爱德华太子——当时26岁，身高189厘米，统领贵族，又有父亲军队的支持——就成了英格兰的实际统治者。

同时，引燃英格兰火药桶的西西里之争正快速地向另一个方向发展。

地图 2-1　伊夫舍姆战役

由于亨利三世显然无法将西西里从曼弗雷德手中夺走，教皇乌尔班四世便把王位给了路易九世。路易有原则地拒绝了，他不想成为小康拉丁的篡位者。乌尔班四世发现路易的弟弟，安茹的查理（Charles of Anjou）正盼着这个机会：1267年，他40岁，充满活力，这个曾参加过杜姆亚特十字军的老兵对路易的顾忌很不耐烦，渴求实现自己的抱负。虽然路易反对，但他即刻同意接受王位并征服西西里。和近10年前的亨利三世一样，为了换取这个毫无意义的称号，他接受了一系列苛刻的条件。他同意在西西里放弃所有掌管神职人员的权力，不在意大利享有其他名号，偿还英格兰欠罗马的债务，每年给教皇上交巨额贡赋。作为交换，他得到了国王的名号——教皇承诺所有起兵反对曼弗雷德的人都将得到十字军能得到的奖励。[15]

查理抵达西西里时，乌尔班四世去世了（年长的枢机主教不断当选为教皇导致圣彼得的交椅频繁易主），法兰西枢机主教居伊·富尔克·勒·格罗（Guy Foulques le Gros）当选教皇，称克雷芒四世（Clement IV）。

查理及妻子在罗马被加冕为西西里国王和王后；名号在手后，查理开始准备进攻曼弗雷德。了解情况的曼弗雷德率军长途跋涉，来到意大利南部。他打算在罗马包围查理，将其一举歼灭：他称查理是"笼中之鸟"。[16]

在曼弗雷德到达前，查理把从法兰西各地集结的军队调出罗马，安排在以加里利亚诺河（Garigliano）为界的、曼弗雷德所控制的意大利南部的土地上。法兰西军队在切普拉诺镇（Ceprano）发现了边防的破绽。后来有传言说是曼弗雷德军中的叛徒设计了那个破绽："尸骨遍地／在切普拉诺，"佛罗伦萨诗人但丁后来在《神曲·地狱篇》中写道，"那儿的变节行为／印有阿普利亚的名字。"[17]

两位国王在贝内文托（Benevento）相遇，安茹的查理用计击败了西西里军。曼弗雷德军 3000 名士兵战死，更多人在逃跑时淹死在附近的河中。曼弗雷德本人死在战场上。3 天后查理找到了他的尸体，并将他埋在战场附近不圣洁的土地上：曼弗雷德死前已被逐出教会。（但丁后来在炼狱中见到曼弗雷德正在洗刷自己的罪恶："承受了两次致命打击／肉体已残缺不全，"那阴影悲叹道，"我哭泣着／向宽大的上帝忏悔。"）[18]

安茹的查理夺取西西里王国之战在后世的记录中充满了血腥和残暴。意大利北方城市宣布独立后，小康拉丁——1268 年已 14 岁，身后有巴伐利亚公爵叔叔掌管的德意志军队的支持——想为自己继

地图 2-2　西西里王国

承的土地做点什么。在众人的驱使下，他穿过阿尔卑斯山，试图召集伦巴第城市反对查理。

他行军至罗马。克雷芒四世看他行军而过，看到他脸上洋溢着对胜利的希望和年轻人那种不朽的意志。"受人摆弄而为人鱼肉。"据说克雷芒曾在阳台上如此喃喃自语。[19]

查理来到北方应战小康拉丁，并再次获得胜利。1268 年 8 月

23 日，他在塔利亚科佐（Tagliacozzo）之战中赶走了小康拉丁的支持者。"对敌人优势力量的进攻势如破竹，"事后他给克雷芒四世写信说，"……对敌人的屠杀如此壮观……就连贝内文托之战也难以与之相比。"小康拉丁从战场逃离时被抓。查理将他囚禁了一年，后于 1269 年 10 月，以叛国罪将其当众斩首。[20]

控制三元势力的神圣罗马帝国皇帝已不复存在，腓特烈二世家族也断了香火。安茹的查理统治着西西里和意大利南部；伦巴第的各个城市依旧在反叛；小康拉丁死后 4 年，德意志选侯最终决定让哈布斯堡伯爵鲁道夫（Rudolf）继任德意志国王。

鲁道夫小心翼翼地留在德意志，满足于德意志国王头衔的他根本不想夺回皇帝的称号。他本应该前去罗马面见教皇以得到神圣罗马皇帝的皇冠，但他宁愿待在家里。"罗马就像传说中狮子的兽穴，"他解释道，"多少人有去无回。"[21]

时间线 2

叙利亚	马穆鲁克埃及	法国	教皇	神圣罗马帝国	英格兰
		布汶战役（1214）		腓特烈二世（1212—1250，1220年加冕）	
			第四次拉特兰公会议（1215）		《大宪章》（1215）贵族对抗国王的战争（1215—1217）
			洪诺留三世（1216—1227）		亨利三世（1216—1272）
第五次十字军东征（1217—1221）					
	埃及苏丹卡米勒（1218—1238）				
		路易八世（1223—1226）			
		路易九世（1226—1270）			
			格列高利九世（1227—1241）		
第六次十字军东征（1228—1229）耶路撒冷向腓特烈二世投降（1229）			图卢兹会议（1229）		
			《绝罚通谕》（1231）	拉韦纳帝国议会（1231）	入侵布列塔尼（1230）
			《罗马之声》（1233）	亨利七世的反叛（1234）	
	埃及内战（1238—1240）			康拉德四世（1237—1254，未加冕）	
				腓特烈二世被教皇废黜（1239）	
	萨利赫·阿尤布（1240—1249）				
萨利赫·伊斯梅尔夺取叙利亚（1241）		塔耶堡战役（1242）			
			英诺森四世（1243—1254）		
阿尤布夺取耶路撒冷（1244）					

时间线 2（续表）

叙利亚	马穆鲁克埃及	法国	教皇	神圣罗马帝国	英格兰
				德意志内战开始（1246）	
第七次十字军东征（1248—1254）					
	突兰沙（1249—1250）				
	谢杰莱·杜尔（1250）	路易九世被迫投降（1250）		腓特烈二世去世（1250）	
	艾伯克（1250—1257）				
安条克的博希蒙德六世（1251—1275）		牧人起义（1251）	《灭绝》诏书（1252）		
					埃德蒙宣称拥有西西里（1254）
		路易九世返回法国（1254）	亚历山大四世（1254—1261）	康拉德四世去世（1254）	
	曼苏尔·阿里（1257—1259）				
	古突兹（1259—1260）			曼弗雷德，西西里国王（1258—1266）	《牛津条例》（1258）
马穆鲁克重新征服叙利亚	艾因·贾鲁谷战役（1260）				
	拜巴尔（1260—1277）				
			乌尔班四世（1261—1264）		
					第二次贵族对抗国王的战争（1264—1267）
			克雷芒四世（1265—1268）		
				安茹的查理，西西里国王（1266—1282）	
拜巴尔重新占领安条克（1268）				塔利亚科佐战役（1268）	
				小康拉丁被处决（1269）	
				鲁道夫一世（1273—1291，未加冕）	

/ 03

最后的十字军东征

> 1270年至1291年,路易九世死在了十字军东征的路上,安条克公国和耶路撒冷王国沦陷,十字军东征时代结束。

路易九世还从未进行过一次胜利的东征。1270年7月1日,他再次起航,从法兰西南部海岸出发穿过地中海前往突尼斯。

穆瓦希德王朝在伊比利亚半岛上的势力逐渐衰弱,随之而来的是北非阿尔摩哈德王朝的解体。在突尼斯,一位穆瓦希德王朝的前总督于1229年宣布独立,建立哈夫斯(Hafsid)王朝。其他独立出去的王朝占据了穆瓦希德王朝的大部分土地;扎亚尼德(Zayyanids)王朝以特莱姆森(Tlemcen)为都,马林(Marinids)王朝定都非斯(Fes)。穆瓦希德王朝最后一任哈里发易德立斯二世(Idris II)能掌控的土地只剩马拉喀什及周边领土,但这点土地也于1269年被马林王朝攻占。

穆瓦希德王朝解体后的三个王国中,哈夫斯王朝是最强大的。与地中海仅一湖之隔的突尼斯城坐落于欧非中心贸易路线的末端;

伊斯兰各地区的商人都曾来过此地,而在哈夫斯王朝的统治下,突尼斯亦发展成一个强大的政治中心。埃及、西非各国,甚至遥远的挪威都派大使访问哈夫斯王朝首都。加奈姆国王在那里设立了永久的大使馆,曾成功和哈夫斯王朝哈里发达成和平协议的阿拉贡的海梅一世也同样如此。这些哈里发自诩为穆瓦希德运动发起者、12世纪预言家伊本·图马特的弟子,自称为北非地区的伊斯兰合法守护者。阿布·阿卜杜拉·穆斯坦绥尔(Abu 'Abdallah al-Mustansir)从1249年开始统治突尼斯,自称"忠诚者的领袖"。突尼斯有两件引以为豪的东西,一是宰图纳(al-Zaytuna)神学院,西班牙和北非的伊斯兰教学徒都前往那里工作,二是阿拉伯学院(Studium Arabicum),这是由多明我会成立的学院,旨在让基督传教士理解伊斯兰教,从而更有效地和他们辩论。穆斯坦绥尔对此没有异议。在他的统治下,多明我会和方济各会可以随意向哈夫斯王朝的穆斯林传教,但没有多大效果。[1]

路易九世决定铲除哈夫斯王朝的原因目前尚无定论。那虽然是个强大的穆斯林帝国,但其境内没有圣地。他最初的想法是带领十字军讨伐成为苏丹的巴赫里马穆鲁克拜巴尔,因为他已拿下安条克并对阿卡虎视眈眈。路易的弟弟,安茹的查理称他会参加十字军,也许这能够解释为什么要选突尼斯为目标;现为西西里和南意大利国王的查理想把北非海岸据为己有。但路易并不赞同弟弟的想法。也许他只是认为开明的穆斯坦绥尔可能会皈依基督教。[2]

不管动机是什么,法国骑士对此次东征热情不高。"如果我们不参军,我们就会失去国王的青睐,"让·德·儒安维尔记录了他的听闻,"如果我们参军,我们就会失去上帝的青睐,因为我们不是为上帝而战,而是出于对国王的恐惧。"阿拉贡的海梅一世拒绝向同盟国出兵，儒安维尔也决定这次不随国王出征。"所有劝国王出征的人都犯了弥天大罪，"他写道，"因为……国家本来和平安定，睦邻友好……但他走了之后国情每况愈下。"[3]

路易九世最终取得了一些支持。纳瓦拉国王提奥巴尔德二世（Theobald II）在1255年娶了路易的女儿伊莎贝拉，现在他答应随岳父出征。英格兰的爱德华王子也答应出兵北非，但尚未起航。在三个年长儿子的陪同下，路易于7月18日登陆迦太基，而后进军24千米外的突尼斯城。开始攻城后不久，他就得了一种被儒安维尔称为"腹泻"的疾病。痢疾在十字军中蔓延；据佛罗伦萨编年史家乔瓦尼·维拉尼记载，路易的四儿子约翰因病去世，一同遭此不幸的还有"无数的平民百姓"。[4]

1270年8月25日，法兰西国王在患病两周后死在了营帐中。安茹的查理和英格兰的爱德华王子抵达后不久就发现国王的二儿子及继承人腓力也患了痢疾。征服突尼斯无望；查理和穆斯坦绥尔达成和平协议，穆斯坦绥尔交钱，攻城军队撤军，士气低落的十字军只能回家。纳瓦拉国王提奥巴尔德停在了西西里，他也在那里得病死了。纳瓦拉的王位落在了他弟弟亨利手中，据说他是位很有能力的统治者，此人很胖，大家都叫他"胖子亨利"（Henry the Fat）。（4年后，胖子亨利因脂肪组织肥大窒息而死，其年幼的女儿琼成为纳瓦拉的女王。）

腓力后来痊愈了；他把父亲和弟弟的灵柩运回法国，并开始了他作为国王腓力三世（Philip III）的统治。

英格兰的爱德华王子不愿放弃十字军东征。他召集了自己的手下和几个外援［其中一人名为泰巴尔多·维斯孔蒂（Tebaldo Visconti），他是一名米兰神父，曾受路易九世邀请参加征服埃及之战］向圣地进发。

安条克公国的统治者博希蒙德六世在埃及拜巴尔的侵略下只剩的黎波里，而打仗的同时不忘口水战的拜巴尔正准备毕其功于一役。"我们暂时离开但迟早会回来，"他给博希蒙德写信说，"我们给你们时间苟延残喘，但你们所剩之日不多了。"爱德华想让博希蒙德撑下去。他拥有 300 名骑士，并且能从塞浦路斯招募到更多兵力，但他的实际力量依仗于他新交到的盟友：他一抵达的黎波里就找到伊利汗国的统治者，旭烈兀的儿子及继承人阿八哈。面对十字军和伊利汗国蒙古人的联合阵线，拜巴尔同意签署和平协议，协议规定阿卡平原及通往拿撒勒的道路在 10 年 10 个月 10 天零 10 个小时内不受侵犯。[5]

爱德华并没有立即启程回家。他徘徊于东方，希望找机会为基督践行更伟大的事业；他帮忙重建了几处防御工事，并试图说服阿八哈蚕食埃及的前线力量。

1271 年 10 月，随爱德华一同远征埃及的米兰神父泰巴尔多·维斯孔蒂（相当出乎意料地）得知自己刚被选为下任教皇。克雷芒四世于 1268 年去世，枢机主教在罗马北部的意大利城市维泰博（Viterbo）就继承人一事秘密争论了 3 年：一半人想推选一名法兰西教皇以支持安茹的查理，剩下的人则想选一名意大利教皇以限制查理的力量。3 年来，教会群龙无首。

维泰博的市民最终厌倦了他们一拖再拖，联合起来把枢机主教锁在了一座宫殿内，拆掉了屋顶，并威胁称在选出教皇之前他们只能吃面包和喝水。"由于每个到场的人都无法得到足够的选票，"维拉尼写道，"他们便把在圣地的枢机主教使节选为教皇格列高利十世（Gregory X）。"维斯孔蒂，这个因各方妥协而产生的意大利教皇大部分时间都没待在意大利,他从没参与过教皇政治。[6]

维斯孔蒂和爱德华一样,是一个完全致力于收复圣地的理想主义者。他对此决定并不是非常满意。尽管如此,他还是要回到罗马。但爱德华还不想回去。1272 年 6 月,一名刺客拿着有毒的匕首到他的卧室中行刺;爱德华一脚踹开匕首杀了刺客,但他在扭打中被匕首划伤,伤口溃烂导致他全身无力。直到 9 月,等伤势恢复得差不多了,他才启程回家。

亨利三世去世时他仍在回家的路上,这位英格兰国王在位 56 年,最后把王位给了他儿子。[7]

十字军东征结束了。

无论是远征突尼斯,还是爱德华的阿卡之旅,都和耶路撒冷没什么关系——两个事件中也没有什么实际的战斗——但这两个事件被后来的一些历史学家称为第八和第九次十字军东征。有些史书则甚至根本没将其列入十字军东征。

奄奄一息的十字军东征时代喘完了最后一口气。

结束了他的首次东征后,新任教皇格列高利十世把十字军东征当成教皇工作的中心。为了在发起新一轮东征前让基督教世界做好准备,他和复兴拜占庭的皇帝米海尔八世展开讨论,希望重新统一分裂的东西方教会。米海尔八世是一名精明的政治家,而且没有接受过什么神学教育,他对此热情饱满。1274 年,一次宗教会议计划在法兰西东部城市里昂召开,格列高利十世邀请米海尔派代表团参加第二次里昂公会议以进行商讨。他还邀请了托马斯·阿奎那,希望这位伟大的神学家能解决拜占庭可能提出的任何阻挠;但阿奎那在前往里昂的路上得病去世了,享年不到 50 岁。

而实际上也用不着他出席来解决问题。由史学家乔治·阿克罗波立塔领队的代表团于仲夏抵达里昂，他们带来了一封米海尔八世的信，信中从支持罗马的角度出发，在东方教会与西方教会的神学不同点上做出了让步。*一场庆祝弥撒随后举行，东、西方教士悉数参加，之后会议继续进行以解决其他问题，其中包括新一轮十字军东征。在里昂参会的还有一支伊利汗国蒙古人的代表团，他们受阿八哈之命表示愿意帮助十字军进攻埃及的穆斯林。[8]

但在他们回去后，拜占庭代表团发现君士坦丁堡的市民死也不愿接受这种再次统一教会的政治愿望。首都的修士和教士集体抗议；连米海尔八世的姐姐优罗嘉（Eulogia）都厉声说道："让我弟弟的帝国灭亡，也比让正统信仰受污染要好。"[9]

米海尔八世试图让反对者闭嘴——监禁、鞭笞、驱逐那些胆敢公然反对与罗马同盟的人——就在此时，格列高利十世在回教皇宫的路上生病了。他于1276年1月10日死在了路上。接下来，枢机主教选出的三位教皇都在任期还未满一年时就去世了，他们没有时间实施自己的政治理想。格列高利十世为统一所做的所有努力都付诸东流。[10]

东征的计划也破灭了。

十字军再也没有回到东方。成功统治近17年后，1277年，拜

---

* 最棘手的问题是西方教会坚持认为圣灵"发自"圣父和圣子。而东方教会拒绝使用这一提法，基督教称之为"和子句纠纷"（Filioque clause，拉丁语 filioque 意思是"和圣子"）。东方信徒认为，如果在提及圣灵的时候，说圣灵"出自圣父和圣子"，那么上帝的圣父和圣子的二位格就相互独立了，不符合三位一体的统一。然而，东西方教会之争的根本是权威之争，即教皇或牧首在基督徒信仰是否正统的问题上是否有最终决定权。欲了解更多相关的神学问题，请参阅：Jaroslav Pelikan, *The Growth of Medieval Theology*（600–1300）（University of Chicago Press, 1978），特别是第5章"The One True Faith"。关于11世纪东西方基督教会分裂的信息，参见本书第4册，第42章。

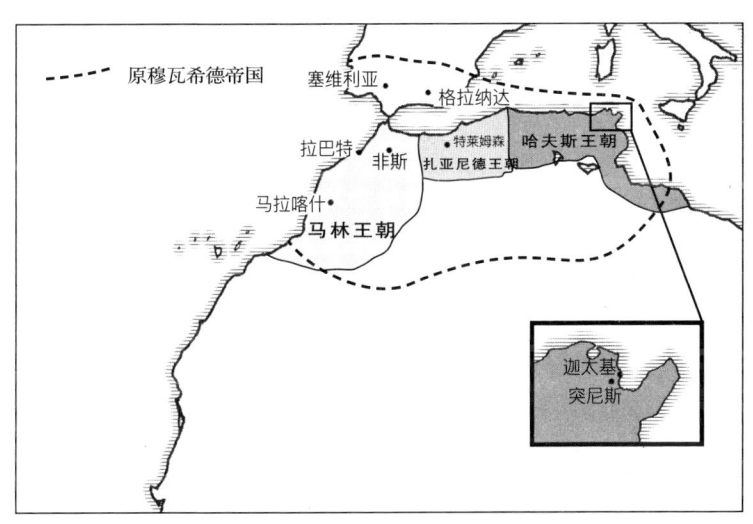

地图 3-1　穆瓦希德王朝解体之后

巴尔去世。他一个势力强大的马穆鲁克下属嘉拉温（Qalawun）夺取了埃及，流放了拜巴尔的儿子。嘉拉温于 1279 年继承了埃及苏丹，苦心经营了 10 年后，嘉拉温的帝国开始逐步向外扩张。1289 年 4 月，巴赫里苏丹国攻陷的黎波里，由此终结了安条克公国。

的黎波里陷落后，嘉拉温已年近 70 岁；次年，他在开罗去世，他的儿子阿什拉夫·哈利勒（al-Ashraf Khalil）继承了他的王位，也继承了他向外扩张的意志。1291 年 4 月，阿什拉夫·哈利勒带领巴赫里军队开始向十字军国家的残余——阿卡——发起最后进攻。那是耶路撒冷王国仅剩的堡垒。

维拉尼说，阿什拉夫·哈利勒的军队规模惊人，"行军队伍长度超过 12 英里（约 19 千米）"。埃及军队包围了城市，填平护城河，摧毁城墙；但一连几周，阿卡的居民在圣殿骑士团的带领下顽强抵抗——先是往城墙的洞里塞石头保护城墙，后来用木板，最后用麻袋装满羊毛和棉花填塞城墙的破洞。最终，他们撑不下去了。城门告破，埃及人蜂拥而入。"战死的和被监禁的男人、妇女还有儿童共计6万多人，"维拉尼写道，"财物的损失不计其数。而且……他们摧毁了城墙和要塞，放火焚烧，将城市夷为废墟，基督教世界损失惨重；因为……在圣地再也没有属于基督徒的城市了。"[11]

时间线 3

拉丁帝国 尼西亚 拜占庭	法国 教皇 伊比利亚	英格兰 叙利亚 北非 埃及
鲍德温二世 （1228—1261）	格列高利九世 （1227—1241）	
		第六次十字军东征 （1228—1229）
	图卢兹会议 （1229）	哈夫斯王朝 开始（1229）
	《绝罚通谕》 （1231）	
	《罗马之声》 （1233）	扎亚尼德王朝 开始（1235）
		埃及内战 （1238—1240）
		萨利赫·阿尤布 （1240—1249）
	塔耶堡战役 （1242）	
	英诺森四世 （1243—1254）	马林王朝 开始（1244）
		第七次十字军东征 （1248—1254）
		突兰沙 （1249—1250）
		艾伯克 （1250—1257）
	牧人 起义 （1251）	安条克的 博希蒙德六世 （1251—1275）
	《灭绝》诏书 （1252）	
	亚历山大四世 （1254—1261）	
西奥多 二世·拉斯卡里斯 （1251—1258）	（纳瓦拉） 提奥巴尔德二世 （1253—1270）	
约翰四世·拉斯 卡里斯 （1258—1261）	《牛津条例》 （1258）	曼苏尔·阿里 （1257—1259）
米海尔 八世·巴列奥略 （1259—1261）		古突兹 （1259—1260）

拉丁帝国	尼西亚	拜占庭	法国	教皇	伊比利亚	英格兰	叙利亚	北非	埃及
							马穆鲁克重新征服叙利亚		
拉丁帝国灭亡(1261)	米海尔八世·巴列奥略(1261—1282)		乌尔班四世(1261—1264)						拜巴尔(1260—1277)
			克雷芒四世(1265—1268)			第二次贵族对抗国王的战争(1264—1267)	易德立斯二世(1266—1269)		
							穆瓦希德王朝灭亡(1269)		
			腓力三世(1270—1285)		(纳瓦拉)胖子亨利(1270—1274)	第八次十字军东征(1270)			
			格列高利十世(1271—1276)			第九次十字军东征(1271—1272)			
						爱德华一世(1272—1307)			
			里昂宗教会议(1274)						
									嘉拉温(1279—1290)
						安条克公国陷落(1289)			
									阿什拉夫·哈利勒(1290—1293)
						阿卡陷落(1291)			

时间线 3（续表）

/ 04

忽必烈汗

> 1273年至1294年，忽必烈征服中国，成为元朝开国皇帝，他试图征服占婆，但未能降伏大越和日本。

忽必烈大汗失去了四分之三的帝国，但留给他的四分之一仍广袤无垠：哈拉和林处其腹地，北部和西部有广袤的高原，从西夏、金朝、高丽以及宋朝北部夺取的土地都归他所有。

长江流域肥沃的土地以及长江以南的地区尚未被征服。

这些宋朝残存的南方土地此时由宋度宗统治。面对冷酷无情的蒙古人入侵，没几个人还能够从容地执掌朝廷；宋度宗就没有这个能力。他开始花天酒地，纸醉金迷，不去想即将到来的灭顶之灾。[1]

到1272年，5年来，蒙古大军一直在围攻襄阳和樊城，两城处在长江中游的南岸和北岸，是进军南方的大门。在入侵的早期，宋朝设法依靠长江为两城提供补给。但随着时间的推移，蒙古加强了封锁，宋朝的补给船每次都要遭受巨大损失。1271年，一支攻城队从西方远道而来，他们是忽必烈的侄子、伊利汗国的阿八哈派来向忽必烈示好的。他们由摩苏尔的阿拉丁（Ala al-Din of Mosul）带队，为忽必烈带来了一种新式武器：用借助配重技术的回回炮代替人力投石机。回回炮能把异常巨大的岩石砸到樊城的城墙上，墙壁开始崩塌。1273年1月末，城市陷落，蒙古人蜂拥而入，屠杀了1万多居民，他们把尸体堆到襄阳城守军能看到的地方。回回炮开始瓦解襄阳城墙时，城内的指挥官投降了。长江流域现在在忽必烈手中，通往南方的大门已然开启。[2]

夺取襄阳后不久，1274年，忽必烈向宋度宗宣战。

> 爰自太祖皇帝以来，与宋使介交通……请罢兵息民……盖为生灵计也。而乃执之，以致师出连年，死伤相藉，系累相属，皆彼宋自祸其民也。[3]

当然，蒙古和宋朝的战争已经打了近40年，忽必烈自己为了征服南方也已经征战了12年。但这个正式的宣战声明标志着一个转变。他不再是一个靠掠夺为生的游牧民族的大汗；他现在正以一个皇帝的身份指责另一个皇帝。他在维护其行动的合法性。

他不再是原来的他了。

他开始用朝代为自己的统治纪年。他离开了蒙古首都哈拉和林，并且和之前入主中原的游牧统治者相似，建了两个首都。北方首都是他的夏都，蒙古人将其称为"上都"，那是一座富庶稳定的皇城。一位旅行者在游览了上都后写道："忽必烈在上都建了一座宏伟的皇宫，宫墙绵延16英里（约26千米），墙内草地肥沃、泉水涓涓、溪流跃动、百兽追逐嬉戏，在皇宫中心有一座奢华的安乐宫殿，此殿可以随意移动。"500多年后，英国诗人塞缪尔·泰勒·柯勒律治

（Samuel Taylor Coleridge）在服药后准备入睡时读到了这位旅行者的回忆录，而后梦到了上都；醒来后他写道：

> 忽必烈汗在上都曾经
> 下令建造一座堂皇的安乐殿堂：
> 那里圣河阿尔佛奔流
> 穿过深不可测的洞门，
> 直流入不见阳光的海洋。[4]

忽必烈的第二个首都，在上都以南320千米，就在被付之一炬的金中都旁边。他将此城称为"大都"；如今，在北京北郊仍能见到其遗址。威尼斯旅行家马可·波罗于1270年后的某段时间游览了大都，并于约30年后写下了《马可·波罗游记》，书中描述了一座精心规划的城市："完美的正方形"，白色城垛环绕，笔直的街道，给每个家庭和部族首领分配的土地都有规有矩：

> 这种方式使得整个城市的内部以正方形布局，就像棋盘，那种设计的精确和完美是无法描述的。城墙上共有12道城门，每面城墙3道……每道城门各有千名士兵把守。[5]

城市的安全性表明忽必烈对周围土地的掌控力度不断加强。他已经让高丽完全称臣；1259年以太子身份到蒙古人那里当过人质的高丽元宗如今已将王位传给儿子忠烈王，忽必烈强迫少主只能称王，不能沿袭高丽以前的君主追谥庙号的传统。他还把一位蒙古公主许配给了忠烈王。这并没有拉近高丽与蒙古的距离。马可·波罗说，

图 4-1 忽必烈
图片来源：The Art Archives at Art resources, NY

忽必烈的 4 个妻子为他生了 22 个儿子，他的妾（据传最少有 100 人）为他生了 25 个儿子，女儿的数量不得而知；他用这些孩子拴住自己的附庸。[6]

1274 年，他遭遇了出人意料的失败。高丽身后是日本岛，由镰仓幕府的执权（"幕府摄政"）北条时宗统治。几年前，忽必烈曾要求镰仓幕府将军进贡臣服，北条时宗无视了他的要求和后续条件。有高丽牢牢在手，忽必烈组建了两支进攻舰队，一队从中国出发，一队从高丽南岸出发，最终在日本会合。[7]

蒙古人不善水性，但忽必烈能从中国和高丽派出上千名水手和上百艘船投入使用；整个舰队有 2 万多人，约 900 艘船。船队横扫外围小岛，派遣驻军也没有太大困难，11 月 19 日舰队抵达位于九州岛北端的博多湾（Hakata Bay）。[8]

武士匆忙应战，但高丽分队发现恶劣天气即将来袭，便说服蒙古指挥官在战斗一天后撤退。即便如此，船舶在离开海湾时依旧受到风暴重创，约三分之一的舰船失踪。

而在中国本土作战的军队则比较顺利。征服宋朝的战争进入尾声。忽必烈的大将伯颜率军沿长江进军，一路皆奏凯歌；到 1275 年年底，他们已抵临南宋都城临安。

那时，皇帝宋度宗已死；他 4 岁的儿子宋恭帝在位，孩子的母亲辅政。面对蒙古入侵，她同意投降。1276 年 2 月，都城城门大开，蒙古人入城。幼帝和他的母亲投降；伯颜善待他们并把他们送到上都，在那里，忽必烈的皇后给他们安排了新家；恭帝的余生就是在中国北方当和尚。[9]

但南宋并没有放弃抵抗。恭帝有两个兄弟，宋廷中不同的党派希望把他们立为流亡皇帝。宋恭帝的哥哥，宋端宗，继位后不到两年就驾崩了。恭帝的弟弟，6 岁的赵昺，一直藏在南方一个遥远的佛教寺庙里。在他母亲（宋度宗的一个小妾）、外祖父和已故端宗的母亲的照看下，赵昺一直活到 1279 年。最后，在一支蒙古军队的追赶下，他的一个臣子背着他投海自尽。他的死为南宋的统治画上了句号，忽必烈的朝代，元朝*，称霸中国。[10]

---

* 元朝一直统治到 1368 年，而开国年份则众说纷纭，有人认为是 1263 年（忽必烈建立新都城），有人认为是 1271 年（忽必烈定国号为大元），还有人认为是 1279 年（宋朝灭亡），或是 1280 年。

忽必烈没有忘记日本。

首次进攻一年后，他又派出一队劝降使臣。执权北条时宗将他们斩首，继而开始备战。他召集日本西部所有武士保卫海岸。他们在博多湾和其他港口沿岸建造了约 2.4 米高的石墙以阻挡刚登陆的蒙古军队；他们组建了一支规模小、速度快的特种海军。

与此同时，忽必烈从宋朝俘虏中招募了一位海军将领，开始建造 900 艘新型战舰。1281 年 6 月初，海军从高丽和中国东南沿海再次起航；这次，进军日本的海军有 14 万人，4000 多艘船。[11]

防守的武士寡不敌众，但石墙暂时阻止了蒙古的进攻。武士抵挡住了第一批登陆的军队，而海军的主要力量还在京都海域观望。日本的小型舰队不断地对他们进行快速打击，让他们感到风声鹤唳。在船上挤在一起的士兵患上一种传染病，上千人死亡，丧失作战能力的人更多。

日本武士们抵抗了 7 周。8 月，台风吹垮了蒙古舰队。下锚的舰队面目全非。据统计，90% 的船只沉没。10 万多人淹死。3 万士兵在岸边搁浅，被武士尽皆屠杀。[12]

高僧叡尊在蒙古进攻期间一直在京都附近的石清水八幡宫虔诚祈祷，他将这场风暴归因于神的救助：这是一场神风，保护这座岛的神风。其他人就没那么确定了。哲学家日莲是日本政府的一位犀利的批评家，他呵斥道："明明是一场秋风摧毁了敌人的船只，而……那些僧人却要假装那是神的功劳。问问他们拿没拿到蒙古大汗的项上人头？"[13]

忽必烈的项上人头还安全着呢。他准备开始第三次战争，但他已失去太多高丽水手，于是，他决定先把目光转向内陆。

宋朝南部，占婆、高棉和大越现在就在蒙古人面前。

高棉国王阇耶跋摩八世（Jayavarman VIII）决定谨慎行事，不贸然抵抗；他于1283年向忽必烈进贡称臣以求和平。占婆国王因陀罗跋摩五世（Indravarman V）不想走极端。他向忽必烈的宫廷派出使臣商讨条约，希望双方既能避免战争又不分君臣。忽必烈将使臣的到来视为投降的信号，立刻指派两名元朝官员替自己统治占婆。

占婆国王拒绝承认他们的权威，可汗便派出5000人从海上进攻，席卷了占婆的海岸。军队不费吹灰之力便攻到首都毗阇耶，但这时因陀罗跋摩五世已偕朝中大臣逃到了山里。他们在那里对蒙古人展开游击战，蒙古军队防不胜防。此地离蒙古本土太远，气候潮湿闷热；疾病开始削弱他们的力量。1284年，元军撤走。[14]

忽必烈在大越也碰壁了。早在1258年，蒙古人就攻占了升龙却没能统治大越。1284年，在远征占婆的同时，忽必烈派王子脱欢率大军从北部直逼大越。脱欢赢得了初期的胜利并在离首都升龙不远处建立了前哨。但蒙古人再次遭到了游击队的骚扰，为首的是将领陈国峻亲王，当朝国王的堂伯。在他的带领下，大越士兵继续艰苦作战，一寸一寸地蚕食入侵者占领的土地。

国王曾问他以投降来避免这种艰苦血腥的战争是不是更好的选择，陈国峻回答说："先断臣首然后降，臣一天不死，国一天不灭。"他的顽强抵抗终见成效。1287年，王子脱欢被迫向父亲请求增援。获得增援的脱欢手握重兵且有木筏，次年，陈国峻将他引到白藤江（宋时称富良江）作战，大越曾在1076年于此地战胜宋朝。

这次，大越军在江底安插了大量木桩。河水退潮时，蒙古的河运驳船被拦截。大批蒙古人在河上惨遭屠杀，河流被鲜血染红。[15]

王子脱欢撤退。陈国峻，这位成功抵抗蒙古进攻的英雄后来受封兴道王。

最后一位大汗，元朝的开国皇帝忽必烈于 1294 年去世；死时，日本和东南亚仍未被征服。

他生是游牧民的子孙，死时却是世界上最伟大的皇帝之一。他的私人卫队有 1.2 万名骑兵；他可以同时宴请 4 万臣民，并且其所用餐具全为金银打造；为了请朋友打猎，他能一次派出 1 万只猎鹰和 5000 条猎狗。他发行的纸币能从上都流通到威尼斯，他在整个帝国用驿站和骑手建立了完整的通信网络。对世界各国来觐见的人他都表示欢迎，马可·波罗说，来的人"有国王、将军、伯爵、占星家、医生，还有各种官员和统治者"。[16]

他的孙子继承了皇位，是为元成宗。

但蒙古的连年征战使元朝统治的人口数量减少了 5000 万左右。元朝这座大厦的根基堆满了坟墓、尸骨、骷髅。

时间线 4

法国	教皇	英格兰	叙利亚	北非	埃及	蒙古人
			扎亚尼德王朝开始（1235）			
						蒙古攻陷第比利斯（1237） 蒙古攻陷莫斯科（1238）
					埃及内战（1238—1240）	
					萨利赫·阿尤布（1240—1249）	
						利格尼茨战役（1241年4月9日） 绍约河战役（1241年4月11日）
塔郎堡战役（1242）						窝阔台去世（1241）
	英诺森四世（1243—1254）					
			马林王朝开始（1244）			
						贵由（1246—1248）
		第七次十字军东征（1248—1254）				
					突兰沙（1249—1250）	
					艾伯克（1250—1257）	
牧人起义（1251）		安条克的博希蒙德六世（1251—1275）				蒙哥（1251—1259）
	《灭绝》诏书（1252）					
	亚历山大四世（1254—1261）					蒙古征服大理（1253）
					曼苏尔·阿里（1257—1259）	蒙古围剿尼查里派（1256） 蒙古入侵大越（1257）
		《牛津条例》（1258）				
			马穆鲁克重新征服叙利亚		古突兹（1259—1260）	蒙古攻陷巴格达（1258） 高丽向蒙古投降（1259） 蒙古攻陷大马士革和阿勒颇（1260）

时间线 4（续表）

法国	教皇	英格兰	叙利亚	北非	埃及	蒙古人
					拜巴尔 （1260—1277）	阿里不哥（1260—1264） 忽必烈（1260—1294）
	乌尔班四世 （1261—1264）					
		第二次贵族 对抗国王的战争 （1264—1267）				伊利汗国　金帐汗国　察合台汗国　大汗国 旭烈兀　别儿哥　阿鲁忽　忽必烈 阿八哈 （1265—1282）
	克雷芒四世 （1265—1268）					
			易德立斯二世 （1266—1269）			
			穆瓦希德王朝灭亡（1269）			
腓力三世 （1270—1285）		第八次十字军东征（1270）				马可·波罗游历元大都 （约1270）
	格列高利十世 （1271—1276）	第九次 十字军东征 （1271—1272）				
		爱德华一世 （1272—1307）				
里昂宗教 会议（1274）						蒙古攻陷襄阳（1273）
						宋恭帝投降（1276）
					嘉拉温 （1279—1290）	
						南宋灭亡（1279） 蒙古对日本的进攻失败（1281） 阇耶跋摩八世向蒙古进贡（1283） 蒙古对占婆的入侵失败（1285） 蒙古被大越击败（1288）
			安条克公国 陷落（1289）			
					阿什拉夫·哈利勒 （1290—1293）	
			阿卡陷落 （1291）			

/ 05

西西里晚祷

> 1274 年至 1288 年，神圣罗马帝国的不同地区走上了不同的发展道路。

哈布斯堡的鲁道夫，现任德意志国王，在亚琛加冕时碰到了点麻烦。仪式开始后，忽然有人意识到王权的象征，即腓特烈二世的权杖和王冠，在过去十几年的混乱时局中丢失了。鲁道夫急中生智，抓起了旁边的一个十字架，对选侯们说："我们救赎的象征保佑我们升入天堂，它一定会在天堂为我们留出一方土地。"[1]

仪式的混乱只是开始。德意志早已破败不堪。国库空空如也，流寇袭击村庄，公爵各自为战。选侯中势力最强大的波希米亚国王奥塔卡尔二世（Ottocar II of Bohemia）甚至公开反抗。13 世纪初，皇帝承认波希米亚王位是世袭的，这使得波希米亚国王独立于帝国的野心越发膨胀。1274 年，在接到要参加皇室晚宴参拜新主子的命令后，波希米亚国王拒绝出席，反而巩固边防准备打仗。

在接下来的 4 年中，鲁道夫不得不应对奥塔卡尔二世断断续续的袭击，同时还要摧毁土匪的基地，重建德意志的法制环境，让这个被幼皇和皇权挑战者糟蹋的国家重新回归秩序。到 1278 年，这三件事他都做成了。奥塔卡尔二世在多瑙河沿岸与皇帝打仗时被杀。鲁道夫摧毁了 60 个被土匪和军阀占领的城堡；教训了惹是生非的波希米亚王国；他让奥塔卡尔二世的儿子文策斯劳斯（Wenceslaus）和自己的女儿结婚，并与匈牙利国王达成另一项和平条约。他重建了腓特烈二世时的法律体系，花费数月穿梭于德意志各个地方法庭。他的座右铭是一句拉丁语：国有治胜于国无疆（Melius bene imperare, quam imperium ampliare）。[2]

与此同时，安茹的查理也在费尽心机地统治由南意大利和西西里组成的王国（"两西西里王国"）。但查理关心的是自己的力量。

1280 年，时任教皇（尼古拉三世，任教皇 3 年）猝死后，查理直接插手教皇选举。他希望选方济各会的西蒙·德·布里翁（Simon de Brion），他是一名土生土长的图尔人。但意大利枢机主教反对再选一名法国人。于是查理囚禁了两名主教。威逼之下，其余的人都乖乖地选了布里翁。新任的来自法国的教皇，马丁四世（Martin IV），在意大利很不受欢迎，他甚至都不敢去罗马，只能在圣彼得之城北部的奥尔维耶托（Orvieto）加冕。

作为基督教会的最高领导人，马丁四世的脑子里只考虑两个问题：下回去哪里美餐一顿，还有怎么讨好安茹的查理。他的贪婪相对来说没有害处（不过在《神曲》中，但丁的叙述者在炼狱里遇到了马丁四世，发现他仍旧满脑子的鳗鱼和葡萄酒）。但他想帮查理实现野心的意愿就不无危害了。他让查理担任罗马元老，把安茹的亲法国神父提拔到实权位置，全力支持查理的最新计划：把君士坦丁堡据为己有。[3]

为了实现此项计划，查理找到了两名外援。威尼斯总督仍对热那亚垄断君士坦丁堡市场耿耿于怀，他同意派出舰队帮助查理；战败的鲍德温二世侥幸从米海尔八世的魔爪中逃脱躲在意大利，他希望能在查理的保护下重夺王位。1282年，查理得到了向拜占庭开战的绝佳机会。仍致力于平息反对派的米海尔八世去世了；他的儿子安德洛尼卡二世（Andronicus II），一位坚定的正教信徒，成了帝国复兴后的第二位皇帝。他认为父亲是拜占庭教会的叛徒，便没有将其埋在圣地；继位后，他立即解除了将东西方教会融为一体的里昂联盟。消息传出去，君士坦丁堡钟鼎齐鸣，人民来到街头高声欢呼。[4]

但就在安茹的查理准备前往君士坦丁堡时，后院起火打乱了他的全部计划。

他统治的两个王国中间隔着墨西拿海峡（Strait of Messina），若不是他的统治，两国绝不会合并成一个王国，而且两方都不亲法。在西西里，对法国统治的不满情绪持续升温，加上查理课税极重，人民对查理的憎恨迅速沸腾。在查理策划夺取君士坦丁堡的同时，西西里贵族，普罗奇达的约翰（John of Procida）和反安茹的士兵与官员达成联盟，密谋起义。

他们有一个强大的盟友：阿拉贡国王。阿拉贡的海梅一世于乱世中登上王位，最终在1276年去世，享年近70岁。他的儿子，佩德罗三世（Peter III），继承了他的王位；佩德罗三世的妻子正是在贝内文托之战中被安茹的查理杀害的曼弗雷德的女儿。这给了佩德罗一个间接而又完美的拿到西西里王位的机会。他同意参加推翻查理的起义，回报则是西西里的王冠。

1282年的复活节那周，他们的机会突然降临。大部分反叛者

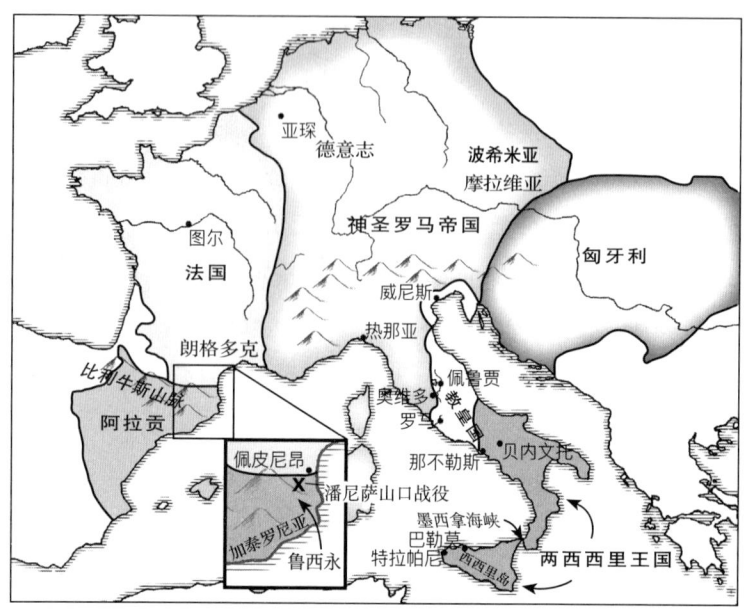

地图 5-1　西西里晚祷

当时都在巴勒莫做圣事，一名法国士兵当着一名妇女的未婚夫的面将她侮辱。"一个法国人傲慢无礼地抓住一名巴勒莫的妇女，开始做邪恶之事，"维拉尼写道，"她大声呼喊，早已受够了酸楚的人民对法国人忍无可忍……他们开始保护那位妇女，之后便演变为法国和西西里之间的一场大战。"骚乱蔓延，西西里人大喊"杀死法国人"。王室政府在巴勒莫的总部随即陷落。反叛者抓住机会把战事扩大到了整个西西里。"每个城市和乡村的情况都如出一辙，"维拉尼说，"岛上的法国人一个不剩，全部被杀光。"[5]

维拉尼称超过 4000 名法国士兵和平民被屠杀，此事后来被称为西西里晚祷（Sicilian Vespers）。起义爆发时，身处意大利的安茹的查理不得不从海上围攻自己的首都。一直在等信号的阿拉贡的佩德罗三世率舰队穿越地中海消灭了查理的船队。在战斗中，查理的长子、同时也是最受信任的官员，28岁的查理二世（也称"瘸子查理"，因轻度跛行而被人取此绰号）被俘。

佩德罗三世随后在特拉帕尼（Trapani）登陆。1282年8月30日，他在巴勒莫被奉为西西里和阿拉贡国王。查理的长子被关进西西里的一所监狱。[6]

查理盛怒之下撤回那不勒斯。马丁四世乖乖地将阿拉贡的佩德罗逐出教会，为了示好，他还鼓吹要发动一场针对阿拉贡和西西里的十字军运动。法兰西国王腓力三世，已故的路易九世的儿子，也即安茹的查理的侄子，加入了对抗阿拉贡的佩德罗和西西里叛军的战争，法国和阿拉贡正式开战。查理甚至找阿拉贡的佩德罗单挑，但计划最终因没能找到中立的裁判而搁浅（虽然英格兰的爱德华一世想担任这个角色）。

战争在持续了3年后突然结束，因为在1285年，各方首领在几个月内相继离世。

1月，安茹的查理——年近60岁，戎马一生，因儿子被俘悲恸欲绝——在意大利突然去世。他能控制的除了意大利南部的首都那不勒斯外再无其他领地；唯一剩下的头衔，那不勒斯国王，传给了尚在牢狱中的儿子。

听到查理死讯的威尼斯人开始和君士坦丁堡的安德洛尼卡二世和谈，希望能用谈判的方式代替武力拿回东部的贸易基地。

查理一死，马丁四世也没了靠山。为了保命，他从罗马逃到了佩鲁贾。他于3月死在那里，死时仍惦记着鳗鱼和葡萄酒。枢机主教推选85岁的罗马神父贾科莫·萨维利（Giacomo Savelli）接任教皇之位。

法兰西的腓力三世已率大军穿过朗格多克抵达阿拉贡东部城市鲁西永（Roussillou）——有超过10万步兵、骑兵和弓箭手，还有100艘船在海上提供支援。但因为有鲁西永人的支持，阿拉贡人开始了顽强的抵抗。阿拉贡将军劳里亚的罗杰发起海上袭击，冲散了法国舰队。在战场前线，痢疾又开始肆虐。腓力三世和上次在突尼斯城外一样，得了让他父亲毙命的疾病。冬季来临，寒冷的雨水让军队气势衰竭。

最终，腓力决定越过比利牛斯山撤退。但在他带领军队走出困境之前，一支阿拉贡军队来到他们身后，给了疾病缠身、手脚无力、疲惫不堪的法国军队致命一击。这场袭击被称为潘尼萨山口（Col de Panissars）战役，历时两天。袭击结束后，法国军队几乎只剩下了王室先锋部队。

腓力逃到佩皮尼昂（Perpignan）便停了下来。10月5日，大败4天后，他死于痢疾。

一个月后，阿拉贡的佩德罗三世死于高烧，享年46岁。他把阿拉贡的王位留给了大儿子阿方索三世（Alfonso III），西西里的王位给了次子海梅二世（James II）。

安茹的查理的长子，瘸子查理，还在西西里的监狱里关着。

这局面实在难令人满意。年轻的海梅二世希望成为一名基督教君主；把那不勒斯的合法国王、法兰西国王的堂兄弟关在监狱里可不是一位敬神之王该做的事，也不是与法国和平相处的办法。但想让瘸子查理回归自由，道路既阻且艰。英格兰的爱德华一世充当调停人，帮忙敲定细节（也许是为了弥补没能成为安茹的查理和阿拉贡的佩德罗之间决斗的裁判的遗憾）。瘸子查理同意和西西里还有阿拉贡达成和平协议；他要为父亲挑起的战争付出 5 万银马克的代价；他要承认西西里和南意大利现在是两个王国，一个在巴勒莫统治，一个在那不勒斯统治。[7]

瘸子查理同意了所有条件。但在签署了条约回家后，他立刻翻脸不认人。

老贾科莫·萨维利被选为教皇洪诺留四世（Honorius IV）两年后就去世了。他的继任者尼古拉四世（Nicholas IV）是个崇尚和平的方济各会成员。但他一系列的行为表明他在教皇的宝座上坐得并不舒服。1288 年，为了让瘸子查理承认他在西西里以及所有他可能统治的土地上拥有至高无上的教皇权威，尼古拉四世同意解除瘸子查理被迫签署的所有精心制定的条约。

他给出的理由是，统治者不应该在被囚禁的情况下签署任何条约；这一观点不能说没有道理。但他撕毁条约一事再次挑起了那不勒斯、西西里和阿拉贡之间的战争。这一场战争将持续整整 24 年，穿过世纪之交，持续到一个变动更加剧烈的时代。

时间线 5

蒙古人	法国	教皇	伊比利亚	神圣罗马帝国	拜占庭
蒙古攻陷第比利斯（1237） 蒙古攻陷莫斯科（1238）				**康拉德四世** （1237—1254，未加冕）	
				腓特烈二世被教皇废黜（1239）	
利格尼茨战役 （1241年4月9日） 绍约河战役 （1241年4月11日）					
窝阔台去世（1241）	塔耶堡战役 （1242）				
		英诺森四世 （1243—1254）			
贵由（1246—1248）				德意志内战开始（1246）	
	路易九世被迫投降 （1250）				
蒙哥（1251—1259）	牧人起义 （1251）				
		《灭绝》诏书 （1252）			
蒙古征服大理（1253）	路易九世返回法国 （1254）			**奥塔卡尔二世，波希米亚国王** （1253—1278）	
		亚历山大四世 （1254—1261）		康拉德四世去世（1254）	
蒙古围剿尼查里派（1256）					
蒙古入侵大越（1257）				**曼弗雷德，西西里国王** （1258—1266）	
蒙古攻陷巴格达（1258） 高丽向蒙古投降（1259） 蒙古攻陷大马士革和阿勒颇（1260）					
阿里不哥（1260—1264） **忽必烈**（1260—1294）		乌尔班四世 （1261—1264）			**米海尔八世·巴列奥略** （1261—1282）

05 西西里晚祷

时间线 5（续表）

蒙古人				法国	教皇	伊比利亚	神圣罗马帝国	拜占庭
伊利汗国 旭烈兀 阿八哈 (1265—1282)	金帐汗国 别儿哥	察合台汗国 阿鲁忽	大汗国 忽必烈		克雷芒四世 (1265—1268)			
							安茹的查理，西西里国王 (1266—1282) 塔利亚科佐战役（1268） 小康拉丁被处决（1269）	
马可·波罗游历元大都（约1270）				腓力三世 (1270—1285)			第八次十字军东征（1270）	
					格列高利十世 (1271—1276)		第九次十字军东征 (1271—1272)	
蒙古攻陷襄阳（1273）							**鲁道夫一世** (1273—1291，未加冕)	
					里昂宗教会议（1274）			
宋恭帝投降（1276）						（阿拉贡）**佩德罗三世** (1276—1285)		
					尼古拉三世 (1277—1280)			
南宋灭亡（1279）								
蒙古对日本的进攻失败（1281）					马丁四世 (1281—1285)			
							西西里晚祷 (1282)	**安德洛尼卡二世** (1282—1328)
阇耶跋摩八世向蒙古进贡（1283）								
蒙古对占婆的进攻失败（1285） 蒙古被大越击败（1288）				洪诺留四世 (1285—1287)	（阿拉贡）**阿方索三世** (1285—1291)	阿拉贡国王海梅二世作为西西里国王 **海梅一世** (1285—1295)		
					尼古拉四世 (1288—1292)			

/ 06

爱德华一世的战争

> 1275年至1299年,英格兰的爱德华一世宣布占领威尔士,苏格兰人为独立而战,法兰西的腓力四世在战争上花销巨大。

1275年,英格兰的爱德华一世——时年36岁,已统治3年——向西进攻威尔士亲王。

和苏格兰不同,威尔士从未有过可以统治整个国家的君主。各亲王相互敌对,统治着一个或多个小王国:圭内斯(Gwynedd)和波伊斯(Powys),德费德(Dyfed)和德赫巴思(Deheubarth),摩根韦格(Morgannwg)和锡尔迪吉恩(Ceredigion)。这使得威尔士极易受到英格兰国王的侵略,两国之间只隔着波伊斯和麦西亚(Mercia)之间的奥法堤(Offa's Dyke)。1247年,爱德华的父亲亨利三世就曾越堤西进。他夺取了圭内斯王国北部佩菲德乌尔兰(Perfeddwlad)的土地,并将该地赠予太子爱德华作为他的私人财产。[1]

当时,圭内斯王国群龙无首;亲王死后无子嗣,他兄弟的四个儿子正为争夺王国大动干戈。1255年,他的另一位兄弟卢埃林·阿普·格鲁菲德（Llywelyn ap Gruffudd）成功登上王位。但他的圭内斯王国已大大缩水。他想把佩菲德乌尔兰夺回来。

年内，他便把英格兰人赶出了佩菲德乌尔兰。随后他的野心急剧膨胀，意图吞下整个威尔士。他征战了 20 年：和威尔士境内的英格兰前哨打过仗；和威尔士其他亲王打过仗，并迫使他们放弃效忠英格兰国王而忠于自己。亨利三世正忙于夺取西西里和解决他与贵族的争端，根本无暇顾及保卫威尔士领地，也无法抑制卢埃林的扩张。1267 年，就在他去世前 5 年，亨利被迫承认卢埃林·阿普·格鲁菲德的新头衔：威尔士亲王，这是第一位不再仅仅拥有地方性权力的威尔士统治者。[*]

爱德华一世打算消灭他的力量，让其亲王的名号空有其名，并重夺佩菲德乌尔兰。登基 3 年后，他命令卢埃林到英格兰拜谒。卢埃林拒绝，爱德华准备进军圭内斯。

爱德华一世花了一年的时间招兵买马、筹集资金，许多英格兰贵族同意参战，前提是他们要得到征服的威尔士土地。战斗打响后，卢埃林发现他曾好言相诱从而使其臣服于自己的威尔士诸亲王都作鸟兽散，他们很乐意让英格兰国王好好收拾收拾这个乡村恶霸。他的弟弟戴维兹（Dafydd）觊觎威尔士王位已久，加入了爱德华的军队。爱德华亲征，海陆两军的封锁围攻让卢埃林无处可逃。[2]

1277 年 11 月，卢埃林被迫签订《康韦条约》(Treaty of Conway)，条约剥夺了他曾拥有的一切，只给他留了圭内斯西北角的 小块土地。作为奖赏，爱德华把威尔士的土地交给了英格兰的贵族们，佩菲德乌尔兰归自己所有，圭内斯王国的一大片土地交给了卢埃林的

---

[*] 卢埃林在协议中承诺每年向英格兰上交 3000 马克的贡税，但这笔交易只维持到了 1270 年。

弟弟戴维兹。

5年内，这项安排便土崩瓦解。作为其威尔士佃户的领主，英格兰贵族们颐指气使、要求苛刻；监管威尔士事务的英格兰郡长雷金纳德·德·格雷（Reginald de Gray）严厉冷酷，把十几年前的案子也拿出来审讯，还用死刑威胁访民；戴维兹在自己的领土上都要被迫遵守英格兰法律。"不同地区的基督徒有不同的法律和习俗，"一位威尔士贵族抱怨道，"连英格兰的犹太人都有自己的法律；我们土地上的法律和习俗向来不变，直到英格兰人将其废除。"[3]

就在1282年复活节前夕，戴维兹拉拢了威尔士的亲王们。第一仗是在圣枝主日（Palm Sunday）前的星期六晚上突袭英格兰人的哈登（Hawarden）城堡。一周内，卢埃林就加入了兄弟的军队（和兄弟间的恩仇相比英格兰现在是更大的威胁），几乎整个国家都在反抗。[4]

这一次，爱德华一世所率军队更加庞大。战场一会儿在威尔士北部，一会儿在威尔士南部：到12月，双方仍势均力敌。但在12月11日，卢埃林在一座横跨厄福隆（Irfron）河的桥上遭到一群英格兰士兵的伏击。"卢埃林·阿普·格鲁菲德阵亡，"伏击的指挥官在此次事件的报告中写道，"他的军队被击败，所有追随者全部丧命。"[5]

其实，卢埃林当时只带了一小队随从；但卢埃林一死，威尔士的抵抗便没了主心骨。戴维兹立即宣布自己继承卢埃林的威尔士亲王之位并继续战斗，但在1283年6月他被自己的同伴扭送给了英格兰人。

这场战争劳民伤财，爱德华专为戴维兹发明了一种新的刑罚。游街、绞刑、分尸，野蛮的刑罚都被用在了这个反抗者身上：他像叛徒一样被拖在马后于伦敦游街；像窃贼一样被处以绞刑；但绞刑并不致命，他在一息尚存的时候又被腰斩，内脏被人掏出并在他眼

地图 6-1 苏格兰和威尔士境内的战争

前焚烧，这是一种古老的对杀人犯的处罚。最后，据当时《拉纳科斯特编年史》（Chronicle of Lanercost）的记载："作为背叛的惩罚，他的四肢被切下来挂在英格兰四个举行典礼的地方示众。"右臂在约克郡，左臂在布里斯托尔，右腿在北安普敦，左腿在赫里福德。为了避免腐烂后掉落，他的头绑在烙铁上，一根长矛将其刺穿后插在伦敦塔上。[6]

爱德华随后把威尔士亲王的名号给了自己。1284年的《里兹兰法令》（Statute of Rhuddlan）使威尔士正式成为英国封邑。卢埃林被后世称为"最后的卢埃林"（Llywelyn The Last），威尔士今后再没有独立的统治者。

苏格兰战争以及与法国的战争接踵而至。

亚历山大三世（Alexander III）1249年称王苏格兰，他娶了亨利三世的女儿、爱德华一世的妹妹，并与英格兰结盟。但结婚以后，他拒绝了亨利三世的要求，没有拜谒他的领主英格兰国王。

在亚历山大三世的保护下，苏格兰维持了近40年的独立。他心爱的妻子和三个孩子都比他死得早，1281年至1284年，他的孩子相继离世。为了能有继承人，他于1285年再次结婚，娶了一个名为德勒的兰德（Yolande de Dreux）的法国姑娘。1286年3月的一个晚上，他从议会骑马回家，由于急于和新任妻子同床共枕，他加速超过了侍卫，结果一不小心掉落悬崖。他统治了苏格兰36年9个月。[7]

他唯一在世的继承人是外孙女玛格丽特（Margaret），她的母亲玛格丽特已故，父亲是挪威国王。玛格丽特当时才3岁，但苏格兰贵族同意承认她为他们的女王。为了换取长久的和平，他们还在《伯厄姆条约》（Treaty of Birgham）中同意将玛格丽特许配给爱德华一世的儿子；这将使英格兰和苏格兰成为君合国（personal union，共主邦联），条件是苏格兰依旧保持独立。[8]

玛格丽特风风光光地来到苏格兰，但所有计划在1290年全部落空，因为那年，7岁的玛格丽特在奥克尼（Okerney）群岛去世了。由于王室血脉已断，至少13个势力集团开始争夺苏格兰王位。其中的领军人物有已故国王亚历山大三世堂姑的儿子，安嫩代尔领地第五任领主罗伯特·布鲁斯（Robert Bruce），还有约翰·巴利奥尔（John Balliol），大卫一世国王曾孙女的外孙。

罗伯特·布鲁斯最有可能得到王位。爱德华对他的儿子，第六任领主罗伯特·布鲁斯印象深刻；小罗伯特曾和爱德华一起参加第九次十字军东征并帮助英格兰对抗威尔士。但老罗伯特已经70多岁了，爱德华把赌注押在了约翰·巴利奥尔身上。巴利奥尔是一位40多岁的地主，没有接受过军事训练；他娶了一位英格兰女人，拥有一处英格兰地产，还欠了英格兰王室不少钱。[9]

一次104位苏格兰贵族参加的集会选择了巴利奥尔。"他在斯昆（Scone）被捧上王座，"《拉纳科斯特编年史》记载道，"在场的众人鼓掌欢呼，英格兰国王的法律事务代理人也出席了集会。"苏格兰国王历来都在苏格兰东南的斯昆修道院内坐在斯昆石上加冕：那是一大块砂岩，据说是1600年前第一位苏格兰国王费格斯（Fergus）带来的。[10]

当然，由英格兰官员指挥仪式进程绝对不符合传统。但他们的出现标志着未来的走向。

加冕后不久，巴利奥尔同意拜谒领主爱德华一世。这可不是众人想看到的行为；而爱德华立刻表明自己十分愿意插手苏格兰事务，巴利奥尔也不愿违抗他。接下来的两年里，两人尽力维持着和平——直到爱德华和法国的腓力四世翻脸，这给了苏格兰摆脱南方霸主阴影的机会。

勇敢者腓力三世在鲁莽地与阿拉贡开战后便死了，他17岁的儿子腓力四世（Philip IV）登上王位。登基前一年，男孩便已经娶了11岁的女王，纳瓦拉的琼（Joan of Navarre）；纳瓦拉和法国实现共治。

腓力四世十分崇拜死去的祖父路易九世，还希望自己能效仿他的高祖父腓力·奥古斯都：两位国王都是受上帝称赞的统治者。对年轻的腓力来说，想实现自己的理想就要利用手中的权力解决那些握有大量领土、思想独立的公爵们。其中最典型的代表就是爱德华一世，他既是阿基坦公爵又是英格兰国王；阿基坦是亨利二世的妻子、狮心王理查和无地王约翰的母亲埃莉诺的家乡，现在依旧在英格兰人手中。

按理说腓力应该是爱德华的领主——与爱德华是约翰·巴利奥尔的领主同理。1294年，法兰西国王命令爱德华来法国宫廷，为诺曼水手与法国船队在沿岸斗殴一事负责。

爱德华无视此令，腓力便没收阿基坦作为惩罚。爱德华立刻开始在大陆寻找盟友。布列塔尼公爵和佛兰德伯爵都希望削弱腓力四世的力量，同意加入爱德华的势力。他还飞扬跋扈地给约翰·巴利奥尔发了封信，命令他派出苏格兰军队以示忠心。

巴利奥尔好言回复，答应派出士兵；但此事传出后，那些将他选为国王的贵族又把国家从他手里夺了回去。12名贵族组成议会治理国家。"法令规定，"《拉纳科斯特编年史》记载道，"国王不能自作主张。"巴利奥尔现在成了傀儡，给自己赢了个臭名叫"空心袍子"（Toom Tabard）。

12名贵族代表国家给腓力四世送信，提出和法国缔约以对抗英格兰。签订于1295年的《巴黎条约》承诺苏格兰与法国结盟，将英格兰视为共同敌人。这也使苏格兰和英格兰之间开始了持续几十年的战争：对英格兰人来说，这场战争叫苏格兰之战；对苏格兰人来说，则是独立战争。[11]

现在，爱德华一世必须面对法国和苏格兰两个战场；一个是作为封臣打封君，一个是作为封君打封臣。他把法国战场交给了将军们，自己亲自带兵前往苏格兰城市伯威克（Berwick）。同时，他还派海军从海上袭击巴利奥尔。他把心腹、第八任安嫩代尔领主小罗伯特·布鲁斯安排在位于英苏边境的北方要塞卡莱尔（Carlisle）城堡：此地离哈德良长城不远，是边防重镇。

英格兰军队没多久就拿下了伯威克。"城镇陷落，"苏格兰编年史家福尔顿的约翰（John of Fordun）写道，"面目全非；无论男女老少，格杀勿论，英格兰暴君下令斩杀了7500人；两天的时间，尸体流出的血液汇聚成了一条条小溪。"[12]

苏格兰守军被一步步赶到了北方。苏格兰城堡一个接一个陷落：邓巴（Dunbar）、爱丁堡、斯特灵（Stirling）。在蒙特罗斯（Montrose），巴利奥尔放弃了抵抗。他投降了，没穿王室长袍的他走出城堡，挥舞着白色的权杖。

爱德华将他俘虏并宣布战胜了苏格兰。在回英格兰的路上，他绕道穿过斯昆修道院，夺走了斯昆石。他把巴利奥尔关在伦敦塔，把斯昆石放在加冕英格兰国王的王座下面，这样将来加冕为英格兰国王的人也同样会成为苏格兰国王。他任命副摄政和英格兰郡长以他的名义管理苏格兰。他认为苏格兰是他的了，和威尔士一样。

但与威尔士不同，苏格兰人总会在一个强大的领导身后团结起来。

12位贵族还没有放弃。"他们建造城堡，"福尔顿的约翰说，"把摧毁的城堡修复一新，在战略要地派驻最信任的士兵，做好准备勇敢抵抗英格兰暴君的非法入侵。"但12位贵族中没有一个人脱颖而出成为苏格兰起义的领袖。那个位置被留给了一个小领主的儿子：威廉·华莱士（William Wallace），他当时大概25岁，身高将近两米，是英格兰的死敌。

华莱士早已因私自报复霸道的英格兰士兵而被判有罪。他召集了一群自由的战士（在苏格兰人看来）和山贼（在英格兰人看来），游荡于苏格兰各地，袭击英格兰驻军，掠夺英格兰人占有的城堡。约150年后，一位被称为"瞎子哈里"（Blind Harry）的无名诗人记载说，他的名声日益高涨："他一路征服拼杀／所到之处片甲不留。"[13]

由于爱德华没有出军应战，据此判断，华莱士的进攻规模可能比诗歌中描述的要小得多。但在1297年，威廉·华莱士准备公开宣战。

瞎子哈里说他爱上了拉纳克的玛丽昂（Marion of Lanark），当地一个地主的年轻漂亮的女儿。由于拉纳克是一个强大的英格兰郡长的地盘，罪犯华莱士被迫和他的爱人秘密结婚。有一次他来探望她时被人抓住了，他突出重围，一路杀出了拉纳克。郡长威廉·荷斯里格爵士（Sir William Heselrig）杀了玛丽昂还以颜色。伤心欲绝的华莱士回到拉纳克，趁夜色潜入荷斯里格的城堡，在他熟睡时将他肢解。[14]

玛丽昂是否真的存在不得而知，但华莱士确实和手下一起袭击并杀了英格兰郡长,这也是全国在华莱士的带领下共同起义的第一仗。"威廉·华莱士在他的小屋里抬起头,"福尔顿的约翰的较为符合事实的记载中称,"……他面前挤满了精神痛苦、饱受英格兰暴君统治折磨的人……于是华莱士全盘推翻了英格兰的所有规定。"[15]

现在,他引起爱德华一世的注意了。他派出了"大批部队镇压这个不知天高地厚的威廉"。华莱士率军迎敌,两军于福斯(Forth)河上的斯特灵桥相会。1297年9月11日,他的军队横扫英格兰人并杀了他们的将军。这场持续32年的战争,即苏格兰第一次独立战争,正式开始了。

与此同时,英格兰人正在阿基坦与法国人交战,这场战争的开销比腓力四世预想的要大得多。

他向犹太人征收了特殊税种,还向法国教会征收了一种极其不得人心的税。1298年,他首次让法国货币贬值:征收、熔化、重铸,货币的价值不变,但里面的含银量减少,以此用同样的贵重金属铸造更多的钱币。但事与愿违,硬币的价值立即缩水,通货膨胀开始显现。[16]

战争越打越穷,腓力四世不得不在1299年同意和爱德华一世议和。为了促成和约签署,他同意把妹妹玛格丽特嫁给60岁的爱德华〔爱德华第一任备受宠爱的妻子,卡斯提尔的埃莉诺(Eleanor of Castile),于1290年去世了〕。腓力四世的年纪当时大约是爱德华的一半,玛格丽特只有20岁。同时,腓力将5岁的女儿伊莎贝拉(Isabella)许给了爱德华一世的儿子,未来的爱德华二世(Edward II)。

为了换取和平,腓力四世同意不再给苏格兰提供援助。华莱士和他的叛军孤立无援,爱德华现在可以全力来对付他了。

时间线 6

法国	教皇	伊比利亚	神圣罗马帝国	拜占庭	英格兰	苏格兰	威尔士
			腓特烈二世被教皇废黜（1239）				戴维兹·阿普·卢埃林（1240—1246）
塔耶堡战役（1242）							
	英诺森四世（1243—1254）		德意志内战开始（1246）		亨利三世夺取佩菲德乌尔兰（1247）		
路易九世被迫投降（1250）						亚历山大三世（1249—1286）	
牧人起义（1251）	《灭绝》诏书（1252）						
			奥塔卡尔二世，波希米亚国王（1253—1278）		埃德蒙宣称拥有西西里（1253）		
路易九世返回法国（1254）	亚历山大四世（1254—1261）		康拉德四世去世（1254）				卢埃林·阿普·格鲁菲德（1255—1282）
			曼弗雷德，西西里国王（1258—1266）		《牛津条例》（1258）		
	乌尔班四世（1261—1264）			米海尔八世·巴列奥略（1261—1282）			
	克雷芒四世（1265—1268）				第二次贵族对抗国王的战争（1264—1267）		
			安茹的查理，西西里国王（1266—1282）				
			塔利亚科佐战役（1268）				
			小康拉丁被处决（1269）				
腓力三世（1270—1285）			第八次十字军东征（1270）				
	格列高利十世（1271—1276）		第九次十字军东征（1271—1272）				

时间线 6（续表）

法国	教皇	伊比利亚	神圣罗马帝国	拜占庭	英格兰	苏格兰	威尔士
			鲁道夫一世（1273—1291，未加冕）		爱德华一世（1272—1307）		
第二次里昂公会议（1274）							
		（阿拉贡）佩德罗三世（1276—1285）					
	尼古拉三世（1277—1280）						
	马丁四世（1281—1285）		西西里晚祷（1282）	安德洛尼卡二世（1282—1328）			戴维兹·阿普·格鲁菲德起义（1282）
腓力四世（1285—1314）	洪诺留四世（1285—1287）	（阿拉贡）阿方索三世（1285—1291）	阿拉贡国王海梅二世作为西西里国王海梅一世（1285—1295）				《里兹兰法令》（1284）
	尼古拉四世（1288—1292）						
					《伯厄姆条约》（1289）		
					玛格丽特去世（1290）		
					约翰·巴利奥尔（1292—1296）		
					《巴黎条约》（1295）		
						苏格兰第一次独立战争（1296—1328）	
						斯特灵桥战役（1297）	
法国货币第一次贬值							

/ 07

第二个德里苏丹国

> 1287年至1300年，卡尔吉王朝夺取德里的苏丹宝座，苏丹阿拉乌丁打退了蒙古人。

1287年年初，德里的苏丹去世。巴勒班享年87岁，他统治了德里半辈子，担任苏丹长达21年，被誉为真主之右手。

他最喜欢的儿子比他死得早，他对在东部恒河三角洲孟加拉地区统治的二儿子柏格拉汗（Bughra Khan）又不怎么看好。他在朝中曾大力提拔他的一个孙子。临终前，他下令将苏丹之位传给这个孙子，即他最喜欢的那个已故的儿子的儿子。但朝廷官员却把他的另一个孙子，柏格拉汗17岁的儿子穆伊兹丁（Muiz-ud-din）奉为苏丹。

随即，德里一反常态。"从万民之父巴勒班去世的那天开始，"齐亚丁·巴拉尼写道，"所有生命和财产的保障都消失了，没人相信王国还会依旧稳定……首领和贵族相互争吵。许多人因猜忌而丧命。"

穆伊兹丁统治的3年实际上就是无主的3年，没有人管事。那男孩天生好脾气又善良，巴拉尼说，但他成长的环境十分严苛，在导师、警卫和教官的看管下，他没有自由也没有快乐。突然成为苏丹的他，就像一个在笼子里长大的少年突然长出了翅膀："所有他曾读过、听过、学过的东西，他通通忘记了……他的生活花天酒地、纸醉金迷。"首领和贵族为权力打得不可开交，穆伊兹丁却为自己建了一座巨型宫殿和花园，他邀请朋友入住，整天聚会玩乐。[1]

在孟加拉统治的巴勒班的二儿子柏格拉汗立即放弃效忠自己的儿子，自立为高尔的苏丹，一位独立的统治者。其他臣子也"虎视眈眈，准备捞上一把"。在这些人中，首席大法官尼桑木丁（Nizam-ud-din）想出了借穆伊兹丁之手除掉敌人的方法；他在年轻的苏丹喝醉时拜见，得到苏丹的允许后，杀掉所有他想杀的人。穆伊兹丁蹒跚学步的表弟就是首批受害人之一。之后还有更多人惨遭毒手，直到尼桑木丁的恐怖统治让人忍无可忍。一位朝廷官员以其人之道还治其人之身，得到醉酒苏丹杀掉尼桑木丁的允许后，在他的酒里下了毒。

尼桑木丁冷酷无情，但他的方法却十分有效；他一死，政府再次陷入混乱。苏丹赶紧召见了一位曾受祖父青睐的奴隶，贾拉丁·菲鲁兹·卡尔吉（Jalal-ud-din Firuz Khalji），把他从北方城市萨马纳（Samana）的统治者的职务上调来重振朝纲。

菲鲁兹·卡尔吉表现得和前任一样高效、野心勃勃。没过多久，年轻的苏丹得了一种奇怪的瘫痪病。菲鲁兹·卡尔吉将苏丹尚在襁褓中的儿子立为下任苏丹，自立为摄政，之后在自己儿子的帮助下绑架了婴儿苏丹。1290年，他宣布自己代替婴儿成为苏丹。（巴拉尼没有告诉我们那孩子究竟遇到了什么事，但他就这样凭空消失了。）

巴勒班的马穆鲁克王朝就此终结，一个新的王朝诞生，那就是卡尔吉王朝（Khalji dynasty）。菲鲁兹·卡尔吉有突厥血统，但卡尔吉的几代人已被印度化，德里的突厥人最初并不承认他的统治。他被迫在离德里几英里的基鲁戈里（Kilu-ghari）建立自己的总部，在统治的前两年他甚至都没迈进都城一步。他从基鲁戈里统治四方，到处施舍，招募了一支庞大的军队，最终派儿子在他抵达德里之前清除障碍。

他的苏丹之位没能坐多久。虽然成为苏丹时已年约七旬，但菲鲁兹·卡尔吉依旧精力充沛、狡猾机智，紧攥权力却又不妄想偏执。一个反叛的阴谋在宫廷中被揭发，他活活烧死了叛徒并驱使大象把主谋踩死。有时他接到报告说，一群喝醉酒的贵族扬言要杀了他，他只是回答说，"人一喝多了就容易胡言乱语。别把醉鬼的话告诉我。"[3]

但他已是望八之年；他不想打仗，得到的王位也没有任何合法性。死亡终会到来，只是没想到竟然来自自家人。

他的大将军是侄子阿拉乌丁（'Ala'-ud-Din）；菲鲁兹·卡尔吉在自家把他抚养大，并把自己的女儿嫁给了他。毫无疑问，他很信任阿拉乌丁。他安排这个年轻人担任卡拉（Kara）总督，那是个离阿拉哈巴德（Allahabad）西边不远的富裕小镇。他还把从讷尔默达河以南德干高原上的印度教王国搜刮来的大量战利品和财富分给他。阿拉乌丁瞒着叔叔，迟迟不把属于苏丹的那部分战利品送过去，他把财富偷偷积攒起来以图组建自己的军队。巴拉尼说："他希望以卡拉为起点，夺取德里。"[4]

有人警告苏丹说阿拉乌丁可能举兵造反，但他不听。他说："我做了什么对不起阿拉乌丁的事让他离我而去？"1296年，他的侄子袭击南方富裕城镇德瓦吉里（Devagiri）归来，苏丹只带了几个随从去接他。阿拉乌丁在他面前跪下行礼，苏丹热情地吻了他并拉着他的手。但阿拉乌丁早已告知手下，这个亲密的举动就是动手的信号。其中一人拔刀砍伤苏丹；老人跑向自己的随从时，第二个人将他斩杀。他的随从也全部殒命。

阿拉乌丁带着自己的军队进军德里，得到王位。他把黄金分给所有支持者，这些赏赐的礼物和荣誉，为他赢得了安全的环境。"众人被收到的黄金迷了心窍，"巴拉尼写道，"没有人提及苏丹犯下的可怕罪行，除了敛财他们别无他念。"[5]

他叔叔的头颅被插在一根长矛上，随阿拉乌丁进入德里。和曾在君士坦丁堡发生过的冷血剧情一样，阿拉乌丁刺瞎了他的堂兄弟，也就是菲鲁兹·卡尔吉的大儿子，让他永无称王之日。[6]

阿拉乌丁的苏丹之位还没坐满一年，蒙古人就翻山越岭而来。

蒙古人对印度的入侵已经持续几十年了，伊利汗国和察合台汗国双管齐下。但两个汗国在征服印度的战场上都没有使出全力，他们之间已经打得不可开交。

伊利汗国现在由合赞汗统治，他是伊利汗国的建立者旭烈兀的曾孙。旭烈兀的儿子兼继承人阿八哈延续了蒙古人的豪饮传统，于1282年因饮酒过量而死；阿八哈的两个儿子相继继承汗位，而合赞这位24岁的优秀战士则于1295年成为可汗。和他的祖父一样，他是埃及苏丹国和黑海北部的金帐汗国的敌人；他和基督教势力结盟，与君士坦丁堡的安德洛尼卡二世交好，还和远东中国的忽必烈汗保持友好关系。[7]

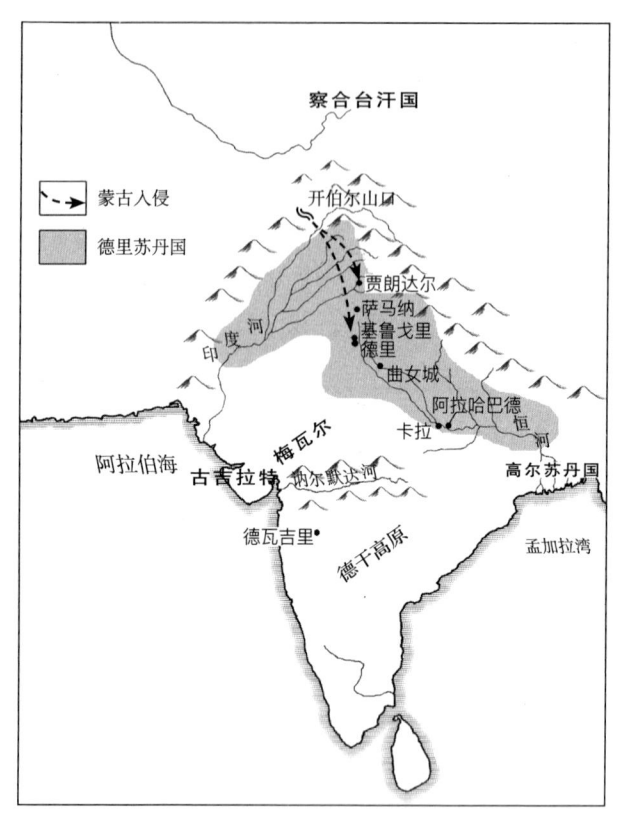

地图 7-1 蒙古入侵德里

现由察合台的玄孙笃哇统治的察合台汗国与金帐汗国交好，敌视忽必烈的统治，尤其敌视伊利汗国——在伊利汗国士兵东进后，它的敌意更为强烈了。为了争夺呼罗珊地区的主权，两个汗国大打出手，根本没时间管南方。但旭烈兀死后，伊利汗国内部的争权之乱给了察合台汗国宝贵的机会，就在合赞登基之前，察合台汗国终于把伊利汗国军队赶了出去。[8]

现在笃哇有了一个基地，这使他不再局限于掠夺印度北部土地；他可以实实在在地计划征服一个王国。

阿拉乌丁统治的第二年，蒙古人翻山越岭来到印度北方。苏丹派兄弟兀鲁伯（Ulugh）和好友扎法尔（Zafar）率大军与蒙古人交战。在贾朗达尔（Jalandhar），德里的军队轻松战胜蒙古人。"许多人被杀或被俘，"巴拉尼说，"他们的头颅都被送回德里。这场胜利……极大地增强了阿拉乌丁的权威。"[9]

在胜仗的刺激下，苏丹派出自己的军队向西进发，攻打古吉拉特（Gujarat）的印度教王国。仗打得很轻松，古吉拉特地区并入德里苏丹国。在俘虏中，有一个名叫马利克·卡福尔（Malik Kafur）的太监；阿拉乌丁一看到他便被他的美"迷住了"。从那时起，马利克·卡福尔就一直陪在他身边。[10]

他本打算继续攻打印度教各王国，但蒙古人又回来了。了解了敌人实力之后，察合台汗国可汗笃哇准备开始全面侵略。1299年，他派出一支比1296年规模更大的军队——据当时资料记载，大约有20万骑兵——由他的儿子统领。这支军队不顾边境上的要塞，忽略德里和群山之间的所有目标，直取都城。[11]

恐慌席卷北方。蒙古人所经之处的村民弃家舍田逃往德里，结果却发现那座城市根本没什么抵抗能力。

> 旧的防御工事没有被修复，恐惧肆虐，前所未有。所有人，无论地位高低，都万念俱灰。大批民众涌入这座城市，街道、市场，还有清真寺根本容不下这么多人。物价疯涨。道路禁止商队和商人通过，悲痛降临到每个人头上。[12]

阿拉乌丁召集苏丹国内所有总督率军队前来守卫德里。但是，鉴于城市内部的境况和人民的恐慌，他没有听取大臣的建议守城，而是率军出城，与蒙古人正面交锋。

两军战线绵延数英里。阿拉乌丁亲自指挥中军，他的兄弟负责左翼，他的朋友、将军扎法尔负责右翼。配有上百头大象的中军冲破了蒙古人的战线；扎法尔的军队也击退了敌军，但在追敌的过程中，扎法尔连失两匹坐骑，最终自己也殒命沙场。经历了近一整天的激战后，蒙古人开始撤退。他们撤到开伯尔山口，一路上很多人因疾病和疲惫而死。笃哇的儿子也在撤退的路上去世。

阿拉乌丁凯旋德里，喜出望外的他一回来就宣布要成立一个新的宗教。（"我的剑……所有人都将臣服，"他对大臣们说，"世间将通过这个宗教永远记住我和我朋友的名字，如同记住先知穆罕默德和他朋友的名字一样。"）他将自己称为"第二亚历山大"，并将此名号印在硬币上，代表自己将和亚历山大大帝一样征服世界。[13]

苏丹担心蒙古人反扑，明白德里需要一支强大的驻军。他的一位史官记录说，他建立的驻军有47.5万名骑兵。和处在13、14世纪之交的众多国王不同，他按期给士兵发薪水，让他们能靠薪水过上舒适的生活；他还给德里的市场规定物价，粮食、水果、糖、油，甚至鞋子和外套的价格都由国家控制。乱要价的商人将被拘捕；如果罪名成立，那么他们卖的商品缺了多少斤两，就要相应地从他们身上割下多少斤肉。

为了筹措修筑防御工事的资金，阿拉乌丁不允许贵族的生活过于奢华；凡是想办大型聚会或购买大宗商品的人，都要征得市场管理官的同意，市场管理官是苏丹在政府部门中新设立的职位。他修缮了所有前线堡垒，向其派驻了训练有素的士兵，并为军队的马匹标

07 第二个德里苏丹国

时间线 7

英格兰	苏格兰	威尔士	印度北部	蒙古人
		戴维兹·阿普·卢埃林（1240—1246）	巴赫拉姆（1240—1242）蒙古攻陷拉合尔（1241）	利格尼茨战役（1241年4月9日）绍约河战役（1241年4月11日）窝阔台去世（1241）
			马苏德（1242—1246）纳兰马西姆哈·德瓦占领勒克瑙（1243）	
亨利三世夺取佩菲德乌尔兰（1247）			纳西尔丁（1246—1266）巴勒班任维齐尔德里进攻蒙古	贵由（1246—1248）
	亚历山大三世（1249—1286）			蒙哥（1251—1259）蒙古征服大理（1253）
埃德蒙宣称拥有西西里（1253）				
		卢埃林·阿普·格鲁菲德（1255—1282）		
《牛津条例》（1258）				蒙古围剿尼查里派（1256）蒙古入侵大越（1257）蒙古攻陷巴格达（1258）高丽向蒙古投降（1259）
			德里占领梅瓦尔（1260）	蒙古攻陷大马士革和阿勒颇（1260）阿里不哥（1260—1264）忽必烈（1260—1294）
第二次贵族对抗国王的战争（1264—1267）				伊利汗国 金帐汗国 察合台汗国 大汗国 旭烈兀阿八哈（1265—1282） 别儿哥 阿鲁忽 忽必烈
			巴勒班（1266—1287）	

时间线 7（续表）						
英格兰	苏格兰	威尔士		印度北部	蒙古人	
					马可·波罗游历元大都（约1270）
爱德华一世（1272—1307）					
					蒙古攻陷襄阳（1273）
					宋恭帝投降（1276）
					南宋灭亡（1279）
	戴维兹·阿普·格鲁菲德起义（1282）《里兹兰法令》（1284）			阿八哈去世	笃哇（1282—1306）
				穆伊兹丁（1287—1290）柏格拉汗，高尔苏丹（1287—1291）	
《伯厄姆条约》（1289）玛格丽特去世（1290）				卡尔吉王朝（1290—1320）贾拉勒丁（1290—1296）	
	约翰·巴利奥尔（1292—1296）《巴黎条约》（1295）				合赞（1295—1304）
	苏格兰第一次独立战争（1296—1328）斯特灵桥战役（1297）			阿拉乌丁（1296—1316）蒙古进攻德里（1299）	

号以防止盗窃和私下买卖。他建立了一个间谍系统以提醒他蒙古人的一举一动，所有消极怠工的要塞指挥官、情绪不满的士兵，还有可能发生的叛乱，他都了如指掌。在世纪之交，蒙古的威胁促使德里苏丹国跻身世界上最高效、管理最严格、最具战斗力的帝国之列。[14]

/ 08

教皇君主制的终结

> 1301年至1317年,卜尼法斯八世摧毁圣殿,激怒法兰西国王,教皇从此不再掌权。

进入14世纪,教皇卜尼法斯八世(Boniface VIII)苦心孤诣地要恢复教皇的古老权力;半个多世纪前,这种权力在英诺森四世手中大打折扣。

50多年过去了,现在看起来英诺森四世当时无意中给圣彼得继承人手中的权力设定了截止日期。他将腓特烈二世逐出教会,授权神圣罗马帝国进行内战,还促成了德意志、西西里和意大利的分裂。在这个过程中,他让教皇失去了最强大的同盟:能在三地保护教会利益的神圣罗马帝国皇帝。

现在,神圣罗马帝国皇帝已不复存在。阿拉贡的海梅二世控制着西西里,"安茹的查理"之子瘸子查理掌控着意大利南部的那不勒斯王国,哈布斯堡的鲁道夫之子阿尔布雷希特一世(Albert I)坐拥德意志。路易九世的王位传到了腓力四世手中,腓力四世因为长相俊美而得绰号"美男子腓力"（Philip the Fair）；他不像虔诚的祖父那样对教会的特权那么有好感。

意大利北部的城市则陷入了一场两大派别间大规模复杂的权力角逐。

这两大派别被称为归尔甫派（Guelph，即支持教皇派）和吉伯林派（Ghibelline，即支持皇帝派），从12世纪开始，两大派别的支持者就在为神圣罗马皇帝的皇位争抢不休。他们支持的皇帝候选人分别是霍亨斯陶芬的康拉德（Conrad of Hohenstaufen，属于吉伯林派）和狮子亨利（Henry the Lion，归尔甫派）。霍亨斯陶芬家族成功夺取皇位，这意味着该家族在意大利的吉伯林派拥护者现在成了狂热的帝国支持者，支持皇帝统治永远桀骜不驯的伦巴第土地。

100年后，吉伯林派和归尔甫派支持或反对帝国的思想都不再那么激进。但他们之间依旧心存敌意，在教皇国北部的意大利城市中，他们仍在争夺控制权。但这种争夺不再有任何帝国色彩：他们争的是港口控制权、贸易权限和税务减免。和所有能维持超过一个半世纪的政治派别一样，归尔甫派和吉伯林派都演变出了和初衷相背离的文化以及生活方式。[1]

卜尼法斯八世现在不得不与周围所有复杂敌对势力协商：这比他的前几任在处理与皇帝的关系时遇到的问题要棘手得多。

在意大利北部，他决定与归尔甫派结成联盟。归尔甫派和吉伯林派［坎切列里（Cancellieri）家族和潘恰蒂基（Panciatichi）家族］之间持续的恶性斗争已经演变成归尔甫派内部更加血腥的争斗。坎切列里家族的两个分支，比安基（Bianchi）家族和内里（Neri）家族（"白归尔甫派"和"黑归尔甫派"）展开了激烈的内斗。由于无法调停两派，卜尼法斯八世便请腓力四世的弟弟，瓦卢瓦的查理

（Charles of Valois），来意大利劝架。

查理在 13、14 世纪之交前夕越境进入意大利北部。他摩拳擦掌，乔瓦尼·维拉尼说："满心希望能成为皇帝，因为教皇答应过他。"他的军队驻扎于饱受黑白两派斗争摧残的佛罗伦萨。他和内里家族，即黑归尔甫派结盟；1301 年 11 月，得到教皇的批准后，瓦卢瓦的查理率兵与内里家族一起向佛罗伦萨的白归尔甫派和吉伯林派发起总攻，以了结他们之间的宿怨。掠夺和焚烧持续了 6 天，商店被抢劫一空，白归尔甫派成员遭到暗杀。伟大的佛罗伦萨诗人但丁就是一位白归尔甫派成员，他倾家荡产，不得不逃离佛罗伦萨；他的余生都在流亡中度过，也正是这次经历让他在《神曲》中如此尖刻地评价瓦卢瓦的查理（"莫说土地，罪恶和耻辱 / 才是他应得的所有"）。[2]

查理未能妥善处理佛罗伦萨的清理工作，结果情况比卜尼法斯八世预想的还要血腥。在哥哥腓力四世那里失宠、同时又资金短缺的他待了没多久就回法国了。但他完成了卜尼法斯的要求，一时间意大利北部的战事平息下来。

同时，卜尼法斯还要和腓力四世处理另一件事。腓力向法国教会征税以应对持续的战争。他好不容易和英格兰的爱德华一世达成和平协议，但与佛兰德伯爵的战斗还没有结束。战争花销巨大，所以腓力根本不听卜尼法斯抱怨什么教会税。他还掌握着在宫廷试用教士的权力，并控制着用法国神父填补教会空缺职位的任免权。国王和教皇之间的那些疑难杂症现在依旧没有治愈。

1301 年 12 月，卜尼法斯给法兰西国王送去一封信，重申伟大前辈的那些观点，一直追溯到大格列高利。"腓力（Ausculta fili），"信中说，"听着，孩子……"：

> 上帝使我们高于国王和王国……你应该知道自己并不在教阶体制之上，也不在教阶体制之内……我们的前人罢免过三位法兰西国王……虽然我们明白最好不要重走先人之路，但如果国王又犯了同样的罪行，甚至比先王的罪行还要恶劣，我们只能遗憾而悲痛地将他逐出教会。

腓力四世读完就将信烧了。[3]

他在被逐出教会的道路上越走越快；此后，公众反对他的浪潮不可避免，腓力尽最大能力让人民支持自己。1302 年 4 月，他将国内最有权势的两个团体召到巴黎：法国各领地的公侯们和法国宗教界的领袖。除此之外，他还召来了第三个团体："模范城镇的代表"、市长、知名人士还有大城市的富商。参会的三方都支持他：卜尼法斯是错的，腓力的反抗完全得当。[4]

但佛兰德依旧让他头疼不已。1302 年 7 月 11 日，著名的阿图瓦的罗伯（Robert of Artois）率一支庞大的法国军队与一支佛兰德人的步兵相遇，结果在库特赖（Courtrai）附近一败涂地。战场被佛兰德人挖得坑坑洼洼，绊倒了法国骑兵；马匹缠在一起落入水沟，把骑士甩了出去，佛兰德步兵有条不紊地在战场穿梭，收割人头马命。"脚上有马刺的要全部杀光！"他们的指挥官，那慕尔的居伊（Guy de Namur）喊道。不到三个小时，"法国骑兵之花"（法国精英骑兵）全军覆没。阿图瓦的罗伯也战死沙场。事后，佛兰德农民开始清理战场，从所有贵族的尸体上拿走黄金的马刺。500 多双马刺挂在附近的库特赖圣母教堂作为战利品。[5]

当年秋天，卜尼法斯八世又寄来一封信，信中威胁的语气更甚。"因此，如果世俗权力犯错，必须由教会之权力裁决，"卜尼法斯写道，"……但如果最高的教会之权力犯错，那么除了上帝，任何人都没有权力裁决。"他谴责腓力，而腓力无力报复。[6]

腓力四世是没有心思听的。最终，卜尼法斯于 1303 年秋将他逐出教会，而腓力则派自己的掌玺官（Keeper of the Seal）纪尧姆·德·诺加雷（Guillaume de Nogaret）组织偷袭身在阿纳尼（Anagni）的教皇。他们于 9 月 7 日夜闯入教皇住所，把他押到附近的一座城堡，此时距教皇签署将腓力逐出教会的诏书仅剩 12 小时。[7]

他们的本意可能只是逼他废除将腓力逐出教会的诏令，但被关押了 3 天后，卜尼法斯八世在罗马的一伙朋友把他救了出来，并把他带到了梵蒂冈。之后不久，68 岁的他便在那里去世了，压力和愤怒让他精疲力竭。[8]

教皇君主制的古老理想——教皇为精神领袖，凌驾于教会法律之上——也随他一同消亡了。卜尼法斯曾试图攥住本属于帝国的权力，但失败了。他的继任者，本笃十一世（Benedict XI）仅统治了几个月；随后，法国和意大利的枢机主教之间爆发了持续一年的争论，而教皇的位子无人接管。

事态对腓力四世逐渐有利，他在与佛兰德的一系列战斗中取得了几场胜利。1305 年春，他逼迫佛兰德人投降，还外加了一些惩罚措施。战胜了佛兰德又战胜了教皇，现在他告诉枢机主教，本笃十一世的继承人最好是法国波尔多的大主教伯特兰（Bertrand）。

伯特兰于 1305 年 6 月 5 日正式当选。他在里昂被加冕为教皇克雷芒五世（Clement V），他将居住地定在阿维尼翁（Avignon）而不是罗马：严格来说，此地归瘸子查理统治，但从本质上讲是法国的地盘。在接下来的 70 多年里，教皇的驻地都不在罗马而在法国境内：

教皇成了"巴比伦囚房"（Babylonian Captivity）。为感谢腓力的支持，新任教皇撤销了将他逐出教会的诏书，并向法兰西国王承诺上交教会总收入的 1/10。[9]

美男子腓力征收什一税，并继续筹钱偿还战争债务，而这次再也没有教皇的反对之声。1306 年，他流放了法国所有的犹太人，然后没收了他们的财产。次年，他把矛头指向了圣殿骑士团，这是欧洲最富有的军事组织。

到目前为止，圣殿骑士团一直只对教皇效忠。但腓力的走狗克雷芒五世同意撤销自己的护卫。随后，腓力下令逮捕法国境内所有圣殿骑士，罪名是他们沉迷于各种邪教的神秘仪式。他们被视为异端。"在上教会法庭前你要一直关押他们，"他在给巴黎首席宗教审判官的信中写道，"你要没收他们的动产和不动产，并以我们的名义严格监管。"[10]

这包括巴黎城外圣殿骑士团要塞中的大量财富。宗教审判官立即派出代理人将法国境内的所有圣殿骑士逮捕并监禁。其中包括圣殿骑士团团长，雅克·德·莫莱（Jacques de Molay）。在囚禁、饥饿和严刑拷打下，莫莱交代说他在 42 年前加入圣殿骑士团时，被迫在十字架上吐痰，并否认基督的神性；但又说他这么做"并不是发自内心的"。[11]

之后，他公开承认了自己错误的行为，但造成的损害已无法挽回。有了团长的供述，审讯人逼迫其他圣殿骑士承认了一系列亵渎神明以及偶像崇拜的罪状，包括黑魔法和鸡奸行为。1310 年，腓力四世下令在巴黎城外将 54 名圣殿骑士烧死；1312 年 3 月 24 日，克雷芒五世正式解散圣殿骑士团，"怀着痛苦悲伤的心……此法令不可撤销且永久有效"。1314 年，年迈的团长被从监狱里押出来，在

图 8-1 位于阿维尼翁的教皇宫殿
图片来源：作者提供

塞纳河中的一座小岛上被活活烧死。[12]

与此同时，克雷芒五世继续着他对王室的绥靖政策。

1308 年，德意志的阿尔布雷希特遭暗杀。德意志选侯选择卢森堡的亨利接替王位，称亨利七世（Henry VII）。亨利想成为下一任神圣罗马皇帝。克雷芒五世不敢进入罗马，但他同意派枢机主教为亨利加冕。

亨利长途跋涉，于 1310 年秋抵达意大利。在那里，他受到了吉伯林派的热烈欢迎。瓦卢瓦的查理曾力挺内里家族，帮助归尔甫派在佛罗伦萨占据上风，现在归尔甫派鼓动意大利北部所有归尔甫派

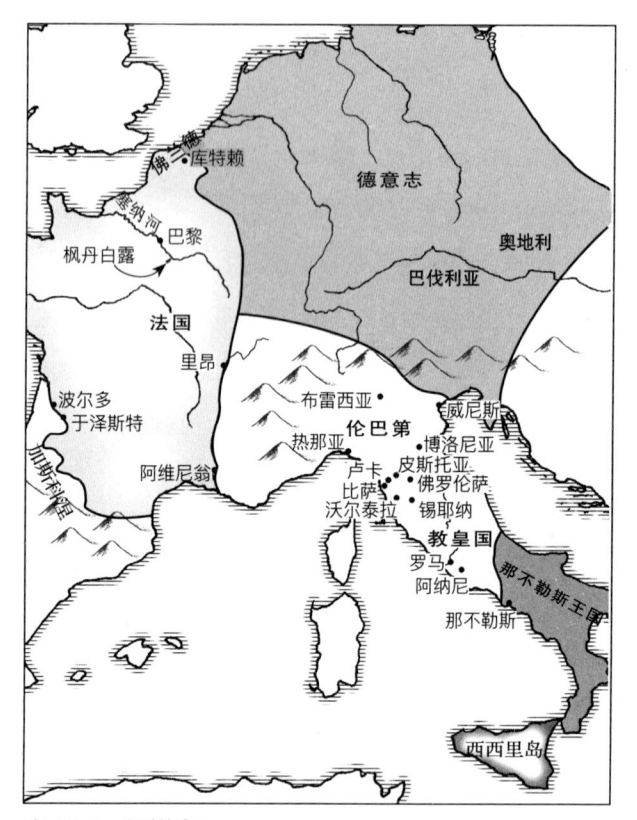

地图 8-1 分裂的帝国

成员阻止亨利前来。"佛罗伦萨人、博洛尼亚人、卢卡人、锡耶纳人、皮斯托亚人、沃尔泰拉人,以及所有归尔甫派的其他城市……召开了大会,"维拉尼写道,"他们结成联盟,召集骑士,发誓捍卫彼此,反抗皇帝。"[13]

希望掌控这个古老帝国全境的亨利七世把 1311 年的整个夏天都用来围攻反叛城市布雷西亚(Brescia)。9 月,这座城市终于投降。

热那亚对皇帝一事不置可否，敷衍地答应了效忠亨利20年；比萨自古以来就是亲皇帝派，宣布站在皇帝一边，并为他提供600名弓箭手以及去往罗马的30艘比萨人的船。

亨利七世觉得眼前的胜利已经足够了，便欣然前往加冕典礼。但罗马人不愿见他，将他拒之门外。连门都进不去的亨利只好在城外的圣约翰·拉特兰教堂举行加冕仪式。1312年6月29日，仪式一结束他便启程回北方。他打算让反叛中心佛罗伦萨臣服于自己。[14]

9月，他开始围攻佛罗伦萨。可这座城市易守难攻。1313年1月，亨利决定暂停进攻。他前往比萨，在那里休整军队并请求德意志支援。

增援直到7月才到达，而亨利在上年9月感染的疟疾已经越来越严重。他于1313年8月24日去世，在德意志境外统治的时间才几个月。[15]

德意志选侯聚集到北方，分裂成两个阵营。他们同时选出两个国王，巴伐利亚人路易（Louis the Bavarian）和奥地利的腓特烈（Frederick of Austria）。随即内战爆发。两人无论在支持者人数、土地还是军队方面都势均力敌，内战一打就是10年。

不敢招惹腓力四世，又没了德意志的支持，克雷芒五世现在把目光转向了在意大利一枝独秀的强大力量：那不勒斯国王。瘸子查理于1309年去世，他的儿子罗伯（Robert）继承南意大利王位。克雷芒任命罗伯为意大利的教皇代理人（Vicar of Italy），北方的副摄政，理论上归于教皇权威之下。这对罗伯来说是件好事，因为这让他的国土面积增加了一倍；这对克雷芒来说也是件好事，因为罗伯得到了土地就要直接向他效忠。[16]

这是克雷芒五世做出的最后决定。他得了一种疾病，腿上长满了溃疡，最终于 1314 年 4 月 20 日去世，终年约 54 岁。他的尸体被带到于泽斯特（Uzeste），那是他指定的埋葬地。意大利史家阿尼奥洛·迪·图拉（Agnolo di Tura）说，尸体下葬时突然起火，尸体下半部分被烧焦，不管是确有其事还是坊间传言，这场摧毁圣殿骑士团并让教皇权形同虚设的灾难性统治终于结束了。[17]

7 个月后，46 岁的法兰西国王在枫丹白露（Fontainebleau）森林骑马狩猎野猪时摔落马下，伤势十分严重，几天后便去世了。他的儿子路易十世（Louis X）在 1305 年母亲琼女王去世时继承了纳瓦拉王位，现在他又成了法兰西国王。

但他在统治法国和纳瓦拉短短 18 个多月后就意外去世了，年仅 27 岁。他的第二个妻子在他去世时即将临盆，法国的贵族同意任命路易的弟弟腓力为摄政，等待婴儿出生。11 月 15 日，她生下了一个男孩，但 6 天后不幸夭折。

路易十世的第一任妻子曾为他生下一个女儿，公主琼（Joan）。她的亲戚争辩说，作为长子的直系后裔，她应该成为法兰西女王。腓力立即让他的律师找出了几百年前野蛮的萨利安法兰克人曾用过的法律条文。律师信心满满地指出，《萨利克法》（Salic Law）一直以来都是法国法律的一部分；其中规定禁止女性继承统治权，公主琼只能从亡父那里继承纳瓦拉的王位。法国王位只能交给血缘最近的男性亲属：路易的弟弟。

整体而言，法国贵族希望统治者是名成年男子而不是个小女孩。腓力于 1317 年 1 月 9 日加冕为法国的新任国王腓力五世（Philip V）。这是个人的胜利，但这个决定将让法国在接下来的一个世纪中麻烦不断。[18]

时间线 8

蒙古人	法国	教皇	伊比利亚	意大利	神圣罗马帝国	德意志	拜占庭
蒙哥（1251—1259）	牧人起义（1251）	《灭绝》诏书（1252）					
蒙古征服大理（1253）					奥塔卡尔二世，波希米亚国王（1253—1278）		
	路易九世返回法国（1254）	亚历山大四世（1254—1261）				康拉德四世去世（1254）	
蒙古围剿尼查里派（1256）							
蒙古入侵大越（1257）				曼弗雷德，西西里国王（1258—1266）			
高丽向蒙古投降（1259）							
阿里不哥（1260—1264）							
忽必烈（1260—1294）							
		乌尔班四世（1261—1264）					米海尔八世·巴列奥略（1261—1282）

伊利汗国	金帐汗国	察合台汗国	大汗国						
旭烈兀阿八哈（1265—1282）	别儿哥	阿鲁忽	忽必烈	克雷芒四世（1265—1268）		安茹的查理，西西里国王（1266—1282）			
						塔利亚科佐战役（1268）			
						小康拉丁被处决（1269）			
		马可·波罗游历元大都（约1270）		腓力三世（1270—1285）			第八次十字军东征（1270）		
				格列高利十世（1271—1276）			第九次十字军东征（1271—1272）		
		蒙古攻陷襄阳（1273）						鲁道夫一世（1273—1291）	
				第二次里昂公会议（1274）					
		宋恭帝投降（1276）			阿拉贡的佩德罗三世（1276—1285）				

蒙古人		法国	教皇	伊比利亚	意大利	神圣罗马帝国	德意志	拜占庭
			尼古拉三世 (1277—1280)					
	南宋灭亡 (1279)							
			马丁四世 (1281—1285)					
阿八哈去世	笃哇 (1282—1306)				西西里晚祷 (1282)			安德洛尼卡二世 (1282—1328)
					瘸子查理, 那不勒斯国王 (1285—1309)			
		腓力四世 (1285—1314)	洪诺留四世 (1285—1287)	阿拉贡国王 阿方索三世 (1285—1291)	阿拉贡国王 海梅二世作为 西西里国王 海梅一世 (1285—1295)			
			尼古拉四世 (1288—1292)					
			卜尼法斯八世 (1294—1303)					
合赞 (1295—1304)		法国货币 第一次贬值					阿尔布雷希特一世 (1298—1308)	
			卜尼法斯八世 给腓力四世的 信(1301)		佛罗伦萨沦陷 (1301)			
		库特赖战役 (1302)						
		绑架卜尼法斯 八世(1303)						
			本笃十一世 (1303—1304)					
			克雷芒五世 (1305—1314)					
					罗伯一世, 那不勒斯国王 (1309—1343)		亨利七世 (1308—1313)	
		解散圣殿骑士团 (1312)				亨利七世 (1312—1313)		
		路易十世 (1314—1316)					德意志内战 开始(1313)	
		腓力五世 (1316—1322)						

/ 09
奥斯曼崛起

> 1302 年至 1347 年，奥斯曼土耳其在小亚细亚崛起，加泰罗尼亚佣兵团抵达君士坦丁堡，君士坦丁堡一直处于战火之中。

复兴拜占庭的第二任皇帝安德洛尼卡二世正面临一场新的动荡。

五六年前，瑟于特（Sogut）村突然打破了原有的平静。瑟于特属于突厥人的鲁姆苏丹国；鲁姆苏丹国于 1243 年被蒙古人征服后，便名存实亡，苏丹成了傀儡，真正的权力掌握在伊利汗国的维齐尔手里。

但在伊利汗国统治的表象下，鲁姆的突厥人正蠢蠢欲动。

鲁姆是多个突厥部族联盟的发源地：伊斯肯德伦（Eskenderum）、埃斯基谢希尔（Eskısehir）、科尼亚（Konyali），这些都是能和伊利汗国叫板的大领土。瑟于特坐落于这三个部族领土之间，是酋长奥斯曼（Osman）领导的一个小部族的发源地。1290 年刚过不久，奥斯曼便突然开启了征服之旅。

他的部族好像是突然出现的，没有任何文字记载；而且至今也不能确定在13世纪的最后10年里，瑟于特的人民是不是穆斯林。但据后来的传说，奥斯曼曾做了一个梦，他梦见一棵参天大树的树荫笼罩了整个世界；底格里斯河、幼发拉底河、尼罗河，还有多瑙河都发源于大树之根；树枝下建造了众多带有尖塔的城市，信徒都前来祈祷；树之叶即是剑之锋，阵风吹过，将它们指向君士坦丁堡，那座遥远的城市"像一颗钻石……那是统治世界的王者才能佩戴的指环上的明珠"。[1]

从征服行动开始时，奥斯曼好像就已经将拿下君士坦丁堡当作目标。他洗劫了附近的乡村，把伊斯肯德伦部族赶到北方，占领了以弗所（Ephesus）和帕加马（Pergamum）附近的土地，闯入弗里吉亚（Phrygia）。伊利汗国统治者合赞当时正与埃及的巴赫里王朝打得不可开交，一心只想扩张领土，似乎没怎么关注黑海南部的骚乱。事实上，突厥人在小亚细亚制造的骚乱早已屡见不鲜；当时的编年史家乔治·帕奇梅雷斯（George Pachymeres）说，在伊利汗国的监管下，小亚细亚的突厥人已经猖獗了几十年，黑海沿岸和南部岛屿罗得岛之间的土地寸草不生。多数情况下，只要突厥人不越界，蒙古可汗都听之任之。[2]

但皇帝安德洛尼卡二世可经不起他们折腾。奥斯曼曾在尼西亚附近的科尤尔希萨尔（Koyunhisar）与拜占庭军队相遇，结果奥斯曼获胜，这让安德洛尼卡更加警惕。他又增派军队，让儿子，即共治皇帝，25岁的米海尔九世（Michael IX），领兵前往小亚细亚，但米海尔发现自己还是寡不敌众，仗还没打就跑回家了。

对拜占庭帝国来说，这一悲惨的场景似曾相识。200年前，被进军的突厥人吓破胆的阿历克塞·科穆宁呼吁教皇发起第一次十字军东征。安德洛尼卡二世没有犯同样的错误。但他没有寻求帮助，而是招募佣兵。

同意前来对抗突厥人的佣兵队长名叫罗杰·德·弗洛尔（Roger de Flor），他曾是圣殿骑士团的一员，后来因海盗行为被团长雅克·德·莫莱开除（对他来说是万幸）。他组建了一支名为加泰罗尼亚佣兵团（Catalan Company）的佣兵组织，团中多数士兵是阿拉贡的支持者，还有些人来自西班牙东部沿岸加泰罗尼亚的那些受阿拉贡控制的伯爵领地。* 他刚刚为阿拉贡的海梅二世打了一场仗，现在正好无所事事，正在寻找下一个赚钱的机会。

他于1302年9月率一支热那亚建造的舰队（他克扣造船者的劳务费，得罪了热那亚人）和8000名佣兵［他们在来的路上洗劫了威尼斯的凯阿岛（Ceos），又得罪了威尼斯人］抵达。穿山越海来到小亚细亚后，加泰罗尼亚佣兵团开始袭击奥斯曼的军队，奥斯曼深受其扰。但同时，罗杰·德·弗洛尔也掠夺基督徒的居住地。安德洛尼卡打心底后悔招募他的佣兵团，罗杰·德·弗洛尔要求加钱被拒后，便开始袭击拜占庭的领土。[2]

1304年冬，加泰罗尼亚佣兵团退到加利波利（Gallipoli）准备过冬。此时，安德洛尼卡又招募了一支佣兵部队，意欲伏击罗杰·德·弗洛尔，他计划在罗杰·德·弗洛尔去哈德良堡拜见共治皇帝米海尔九世时杀了他。该计划于1305年4月成功实施：加泰罗尼亚佣兵团冒险家拉蒙·蒙塔内尔（Ramon Muntaner）记载道，刺客"屠杀了"罗杰·德·弗洛尔"以及他的所有随从……最终逃过一劫的不到3人"。与此同时，拜占庭士兵开始围攻驻扎在加利

---

* 参见第5章，地图5-1。

波利的加泰罗尼亚佣兵团剩余力量。"他们找到我们的驻地,杀了守卫,"拉蒙说,"……1000多人殒命……我们达成一致……反抗皇帝,控诉他背信弃义以及对我们犯下的罪行。"[4]

加泰罗尼亚佣兵团展开反击,这意味着本就势单力薄的安德洛尼卡现在要忙于两条战线:一条由儿子米海尔九世领导,抵抗佣兵团;一条在小亚细亚,抵抗奥斯曼。他向此时尚没太注意奥斯曼及其部队的伊利汗国求援。可汗合赞于1304年去世且无子嗣,伊利汗国落入其弟完者都之手,安德洛尼卡二世希望把自己的一个女儿嫁过去联姻,以换取伊利汗国抵抗奥斯曼的军队。

完者都同意了这笔交易。1308年,伊利汗国派出一支3万人的军队袭击奥斯曼,虽然伊利汗国宣布胜利,但奥斯曼似乎依旧势不可当。他拿下以弗所,一直打到海岸,初步打通了前往罗得岛的路线。

1315年,加泰罗尼亚佣兵团最终放弃了加利波利。"我们已经在那待了7年多,"拉蒙写道,"什么也不剩……我们向四面八方频频出兵,所到之地人口无不锐减;我们让此地生灵涂炭,再没有什么力量可以集结了。我们不得不放弃这个国家。"他们离开去寻找新的战争,留下了士气低落的米海尔九世,直到最后他也没能征服他们。[5]

他感染了一种疑难病,并且病情日益严重,原因很有可能是压力过大。他于1320年去世,留下了仍在位的父亲和他23岁的儿子安德洛尼卡三世(Andronicus III),几年前,安德洛尼卡三世就被加冕为共治皇帝以确保继承延续。

不幸的是,安德洛尼卡三世身陷各种丑闻——赌博、嫖妓、酗酒,他的祖父受够了他。就在米海尔九世去世之前,年轻的安德洛尼卡三世(有妇之夫)彻底吓坏了家人:他招募了职业杀手追踪一

/ 09 奥斯曼崛起

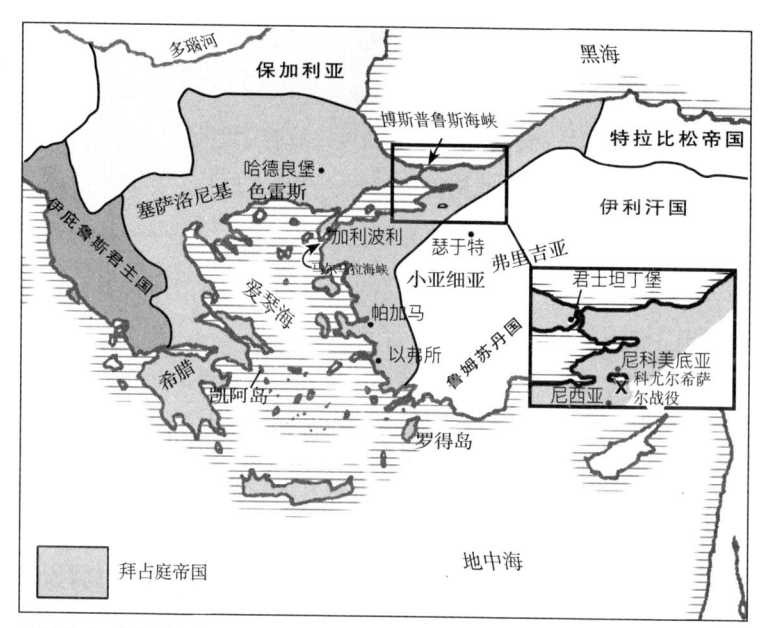

地图 9-1 奥斯曼入侵

个情妇，他怀疑她对他不忠，最后杀了另一个和她睡觉的男人。

但他杀的那个人正是安德洛尼卡同父异母的兄弟曼努埃尔，米海尔九世第二任妻子为他生下的一个儿子。黑夜中，他横死于君士坦丁堡的街道。[6]

皇帝安德洛尼卡二世立即剥夺了孙子的继承权，年轻的安德洛尼卡三世回过头来向祖父宣战。他召集了一群和自己年龄相仿、对社会不满的人，在色雷斯建立基地。

加泰罗尼亚佣兵团的问题刚刚解决，内战又爆发了。7年来，拜占庭军队收复被奥斯曼占领的领土一事没有取得任何进展。奥斯曼或许感觉有些鞭长莫及，也没有再进一步入侵；在他1323年去世之前，他的军队都老老实实的。他把国家留给了儿子奥尔汗（Orhan）。

1328年5月，安德洛尼卡三世最终战胜了老皇帝。在色雷斯，他一直进行宣传攻势，承诺降低税收，更快速地打击突厥人，拜占庭人民——饱受战争带来的高税赋之苦——都觉得是时候换个领导人了。1328年5月23日晚，君士坦丁堡的支持者为安德洛尼卡三世及其军队打开城门；他们进入了都城。

安德洛尼卡三世允许祖父退位，在修道院安度晚年；老安德洛尼卡二世在那里住了4年后安详辞世，享年73岁。

新任皇帝现年31岁，经验丰富且后援强大，尤其是有他的老朋友、军队大统领（megas domestikos）约翰·坎塔库泽努斯（John Cantacuzenus）的帮助。他立即着手抵抗突厥的进攻。奥尔汗将他的国家命名为"奥斯曼帝国"（Ottoman Empire）以纪念其父，[*]他面对的敌人同样野心勃勃、实力强大。两人第一次面对面的会战发生在马尔马拉海附近，安德洛尼卡三世在战斗中受伤，拜占庭战线瓦解后士兵四散逃窜。

1331年，奥尔汗占领尼西亚。他进军尼科美底亚（Nicomedia）并将其包围；在接下来的6年中，拜占庭军队一直想把他赶走。他们成功扛住了奥尔汗的两次围城，但每次奥尔汗撤退后没多久就又回来了。到1337年，尼科美底亚附近的所有村庄田地都已荒废太久，无法为城市提供补给。守军被迫打开城门，尼科美底亚投降了。

次年，奥斯曼人袭击色雷斯，成千上万的希腊人被俘；当时的史家记载为30万人，数字虽然极度夸张，却显示出了拜占庭人面对

---

[*] 他的臣民被称为"Osmanli"，意为"奥斯曼的后裔"，西方语言将其称为"Othmanli"或"Ottoman"。

这种持续又不可阻挡的进攻时内心的恐慌。[8]

留给安德洛尼卡三世的时间不多了。1341年，他突然发起了高烧，连续4天没有消退的迹象。第四天，皇帝死了，几个月前刚过完44岁的生日。他把拜占庭的皇位留给了9岁的儿子，约翰五世（John V）。[9]

安德洛尼卡死得过于突然，没来得及安排后事，于是大统领约翰·坎塔库泽努斯成了孩子的摄政。多数拜占庭官员似乎都觉得这样合情合理；首都的事务处理完后，坎塔库泽努斯便带领军队离开君士坦丁堡，前去平息边境威胁，这是摄政的首要任务。

在他出征的那段时间，小约翰的母亲，太后安娜和君士坦丁堡的牧首（两人都不看好坎塔库泽努斯）贿赂、奉承各个官员，许以他们各种承诺，让他们立安娜为摄政代替坎塔库泽努斯。正在色雷斯备战的坎塔库泽努斯收到消息后，君士坦丁堡已将他拒之门外。为小约翰的父亲效忠了这么多年，最终却成了帝国的敌人；土地被没收，房子被摧毁，连母亲都被流放。[10]

本想忠心耿耿服侍小皇帝的坎塔库泽努斯实在咽不下这口气。他决定打回君士坦丁堡，不再担任摄政而要做共治皇帝。

内战又开始了。

两位摄政打得正酣时，塞尔维亚国王开始了自己的夺权之路。

斯特凡·杜尚（Stefan Dushan）是斯特凡·内曼加的后人，内曼加曾是塞尔维亚大公，他让国家摆脱了君士坦丁堡的控制。杜尚于1331年被加冕为第九任国王，他统治的国家已经和平稳定地走过了近两个世纪。王国北部与匈牙利和波斯尼亚（实际上是匈牙利的附庸）接壤，东边是保加利亚，南部就是拜占庭。几十年来，塞尔

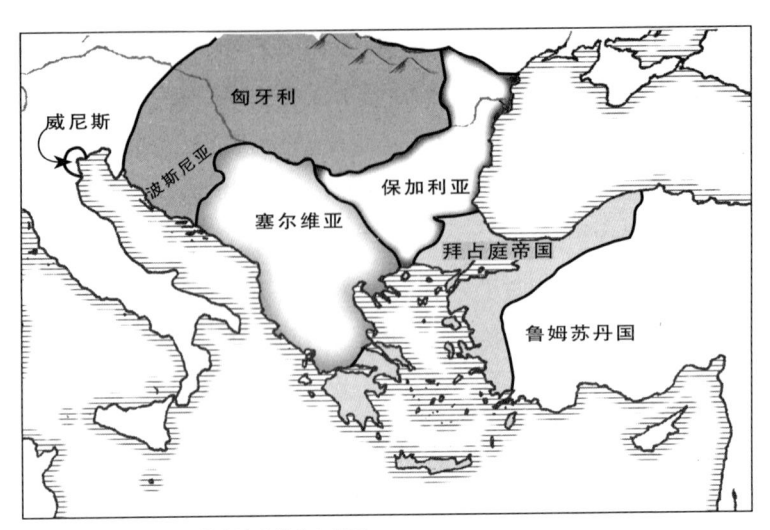

地图9-2 斯特凡·杜尚统治的塞尔维亚

维亚贵族一直想进攻拜占庭边界；斯特凡·杜尚的父亲不同意，但他的儿子却想试试。[11]

约翰·坎塔库泽努斯还在和对手激战的时候，斯特凡·杜尚插了进来。在他的进攻面前，城市一个接一个地陷落，战火眼看就要蔓延到塞萨洛尼基。忙于对抗拜占庭的敌人的坎塔库泽努斯抱怨道："那些塞尔维亚人就像漫堤的河水，巨浪淹没了罗马人的部分帝国，剩下的那些部分也危在旦夕。"[12]

1346年的复活节周日，斯特凡·杜尚表明了自己的意图。他已经给威尼斯总督写信，希望和他结盟，并表示要统治罗马帝国全境；现在他将自己加冕为罗马人的皇帝和塞尔维亚人的沙皇。君士坦丁堡的皇位似乎就在他眼前，像一只被扔到空中的皮球，在几个觊觎的人之间弹来弹去；他没理由不加入到抢球人的行列里。

最终，坎塔库泽努斯抢先一步。

为了结束内战，他向身边最强大的将军示好：奥斯曼的奥尔汗。作为礼金，坎塔库泽努斯把自己的一个女儿嫁了过去。只要奥尔汗帮他夺回君士坦丁堡，这位奥斯曼首领便会成为皇帝的女婿：这在20年前是突厥首领做梦都想不到的。奥尔汗，这位精明的政客和能力出众的将军，同意了该计划。

1347年，率领1000名本土士兵、身后跟着浩浩荡荡的突厥军队的约翰·坎塔库泽努斯在城中内应的帮助下冲进君士坦丁堡。摄政安娜破产了〔无计可施的她以君士坦丁堡皇冠上的珠宝做抵押，向威尼斯的银行家借了3万达克特（ducat）〕，无法组织防御。君士坦丁堡的人民早就希望迎来一位称职的皇帝，坎塔库泽努斯毫不费力便完成谈判：他将成为约翰五世的共治皇帝，称约翰六世（John VI），过去6年中所有的阴谋、敌对和伤害都将得到特赦。

他得到了皇位；但斯特凡·杜尚依旧在塞萨洛尼基城外虎视眈眈，让约翰六世得到皇位的与奥斯曼人的同盟仅仅维持了10年。

时间线 9

法国	教皇	塞尔维亚	意大利	神圣罗马帝国	德意志	拜占庭	奥斯曼土耳其	伊利汗国
腓力三世 (1270—1285)				第八次十字军东征(1270)				
	格列高利十世 (1271—1276)			第九次十字军东征 (1271—1272)				
					鲁道夫一世 (1273—1291)			
里昂宗教会议 (1274)								
	尼古拉三世 (1277—1280)							
	马丁四世 (1281—1285)							
			西西里晚祷 (1282)			安德洛尼卡二世 (1282—1328)		
			瘸子查理,那不勒斯国王 (1285—1309)					
腓力四世 (1285—1314)	洪诺留四世 (1285—1287)		阿拉贡国王海梅二世作为西西里国王 海梅一世 (1285—1295)					
	尼古拉四世 (1288—1292)							
							奥斯曼 (约1290—1323)	
	卜尼法斯八世 (1294—1303)							
								合赞 (1295—1304)
法国货币第一次贬值				阿尔布雷希特一世 (1298—1308)				
卜尼法斯八世给腓力四世的信 (1301)			佛罗伦萨沦陷 (1301)					
库特赖战役 (1302)							加泰罗尼亚佣兵团到达 (1302)	
绑架卜尼法斯八世 (1303)								

时间线 9（续表）

法国	教皇	塞尔维亚	意大利	神圣罗马帝国	德意志	拜占庭	奥斯曼土耳其	伊利汗国
	本笃十一世 (1303—1304)							完者都 (1304—1316)
	克雷芒五世 (1305—1314)				亨利七世 (1308—1313)			
			罗伯一世， 那不勒斯国王 (1309—1343)					
	解散圣殿骑士团 (1312)				亨利七世 (1312—1313)			
					德意志内战 开始 (1313)			
路易十世 (1314—1316)								
腓力五世 (1316—1322)								
						米海尔九世 去世 (1320)		
							奥尔汗 (1323—1362)	
						安德洛尼卡三世 (1328—1341)		
		斯特凡·杜尚 (1331—1355)					奥尔汗占领 尼西亚 (1331)	
							尼科美底亚 向奥尔汗 投降 (1337)	
						约翰五世 (1341—1391)		
						约翰六世 (1347—1354)		

/ 10
卡尔吉的败落

> 1303年至1320年间，德里的穆斯林苏丹国遍布北部，但是卡尔吉王朝失势了。

在阿拉乌丁的强硬手段之下，德里苏丹国不断扩张，穆斯林发动了一系列的袭击，旨在屠杀印度那些拒不合作的印度教徒。拉其普特诸王国——印度的武士氏族，所谓"刹帝利"——一代一代地衰落下去。

古吉拉特已经被占领了。拉其普特帕拉玛族（Parama）的王国马尔瓦（Malwa），库汗部落（Chauhan）最坚固的堡垒伦桑伯（Ranthambhore）很快也陷落了。1303年1月，苏丹把目光转向了古希拉（Guhila）的王国梅瓦尔。古希拉是仅存的拉其普特氏族中最强大的；500年来，他们对穆斯林的抵御一直很成功。

据后来的记述，"阿拉乌丁选择攻击梅瓦尔，是因为他想绑架梅瓦尔美丽的王后帕德米尼（Padmini），也就是梅瓦尔沙赫拉纳·拉坦·辛格（Rana Ratan Singh）的妻子。阿拉乌丁在开始进

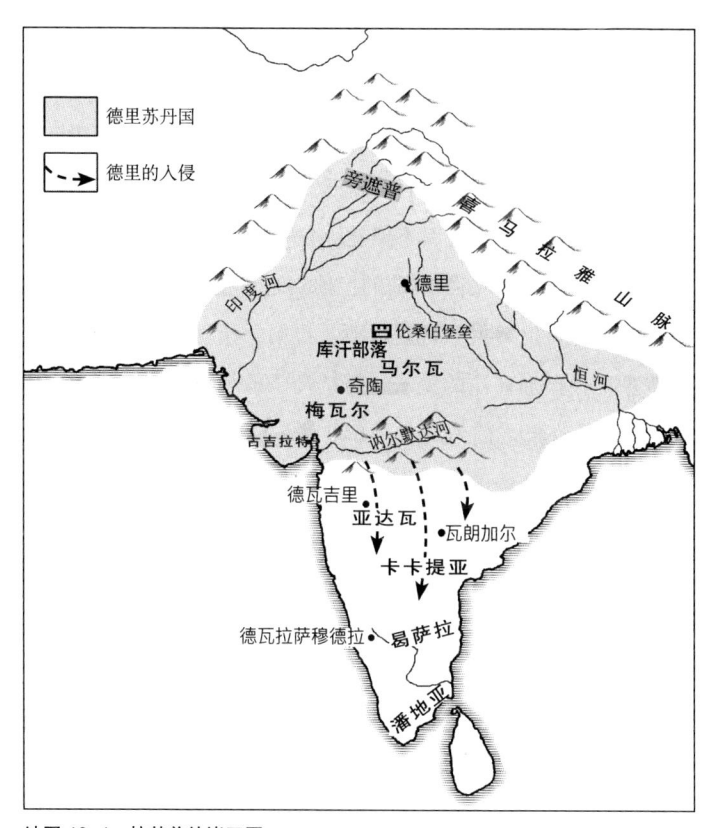

地图 10-1　拉其普特诸王国

攻前先使用了欺骗手段：他访问了奇陶（Chittor）的都城，表面上是和平的，但是其部下却隐藏在城门外。结束访问时，当拉纳·拉坦·辛格出于礼节送他出城，阿拉乌丁的手下人突然跳出来，抓住了梅瓦尔国王，将他拖到了苏丹的营地。

为了拯救她的丈夫，帕德米尼给苏丹送信说她愿意用自己交换丈夫，前提是她要带着心爱的女佣和随从。阿拉乌丁同意了。第二天，一大队轿子，每个轿子由 6 名奴隶抬着，直奔其大营。但这些奴隶都是拉其普特武士，而轿子则相当于特洛伊木马，里面装满了全副武装的士兵。一进入营地，士兵们就跳出来，杀死了阿拉乌丁营地中的卫兵，救出了他们的国王，回到了奇陶。[1]

这一情节过于离奇，不像是历史事实，相关细节可能是由 16 世纪诗人加耶西（Jayasi）编造的，他当时正在编写一部叙事详尽的寓言，其中"阿拉乌丁"代表欲望，拉纳·拉坦·辛格和帕德米尼代表智慧。根据加耶西的说法，阿拉乌丁最终征服了奇陶（事实上也确实如此，在此之前他围攻了 8 个月）后，拉纳·拉坦·辛格战死，而帕德米尼则在他的葬礼上自杀，没有屈服于阿拉乌丁。但是加耶西的记述有可能带有粉饰的成分。阿拉乌丁对奇陶的抵抗似乎非常恼怒；当时的编年史作者埃米尔·库斯鲁（Amir Khusru）记载说，奇陶最终陷落后，苏丹反常地下令屠杀了 3 万印度教居民。[2]

在阿拉乌丁统治的末期，苏丹国周围的其他印度教国家逐一陷落。库斯鲁记载了接连不断的征服，城池和国家被德里的军官相继攻克，战役一场接一场，"目的是让伊斯兰教的纯洁之树被广植天下……而邪恶的树，已经深深扎根，必须用武力才能连根拔起"。[3]

潘地亚王国，曾因为两位王子之间的内战而分裂，后于 1308 年亡国；僧伽罗岛（今称斯里兰卡岛）的北部地区宣布独立，而德里军队随后占领了潘地亚的都城。德干以南的其他印度教王国幸存下来：以德瓦吉里为都城的亚达瓦（Yadava），以及前遮娄其王国的两个继承国：卡卡提亚 [以瓦朗加尔（Warangal）为中心] 和曷萨拉 [都城位于德瓦拉萨穆德拉（Dwarasamudra）]。但是它们也频繁遭受攻击：德瓦拉萨穆德拉被洗劫一空，德瓦吉里遭到突袭，瓦朗加尔曾遭围城。虽然最终德里军队总会从这些南部王国撤走，但是在袭击中，总是有数千人丧生。库斯鲁写道："死者的头像鳄鱼蛋一般在平原上滚动。"[4]

为了庆祝胜利，苏丹在德里中心建造了一个黑色的亭子，它"就像地球中心的天房克尔白一样"。天房克尔白是伊斯兰教最神圣的神庙；在麦加，天房克尔白里面安置了黑石，这是一块朝向东方的圣石（可能是一块陨石）。*亭子建成后，"阿拉伯和波斯的国王和王子"纷纷前来，他们不仅在这座复制的天房克尔白前匍匐，在苏丹前面也一样虔诚拜倒。埃米尔·库斯鲁总结说，德里已经成为"伊斯兰教的城市"。[5]

巴拉尼说："在阿拉乌丁统治的后期，他获得了几场重要的胜利，国家事务全都按照他的心愿办理，但他的财富似乎蒙上了阴云，国家的繁荣也有衰退的迹象。"他与儿子们和大臣们心生龃龉，受到微不足道的冒犯便会恶语相向，对下属官员经常无故发火。他深受双腿肿痛的折磨。巴拉尼还充满斥责地指出，他日渐沉迷于英俊的太监马利克·卡福尔。巴拉尼写道："他让卡福尔担任了军队指挥官和维齐尔，而这个太监和仆从在他的授意下掌握了实权。"[6]

1316年，阿拉乌丁死了。他的法定继承人6岁的儿子继任苏丹；之前尽管有人提醒阿拉乌丁提防兄弟之争，但是阿拉乌丁根本听不进去，竟然让年轻国王的哥哥库特卜丁·穆巴拉克沙赫担任摄政。

这个决定旋即就带来了恶果。6岁的国王和他的另一个兄弟被刺瞎了双目（巴拉尼不无怜悯地记述道："他们的眼睛……被人用利刃从眼窝里挖出，就像切开西瓜一样。"），而库特卜丁则宣布自己

---

* 参见本书第3册第34章，以及第4册第5章。

为苏丹。究竟谁是这个计划的幕后主使,我们不得而知。巴拉尼鄙视马利克·卡福尔这个太监,把责任推到了他头上;他说卡福尔本打算弄瞎所有三个男孩,但是反对者太多。也有记载说是库特卜丁策划了一切。证据似乎倾向于是库特卜丁所为,因为他不仅保住了自己的眼睛,而且比他的对手活得长久。35 天后,马利克·卡福尔被朝臣斩首于宫殿,也可能是被军官所杀。

十几岁的库特卜丁成了德里的苏丹,他立即开始追随父亲的脚步。巴拉尼说,他特别喜欢一个转信了伊斯兰教的年轻印度教战俘,"擢升其地位,且授予他'库斯鲁汗'(Khusru Khan)的称号。他对这个人如此痴迷……竟然把军队……交给这个年轻人指挥"。与此同时,他终日沉溺于花天酒地的生活,肆意挥霍。他勉强做了 4 年苏丹,其间不得不一次次采取一些取悦大众的做法:他取消了阿拉乌丁所颁布的价格控制政策,放弃税法,准许贵族自由追求权力,提高了官员薪俸,还大方地在朝堂周围撒出黄金以收买忠仆。[7]

在库特卜丁短暂的统治期间,没有严重的入侵或叛乱危及他的苏丹地位,而这只是他运气好罢了。尽管他使出了贿赂收买的手段,但是由于太过无能,没能结下多少朋友。而当库斯鲁汗开始阴谋推翻他时,这位从前的奴隶找到了愿意加入的盟友。

一天深夜,在库斯鲁汗的带领下,阴谋造反者闯入了苏丹宫殿。库斯鲁汗本人进了苏丹的房间,而其余的人在院子里分头把守。尽管苏丹的房间戒备森严,但他的卫兵把苏丹宠爱的这个人放进去了。库斯鲁汗关上了身后的门,此时苏丹问他,外面乱纷纷的是怎么回事。这个太监说:"你的马挣脱缰绳了,院子里所有的人都在忙着控制住它。"此时,库斯鲁汗带来的人已经到了苏丹寝殿后的那间屋子。他们开始杀死门外的卫兵时,这位年轻的苏丹意识到发生了什么。巴拉尼记述说:"他穿上拖鞋,朝后宫跑去。叛徒(库斯鲁汗)心里明白,如果苏丹逃到后宫嫔妃的某个屋子里,他就很难完成这个阴谋。"他朝库特卜丁追过去,抓住他的头发,把他拽倒了。其他同谋者赶到的时候,这两个男人还在地面上撕打。库斯鲁汗大喊着让旁边的人小心,其中一个人刺死了苏丹,把他拖开了。[8]

库特卜丁的无头碎尸被扔到了院子里。库斯鲁汗和他的手下血洗了宫殿,诛杀了苏丹的所有支持者。然后,午夜时分,所有剩下的官员聚集在点燃了火把的院子里,被迫承认库斯鲁汗为新的苏丹。巴拉尼写道:"库斯鲁汗掌控了局面。世界出现了一位新苏丹,一批新的事物产生了,阿拉乌丁王朝的根基被彻底摧毁了。"[9]

库斯鲁汗苏丹的统治仅延续了一年。

尽管巴拉尼很厌恶这位苏丹,但他似乎是一个相当有水平的统治者和战士,而曾被阿拉乌丁严格统治的整个苏丹国,运转得也算顺利。但是,一坐稳王位,库斯鲁汗就放弃了伊斯兰教,转信印度教。被征服的印度教民众很高兴,特别是当库斯鲁汗开始提拔印度教军官和朝臣的时候。但是德里苏丹产生凝聚力的主要原因是阿拉乌丁将德里视为伊斯兰教帝国,认为伊斯兰教可以给异教徒带来真理,而库斯鲁汗转信印度教迅速让他失去了一些人的支持。巴拉尼抱怨说"宫殿中都开始进行偶像崇拜",而且"伊斯兰教的圣书被人坐在屁股底下,讲坛上放置了神像"。库斯鲁汗不太可能愚蠢地公开蔑视伊斯兰教的宗教活动,但是巴拉尼的记载反映了德里穆斯林对这种转变的愤怒。[10]

库斯鲁汗即位后两个月,旁遮普一个偏远地区的总督加齐·马利克·图格鲁克(Ghazi Malik Tughluq)组织了一批反对派。在德里城墙之外的一场战斗中,一群穆斯林总督及其军队与库斯鲁汗的苏丹卫队发生了对峙。苏丹的军队溃散了,而库斯鲁汗本人藏在附近的一个花园里,后被人发现,被当场斩首。

随后,各位总督宣布加齐·马利克为新苏丹(他们欢呼:"你将我们从印度教徒的役使中救出来了!")。他采用了"加斯丁苏丹"的头衔。巴拉尼总结说:"每个人都给了他应有的敬意……在其后的一星期内,国家的各项事务恢复了秩序,而库斯鲁汗和其邪恶追随者造成的混乱和罪恶则得到弥补。"两个德里王朝已经败落了,现在第三个开始了统治。王朝可能瓦解,但苏丹国的地位依然不可动摇。[11]

时间线 10

塞尔维亚	意大利	神圣罗马帝国	德意志	拜占庭	奥斯曼土耳其人	伊利汗国	印度北部
							巴勒班（1266—1287）
	第八次十字军东征（1270）						
	第九次十字军东征（1271—1272）						
			鲁道夫一世（1273—1291）				
	西西里晚祷（1282）		安德洛尼卡二世（1282—1328）				
	瘸子查理，那不勒斯国王（1285—1309）						
	阿拉贡国王海梅二世作为西西里国王海梅一世（1285—1295）						
							穆伊兹丁（1287—1290）
							柏格拉汗，高尔苏丹（1287—1291）
							卡尔吉王朝（1290—1320）
					奥斯曼（约1290—1323）		贾拉勒丁（1290—1296）
						合赞（1295—1304）	
							阿拉乌丁（1296—1316）
			阿尔布雷希特一世（1298—1308）				蒙古进攻德里（1299）
	佛罗伦萨沦陷（1301）				加泰罗尼亚佣兵团到达（1302）		德里进攻梅瓦尔（1303）
			亨利七世（1308—1313）				

时间线 10（续表）

塞尔维亚	意太利	神圣罗马帝国	德意志	拜占庭	奥斯曼土耳其人	伊利汗国	印度北部
						完者都 (1304—1316)	
							潘地亚亡国 (1308)
	罗伯一世，那不勒斯国王 (1309—1343)						
		亨利七世 (1312—1313)					
			德意志内战开始 (1313)				
							库特卜丁 (1316—1320)
				米海尔九世去世 (1320)			库斯鲁汗 (1320)
							加斯丁·图格鲁克 (1321—1325)
					奥尔汗 (1323—1362)		
				安德洛尼卡三世 (1328—1341)			
斯特凡·杜尚 (1331—1355)					奥尔汗占领尼西亚 (1331)		
					尼科美底亚向奥尔汗投降 (1337)		
				约翰五世 (1341—1391)			
				约翰六世 (1347—1354)			

/ 11

布鲁斯的胜利

> 1304年至1314年，爱德华一世征服了苏格兰人，爱德华二世与苏格兰人作战时逃走，后来罗伯特·布鲁斯成为他们的国王。

与英格兰人拼尽全力打了8年后，苏格兰人几乎一无所获。

斯特灵桥战役胜利后，威廉·华莱士又侵入英格兰，满载战利品和荣耀返回苏格兰。但是在第二年，一支英格兰军队在福尔柯克（Falkirk）附近的福斯山谷击溃了华莱士的部下，而华莱士被迫躲了起来。接下来4年的战斗双方势均力敌，苏格兰的独立运动中一位领袖都未出现。爱德华一世认为即将迎来胜利，加封长子为威尔士亲王，他也叫爱德华；这是英格兰王位继承人第一次获封该头衔。

在1302年，双方宣布暂时停战。但9个月后，爱德华一世再次入侵苏格兰。失去了华莱士，也失去了法国的支持，苏格兰人一败再败。在1304年的复活节，爱德华一世已经打到了福斯河上的斯特灵城堡。

他计划猛攻城堡，以显示英格兰的实力；他让人制造了一台叫

"战狼"的庞大投石机，攻城之战开始时，5 名木匠和 50 名工匠还在斯特灵的城墙外装配这个器械。爱德华王太子此时刚满 20 岁，他指挥英军的一翼，奉命收集附近教堂屋顶的铅，以增加投石机的配重。城堡里的驻军发现双方兵力悬殊，准备投降，但是国王拒绝受降，他要等他的投石机投出第一块巨石。他的一个骑士在家信中写道："星期一，圣玛格丽特日（7 月 20 日），斯特灵城堡向国王无条件投降了。但是，国王不允许他的人进入城堡，直到他令人用'战狼'发动攻击。"等到城墙被锤破时，他才允许驻军投降。[1]

事情似乎到此为止。福尔顿的约翰说："苏格兰王国（除了威廉·华莱士以外）的大小官员都投降了……等到所有在苏格兰出生的人向他致敬之后，国王才与威尔士亲王和军队一起回到英格兰。"他任命一名大监理（Chief Warden）为辅政，之后没有再回过苏格兰。[2]

11 个月后，威廉·华莱士被英格兰人任命的邓巴顿（Dumbarton）城堡统治者约翰·门蒂思（John Menteith）俘获。根据 14 世纪的编年史作者兰托夫特的彼得（Peter of Langtoft）的简单记载，华莱士被自己的仆人杰克·肖特（Jack Short）出卖给了门蒂思，是"在夜里毫无防备的情况下被捕"的。他被押送到伦敦，审判他的时候只是宣布了他的罪行，而他没有任何机会辩护。他被处以绞刑，之后在一息尚存时被剥开五脏六腑，肠子在他面前被烧掉，之后被斩首。兰托夫特的彼得说："他的尸体被分为四块，送到四个城镇悬挂示众。他的首级被送到伦敦，尸体则分散在苏格兰。"[3]

在爱德华一世看来，苏格兰的事务就此结束；但苏格兰人还在继续抵抗。

罗伯特·布鲁斯六世曾是爱德华在第九次十字军东征中的战

友，其孙罗伯特·布鲁斯八世自苏格兰独立战争开始一直为英格兰人而战。苏格兰的历史记载告诉我们，罗伯特·布鲁斯八世对英格兰人治理的苏格兰感到失望［当时的《普拉斯卡登编年史》（Chronicle of Pluscarden）记载道："王国残酷的束缚和对人民不断的虐待让他感到愤怒。"］，但是实际上，他反叛可能是由于他跟英格兰结盟没有给他带来任何的好处：他在配合英格兰的作战中花费了自己很多钱，但是英格兰国王却没返还给他任何好处，爱德华一世忘了嘉奖他的忠诚。1306年3月，他在苏格兰起兵叛乱，宣称自己是苏格兰国王罗伯特一世，这让爱德华一世措手不及。[4]

英格兰军队再次进入苏格兰。而这一次，跟历次的苏格兰叛乱的模式一样，罗伯特一世几乎立即就被打得躲藏了起来。他连续两次被击败，6月份在珀斯（Perth），8月11日在达尔赖（Dalry），第二次英格兰军队已经深入了苏格兰领土。他的手下都被迫躲起来，罗伯特一世本人也成了逃犯，在"旷野中悲苦度日"。《普拉斯卡登编年史》告诉我们：

> 他有时候整整两个礼拜吃不上任何像样的食物，只吃生药草、水和牛奶……鞋子磨烂了，只能赤脚走路；现在他自己留在岛上，孤苦伶仃，一个熟人也没有，整日要躲着敌人；他现在甚至被自己的仆人轻视，全然被遗弃，真是众叛亲离。[5]

但是他并没有落入英格兰人之手。只要罗伯特一世没有被捕，苏格兰人就仍然对胜利心存希望。

爱德华一世病了。在罗伯特一世加冕之后，爱德华一世在前往苏格兰前线时动作很迟缓，因为他的腿部和颈部疼痛难忍，他每天只能骑马走三千米。过了一冬，他强壮了一些。但是1307年夏，他的病复发了。他去往苏格兰时得了痢疾，身体早已羸弱不堪的他于7月6日暴毙，当时仆从正扶他起床吃早饭。这是他作为英格兰国王的第35年。[6]

威尔士亲王被加冕为英格兰国王爱德华二世（Edward II），而罗伯特一世几乎立刻就从阴影中冒了出来，开始重整军队。苏格兰的命运突然好转了。爱德华二世不太关心罗伯特一世，而更在意让王室内府符合自己的口味。同时代的《爱德华二世生平》（*Vita Edwardi Secundi*）一书记载道，他是个"大约23岁的年轻人，身强力壮……不想去实现父亲的抱负，而是另有所想"。[7]

他当上国王后所做的第一件事，就是把亲密的朋友皮尔斯·加韦斯顿（Piers Gaveston）从流放中召回。加韦斯顿和爱德华二世一起长大，两个年轻人形影不离，搞得老爱德华十分恼火。14世纪的《圣保罗年鉴》（*Annales Paulini*）记载道："他意识到，他的儿子威尔士亲王过于喜欢某个加斯科涅骑士。"威尔士亲王曾要求赐予加韦斯顿"蓬蒂厄伯爵"（Count of Ponthieu）的头衔（蓬蒂厄伯爵领地位于诺曼底地区，曾属于爱德华一世），老国王勃然大怒，将加韦斯顿放逐到加斯科涅的祖地上，这是法国西南部一个由英格兰国王控制的领地。*年轻的爱德华被迫发誓说"不会接受他，不联系、不想他"。病床上临死时的爱德华一世还要求林肯、华威和彭布罗克三地的伯爵"不要让皮尔斯·加韦斯顿再次进入英格兰"。[8]

爱德华二世不顾贵族们的感受，邀请加韦斯顿回到英格兰［编

---

* 腓力四世在1303年的《巴黎条约》中声明放弃了加斯科涅。

年史作家吉斯伯勒的沃尔特（Walter of Gusborough）满带批评意味地写道："死去的国王此时尸骨未寒。"]，并封其为康沃尔郡伯爵。1308年，爱德华二世前往法国，履行跟腓力四世的女儿伊莎贝拉约定已久的婚约，自己不在期间，他任命加韦斯顿为王国的摄政。[9]

他回来时发现贵族们极为讨厌摄政。《爱德华二世生平》里说加韦斯顿是一个毫无谋略的摄政，"骄傲自满，待人傲慢"。宫廷八卦说，他和国王是恋人，但是人们之所以痛恨他，传闻中未证实的他和国王的性关系倒是其次，主要还是因为国王竟然这么宠信他。《爱德华二世生平》解释道："国内的大人物都恨他，因为他独享国王恩惠，而他也把自己当作国王，对这些人吆来喝去。"[10]

贵族们几乎异口同声地要求爱德华摆脱掉加韦斯顿。国王派加韦斯顿去爱尔兰当副官，挽回了一些自己的颜面。但贵族们那不约而同的敌意使他不安，他开始悄悄地为内战做准备。《爱德华二世生平》记载道："国王看到他的贵族们站在一起，像墙一样挡着他……他试图打破他们的联盟……用礼物、承诺和其他甜言蜜语把其中实力较强的拉拢到自己身边。"以这种方式，他得到了足够的支持，得以把加韦斯顿召回，但是加韦斯顿虽然得到了国王的宠信，却无法融入宫廷的统治集团。他恢复原有的职位后，"比以前表现还更糟糕"，他用侮辱性昵称称呼敌人，并利用权力给自己喜欢的人安排职位和特权。[11]

同时，爱德华二世终于开始关注罗伯特一世的问题了。1310年秋天，他率军进入苏格兰；但罗伯特一世和他的自由战士们成功逃脱，然后出其不意地袭击了英格兰营地，歼灭了落单的小股部队，之后再次消失。这场毫无成果的进军拖了好几个月，罗伯特一世的实力不断提升，英格兰一方则不断丧失马匹、战士，还有信心。[12]

1312年年初，英格兰军队驻扎在边界附近的冬季营地，爱德华二世自己回到了英格兰，英格兰的贵族们开始计划谋杀加韦斯顿。5月，两个人短暂分开，他们的机会来了。当时加韦斯顿在斯卡伯勒（Scarborough），爱德华二世在约克。加韦斯顿的对手由兰开斯特伯爵带领着，他们包围了这名年轻骑士过夜的城堡，迫使他露面。《爱德华二世生平》记载道，他们已经决定让他"像贵族和罗马公民那样死去"，而不是像小偷或叛徒那样受死；所以他们把他带到了兰开斯特伯爵的领地，将其斩首。[13]

看到他倒下后，他们没有收尸就都离开了，不过附近的多明我会修士将他的身体和头部埋在了一起。

爱德华二世既伤心又恼怒，但是却无法得到足够的支持来反击那些贵族。他被迫与他们讲和。议和过程中，贵族们说他们的所作所为都是为了维护国王的权力，是为了国王好；但是他没有忘记这个仇。

他现在已经在王位上待了将近7年，几乎一无所成。在1314年的夏天，他向苏格兰进一步增兵，并亲率军队，希望能够结束这场旷日持久的激烈战争，并且让自己能有所成就。但是，这次进军像他曾尝试的其他一切事情一样失败了。英格兰军队在班诺克本（Bannockburn）与苏格兰人的军队相遇。苏格兰人几乎完全靠步兵作战，他们事先挖好了陷阱，然后诱使重甲英格兰骑兵落入陷阱。马匹掉到坑里，后面的骑兵连忙后退，跟在军队后面的爱德华二世也赶紧转身，飞速逃离。

福尔顿的约翰总结道："从那天开始，整个苏格兰……都因战胜英格兰人而欢呼雀跃。"罗伯特一世不再是反叛者。《拉纳科斯特编年史》记载道："胜利之后，几乎所有人都称罗伯特一世为苏格

11 布鲁斯的胜利

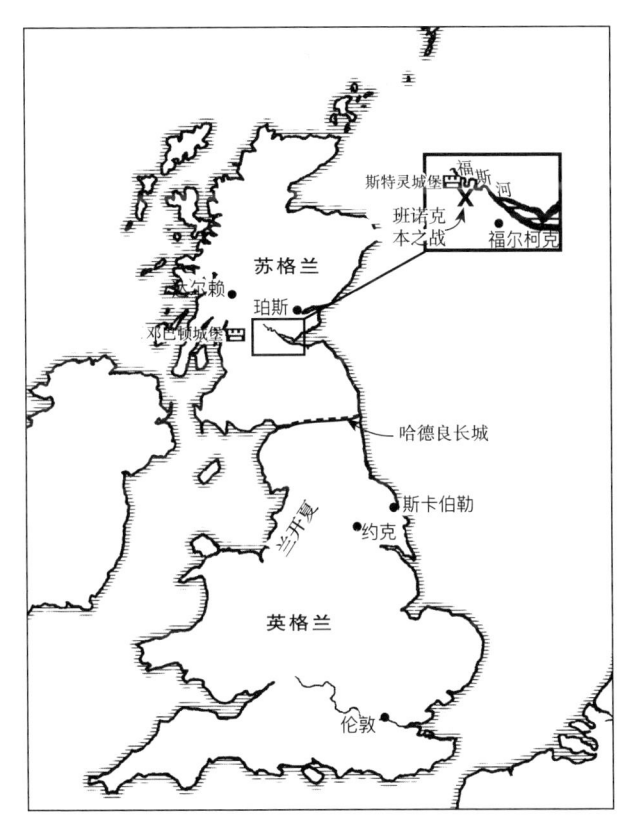

地图 11-1 班诺克本之战

兰之王。"他立即发动了征服战争,派船前往爱尔兰,越过边界,进入英格兰北部,发动袭击,烧杀抢掠。[14]

与此同时,爱德华二世带着羞辱被迫退回到伦敦。《爱德华二世生平》记载道:"如果他听从了贵族们的建议,他原本会轻松地羞辱苏格兰人。"其实贵族们也意识到了这一点,而之所以英格兰没有发动全面反击,是因为它正面临新的危机。

时间线 11

奥斯曼土耳其人	伊利汗国	印度北部	英格兰	苏格兰	威尔士
			第二次贵族对抗国王的战争（1264—1267）		
		巴勒班（1266—1287）			
			爱德华一世（1272—1307）		
					戴维兹·阿普·格鲁菲德起义（1282）
					《里兹兰法令》（1284）
		穆伊兹丁（1287—1290）			
		柏格拉汗，高尔苏丹（1287—1291）			
奥斯曼（约1290—1323）		卡尔吉王朝（1290—1320）	《伯厄姆条约》（1289）		
			玛格丽特去世（1290）		
		贾拉勒丁（1290—1296）			
			约翰·巴利奥尔（1292—1296）		
	合赞（1295—1304）		《巴黎条约》（1295）		
		阿拉乌丁（1296—1316）	苏格兰第一次独立战争（1296—1328）		
			斯特灵桥战役（1297）		
		蒙古进攻德里（1299）			
加泰罗尼亚佣兵团到达（1302）					
	完者都（1304—1316）	德里攻击梅瓦尔（1303）			
			威廉·华莱士去世（1305）		
			罗伯特一世（1306—1329）		

时间线 11（续表）

奥斯曼土耳其人	伊利汗国	印度北部	英格兰	苏格兰	威尔士
			爱德华二世 （1307—1327）		
		潘地亚亡国 （1308）			
			皮尔斯·加韦斯顿被谋杀（1312）		
		库特卜丁 （1316—1320）			
		库斯鲁汗 （1320）			
		加斯丁·图格鲁克 （1321—1325）			
奥尔汗 （1323—1362）					
奥尔汗占领尼西亚（1331）					
尼科美底亚向奥尔汗投降（1337）					

/ 12
大饥荒

> 1310 年至 1321 年间，欧洲国家饱受洪灾、暴雨、干旱和饥饿的困扰。

现在回想起来，500 多年前，欧洲的温度比之前的一个千年要高好几度。在法国，播种始于 3 月，而夏季从 6 月初持续到 9 月初。在英格兰，村庄遍布在达特穆尔（Dartmoor）高原的高山上，农场则分布在北部奔宁（Pennine）山脉的旷野间，茂盛的葡萄园一直绵延到北部的约克。在罗马帝国的最后几个世纪，阿尔卑斯山上的铜矿曾被冰雪封冻，此时也已经被重新开采。北部海洋的浮冰融化，冰盖开始后退，莱夫·埃里克松（Leif Ericsson）得以向西航行，他的追随者误以为格陵兰海岸适合居住。（其中一人惊叹不已："温度从不会降到零度以下，小草只是略微有些枯萎！"）温和的天气延长了生长季节，进而人口激增。200 年间，英格兰的人口增长了两倍。法国的人口在 1100 年只有 620 万，14 世纪初增长到至少 1700 万。[1]

但在千年的巨大跨度中，温暖期只是昙花一现。后世的气候学家称之为中世纪暖期或中世纪气候异常。*

长达 500 多年的暖期还没有完全结束。然而，1310 年左右，欧洲的气温开始下降，幅度之大是人们不曾经历过的。相伴而来的还有酷热、风暴和洪水泛滥。春天，大雨倾盆如注。粮食烂在地里。试图入侵佛兰德的法国人不堪泥泞，被迫撤回。《普拉斯卡登编年史》中记载道："1310 年，苏格兰王国面临严重的饥荒和食物匮乏……人们开始食用马肉和其他不洁动物的肉。"政治批判作品《爱德华二世邪恶时代诗歌》(Poem on the Evil Times of Edward II) 提到："世间的饥饿和匮乏，穷人们全都尝够，野兽也在挨饿，而粮食如此昂贵。"

> 另一种悲哀，席卷大地。
> 冬日已来临，天寒地冻。
> 牛儿全死光，土地贫瘠。
> 英格兰从未如此荒凉，人们从未如此恐慌。[2]

对于英格兰和欧洲西北部的人来说，1314 年夏天是记忆中最潮湿的夏天之一。1315 年夏天更为糟糕，滂沱大雨让低洼地区洪水泛滥。托克罗的约翰（John of Trokelowe）是来自英国诺森伯兰的修士，他写道："青草没入水中，无法收割，无法收集。谷物无法成

---

* 在全球气候变暖的情势下，中世纪气候异常如今已经变成一个有争论的政治问题。减少二氧化碳排放法案的反对者以此为据，认为气候变化跟人类活动无关，而支持者则倾向于淡化或否认它的存在。许多学术文献提供了实际测量数据，如：Richard W Battarbee et al.,eds., *Past Climate Variability through Europe and Africa*, Vol. 6 (Springer, 2004). 对这些证据的调查，可以参见：Brian Fagan, *The Little Ice Age : How Climate Made History, 1800–1850* (Basic books, 2000), pp.3–21.

图 12-1 《贝里公爵的精美日课经》微型画,描绘了 3 月播种的情形

图片来源:© RMN-Grand Palais / Art Resource, NY

熟……缺少来自夏日阳光的热量。"德意志萨尔茨堡（Salzburg）遭遇了"如此泛滥的洪水，如同《圣经》中记录的大洪水"。[3]

1316年同样多雨。绵羊和山羊死于肝吸虫病和兽瘟。兽瘟这一概括性术语用于14世纪，指口蹄疫、链球菌引发的疾病及其他因潮湿而加重的疾病。英格兰南部的收成只有正常年份的一半，创下50年来最低纪录。德意志诺伊施塔特（Neustadt）葡萄园只生产了"很少的葡萄酒"。法国伊普尔（Ypres）十分之一的人口死于饥荒。图尔奈市的一位亲历者写道："每天这么多人死去……不分贫富贵贱，男女老少……空气因此很臭。"更糟的是，在这两年的大部分时间里，整个欧洲大多数地区都能看到一颗彗星。法国王家医师和业余天文学家莫的杰弗里（Geoffrey de Meaux）指出，这颗彗星十分明亮，昼夜可见。14世纪的学者们一致认为，如此明亮的彗星象征着庄稼歉收，抢劫和混乱增多，真理和正义消失，海水上升淹没许多地方。调查了从波罗的海到地中海沿岸的多份灾难报告之后，一位德意志的史家写道："整个世界都陷入困境。"[4]

饥荒开始了。每个人都深受其害，贵族除外，因为他们有更多的存粮。日复一日，农民发现自己一直有饿死的危险。他们为了生存，不得不吃掉为将来准备的所有种粮和存粮。役畜虽然对于贫瘠土地的未来耕作至关重要，但也被宰杀。为了孙子辈，老人宁愿饿死。年轻的父母被迫在子女和自己的生命之间做出选择。他们知道，自己一旦死去，他们的孩子也会饿死。

德意志民间故事《糖果屋》（*Hansel und Gretel*）开篇写道："大饥荒席卷了这片土地。"该故事是由格林兄弟于19世纪整理编写的，描述了5个世纪前的绝望时代。因为不愿坐以待毙或弑子，父母把孩子领进森林然后抛弃。这样至少他们不会目睹孩子的死亡。（宿命

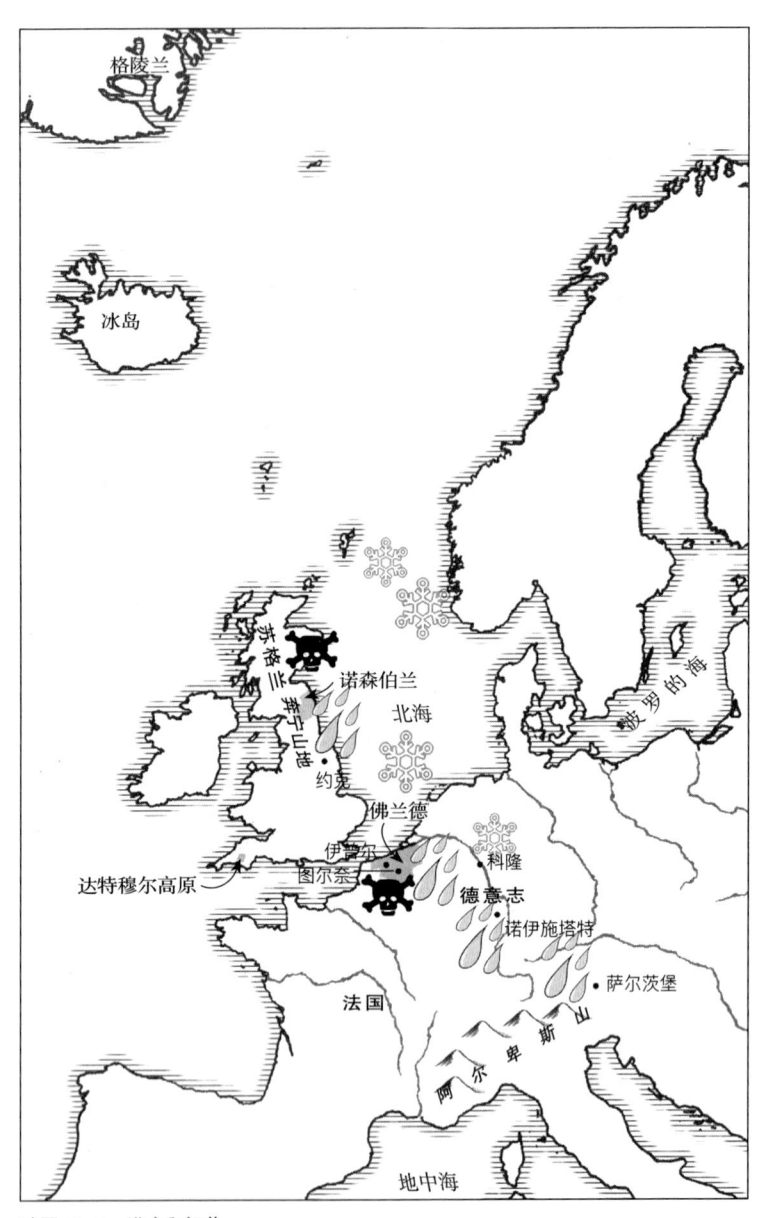

地图 12-1　洪水和饥荒

12 大饥荒

时间线 12				
印度北部	英格兰	苏格兰	威尔士	欧洲
	第二次贵族对抗国王的战争（1264—1267）			
巴勒班（1266—1287）				
	爱德华一世（1272—1307）			
			戴维兹·阿普·格鲁菲德起义（1282）	
			《里兹兰法令》（1284）	
穆伊兹丁（1287—1290） 柏格拉汗·高尔苏丹（1287—1291）				
卡尔吉王朝（1290—1320） 贾拉勒丁（1290—1296）	《伯厄姆条约》（1289） 玛格丽特去世（1290）			
		约翰·巴利奥尔（1292—1296）		
阿拉乌丁（1296—1316）		《巴黎条约》（1295） 苏格兰第一次独立战争（1296—1328） 斯特灵桥战役（1297）		
蒙古进攻德里（1299）				
德里攻击梅瓦尔（1303）				
		威廉·华莱士去世（1305） 罗伯特一世（1306—1329）		
	爱德华二世（1307—1327）			
潘地亚亡国（1308）				饥荒开始（1310）
	皮尔斯·加韦斯顿被谋杀（1312）			
				洪水和暴雨（1314—1316）

时间线 12（续表）				
印度北部	英格兰	苏格兰	威尔士	欧洲
库特卜丁 （1316—1320）				
				气温降低 （1317—1318）
库斯鲁汗（1320） 加斯丁·图格鲁克 （1321—1325）				

论者父亲认为："跟自己的孩子分享最后一口食物肯定更好！"后妈也许抓着她自己的孩子，不顾一切地渴望活下去。）[5]

1317年夏天略微干燥，为饱受水涝折磨的农民带去一线希望。但到了8月，雨水又回来了。从1317年10月到1318年复活节，气温降到了前所未有的低点。北海冻结；1318年6月30日，科隆遭遇暴雪。[6]

1318年秋天，气温骤降最厉害的时期已经结束；长夏也在消退，后来只持续了几十年的时间。但天气仍然无法预测。诺曼人的《圣艾旺特诺曼编年史》(Chronicle of St.Evroult) 中1319年的条目提到，"今年，恶劣天气成为巨大障碍，造成严重损害。许多树木被狂风卷起"；5年后，"雷电和暴风雨造成极大损失……许多房屋和树木被夷为平地"。"1321年冬天非常寒冷，人们苦不堪言，几乎所有的动物都被冻死。"福尔顿的约翰这样记载道。《圣艾旺特诺曼编年史》中记载，大雪无处不在，很深而且持久不化：到大斋节中期，即3月中旬，"深深的积雪仍然随处可见"。[7]

大饥荒导致欧洲人口减少十分之一，有些地方甚至有多达四分之一的人口死亡。那些从饥荒中幸存的孩子因维生素C缺乏症而终生体弱、发育不良。他们的免疫系统受到损害，牙齿很差，无法抵抗下一场袭来的灾难。

/ 13

苏丹和可汗

> 1310年至1335年，埃及的帝国实力和财富大增，伊利汗国分崩离析。

埃及的苏丹哈利勒彻底结束了十字军国家的统治，这是萨拉丁时代以来穆斯林军官的目标。

他没有因此成为英雄。相反，1293年，他被三位己方官员刺杀。无政府状态持续了17年，而苏丹宝座四易其主。埃及的马穆鲁克（出身为奴隶的骑兵）们白手起家，从奴隶成为苏丹。他们没有父传子的继承传统，谁能控制苏丹权杖，谁就是最强之人。此外，尽管所有可能成为统治者的人都是马穆鲁克，他们并不都属于巴赫里兵团。该兵团一度是早已死去的阿尤布王朝苏丹的贴身侍卫。那些在巴赫里兵团上台时很年轻的成员此时也已经70多岁，下一代马穆鲁克正在争取自己的那份权力。[1]

纳西尔·穆罕默德·伊本·嘉拉温（al-Nasir Muhammad Ibn Qalawun）是嘉拉温的小儿子，哈利勒的弟弟。他的存在让顶层权力斗争变得更为复杂。哈利勒被刺身亡的时候，纳西尔只有 8 岁。从 1293 年到 1310 年，他两度作为傀儡被任命为苏丹。雄心勃勃的摄政一直把持权力，纳西尔放弃所有权力并置身事外才幸免于难。

但在这些年中，他已经从顺从的孩子长成了小伙子。1310 年，他已有 25 岁，曾在软禁中度过大部分时光。有段时间，他一直悄悄地计划成为事实上的苏丹。

与此同时，埃及人已经厌倦了苏丹宫廷中持续的混乱和整肃。1310 年，尼罗河没有如期泛滥，人民的不满达到新高，而纳西尔抓住了机会。他离开流亡期间一度居住的卡拉克（Kerak）城堡，动身前往大马士革，并在路上召集追随者。到了那里以后，马穆鲁克控制下的阿勒颇和耶路撒冷的官员决定加入他的事业。

纳西尔准备开始从大马士革到开罗的称王之旅时，帝国的大部分人倒向了他的一边。此时的对手巴伊巴尔斯（Baybars）在两年前自称苏丹，此刻发现自己被完全抛弃了。他徒步走出迎接继任者，随身带着裹尸布，表明自己视死如归。纳西尔已经成为一位聪明的政治家，他当着众人的面大度地原谅了巴伊巴尔斯，但几小时后就私下派人将其勒死了。[2]

在数年前，纳西尔已经规划好了待办事宜。成为苏丹以后，他立刻开始整顿全国的混乱事务。他派人查明帝国的土地及其拥有者，还有每人应缴纳的税款。这项正式的审计称为如奥克（rawk）。然后他把地产再分配给自己最忠实的支持者。在 30 多年的统治中，他又这样做了三次，每一次都十分注重细节，亲自监督书记员和测量师的工作。[3]

他在幸运的时间成为苏丹。埃及王国最危险的敌人是中东蒙古人的伊利汗国。伊利汗国此时已经发展完善，可汗完者都迎娶了拜占庭皇帝的女儿,与拜占庭帝国结盟对抗马穆鲁克。1305年,他甚至试图说服法兰西和英格兰国王参加对埃及的联合攻击。但不同于他的兄弟、前任可汗合赞,完者都在战场上运气不佳。1312年,他组织了一次入侵叙利亚的行动,横跨幼发拉底河,但未能彻底征服任何马穆鲁克控制的城市。作为报复,纳西尔派军进入伊利汗国,攻克了东部城市卡赫塔、盖尔盖尔和马拉蒂亚。

完者都没有继续努力征服马穆鲁克。他似乎已经失去了对战争的兴趣,同时他的健康不佳。1316年,他死于困扰了他多年的出血胃溃疡,享年36岁。继承人是他11岁的儿子不赛因(Abu Sa'id)。完者都最杰出的将领摄政出班(Chupan)辅佐孩子。[4]

尽管出班戎马一生,但他是天生的条约缔结家和协调者。格鲁吉亚(自1248年后完全被蒙古控制)附庸国王乔治五世(George V)到巴格达参加年青的新任可汗的加冕典礼,出班赏给他格鲁吉亚西南地区的完全控制权。以前这一地区归可汗直接统治。出班开始跟马穆鲁克进行和平谈判。年青的不赛因和纳西尔于1323年最终达成停战协议,幼发拉底河成为伊利汗国和马穆鲁克帝国之间的边界。这个分界线比两个帝国存在的时间更长久。[5]

与此同时,纳西尔采取了预防措施,来加强与金帐汗国的联盟关系。金帐汗国可汗乌兹别克(Uzbek)仍然敌视伊利汗国的蒙古族兄弟,但同意将女儿嫁给纳西尔以保证联盟关系。[6]

埃及现在是摩洛哥和波斯湾之间唯一的强国。仅开罗就有大约60万人居住,比当时的伦敦人口多14倍。它位于从红海到尼罗河再到非洲西部的香料之路的交叉口。纳西尔的有效管理意味着埃及苏丹国能对过往贸易收取一定费用。穆斯林旅人伊本·白图泰在从他的家乡丹吉尔(Tangier)到麦加履行朝觐的途中,于1325年来到开罗，此时正值纳西尔统治的中期。他惊叹道：

> 摩肩接踵，绝世辉煌。旅者云集于此，不分贫富贵贱……据说，这里有1.2万名运水工和3万摩卡瑞斯（mocaris，役畜租客）。苏丹和他的臣民控制的3.6万艘船穿梭在尼罗河上……满载着各式商品……从亚历山大市到开罗，沿途集市相连……两岸的城市和村庄连绵不断，举世无双。精耕细作的尼罗河流域也是独一无二。[7]

纳西尔将巨额税款投资到开罗及周边城市。他建造了至少30座清真寺和学校，新挖了沟渠和水井，还下令在尼罗河上建造桥梁和水车。这些在财政紧缩的战争年代不可能成功。

在东部，纳西尔的新盟友伊利汗国的可汗正烦恼不已。

十几岁时，不赛因就对他的傀儡角色日益不满。出班保证了伊利汗国的和平，但跟十几年前的纳西尔一样，年轻的可汗发现，摄政勤勉干练，而自己不断地被笼罩在他的阴影下。史官哈非兹依·阿卜鲁（Hafiz-i Abru）写道："出班大权在握……不赛因的各个方面，都在他的掌控之中。"[8]

可汗开始怀疑出班不会归还权力，而是打算让他自己的儿子成为继任者。这种幕府将军式的安排会让不赛因远离权力。1325年，他尽力挑战出班的权威。出班的女儿可敦（Khatun）以美貌著称，两年前嫁给了一位伊利汗国贵族。现在不赛因传唤她的父亲，称要把她纳入宫中。"因为这是蒙古王室的习俗，"哈非兹依·阿卜鲁说，"天下美女，皆应悦王。依照惯例，她的丈夫应欣然弃之。"[9]

不赛因是个英俊的青年（伊本·白图泰离开开罗到了巴格达，亲眼见到了可汗，称之为"上帝造就之最美生物"）。史官阿卜鲁非常浪漫地把这一命令升华为爱情。"水仙花般的慵倦眼睛令人心动，"他叹息道，"无论是国王还是奴隶，都无法自已。"[10]

但这一命令显然是在试探出班对可汗的忠心。这位大臣命令他的女儿拒绝服从，不赛因得到了答案。他等待着时机，1327年，在出班离开巴格达后，他下令逮捕并处决了出班的三儿子，罪名是跟可汗的一个妃子睡觉。听到这个消息，出班意识到自己成了被整肃的对象。他逃到伊利汗国的赫拉特城（Herat），以为他的总督朋友会保护他。但总督拒绝违抗可汗。相反，他为老熟人提供了两个选择，砍头和体面些的绞刑。

出班选择了绞刑。之后，总督剁掉他的一根手指，送给阿布·萨义德表示忠心。[11]

出班的二儿子逃到开罗，纳西尔也不愿得罪不赛因，把他抓进了监狱，并在次年将其处死。不赛因强迫美丽的可敦与丈夫离婚，并娶了她。20多岁时，他完全控制了伊利汗国。

跟埃及的纳西尔不同，不赛因并没有成为杰出的统治者。为了取代出班，他提拔爱臣加亚西丁（Ghiyath al-Din）。当时一篇文章中提到，这个好人拥有"天使般的气质"，但不称职。"没有惩罚那些犯下……恶行的人，"一位史家记载道，"反而用宽恕之笔划去了他们的罪行，以善报恶，并……委以重任。"伊利汗国日益衰败，不赛因没能活到成为救世主。根据伊本·白图泰复述的宫廷八卦，大约在1335年，不赛因对一个新妃子产生了"狂热的激情"，忽略了出班的女儿可敦，"结果在嫉妒的驱使下，她对他下了毒……他死了，他的家族也随之灭亡"。[12]

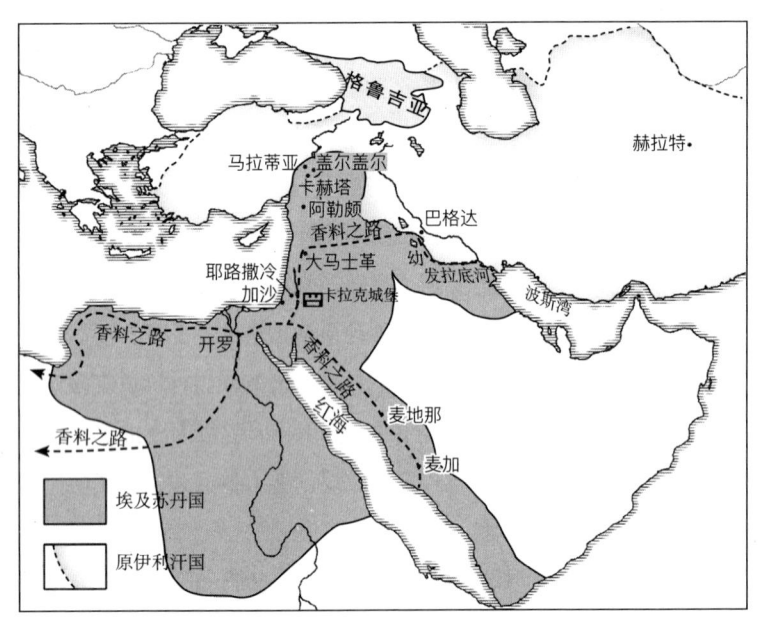

地图 13-1 伊利汗国的崩溃

格鲁吉亚基督教王国立刻宣布独立，乔治五世成为首领。在过去伊利汗国的土地上，控制小型王国的穆斯林王朝纷纷涌现。"国王身故而无后，"伊本·白图泰写道，"各个总督成为当地的头领，控制一方。"几乎一夜之间，整个伊利汗国就消失了。[13]

13 苏丹和可汗

时间线 13

英格兰　苏格兰　威尔士	欧洲	奥斯曼土耳其人	伊利汗国	埃及
				拜巴尔（1260—1277）
第二次贵族对抗国王的战争（1264—1267）				
爱德华一世（1272—1307）				
				嘉拉温（1279—1290）
戴维兹·阿普·格鲁菲德起义（1282）				
《里兹兰法令》（1284）				
《伯厄姆条约》（1289）				
玛格丽特去世（1290）		奥斯曼（约1290—1323）	阿什拉夫·哈利勒（1290—1293）	
约翰：巴利奥尔（1292—1296）				
				纳西尔·穆罕默德·伊本·嘉拉温（第一次，1293—1294）
《巴黎条约》（1295）			合赞（1295—1304）	
苏格兰第一次独立战争（1296—1328）				
斯特灵桥战役（1297）				
				纳西尔·穆罕默德·伊本·嘉拉温（第二次，1299—1309）
		加泰罗尼亚佣兵团到达（1302）		
		完者都（1304—1316）		
威廉·华莱士去世（1305）				
罗伯特一世（1306—1329）				

时间线 13（续表）

英格兰	苏格兰	威尔士	欧洲	奥斯曼土耳其人	伊利汗国	埃及
爱德华二世（1307—1327）						纳西尔·穆罕默德·伊本·嘉拉温（第三次，1310—1341）
			饥荒开始（1310）			
皮尔斯·加韦斯顿被谋杀（1312）						
			洪水和暴雨（1314—1316）			
					不赛因（1316—1335）	
			气温降低（1317—1318）			
					伊利汗国和埃及划定边界（1323）	
				奥尔汗（1323—1362）		
						伊本·白图泰来到开罗（1325）
				出班被处决（1327）		
				奥尔汗占领尼西亚（1331）		
					伊利汗国开始瓦解（1335）	
				尼科美底亚向奥尔汗投降（1337）		

/ 14

马里曼萨穆萨

> 1312年至1360年，马里帝国的富有逐渐为外界所知。

1312年，为了安全起见，马里国王将王位传给他的一个表侄子，踏上了探险之路。

这位国王是阿布·贝克尔二世（Abu Bakr II），是松迪亚塔的外甥。他舅舅是一位伟大的穆斯林征服者，将马里建成独立的王国。当时马里已有50多年的历史。它吞并了东部附近城市加奥（Gao）和马尼（Mani），控制了整个塞内加尔河流域。马里疆土一直延伸至非洲西海岸。

再向远处就是大洋。

他的表侄后来说，"前任国王认为能够到达大西洋的彼岸。他强烈希望能这样做。所以他准备了400艘船，一半装满劳力，一半装满金子、淡水和其他物资，这些物资足够维持数年。"阿布·贝克尔二世对新任命的舰队最高长官下达了严令：向西航行，直到快要用尽食物和淡水时才能回来。

很久以后,只有一艘船返航。船长向国王汇报,整支舰队都陷入激流,只有他的船得以幸免。"他们没有回来,"他告诉阿布·贝克尔二世,"没有人再见过他们,也不知道他们的下落。"很显然,马里的探险队陷入了北赤道洋流。在信风的作用下,洋流向西流向了加勒比海。

再没有找到一点探险队的痕迹,但阿布·贝克尔二世仍旧相信他能够到达大洋的彼岸。他准备了一支更大的船队,共有2000艘船,一半的船只装满生活物资。他亲自乘坐头船出征。"那是我们最后一次见到他,"他的表侄后来说,"以及所有跟随他的人。凭借继承人的身份,我就成了国王。"[1]

作为国王的表侄和副手,穆萨(Musa)成为马里的曼萨(Mansa)。他的眼睛不再盯着西方,而是转向了相反的方向——通向麦加的东方。一位熟悉他的人说:"他非常虔诚,勤勉地祷告,诵读《古兰经》,赞颂真主。"他最大的愿望是去麦加朝觐。

但他的计划在12年后才得以实现。1324年,伊本·白图泰开始横跨非洲北部边缘之旅,穆萨也开始了他的朝觐之旅。他带着奴隶、士兵、官员和他妻子的500名女仆组成的商队,经过尼日尔河流域,朝着东北的开罗进发,然后穿过贸易路线和塔阿扎产盐区。[2]

麦加仍在巴赫里苏丹的控制之下,而开罗是从西非到阿拉伯的必经之地。在那里,穆萨与廷臣伊本·埃米尔·哈吉卜(Ibn Amir Hajib),即旧开罗(Old Cairo)的总督,相处十分愉快。14世纪的阿拉伯历史学家奥马里(al-'Umari)记载道:"穆萨告诉哈吉卜,他的国家十分广阔并且临海。他以武力征服了24座城市,包括这些城市周围的村庄和土地。"穆萨要求这些被征服的城市使用黄金作为贡品。[3]

不论穆萨告诉了总督什么，总督在对话后坚信，非洲的黄金是从地里长出来的，长在金树上，这种树的根也是金的，只需拔出来抖一抖就可以得到黄金。他有这个错误的想法大概也是可以原谅的，因为马里商队的行为给人的印象就是，尼日尔山谷的黄金就像山羊奶一样普遍。伊本·赫勒敦说，穆萨带了成千上万块金锭，足足80担，每担重120多千克，总计超过10吨。在停留的这段时间里，他挥霍黄金，导致开罗黄金至少贬值了25%。"这个人把开罗变成了黄金的海洋，"总督后来说，"他给埃米尔的宫廷和王家重要官员都留下了1担金子作为礼物。"[4]

但是，曼萨和他的会计官们都缺乏远见，在穿过开罗的旅途中，马里曼萨花掉了大部分钱。在朝觐克尔白结束后又经过这座城市时，他破产了。他不得不向开罗的放债人借钱，用于穿过沙漠返回马里的行程。放债的人向他索要复利，最后他用2.33倍的价格偿还了所有借款。[5]

阿布·贝克尔二世向西的探险让穆萨登上了曼萨宝座。多亏穆萨向东的朝觐之旅，马里越来越频繁地出现在欧洲人绘制的世界地图上。犹太制图师亚伯拉罕·克列斯克（Abraham Cresques）为阿拉贡的佩德罗四世（Peter IV）绘制了宏大的加泰罗尼亚地图。在地图上，穆萨手持黄金节杖和黄金球，戴着黄金王冠，坐在黄金王位上。

在穆萨统治末期，欧洲一些国家的商人和使臣往返撒哈拉沙漠数次，他们寻找黄金，缔结联盟。1337年穆萨死后，马里依旧强大。外界关于马里的富有和长在土地里的钱财的夸张传说一直在流传。

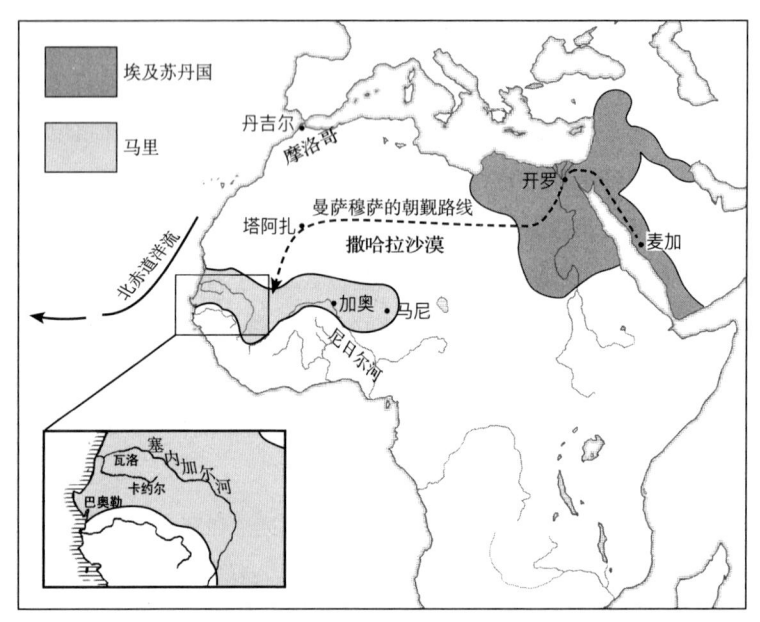

地图 14-1 鼎盛时期的马里帝国

而在马里国内，各派系开始蠢蠢欲动。

穆萨的儿子马汉（Maghan）继承了他的王位，他曾在父亲长期不在国内时摄政。但他在位仅 4 年就去世了，他的叔叔苏莱曼（Sulayman）宣布继位。伊本·白图泰称苏莱曼是"最贪婪和最无用的人"。白图泰在苏莱曼当政期间曾到访马里，被告知苏丹有礼物赏赐，然后就收到了"三片面包、一片干鱼片和一碟酸牛奶"。他本以为赏赐至少是一匹马和一两件黄金礼服，因此非常生气。他直言不讳，对苏丹表达了不满，然后就获得了一座房子和待在马里期间的日常用品。[6]

苏莱曼有理由怀疑这些来访者。穆萨死后，越来越多的外人来到马里，想寻找长在地里的黄金树，而且他们会利用马里人容易上当受骗的特点。前一代的老开罗总督提到，开罗商人肆意地剥削穆萨的商队。总督向历史学家奥马里解释道："商人们曾告诉我他们在非洲人那里取得的利润。非洲人得用5第纳尔去买一件衬衫、斗篷、长袍或其他衣服，但实际这些东西连1第纳尔都不值。都是由于他们单纯朴素，太容易相信别人，他们才会受骗。"然后他又补充道："再后来，这些非洲人对埃及人印象差到了极点，因为埃及人明显满嘴假话……还漫天要价。"[7]

然而，很明显苏莱曼觉得伊本·白图泰不会带来什么危险，这份尊敬也在某种程度上抚慰了来访旅行者被冒犯的骄傲之心。伊

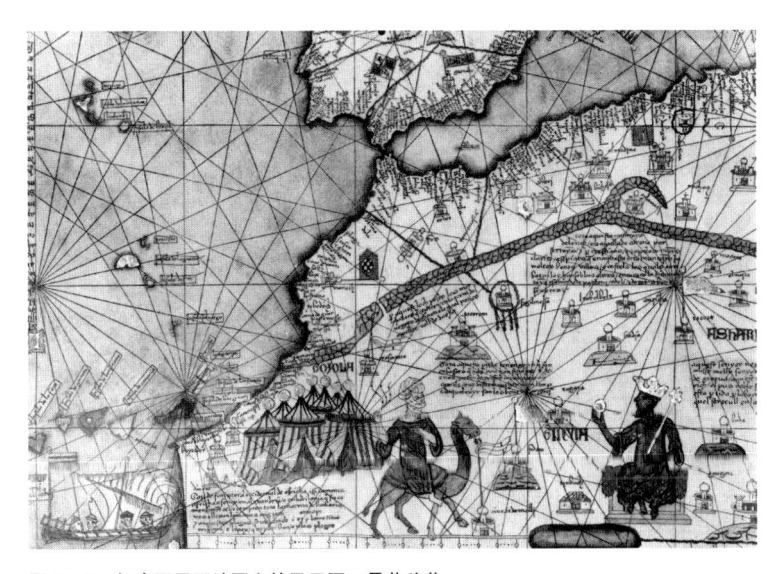

图 14-1 加泰罗尼亚地图上的马里国王曼萨穆萨
图片来源：John Web/ The Art Archive at Art Resource, NY

本·白图泰在马里停留的两个月间，对这个王国提供的安全保障和公正待遇勉强表示了敬意。他写道："在这里，旅者丝毫不用担心小偷和强盗。"他也表扬了马里人的虔诚，因为背诵整本《古兰经》对他们来说很寻常。奥马里记录道：

> 他们现在的曼萨叫苏莱曼，是曼萨穆萨的弟弟。他控制的土地是他哥哥靠征战统一起来，并使之成为伊斯兰教的土地的。在这里，他哥哥建造了无数的清真寺，还将周五作为穆斯林的祷告集会日，进行正午祷告的宣礼。他哥哥是最伟大的穆斯林苏丹。他统治着最广阔的疆土，拥有最庞大的军队。他最勇敢、最富有、最幸运，在对抗敌人时也取得了最多的胜利。[8]

在苏莱曼近 20 年的统治里，马里帝国被牢牢地掌握在他的权威下。伊本·白图泰说，跟其他国家的臣民相比，他的臣民"在国王面前贬低自己……"，他们匍匐在地，往头上撒土。苏莱曼享受着曼萨的豪华排场：手执黄金武器，身穿黄金盔甲，身边跟着成排的侍臣和突厥马穆鲁克骑兵，以及从埃及带回的奴隶战士。他们必须在他的面前保持严肃和忠诚。"无论是谁在曼萨上朝的时候打喷嚏，都会被严厉处罚。"奥马里解释说。[9]

1359 年苏莱曼死后，在他统治时期早已蠢蠢欲动的政治派系各自扶持穆萨的不同后代。这个国家分崩离析。

苏莱曼的儿子丰巴（Fomba）和马汉的儿子马利·贾塔二世（Mari Diata II）的支持者发动了内战。战争持续一年以后，丰巴被杀死，马利·贾塔二世得到了王位。14 世纪的编年史家伊本·赫勒敦记载道："他是他们中最邪恶的一个统治者。他对被统治者施以残忍暴政。"[10]

政变后，许多马里人在塞内加尔河和冈比亚河流域之间起兵造反。他们不再顺从暴君马利·贾塔二世，而是结成了三个独立但相邻的家族联盟，分别是瓦洛（Waalo）、巴奥勒（Baol）和卡约尔（Kajoor）。他们都说沃洛夫（Wolof）语，相互独立但集结在一起，接受一个国王的管理。国王由部落中地位较高的人从部落中选出，这很像德意志统治者的选举方法。

根据传统，被选出的第一任国王拥有沃洛夫语名字：那迪亚迪亚那·恩迪亚耶（Ndiadiane N'Diaye）。关于他，我们所知甚少，但是传说中保留了一个关于他的生动细节。那迪亚迪亚那是位魔术师，他不是伊斯兰国王，而是传统的非洲统治者。马里国王曾统治过一片穆斯林地区，但在对穆斯林忠诚信仰的掩饰下，古老的做法仍然保留了下来。

时间线 14

欧洲	奥斯曼土耳其人	伊利汗国	埃及	沃洛夫帝国	马里
					松迪亚塔 (约1235—约1255)
					凯塔征服苏苏 (1235—1240)
			拜巴尔 (1260—1277)		
			嘉拉温 (1279—1290)		
	奥斯曼 (约1290—1323)		阿什拉夫·哈利勒 (1290—1293)		
			纳西尔·穆罕默德·伊本·嘉拉温 (第一次, 1293—1294)		
		合赞 (1295—1304)			
			纳西尔·穆罕默德·伊本·嘉拉温 (第二次, 1299—1309)		
				阿布·贝克尔二世 (?—约1312)	
	加泰罗尼亚佣兵团到达 (1302)				
		完者都 (1304—1316)			
饥荒开始 (1310)			纳西尔·穆罕默德·伊本·嘉拉温 (第三次, 1310—1341)		
					穆萨 (约1312—1337)
洪水和暴雨 (1314—1316)					
		不赛因 (1316—1335)			
气温降低 (1317—1318)					
	奥尔汗 (1323—1362)	伊利汗国和埃及划定边界 (1323)			
					穆萨朝觐 (1324)

时间线 14（续表）

欧洲	奥斯曼土耳其人	伊利汗国	埃及	沃洛夫帝国	马里
			伊本·白图泰来到开罗（1325）		
		出班被处决（1327）			
	奥尔汗占领尼西亚（1331）				
		伊利汗国开始瓦解（1335）			
	尼科美底亚向奥尔汗投降（1337）				马汉（1337—1341）
					苏莱曼（1341—1359）
					伊本·白图泰到达马里（1359）
					马里内战（1359）
					马利·贾塔二世（1360—1374）
				那迪亚迪亚那统治的沃洛夫语帝国建立（约1370）	

/ 15

饥荒之后

> 1318 年至 1330 年,腓力五世饱受牧人和麻风病人的困扰,卡佩王朝被瓦卢瓦王朝取代,爱德华二世被妻子和她的情人打败,下落不明。

1318 年,法兰西的腓力五世连续 5 年许诺进行十字军东征。

誓言已经成了法兰西国王惯用的花言巧语,象征着恪守基督徒事业的正统。像他的父亲和哥哥那样,腓力于 1313 年首次许诺发动十字军东征。他承诺进行东征,对抗穆斯林,如阿拉伯人、奥斯曼人和马穆鲁克。这种承诺年年重复。

也许腓力五世没打算东征,那几年的法国正处在和平之中,一派繁荣。他的官员对他忠诚。人民富足,不太可能要起义。但是 1318 年这一诺言并未兑现。1319 年也是如此,尽管腓力五世在巴黎组织了一次宗教会议来讨论东征的可能性。1320 年也是如此。

问题出在后勤补给上。那种单凭教皇就能聚集足够的力量进行东征的日子已经一去不复返。法国律师雅克·杜埃兹(Jacques Duèze)早在 1316 年就成了教皇约翰二十二世(John XXII),但他住在阿维尼翁，依附于法兰西国王，是罗马的流犯，对德意志和意大利的政治无能为力。东征不会真的在阿维尼翁附近发动。要发动一场东征，那么欧洲的君主必须有一个出头的。[1]

就和欧洲其他君主一样，腓力五世不断地被国内的麻烦缠身。他的加冕礼恰逢饥荒和严寒的最后一年。最糟糕的时刻已经过去，但饥荒幸存者面对的世界仍然灾难重重，饱受暴风、猛烈的潮水、持续数月的干旱和酷寒的困扰。粮食和盐的价格波动很大。英格兰是永远的敌人。佛兰德在1305年被迫臣服。新伯爵罗伯特三世（Robert III）年轻、思想独立，被称为"佛兰德的狮子"。在他的带领下，佛兰德人重新开始抗争。掠夺成性的牧人在乡村闲逛。牧人起义在70年前被成功镇压，现在又卷土重来。

史家艾蒂安·巴吕兹（Etienne Baluze）写道："突然，普通男女聚集起义。他们自称牧人，满怀热情和勇气，准备渡过海洋，重新占领圣地。"第一次起义始自自称拥有神赐能力的神父，他是个疯狂的匈牙利领导者。但第二次起义几乎完全是无领袖的。巴吕兹提到一个被免职的神父和"一个叛教的本笃会修士"，但没有记下他们的名字。其他史家似乎也注意到根本没有领导者。[2]

1320年6月，牧羊人和养猪人的自发集会首次结成联盟，他们募集物资，准备用于王室提议的东征。但是，像第一次牧人同盟一样，很快盗贼和罪犯就加入了他们。募集变成了掠夺。富有的神父和修道院都在掠夺名单的前列。腓力五世只顾着应对佛兰德，没采取行动惩罚掠夺者。他们的人数不断增加。"罪恶……新的瘟疫出现了。"多明我会的宗教裁判官贝尔纳·居伊（Bernard Gui）抱怨道。但是随着运动向南推进，它从令人忧心忡忡的土匪行为，变成了公开杀害法国犹太人的活动。[3]

腓力五世的父亲于1306年下令放逐犹太人，但一些人依然留了下来。此后14年间，又有其他人也回来了。在波尔多、阿尔比和图卢兹的十几个小村子里，犹太人被赶到一起，被迫在受洗和死亡之间做出选择。在蒙克吕（Montclus），337名犹太人死亡。在卡斯特尔萨拉桑（Castelsarrasin），152人被杀害。发生了这些事件后，王室官员才予以关注，逮捕了抢劫者，将他们装在24辆马车里，带他们去图卢兹接受审讯。一篇同时代的文献提到，马车进入城市时，"最后一车的牧人请求帮助，说因为他们想为耶稣之死复仇，所以被逮捕并被关押。一些图卢兹的市民弄坏绑住货车的绳子。牧人们自由以后，立刻跳出马车，大声号召市民，'该死的，该死的，让我们杀光犹太人！'"超过150名犹太人在这一天死亡。[4]

听到这些骚乱的消息之后，阿维尼翁的教皇约翰二十二世随即致信法国每个主要城镇，谴责牧人，并要求所有基督徒携手保护犹太人。教皇写道："我们以主耶稣基督的名义强烈要求你们，准备好援助犹太人，无论是采取个人行动还是集体行动……保证没有人在物品、财产和人身方面遭受损失或受到伤害。"7月的第二周，信函已经分发到全国各地，民间权威人士已经开始采取行动。上千牧人行军经过艾格莫尔特时，被卡尔卡松人包围和屠杀。[5]

这场无领袖的运动立刻崩溃，但是饥饿而穷困的法国乡村依然动荡。1321年春，出现了一条空穴来风的传言：麻风病人在全法国的水井中下毒，企图让每个人都染上此病。不久，传言就演变成阴谋论：麻风病人、犹太人和穆斯林聚到一起，实施了一个宏伟的计划，他们把有毒的药剂投到信奉基督教的国家的河流、泉水、水井里和其他地方。恐慌的村民抓捕当地的麻风病人，活生生把他们烧死。腓力五世也对这一危险深信不疑，命令隔离麻风病人，并驱赶犹太人。又有一波犹太人被法国驱逐。这次恐慌蔓延到整个阿拉贡,国王海梅二世命令抓捕所有麻风病人并对他们进行严刑拷打。[6]

腓力五世始终没有进行东征。在麻风病的恐慌中,他发了高烧,不久就变成慢性痢疾。1322年1月,他一命呜呼,年仅29岁。

他只留下一个女儿。腓力五世曾根据《萨利克法》取得王位,根据这部法典,他的女儿无法继承宝座。他的兄弟查理四世(Charles IV)继位。[7]

饥荒过后,英格兰的情况依然糟糕。但是人们把问题的肇因指向别处。

抗议诗《买卖圣职》中写道:

> 警官和教区执事极力压榨穷人,
> 过去商人体面地做买卖,
> 如今习俗被抛弃,早已无人遵守……
> 农户在诅咒,寡妇在落泪。很快他们哭着向上帝寻求复仇。
> 一切都怪领主,是他们让事情变成这样。[8]

英格兰的农场主和农民把困难归罪于贪婪的商人和腐败的法官。商人们和法官指责贵族,而贵族指责国王。

至1322年,爱德华二世已经担任英格兰国王长达15年。《拉纳科斯特编年史》中记载道:"他是战争中的胆小鬼和倒霉鬼。"让·傅华萨(Jean Froissart)写道:"他缺少他父亲的智慧和勇气。"爱德华二世已经失去了苏格兰。在位期间,他无可奈何地目睹了人们记忆中最严重的饥荒发生。他跟皮尔斯·加韦斯顿的情事沦为人们的笑柄。加韦斯顿死后，他又有了新欢。[9]

小休·德斯潘塞（Hugh Despenser the Younger）是温彻斯特伯爵之子。这位36岁的男人又高又帅，仅仅比国王小2岁。早在1318年，爱德华便任命他为宫廷大臣。之后，王家账户记录了一笔惊人的支出，用以为小休·德斯潘塞购买室内用品，为他本人及其城堡购置盔甲、武器以及其他私人用品，甚至包括在温彻斯特王室城堡里的私人套间。一艘为国王舰队建造的大型军舰被命名为"德斯潘塞号"。《爱德华二世生平》记载道："倚仗王室的支持，小休·德斯潘塞肆意妄为，随意攫取，不服从任何人的权威。"[10]

对于英格兰贵族来说，小休·德斯潘塞比皮尔斯·加韦斯顿更为可憎，他们试图说服爱德华二世永久放逐小休·德斯潘塞，但只是徒劳。最后，小休·德斯潘塞开始干涉爱德华的婚姻。让·傅华萨写道，他"挑起国王和王后的不和，国王因此拒绝接见和宠幸王后"。《拉纳科斯特编年史》暗示，小休·德斯潘塞力促国王和王后离婚。[11]

伊莎贝拉比她丈夫年轻11岁。丈夫对加韦斯顿的宠幸令她备感羞辱。她厌倦了扮演被忽略的第三者，离开伦敦到了巴黎，投奔她哥哥查理四世。他哥哥刚加冕为法兰西国王。

接下来的3年里，上演了一场复杂的猫鼠游戏。爱德华二世是老鼠，伊莎贝拉是猫，查理四世则是幕后指挥的驯兽师。伊莎贝拉在巴黎的时候，查理四世派出法国军队入侵英属吉耶讷公国。伊莎贝拉回到伦敦，帮助爱德华与她哥哥修好。1325年，她第二次来到巴黎。爱德华以为她是自己的使者。其实她计划废黜丈夫，把王位传给儿子，即年轻的威尔士亲王。

在巴黎，她召集了一帮英格兰流亡者。他们中有被小休·德斯潘塞驱逐出国的,也有跟国王起了纷争的,其中包括国王的亲兄弟肯特伯爵埃德蒙。还有被流放的英格兰马奇男爵(Baron of March)罗杰·莫蒂默(Roger Mortimer),他曾企图用武力把小休·德斯潘塞从伦敦赶走,于1321年被国王囚禁。莫蒂默设法从伦敦塔逃脱,来到法国。他在巴黎遇见了王后,两人发展成为情人。[12]

1325年年底,国王意识到巴黎的情况不妙。12月5日,他告诉议会:"王后去法国促进和平。她离开时,没人感觉她被冒犯……但现在有人改变了她的态度。有人用谎言鼓动了她。"[13]

伊莎贝拉此时30岁出头,而丈夫多年拒绝跟她同床共枕。她不需要别人鼓动。莫蒂默陪在她身边,她哥哥的财富由她支配。她组织了一支军队。英格兰贵族们同意加入她的事业,条件是她带援军过来。1326年9月,她带一小支雇佣军向英格兰进发。其成员来自佛兰德、德意志和波希米亚,以及少数流亡外国的英格兰人。

他们几乎瞬间征服了英格兰。同时代的托马斯·格雷爵士(Sir Thomas Gray)写道:"他们不费吹灰之力就占领了英格兰,因为所有领主和平民都反对国王。"爱德华二世和小休·德斯潘塞试图一起沿着瓦伊河(Wye)逃跑,但他们的船被冲上岸,两人被俘。[14]

爱德华二世被囚禁在伯克利城堡。议会重组后,"一致同意"废黜国王,转而对爱德华三世(Edward III)宣誓效忠。爱德华三世于1327年加冕,年仅15岁。他母亲伊莎贝拉及她的情人摄政。

小休·德斯潘塞(让·傅华萨记道:"他在这些地方不受欢迎。")被"贵族和爵士们一致判决,要受到以下处罚":

> 首先,他被游街示众……经过赫里福德的每条街道,一路伴着号角声和喇叭声,直到他到达小镇的大广场……他被绑在

那里的长梯上,这样每个人都能看到他。广场上点起了大火。他被五花大绑,首先被割去了阳具和睾丸,因为他是异教徒和鸡奸者,甚至据说他的伴侣是国王……他的私处被切掉后扔到了火里。然后他的心脏也被挖出扔到了火里……他的头也被砍掉,送往伦敦。他的尸体被砍成四块,分别扔到英格兰除伦敦以外的四大城市。[15]

很奇怪,爱德华二世的下场不为人知。1327年9月底,看守国王的狱卒声称,国王突然"自然"离世。尸体立即得到防腐处理。许多贵族和神父受邀远观处理过程,而"死去国王的朋友和亲属"被拒之门外。[16]

数百年间,多数史家认为,罗杰·莫蒂默下令在牢房里闷死了国王("他死了,死因不明,但上帝知道。"托马斯·格雷爵士写道)。但1878年,有人在法国蒙彼利埃发现了一封14世纪主教马努埃莱·德·菲耶斯基(Manuele de Fieschi)写的信。信上写着,菲耶斯基遇到了爱德华二世本人。国王杀死了一个守卫才逃离伯克利城堡,他逃到爱尔兰,并最终逃到意大利。[17]

15岁的爱德华三世成为英格兰的统治者。这意味着,在接下来的4年,伊莎贝拉和罗杰·莫蒂默是实际上的统治者。在他母亲和母亲情人的指导下,爱德华三世与法国的查理四世讲和,支付了5万多英镑买回吉耶讷公国,这很好地解决了查理面临的财政问题。在爱德华统治的第一年,他还与罗伯特一世签订《爱丁堡-北安普敦条约》(The Treaty of Edinburgh-Northampton),承认罗伯特为苏格兰国王,结束了第一次苏格兰独立战争。

地图 15-1 爱德华三世和瓦卢瓦王朝

第二年，伊莎贝拉和罗杰·莫蒂默试图把年轻的爱德华三世扶上法国王位。腓力四世的儿子们在位时间都不长。路易十世在位18个月，腓力五世6年。而查理四世在位只有4年，终年34岁。他没有儿子。伊莎贝拉和莫蒂默认为，爱德华三世是法兰西王位的合法继承人，应该继承王位。他们声称，《萨利克法》只禁止女性继承王位，但并没有禁止女方后人，只要继承人本人是男性就行。伊莎贝拉的儿子爱德华三世是与法国王室血统最近的在世男性。

英格兰国王需要更强有力的论据（和更多的刀剑），才能获得法国贵族的认同。爱德华三世争取王位失败了。法国贵族反而认同瓦卢瓦的腓力（Philip of Valois）。他是安茹伯爵，也是三个离世的前任国王的堂兄弟。他于1328年登基，是瓦卢瓦王朝第一任国王。于格·卡佩一族直系对法国340余年的统治宣告结束。

第二年，法国新任国王腓力六世（Philippe VI）召唤爱德华三世去吉耶讷宣誓效忠。伊莎贝拉认为，儿子此行会有好处。因此，17岁的英格兰国王温顺地参加了臣服和效忠的仪式：双手放在法兰西国王的手下，宣誓跟他保持君臣关系。但这是爱德华最后一次表示服从。爱德华受够了摄政统治。格雷写道："国王身心开始成熟，不再屈服于王太后母亲的权威。"[18]

1330年，年轻的国王年满18岁。他立刻以最直接的方式结束

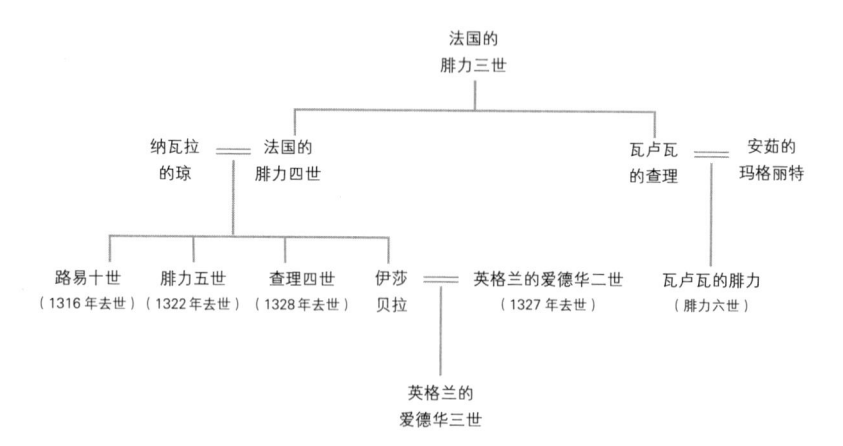

图 15-1　腓力六世和爱德华三世家谱

了摄政统治：派自己的两个年轻朋友带领一队士兵，在半夜逮捕了莫蒂默和自己的母亲。

莫蒂默和小休·德斯潘塞下场相同。经过草草审判以后，他被开膛破肚，切成四块，"罪名是跟已故国王爱德华二世结党"。伊莎贝拉被软禁。她儿子给她提供了舒适的房间、收入和侍女，但命令她从此不能外出或再次公开露面。[19]

时间线 15

奥斯曼土耳其人	伊利汗国	埃及	沃洛夫帝国	马里	法国	苏格兰	英格兰	威尔士	教皇
							《里兹兰法令》(1284)		
					腓力四世 (1285—1314)				洪诺留四世 (1285—1287)
									尼古拉四世 (1288—1292)
					《伯尼姆条约》(1289)				
奥斯曼 (约1290—1323)		阿什拉夫·哈利勒 (1290—1293)							
		纳西尔·穆罕默德·伊本·嘉拉温 (第一次, 1293—1294)				约翰·巴利奥尔 (1292—1296)			
	合赞 (1295—1304)								卜尼法斯八世 (1294—1303)
		纳西尔·穆罕默德·伊本·嘉拉温 (第二次, 1299—1309)				苏格兰第一次独立战争 (1296—1328)			
						斯特灵桥战役 (1297)			
			阿布·贝克尔二世 (?—约1312)						
加泰罗尼亚佣兵团到达 (1302)						库特赖战役 (1302)			
									本笃十一世 (1303—1304)
		完者都 (1304—1316)							
					"佛兰德的狮子"罗伯特三世 (1305—1322)				克雷芒五世 (1305—1314)
						罗伯特一世 (1306—1329)			
							爱德华二世 (1307—1327)		
		纳西尔·穆罕默德·伊本·嘉拉温 (第三次, 1310—1341)		穆萨 (约1312—1337)			皮尔斯·加韦斯顿被谋杀 (1312)		解散圣殿骑士团 (1312)

时间线 15（续表）

奥斯曼土耳其人	伊利汗国	埃及	沃洛夫帝国	马里	法国	苏格兰	英格兰	威尔士	教皇
					路易十世 (1314—1316)				
	不赛因 (1316—1335)				腓力五世 (1316—1322)				约翰二十二世 (1316—1334)
					牧人起义 (1320)				
					查理四世 (1322—1328)				
奥尔汗 (1323—1362)									
	伊利汗国和埃及划定边界（1323）			穆萨朝觐 (1324)					
		伊本·白图泰来到开罗 (1325)							
	出班被处决 (1327)						爱德华三世 (1327—1377)		
					腓力六世 (1328—1350)				
奥尔汗占领尼西亚（1331）									
	伊利汗国开始瓦解（1335）								
尼科美底亚向奥尔汗投降（1337）			马汉 (1337—1341)						
			苏莱曼 (1341—1359)						
			伊本·白图泰到达马里 (1352)						
			马里内战 (1359)						
			马利·贾塔二世 (1360—1374)						
			那迪亚迪亚那统治的沃洛夫语帝国建立（约1370）						

/ 16

南北朝时代

> 1318年至1339年间，镰仓幕府垮台，足利幕府崛起，日本皇权分裂。

蒙古人两次进攻日本失败。这个远离大陆的岛屿仍然是安全的，大海成为一道保护墙，隔开了日本武士和元朝的蒙古士兵。

但日本两个朝廷的格局错综复杂、脆弱不堪，在蒙古进攻的余震中，开始分崩离析。

蒙古威胁最严重的时候，京都朝廷在天皇皇权继承的问题上出现了分歧。天皇的长子和宠子矛盾重重，最终的解决方案是由长子及其后代（持明院统）与宠子及其后代（大觉寺统）轮流执掌皇权。

跟大部分妥协一样，没有人满意。这两个皇室家族变得越来越仇视对方。大觉寺统遵循儒家思想，而持明院统信奉佛教。大觉寺统崇尚中国式学术研究，而持明院统推崇使用日本传统文字的日本文学。为争夺天皇皇权，两派内部都争吵不休。[1]

与此同时，幕府总部设在镰仓，由代表傀儡幕府将军的执权掌管，日渐强横。击退蒙古人之后，执权北条时宗和他的继任者变得越来越独裁：将政府职位送给朋友和盟友，向忠诚于自己的人分封土地，推选越来越多的北条氏成员成为守护，从而控制远离京都和镰仓的诸国。[2]

由于北条氏实行专制统治，不法行为激增，强盗肆虐。被称为"恶党"的不法分子团伙在乡间四处游荡。海盗出没于港口和海岸。面对这些问题，北条氏使用更强硬的武力、更强力的监管和更严厉的惩罚来应对，派更多的武士去帮助各个守护，专门负责追捕不法之徒。所有船舶必须登记，同时船主不得遮挡船身上主人的名字和所注册的港口。陆地上和海上的抢劫犯罪一度被判处流放，现在则是死罪。收获前偷窃庄稼，一度属于民事案件，现在则是犯罪。[3]

然而动乱愈演愈烈。海盗向西流窜，在中国与高丽的沿海地区洗劫船队，实施盗窃和绑架。恶党团伙逐年增多，往往是百余人手持刀剑和竹矛，洗劫村庄，拦路抢劫。一位来自播磨的14世纪的僧侣这样写道："他们无视（镰仓）幕府的法律，而守护对他们的镇压没有效果。""就这样，他们的人数越来越多。"偏远的地区在报告中控诉强盗夜袭、路边谋杀、村庄纵火、偷盗庄稼，甚至有的和尚出于恐惧而逃离，寺庙也关门了。[4]

1318年，花园天皇退位。他是持明院统的后代，他的堂兄后醍醐属于大觉寺统，因此被加冕为天皇。

但他的继位有附带条件。花园天皇退位前的两年，家族之间的争执已经日益激烈。后醍醐显然排在首位，但大觉寺统更青睐他的侄子邦良亲王。根据轮流继承的原则，在后醍醐之后，皇权必须交给另一派，这意味着邦良亲王彻底出局。

为了防止京都彻底崩溃，镰仓执权下令妥协。后醍醐将出任天皇，但他的儿子没有继承资格。邦良亲王被立为皇太子，之后皇权将回归持明院统。同时，为了让更多候选人有机会登基，所有天皇必须在继位10年后退位。[5]

后醍醐天皇即位时只有30岁。他被迫承诺将来退位和不将皇位传给自己的儿子，于是开始密谋推翻镰仓幕府。

第一步是攫取更多的权力。他父亲后宇多是太上法皇，理论上比现任天皇拥有更大的影响力（因为任期较短，退位天皇中有三位仍在世，其中后宇多年龄最大）。但后宇多法皇更醉心于佛教，而不是权力。"我4年的光阴耗在了首都尘世，"他后来这样描述自己作为太上法皇辅政的短暂历史，"我失去了跟（佛教）深奥教义传播的纽带……我的纽带和责任令我难以选择。非常强烈的退隐念头油然而生。"后醍醐利用他父亲的天生喜好，在他统治的第四年，劝服后宇多法皇放弃太上法皇的传统立法权并将其交给天皇。[6]

在接下来的几年，后醍醐直接统治。对手家族容忍这种怪象，是因为他明确表示接受执权的统治并在10年后退位。但在1326年，指定的皇储邦良亲王突然患病，并在两周内身亡。"他的家人悲恸欲绝，感觉就像一盏灯熄灭一样。"充满诗意的《增镜》如此记录。很快，内战的阴影就笼罩了全日本。后醍醐认为，之前的安排已明确指定大觉寺统成员作为继任者，他的儿子现在应该成为王储。而持明院统主张，皇位继承权应立即回归持明院统。争吵无休无止。因为没有明确的接班人，后醍醐在10年期满后仍然留在宝座上。与此同时，他跟比睿山臭名昭著的武僧结成了强大的联盟。他送两个儿子去那里学习，一个儿子削发为僧，另一个还当上了方丈。[7]

这一次，镰仓幕府干预缓慢。1316年，年青的北条高时被任命为执权，年仅13岁。他的内管领和富有能力的祖母处理了之前的继承危机，现在高时已经独揽大权，却很难专注于国家大事。据14世纪文学作品《太平记》记载，他对斗狗很有兴趣，甚至接受用狗代替所欠税款。每月有12天斗狗，

> （最好的狗用）鱼类和家禽喂养，住在金银装饰的犬舍里，乘轿出行。这些尊贵动物被带到大马路上时，人们被迫……下马跪拜……因此，在镰仓出现了一种奇怪的现象，精心喂养的狗儿穿着金箔装饰的锦缎，总数从4只发展到5000只。[8]

北条高时一心沉迷于娱乐消遣，很少关注京都的动态。

到了1331年，持明院统发现，后醍醐天皇继续把持皇位的意图异常明显。持明院统成员向镰仓幕府递交了一份紧急而又明确的报告："君主的反叛密谋最为危险。幕府应尽快行动，以免国家陷入混乱。"在谋臣的建议下，北条高时向京都派出了军队。作为回击，后醍醐呼吁公开反叛腐败和堕落的幕府执权。[9]

武士们纷纷加入这场新的战争。有人支持天皇，有人支持北条执权，还有人则是为了私利，希望在政治斗争中能够分一杯羹。足利尊氏是这些武士里面最为臭名昭著的一个。在战争中，他像墙头草一样在这三种角色间转换。

足利家族是曾经叱咤风云的源氏家族的一个分支，来自东北部的下野国。由于天高地远，他们对幕府将军和天皇都没有强烈的忠诚感。在战争开始后的前6个月，足利尊氏加入了幕府，迅速成为胜利的一方。镰仓军把后醍醐和他的武士赶到京都附近的笠置山上，

包围起来。后醍醐在仓促间被迫投降。他被带回京都，安置在宫殿后面的一个窝棚里面。在那里，他无奈地见证了持明院统皇子登基的盛况。之后，他被流放到荒凉的隐岐岛。"那里几乎渺无人烟，只能看到远处渔民煮水取盐的建筑。"《增镜》如此记载。他在这里的临时住房中住了两年。新任光严天皇在京都发号施令，北条高时继续在镰仓沉迷于斗狗。[10]

但无能的执权没有新朋友，光严天皇被普遍认为是个傀儡，他甚至没有正式加冕，因为后醍醐拒绝把皇权权杖和三神器交给对手。在隐岐岛，后醍醐悄悄组织了一支支持者队伍，由武士、渔民和海盗组成。他们希望摆脱北条高时的统治。1333年初，一小群海盗和渔民帮助后醍醐从岛上逃脱。他在伯耆国大坂港登陆。一支军队已经在那里集合，等待他的号令。[11]

得知这一消息后，北条高时立刻从镰仓派出自己的军队，由足利尊氏和另一位指挥官新田义贞指挥。新田义贞也是源氏后代。但足利尊氏认为执权对他忠诚的奖励不够，开始考虑改变效忠对象。前年他就一直秘密地跟后醍醐保持书信联系。离开镰仓之后，他马上倒戈。新田义贞和大部分士兵追随他。这些人双管齐下，进攻北条势力。足利尊氏带兵攻下京都，驱逐了那里的北条氏官员，而新田义贞带领剩下的士兵直接进攻镰仓。[12]

这两次袭击均获得成功。光严天皇和京都守护一起逃往东部，但很快被追上。守护被当场杀死，光严天皇则被带回京都囚禁起来。新田义贞和手下在镰仓跟北条支持者鏖战5天。北条氏的将军和官员节节败退。面对几成定局的失败，他们开始陆续自杀。1333年5月22日，在300名支持者的追随下，北条高时退到东胜寺。他的祖先就埋葬在那里。"赶快自杀！"他冲他们喊道，"我会先做出表率!"他端起一碗酒,一饮而尽,把碗递给身边的亲信,然后"将匕首插到身体左侧,划到身体右侧,拉开一道很长的伤口,掏出内脏,跌倒在地"。新田义贞的手下已经放火烧寺。北条高时的部下效仿他,挥刀自裁。据《太平记》记载,近800人在那一天自杀。[13]

后醍醐天皇回到京都,宣称他从未真正退位,同时完全忽略光严天皇短暂的皇权。接下来的3年被称为建武新政。他试图夺回对国家的直接统治,假装流亡事件从来没有发生过。但足利尊氏也在觊觎空缺的执权职位。他占据了京都空闲的幕府府衙,并像北条氏执权那样,在那里任命守护。1335年,他搬到镰仓,开始分封土地。

他依然没有宣布自己担任执权还是幕府将军。但后醍醐本来就打算摆脱幕府的控制,而不是简单地换一个当权者。足利尊氏在京都时,他们没有产生直接冲突。现在,他曾经的盟友来到了镰仓,天皇宣布他是"皇权的敌人"。战火再次燃起。[14]

足利尊氏的手下向京都进攻。忠诚的新田义贞带领天皇军队迎战,他们于1336年夏天在凑川岸边相遇。战役高潮再次出现在炎热的7月。经过了6个小时猛烈战斗,新田义贞下令一支分队战略撤退。事实证明,他犯了一个可怕的错误,天皇军队力量分散以后,变得脆弱不堪。成千上万的皇家士兵阵亡。[15]

后醍醐和残存的拥护者逃往南方山区,在那里建立一个新的帝国首都,吉野。足利尊氏宣布京都归自己所有,并在室町地区成立了幕府。他没有试图宣称自己为天皇。帝国统治权力与皇室血统密不可分。相反,他宣布,光严的弟弟丰仁成为新天皇,即光明天皇。[16]

1338年,足利尊氏终于完全控制了京都,并就任征夷大将军。现在,跟过去的由幕府将军和执权掌控的镰仓与帝国首都京都并立

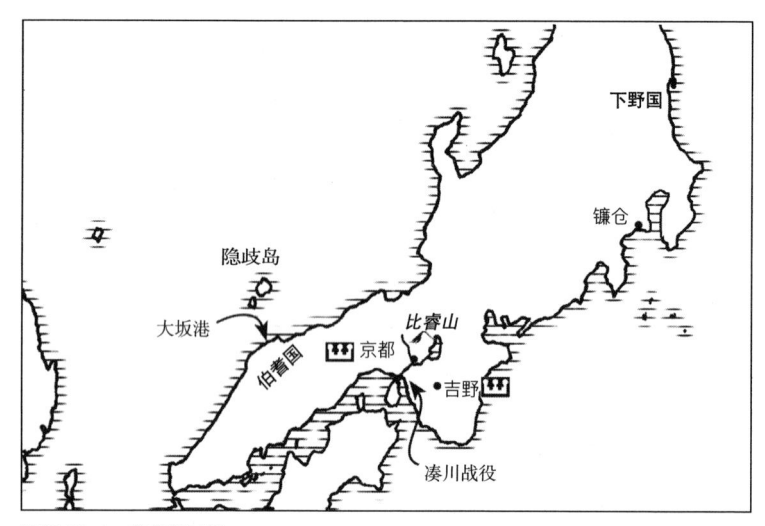

地图 16-1　南北朝时代

不同，日本有两个帝国首都、两个天皇、两个朝廷、一位将军，但没有执权。镰仓幕府垮台，足利幕府开始执政，并将持续超过 200 年。*

但南朝还在坚持。1339 年，后醍醐在吉野逝世，享年 50 岁，他儿子继续在山上顽强抵抗。足利幕府的开始也是南北朝时代的开始。"南朝和北朝"并存，王朝分裂将持续近 60 年。大觉寺统和持明院统之间由不断的争吵变为彻底闹翻。大觉寺统统治着南方，持明院统统治着北方。[17]

国家分裂了，日本也变成了一块一块的军事统治区。不同于镰仓幕府，足利幕府从未要求大多数武士阶级效忠于自己，仅获得了

---

* 足利幕府也被称为室町幕府，因总部所在地而得名。

一小部分武士的支持。镰仓幕府对持明院统和大觉寺统不偏不倚，使其和平相处；而足利幕府却拥护持明院统，打击大觉寺统。不久，足利幕府仅能统治京都及附近地区。偏远诸国由当地官员控制。和平不再，秩序不再。[18]

南朝政治理论学家北畠亲房写道：

> 天照大神创世以来，日本的王朝更替就没有中断过。我们国家一直都由一个王朝统治，从未中断……只有在我们国家，自开天辟地以来，皇位继承始终一脉相承，一直延续至今……这是天照大神不变的旨意，也是日本不同于其他国家的原因。神的旨意往往不是那么容易被参透。但不理解神最基本的暗示，甚至违抗神的旨意，必将导致天下大乱。[19]

神皇一脉跟日本的起源、古代历史和身份有着千丝万缕的联系。强人能够控制京都，但军事统治总会带来混乱。

时间线 16

沃洛夫帝国	马里	法国	苏格兰	英格兰	威尔士	教皇	日本
				第二次贵族对抗国王的战争（1264—1267）			
							北条时宗执权（1268—1284）
				爱德华一世（1272—1307）			
							蒙古第一次进攻失败（1274）
							后宇多天皇（1274—1287）
							蒙古第二次进攻失败（1281）
					戴维兹·阿普·格鲁菲德起义（1282）		
					《里兹兰法令》（1284）		
		腓力四世（1285—1314）				洪诺留四世（1285—1287）	
						尼古拉四世（1288—1292）	
		《伯厄姆条约》（1289）					
		约翰·巴利奥尔（1292—1296）					
						卜尼法斯八世（1294—1303）	
			苏格兰第一次独立战争（1296—1328）				
			斯特灵桥战役（1297）				
	阿布·贝克尔二世（？—约1312）	库特赖战役（1302）					
						本笃十一世（1303—1304）	
		"佛兰德的狮子"罗伯特三世（1305—1322）				克雷芒五世（1305—1314）	

时间线 16（续表）

沃洛夫帝国	马里	法国	苏格兰	英格兰	威尔士	教皇	日本
			罗伯特一世 （1306—1329）				
				爱德华二世 （1307—1327）			
							花园天皇 （1308—1318）
	穆萨 （约1312—1337）			皮尔斯·加韦斯顿被谋杀（1312）	解散圣殿骑士团（1312）		
		路易十世 （1314—1316）					
		腓力五世 （1316—1322）				约翰二十三世 （1316—1334）	北条高时执权 （1316—1326）
							后醍醐天皇 （1318—1339）
		牧人起义 （1320）					
		查理四世 （1322—1328）					
	穆萨朝觐 （1324）						邦良亲王去世 （1326）
		腓力六世 （1328—1350）		爱德华三世 （1327—1377）			
							南北朝时代 （1331—1392）
							光严天皇 （北朝） （1331—1333）
							建武新政 （1333—1336）
							光明天皇 （北朝） （1336—1348）
	马汉 （1337—1341）						足利尊氏幕府 （1338—1358）
	苏莱曼 （1341—1359）						

/ 17

叛乱

> 1320年至1351年，穆斯林和印度教臣民一起反叛，德里苏丹国衰落。

另一个王朝控制了德里苏丹国。加斯丁曾担任旁遮普总督，从印度库斯鲁汗的手中夺得苏丹国，并恢复伊斯兰习俗。他的王朝图格鲁克王朝，是第三个统治德里的突厥王朝。

普拉塔帕·鲁德拉（Pratapa Rudra）是南印度王国卡卡提亚的国王。他借苏丹国朝代更替之机对其进行了反击。

他跟德里抗争了整整10年。1310年，德里将军马利克·卡福尔曾围攻瓦朗加尔一个月，迫使普拉塔帕·鲁德拉同意每年上交巨额贡品。马利克·卡福尔指示道："在（我们的）统治权下，恢复他的官职，同时恢复他的统治。你应该给他镶满珠宝的长袍，并以我的名义承诺送给他遮阳伞。"长袍和遮阳伞象征着普拉塔帕·鲁德拉的统治处在德里苏丹的"阴影之下"。普拉塔帕·鲁德拉接受了这两个物品，但他却继续独立行事，经常延误对德里应有的进贡。

他还加固了瓦朗加尔的城墙,在石头墙外面建了一圈堡垒,保护城市外缘。[1]

在库斯鲁汗统治的动乱时期,普拉塔帕·鲁德拉甚至停止进贡。但是,加斯丁把苏丹国恢复秩序后,立刻注意到这一疏漏。1321年,也就是加斯丁加冕那一年,他派自己的长子兼大将军乌鲁格汗(Ulugh Khan)南下,去瓦朗加尔国王那里征收所需的大象和财宝。

第一次攻城失败了。他们成功包围了瓦朗加尔,但这个城市投降之前,从德里传来了加斯丁死亡的假消息,苏丹的儿子撤退了。当他准备离开时,第二个消息传来:苏丹很好很健康。

乌鲁格汗第二次围攻这座城市。因为饥饿和力量弱小,几天之内,守城军士就投降了。根据德里传来的指示,乌鲁格汗将这座城市夷为平地。他让他的手下(据铭文记载,多达6.3万人)洗劫瓦朗加尔,拆除普拉塔帕·鲁德拉在里面供奉着印度教神明的伟大寺庙,将这座城市改名苏丹布尔(Sultanpur),并在印度教寺庙的废墟旁,开始建一座大型的清真寺。普拉塔帕·鲁德拉被俘后,戴着镣铐被送往德里。他死在路上。据稍晚一些的两篇铭文记载,他在讷尔默达河投水自杀了。他的王国被从地图上抹去,他的城市也被摧毁,卡卡提亚最后一位国王纵身跃入河中。[3]

乌鲁格汗南下平叛,而加斯丁自己挥军向东,进攻柏格拉汗之孙统治的孟加拉苏丹国。巴拉尼记载道,统治者"进行了一些抵抗",但孟加拉还是被异常轻松地重新控制了。柏格拉汗之孙被拴住脖子送往德里。德里苏丹开始返程。

回德里的路上,在阿富汗普尔(Afghanapur)东南约10千米处,他停了下来,接受民众的拜见。他坐在一座临时搭建的亭子下,观看大象游行表演。亭子倒塌砸中了他。他担任苏丹仅 5 年时间。[4]

乌鲁格汗还在从瓦朗加尔回国的路上,他立刻在途中给自己加冕。他返回德里后,控制了这座城市,其官方称谓为穆罕默德·本·图格鲁克(Muhammad bin Tughluq)。

他在苏丹国快速扩张时期继承王位,被证明是一位精力充沛、雄心勃勃的统治者。但他脾气暴躁、手段残酷且行事鲁莽。巴拉尼写道:"苏丹自己制定了三四个措施,期望控制整个可居住的世界。但他从来没有跟任何谋士或朋友提起过。他认为自己的措施有效。但在颁布和实施的过程中,他失去了拥有的领土,令臣民厌恶,导致国库虚空……每一项措施的实施都带来了不公和伤害。"[5]

第一项灾难性的措施是加税,这使得富人恼怒,穷人破产。第二项是将都城南迁 1100 多千米到德瓦吉里,尽量靠近帝国新的广阔南部领土。在克里希纳(Krishna)河下游,只有曷萨拉王朝继续抵抗苏丹国。他的朝臣和官员并不兴奋,相当多的人拒绝搬到那里。穆罕默德容不得别人冒犯。他选择了一些印度精英代表,迫使他们跟家人一起搬到新都。他把那里改名为道拉塔巴德(Daulatabad)。[6]

此举是灾难性的。道拉塔巴德还没有建设好,无法容纳迁到那里的新居民。饮水供应不足。饥荒和干渴把新居民带向死亡。巴拉尼写道:"在道拉塔巴德周边……墓地如雨后春笋般涌现。"[7]

1330 年,穆罕默德放弃了,下令搬回德里。但翻越德干高原和温迪亚山脉的旅程漫长而艰苦,数千人丧生。3 年后,旅行作家伊本·白图泰来到德里(他的麦加朝觐之旅变成环游世界),他看到了空荡荡的街道和一个废弃的市场。"这里几乎是一片沙漠,"他写道,

"建筑很少。在其他方面,这座城市空空荡荡,房屋已被抛弃……世界上最伟大的城市拥有最少的居民。"[8]

更可怕的决策紧随其后。他试图把整个帝国的货币改成铜币,但私人造币厂出现在印度各地,粗制滥造的钱币很快分文不值。这项措施彻底失败了。印度次大陆经历了7年干旱,之后是大饥荒,持续时间是欧洲大饥荒的三倍。死者成千上万,但穆罕默德·图格鲁克没有采取任何有效的救济措施,没有降低税收,也没有开仓放粮。进攻呼罗珊的行动耗资巨大却无所获,他不仅变穷了,而且越来越不受欢迎。巴拉尼写道:"臣民厌恶他,纷纷反叛……所有人,无论高低贵贱,全都疏远他们的统治者。"[9]

印度版图开始被重新划分。

1335年,阿赫桑·沙阿(Ahsan Shah)总督率领饥饿的民众进行抗争,脱离穆罕默德的国家并宣布自己为马都拉(Madura)苏丹国统治者,成立了一个独立穆斯林王国。次年,卡卡提亚王国的幸存者哈里哈拉(Harihara)和布卡(Bukka)兄弟俩逃离瓦朗加尔,在毗奢耶那伽罗(Vijayanagara)宣布独立,并在栋格珀德拉(Tungabhadra)河附近建国。出于愤怒和厌恶,那些由于德里南扩被驱走的印度教战士加入他们,一起在南部重新建立印度教王国。

不久之后,留在瓦朗加尔的本地印度教徒也开始反叛德里占领者。印度教战士卡帕亚·纳亚卡(Kapaya Nayaka)把占领者们赶了出来,自己占领了瓦朗加尔,宣布自己是安得拉国(Andhra Country)苏丹。[10]

更多穆斯林苏丹国涌现出来。他们反叛穆罕默德,而不是针对伊斯兰教。名为马利克·哈吉·伊利亚斯(Malik Haji Ilyas)的德里官员控制了孟加拉城市拉卡纳瓦提(Lakhnawati),占领了高尔,自

地图 17-1 印度的各个新苏丹国

称沙姆斯丁苏丹（Sultan Shams-ud-Din），是孟加拉伊利亚斯·夏希（Ilyas Shahi）王朝的建立者。他在自己的硬币上自称为"第二个亚历山大、哈里发得力助手、宗教领袖的指挥官"。在道拉塔巴德，穆斯林军官哈桑·甘谷（Hasan Gangu）于1347年自称德干苏丹。他最早是德里军队中的一名步兵，一直做到指挥官的位置，而现在利用职权反抗统治者。他作为苏丹的官方称谓是阿拉乌丁·巴赫曼

(Ala-ud-din Bahman),他的巴赫马尼苏丹国(Bahmani Sultanate)在那里统治了一个多世纪。[11]

这场规模巨大的灾难压垮了穆罕默德。他的部队因分散而力量单薄。赢得一场胜利后,他就用越发严厉的手段惩罚战俘,试图震慑其他反叛者。报复越猛烈,反抗越强烈。幕僚指责他的时候,他声色俱厉地说:"我处置叛军、对手和心有不满者的方法是用剑……人们越反抗,我的惩罚越严厉。"[12]

1351年,穆罕默德·本·图格鲁克在北方战斗,靠近印度河。他开始发烧和胃痛。巴拉尼把这些归咎于一块坏鱼肉,但让这位伟大的战争领袖病情恶化的还是痢疾。1351年3月20日,第二位图格鲁克苏丹死于印度河河畔。

跟随他的部队乱糟糟地向德里逃去。路上,他们被劫匪抢劫。由于缺少食物和物资,那些一起出征的妇女儿童开始死去。在绝望中,剩下的人聚在一起,乞求同行的图格鲁克的侄子菲鲁兹·沙阿(Firoz Shah)出任苏丹。"看在真主的分上,"他们说,"拯救这些可怜的人,登上苏丹之位,解救我们和成千上万的可怜人吧。"[13]

菲鲁兹·沙阿拒绝了。他不希望成为苏丹。事实上,他计划至麦加朝觐,并没有打算长期留在德里。但人们不顾他的反对,宣称他是统治者。

他的首要任务是让他们回家。所以他组织散兵游勇,成立新的队伍,对抗劫匪。在他的领导下,他们取得了胜利,劫匪逃跑了。"这是菲鲁兹苏丹在位的第一场胜利,"他的传记作者沙姆斯依·西拉杰(Shams-i Siraj)写道,"他在人们的欣喜和欢呼中回到德里。"[14]

他做的第一件事情是,赔偿那些被穆罕默德·本·图格鲁克不

时间线 17							
法国	苏格兰	英格兰	威尔士	教皇	日本		印度北部
					后宇多天皇 （1274—1287）		
					蒙古第二次进攻 失败（1281）		
			戴维兹·阿普·格 鲁菲德起义（1282）				
			《里兹兰法令》 （1284）				
腓力四世 （1285—1314）				洪诺留四世 （1285—1287）			
							穆伊兹丁 （1287—1290）
							柏格拉汗， 高尔苏丹 （1287—1291）
				尼古拉四世 （1288—1292）			
《伯厄姆条约》 （1289）							
							卡尔吉王朝 （1290—1320）
							贾拉丁 （1290—1296）
							（卡卡提亚）普拉 塔帕·鲁德拉 （约1290—1321）
	约翰·巴利奥尔 （1292—1296）						
				卜尼法斯八世 （1294—1303）			
	苏格兰第一次独立 战争（1296—1328）						阿拉乌丁 （1296—1316）
	斯特灵桥战役 （1297）						
库特赖战役 （1302）							蒙古进攻德里 （1299）
				本笃十一世 （1303—1304）			德里攻击梅瓦尔 （1303）
				克雷芒五世 （1305—1314）			
"佛兰德的狮子" 罗伯特三世 （1305—1322）							
	罗伯特一世 （1306—1329）						
		爱德华二世 （1307—1327）					
					花园天皇 （1308—1318）		潘地亚亡国 （1308）

/ 17 叛乱

时间线 17（续表）						
法国	苏格兰	英格兰	威尔士	教皇	日本	印度北部
		皮尔斯·加韦斯顿被谋杀（1312）	解散圣殿骑士团（1312）			
路易十世（1314—1316）						
腓力五世（1316—1322）				约翰二十二世（1316—1334）	北条高时执政（1316—1326）后醍醐天皇（1318—1339）	库特卜丁（1316—1320）
						库斯鲁汗（1320）
牧人起义（1320）						加斯丁·图格鲁克（1321—1325）
						卡卡提亚灭亡（1321）
查理四世（1322—1328）						德里征服孟加拉（1324）
						穆罕默德·图格鲁克（1325—1351）
		爱德华三世（1327—1377）			邦良亲王去世（1326）	
腓力六世（1328—1350）					南北朝时代（1331—1392）光严天皇（北朝）（1331—1333）建武新政（1333—1336）	
						马都拉苏丹国建立（1335）
					光明天皇（北朝）（1336—1348）足利尊氏幕府（1338—1358）	毗奢耶那伽罗王国建立（1336）
						孟加拉的伊利亚斯·夏希王朝建立（1342）
						德干苏丹国建立（1347）
						菲鲁兹·沙阿（1351—1388）

公正处死的人的继承人。新苏丹自己写道："那些失去了肢体、鼻子、眼睛、手或脚的人……得到赔偿和安抚。"他废除多种税赋，为穷人新建医院和避难所，退还没收的土地，停发那些参与图格鲁克专制统治的政府官员的退休金或者直接将其解雇。[15]

苏丹国解体的速度得到减缓。动乱的边境开始趋于稳定。领土停止分崩离析。但是，苏丹现在仅仅是统治者之一。在混乱之中，毗奢耶那伽罗和巴赫马尼已经发展成为帝国。

/ 18

文艺复兴之得名

> 1322年至1341年,巴伐利亚人路易试图夺回古老的神圣罗马帝国皇帝的头衔,教会的传统确定性受到质疑,关于过去的新故事出现在罗马。

8年间,巴伐利亚人路易和哈布斯堡家族的"英俊的腓特烈"(Frederick the Handsome)一直在争夺德意志王位。双方在1314年被两拨不同的选侯分别选举为国王,各自获得了少数有权势的德意志公爵的支持。

双方都或多或少缺乏资金。没有哪一方有财力发动一场真正的战争。在长期"冷战"期间,真正的战斗发生在1322年,当时路易的手下在巴伐利亚的米尔多夫(Mühldorf)跟腓特烈及其手下狭路相逢。数小时的激战以腓特烈被俘而告终。之后,路易赏赐了鸡蛋给一贫如洗的巴伐利亚士兵作为晚餐。这是他可以承担起的最慷慨的庆祝方式。[他下令说,在战斗中最英勇的骑士可以获得两枚鸡蛋。这位像传说中的齐格弗里德(Siegfried)一样英勇的牧人后来将鸡蛋加入到了家族徽章中,来纪念这一荣耀。][1]

路易和腓特烈是表兄弟。事实上，在青少年时期，他们一度住在同一所房子中。路易善待他的敌手，把他软禁在特劳斯尼茨城堡（Castle of Trausnitz），使他的生活相对舒适。

他现在开始谋划终极目标：神圣罗马帝国皇帝的头衔。

这需要他控制敏感而且有独立意识的北意大利人。他希望以朋友和盟友的身份来实现。因此在1323年，路易任命梅尔施泰滕伯爵（Count of Märstetten）为"帝国代理人"，送他到意大利，以获得米兰和费拉拉这两个伦巴第人城市的支持。住在阿维尼翁教皇宫殿里的教皇约翰二十二世表示反对。在加冕皇帝缺席的情况下，他坚持认为，教皇才是帝国的保护者并且有权力任命意大利的"代理人"。路易拒绝从意大利撤退。1324年7月17日，教皇约翰二十二世把德意志国王革出了教门。[2]

路易可能没有料到，被流放的教皇会如此精神百倍地来捍卫自己的权力；不管怎样，开除教籍令他警醒。在德意志内部，他也没有获得一致的支持。有些选侯积极地希望能够代替他，甚至那些支持他的人现在也受到开除教籍的威胁，他们还应该继续和一个被逐出基督教会的国王保持同盟关系吗？

为了不向教皇约翰二十二世屈服，同时能够在德意志树立起威信，路易拜访了仍然被监禁在特劳斯尼茨的英俊的腓特烈，并且提出让他做联合国王（Mitkönig）。他的提议非常具体：在奇数天，他的名字出现在国家文件上，在偶数天，腓特烈的名字出现在国家文件上；他们都将受到德意志官员的尊敬；如果有一个人去了意大利，另一个人就要待在德意志；腓特烈的名字将出现在路易的印章上，路易的名字也将成为腓特烈印章的一部分。[3]

腓特烈同意了这个详细但不切实际的权力分配（毕竟，他的另一种选择是终生待在特劳斯尼茨地牢中）。但现在德意志的选侯绝不妥协。他们有权选择德意志的国王，而且他们当中没有一个人同时投票选择路易和腓特烈。妥协将严重削弱他们的权威。[4]

教皇约翰二十二世也拒绝承认任何关于腓特烈登上王位的声明，谴责他跟被革出教会的路易进行合作。但教皇约翰二十二世也处于失去道德高地的极度危险中。很明显，甚至路易的敌人也能发现，教皇法令的目的在于最终宣布他的保护人，即法兰西国王，为神圣罗马帝国皇帝。阿维尼翁的教皇变成了法兰西国王的工具。并且教皇的法令给教皇君主制的棺材钉上了最后一颗钉子，这种制度把所有教皇都置于法律之上。

"遵守（教皇约翰二十二世的）这些教义……无异于切断所有政府的根基，"意大利学者帕多瓦的马西利乌斯（Marsilius）于1324年在论文《和平保卫者》（*Defensor Pacis*）中写道，"他……一心只想着私利，希望能够随心所欲地推翻所有政府权力，把它们变成自己的奴隶。"但是《和平保卫者》绝不仅仅是简单地谴责教皇约翰二十二世。就在几年前，流亡诗人但丁发表了一篇犀利的文章，反对教皇可以册封神圣罗马帝国皇帝的权力。他从《圣经》、历史和理性的角度进行了辩论。但丁坚称教会从未被授予超过任何世俗王国的权力，因此教会也没有权力赋予任何人它所没有的权力。

> 面对彼拉多（Pilate），耶稣放弃了统治世俗万物的权力，他说，"我的王国不是这个尘世的"。……这并不意味着耶稣，即上帝，不是这个世俗世界的主……而是说，作为教会的代表，他并不管理这个世界。[5]

马西利乌斯曾是巴伐利亚人路易的私人医师，他同意但丁的说法：耶稣"没有到这个世界来统治世俗的政府与领土"，而出于对权力"异常的喜爱"，罗马的主教声称拥有这种权力。但接着他又更进一步。教皇不是帝国的首领，也不是教会的首领。"跟其他主教一样，他仅仅是上帝的代理人，正如我们之前经常说的和展现出来的那样。"马西利乌斯总结道。[6]

他的论点详细复杂，但都围绕着一个极其重要的观点："真正的教会"并不是以罗马为中心，也不是由教皇认可的基督徒组成。真正的教会由全世界所有敬拜耶稣的人组成，不论他们身处何地或者归属哪个团体。教会会众这个团体是"无形的教会"，是精神上的而不是俗世的。它不受时间和空间的约束，因此不存在世俗的、有时限的统治者。耶稣是教会建立的基石，彼得不是。教会没有世俗的人类的主人。[7]

在10年之内，但丁和马西利乌斯为推动韦尔多派、迦他利派和牧人起义反对教士和教皇的冲动提供了文字描述和思想基础。这种言论动摇了旧的范式，改变了社会。

教皇约翰二十二世忙于他的政治抱负，没有立即注意到这个现象。但是巴伐利亚人路易注意到了。他用马西利乌斯的论据来武装自己。意大利人也向他示好，因为他派去的帝国代理人令他们受益。他便前往意大利加冕国王。1327年圣灵降临节，他在意大利的米兰用伦巴第人的铁王冠加冕为意大利国王。1328年1月17日，在意大利贵族斯夏拉·科隆纳（Sciarra Colonna，教皇约翰二十二世的宿敌）的帮助下，两位主教加冕他为神圣罗马帝国皇帝路易四世（Louis IV）。

在意识到自己的角色被篡夺之前，教皇约翰二十二世就已开始宣扬讨伐路易。听说了路易的加冕仪式后,他在3月31号宣布加冕无效。一个月以后,路易反过来宣布罢黜教皇。在圣彼得大教堂,路易四世任命方济各会修士彼得罗·拉伊纳尔杜奇(Pietro Rainalducci)为教皇尼古拉五世(Nicholas V)。[8]

但是没过多久,路易发现自己越来越不受欢迎。他的德意志军队酬劳很低。为了养活自己,他们到处抢劫和偷盗。他还强迫米兰和周围城市上交20万弗罗林(共计约750公斤黄金),以实现他重建神圣罗马帝国的抱负。他还不明智地以死刑威胁仍忠于教皇约翰二十二世的教士。没过多久,他就觉得离开罗马将是明智的做法。[9]

教皇尼古拉五世意识到,他的保护人离开后,罗马人不会把意大利基督教会交给他,更不用说整个世界了。于是他逃离了罗马,转而去了阿维尼翁,寻求教皇约翰二十二世的赦免。教皇约翰二十二世赦免了他,然后尼古拉五世就逐渐在人们视线中消失了。

到此为止,教皇和国王间的荣誉之战差不多是平局。但是这时,教皇约翰二十二世犯了一个神学错误。1331年11月1日,在阿维尼翁,他重新解释了荣福直观(Beatific Vision),即正义之人死后上帝给予的直观。传统认为他们就在上帝面前。而根据教皇讲述,他们处在中间状态:被耶稣保护,免受人界灾难,但仍然不能直接面对上帝。直到最后审判来临,所有人都被审判以后,那些忠诚的信徒才能真正看见上帝。[10]

这次讲道是在万圣节进行的。在万圣节,教会要赞美那些完成人生历程并且现在生活在彼岸的人。认为那些忠诚的逝者一直在等待着,无法面见上帝,这可不仅仅是神学细节。那些生活于14世纪的基督徒,死者不计其数,幸存者也明白,每时每刻自己也有可能死去。这个消息令他们焦虑、痛苦。

地图 18-1 巴伐利亚人路易宣称拥有的领土

一段时间以后，关于这次布道的争议开始蔓延。但是到了 1333 年，教皇约翰二十二世就不得不为自己辩护，因为他的枢机主教指责他信奉异端邪说。路易四世抓住这个神学问题，宣布他打算召集宗教会议，正式指控教皇信奉异端。

此时，教皇约翰二十二世已经年近 89 岁。他患病不起，疲于反击。1334 年 12 月 3 日，他收回关于荣福直观的教义，承认自己犯了错误。第二天，12月4日，他在阿维尼翁逝世。

借助法兰西国王腓力六世的介入，继任者本笃十二世（Benedict XII）迅速当选为教皇。为了达成妥协，路易四世提出面见新教皇。腓力六世要求，跟法国的和平协定必须成为德意志跟教会任何协议的一部分，路易拒绝这一要求。他仍然是被逐出教会的神圣罗马帝国皇帝，而教皇仍然待在阿维尼翁，供法兰西国王驱使。[11]

没有教皇，也没有国王，处在混沌状态的罗马一触即乱。意大利诗人彼特拉克在罗马被加冕为桂冠诗人。这是古典时代之后，第一次有人被冠以这项荣誉。

彼特拉克一直斯文地为获得这个头衔到处游说。他父亲和但丁大约在同一时间被逐出佛罗伦萨。之后出生的彼特拉克在阿维尼翁工作多年，写了许多史诗，歌颂罗马的大西庇阿将军（Scipio Africanus），他随性地到处游历，偶尔执行阿维尼翁教皇的秘密外交任务。

彼特拉克以各种方式隐晦地要求获得这一头衔，罗马的元老院领会了他的意图，邀请诗人到罗马加冕。他选择在复活节，即1341年的4月18日，举行仪式，同时把罗马人和元老集合起来，对他们发表演说，许诺恢复桂冠诗人的头衔会将罗马带进一个新的时代。他告诉他们："我也被希望驱使着。如果上帝允许，我会在现在这个古老的共和国中展现它美丽的习俗，展现它年轻蓬勃的一面……这可能有些狂妄，但我深信，我并无任何卑鄙企图。他人畏缩不前，我决心献出自己，充当这条艰辛危险小路的向导。我相信会有很多追随者。"这条路是学习之路，重新发现了罗马辉煌岁月的往事、历史和文学的真理。彼特拉克解释道，诗人和学者将拯救意大利，领导意大利恢复过去的繁荣与和平。[12]

选择复活节这一天并非偶然。彼特拉克希望他深爱的罗马能够复兴，回到罗马帝国完整而强大的时代，而不是因为统治者和教士的争吵而分裂。意大利能够恢复往日的伟大，只要回到基督教之前的时代，回到拥有西塞罗和维吉尔的黄金时代，回到从罗穆卢斯（Romulus）加冕到提图斯（Titus）皇帝统治之间的时代。他后来写道，这是"一个幸运的时代"，是时候回到理想的状态了。在黄金时代和现在之间的"中世纪"是一个"不幸和耻辱"的时代，几个世纪都笼罩在黑暗中。[13]

一个光明与学习的古典时代，接着是一个黑暗时代，之后迎来的是重生的顶点：（文艺的）复兴（renaissance）。历史分为三个时期：古典时期、中世纪和现在。彼特拉克所首倡并提出的方案，将会影响接下来600多年的历史。在这样做的过程中，他不经意间表明，他期待中的文艺复兴已经开始。12世纪，对亚里士多德的重新认识标志着文艺复兴的开始。基督教会反对这种复兴。而到了1341年的复活节，文艺复兴已经深入14世纪群众的内心。当彼特拉克谈起古罗马的往事时，他确信罗马民众明白他的意思。

/ 18 文艺复兴之得名

		时间线 18			
日本	印度北部	教皇	意大利	神圣罗马帝国	德意志

- 蒙古第二次进攻失败（1281）
- 西西里晚祷（1282）
- **瘸子查理**，那不勒斯国王（1285—1309）
- 阿拉贡国王海梅二世作为西西里国王**海梅一世**（1285—1295）
- 洪诺留四世（1285—1287）
- 穆伊兹丁·柏格拉汗（1287—1290）
- 高尔苏丹（1287—1291）
- 尼古拉四世（1288—1292）
- 卡尔吉王朝（1290—1320）
- 贾拉勒丁（1290—1296）
- （卡卡提亚）普拉塔帕·鲁德拉（约1290—1321）
- 卜尼法斯八世（1294—1303）
- 阿拉乌丁（1296—1316）
- 阿尔布雷希特一世（1298—1308）
- 蒙古进攻德里（1299）
- 佛罗伦萨沦陷（1301）
- 本笃十一世（1303—1304）
- 德里攻击梅瓦尔（1303）
- 克雷芒五世（1305—1314）
- 亨利七世（1308—1313）
- 花园天皇（1308—1318）
- 潘地亚亡国（1308）
- 罗伯一世，那不勒斯国王（1309—1343）
- 解散圣殿骑士团（1312）
- 亨利七世（1312—1313）
- 德意志内战开始（1313）
- 北条高时执权（1316—1326）
- 库特卜丁（1316—1320）
- 约翰二十二世（1316—1334）

日本	印度北部	教皇	意大利	神圣罗马帝国	德意志
后醍醐天皇（1318—1339）					
	库斯鲁汗（1320）				
	加斯丁·图格鲁克（1321—1325）				
	卡卡提亚灭亡（1321）				
					路易四世（无人反对）（1322—1347）
	德里征服孟加拉（1324）		《和平保卫者》（1324）		
	穆罕默德·图格鲁克（1325—1351）				
邦良亲王去世（1326）					
			路易四世，意大利国王（1327—1347）		
		尼古拉五世（对立教皇）（1328—1330）		路易四世（1328—1347）	
南北朝时代（1331—1392）					
光严天皇（北朝）（1331—1333）					
建武新政（1333—1336）					
		本笃十二世（1334—1342）			
	马都拉苏丹国建立（1335）				
光明天皇（北朝）（1336—1348）	毗奢耶那伽罗王国建立（1336）				
足利尊氏幕府（1338—1358）					
			彼特拉克加冕桂冠诗人（1341）		
	孟加拉的伊利亚斯·夏希王朝建立（1342）				
	德干苏丹国建立（1347）				
	菲鲁兹·沙阿（1351—1388）				

时间线 18（续表）

/ 19

湖上城市

> 1325 年至 1375 年，墨西卡人在特斯科科湖中的两座岛屿上建立了两座城市，选出了两位国王，成了阿兹特克人。

旱灾使得中美洲陆桥地区发生了翻天覆地的变化。

为了寻找水源和适于耕种的土地，来自尘土飞扬的西北部的难民一直在游荡，漂泊着走向越来越远的南方，直至找到更加肥沃的谷地。有关他们旅途的传统故事总是这样千篇一律：神说他们要离开，所以所有部落的居民都离开了自己的家园。他们一路向南漂泊，最先到达的是破败不堪的有着半神话色彩的城市，托兰（Tollan）。11 世纪中期，托兰经历了火灾，随后被原来住在那里的人遗弃。托兰曾是一座受到神保佑的城市，也是一座被神钟爱的城市。但最后它也没落崩塌了。因此这些流亡者穿过了这片废墟，继续流浪，到达了他们现在居住的地方。[1]

墨西卡人（Mexica）是这些漂泊的部落中的一支。他们长途跋涉，穿过破败不堪的托兰，到达一个谷地，现在这里以他们的名字命名,称为墨西哥谷。据他们讲述,受威齐洛波契特里神(Huitzilopochtli)的指引,他们从遥远的家园阿兹特兰(Aztlan)漂泊到这儿。经过近一个世纪的漂泊,他们最终到达了这个谷地。在这儿,他们在查普特佩克(Chapultepec)山的顶部建立了第一个家园。

当地居民痛恨他们的入侵,双方开始了数年毁灭性的战争。最终,墨西卡人战败,臣服于对方,变成了对方的奴隶和仆人。周边的部落把这些被打败的新定居者分为了几个部分。库尔华坎(Colhuacan)国王抓了最多的一群墨西卡人作为他的奴仆,他的城市临近他们的山。墨西卡人在跟进攻者的斗争中表现神勇,所以他们新的统治者打算在未来的战争中把他们用作前锋部队。

库尔华坎国王根本就没有真正在意墨西卡人是否能够生存下来,他把他们驱赶到了城市北部贫瘠的蒂萨潘(Tizapan)平原上。这个地方到处是岩石和毒蛇。但是墨西卡人很顽强,他们在这个不适合居住的土地上生存了下来。数十年来,他们一边侍奉库尔华坎国王,一边积蓄力量,等待时机。[2]

1325年左右,他们坚定不移地进行反抗,争取独立。他们告诉他们的统治者阿赤土迈特(Achitometl)国王,想尊奉他的女儿——库尔华坎的公主——为女神,并请求她到他们的地方参加仪式。

国王同意了他们的请求。在仪式中,公主被带到了蒂萨潘最高的地方。剩下的那部分故事来自口头传说,16世纪时被西班牙廷臣费尔南多·阿尔瓦拉多·泰佐佐莫克(Fernando Alvarado Tezozomoc)记录了下来:

> 他们随后杀了公主,并把她的皮给剥了下来,

> 在剥下她的皮后，他们让一位祭司穿上了她的皮。

然后他们邀请她的父亲阿赤土迈特国王来参拜女神。阿赤土迈特国王带了鲜花和食物，准备来送给他女儿。墨西卡人把他领到了他们漆黑的神殿内殿中。他把供品放到那个模糊的身影前：

> 他仍然不能看清那个人的模样……
> 于是他点燃了香炉中供奉用的香，
> 阿赤土迈特看到一个男人披着他女儿的皮。
> 他十分惊恐。
> 他放声大哭，向他的廷臣和下属大喊……
> "他们把我女儿的皮给剥了下来！
> 他们这些恶魔不应该再待在这儿！
> 我们应该残杀他们，应该屠杀他们！这些邪恶的人
> 应该被歼灭在这儿！"[3]

他派遣士兵攻击墨西卡人。墨西卡人被从荒原上那些不适合居住的家园驱赶到了特斯科科（Texcoco）湖这片水域上。他们蹚水进入浅水区后，库尔华坎的士兵就退回了。费尔南多·阿尔瓦拉多·泰佐佐莫克记载道："库尔华坎人以为他们已经死在水里了。"但更为可能的是，这片湖水位于非军事区内，是一个中立的地方。它把库尔华坎分成了实力相当的两个城邦，阿斯卡波察尔科（Azcapotzalco）和特斯科科。虽然阿赤土迈特国王一心想把无助的墨西卡人赶尽杀绝，但他并不想和邻居开战。[4]

特斯科科湖是一个内陆湖，湖水来自墨西哥盆地周围高山上的

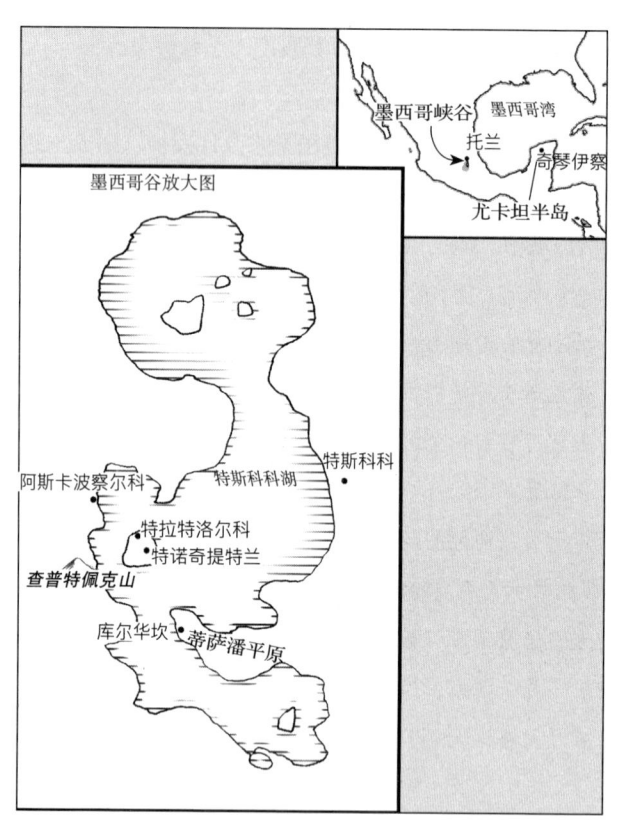

地图 19-1　阿兹特克人

雪水。所有的径流中都含有盐和矿物质。同时因为它是一个内陆湖，没有通往大海的河道，当湖水蒸发的时候，湖水中的盐都在湖中沉淀下来。湖水比较浅，也很咸。湖中长满了咸水芦苇，满是泥浆的小岛散布于湖中，完全不适合居住。[5]

然而，墨西卡人就被困在这里，被三支强大力量围困在这片沼泽的中央。所以，正如在过去几十年里他们所做的那样，他们只能充分利用现有的一切。有关他们这一段经历的故事说他们把泥淖中的新家说成了是神选择的地方。

故事中说他们的神威齐洛波契特里很久以前就告诉他们,当他们看到一只鹰嘴里叼着一条蛇站在仙人掌(tenochtli)上时,他们漂泊的生活就会结束。"那里将会是我们居住的地方,那里将会是我们统治的地方,那里是我们等待的地方。在那里,我们将会遇到不同的民族,我们将会用箭和盾去征服他们。"故事仍在继续:到达特斯科科湖时,他们涉水而行,到达了湖中央,突然看到了预言中的鹰"静立在仙人掌上,高兴地进着食……他们哭泣,大喊,'最终我们的神灵还是保佑了我们。我们已经得到了我们应得的奖励。看到了这个预兆,我们十分惊喜。我们的城市就应该建在这里'"。这个故事很精彩,也很有用。这让他们面对不可避免的困苦时,还有理由去庆祝。[6]

墨西卡人开始在其中稍大一些的岛屿上建造房屋。他们用岩石铺地基,以防止房屋沉入周围的沼泽中。他们用预言中的仙人掌来命名这座岛屿,称之为特诺奇提特兰(Tenochtitlán)。他们以鱼和水禽为生。他们会围猎,用肉和周围的城市交换砖、木材以及其他生活必需品。渐渐地,特诺奇提特兰从一个满是沼泽泥巴的幸存者营地变成了一座城市。墨西卡部落也逐渐变成了阿兹特克(Aztec)民族。但是他们并没有忘记早年间这座岛上可怕的情形。一个世纪后,当他们来到特斯科科湖举行年度洗礼仪式时,阿兹特克祭司吟诵道:"这个地方到处是凶狠的毒蛇、嗡嗡叫的水鼋、乱窜的野鸭,还有沙沙作响的白苍苍的芦苇。"[7]

1337年至1357年的某段时间里,少数阿兹特克人搬出特诺奇提特兰,来到了离湖北端不到两千米的一小块陆地上。16世纪时,多明我会托钵修士迭戈·杜兰(Diego Duran)搜集并保存了关于阿兹特克的口述历史。他告诉我们，特诺奇提特兰发展得越来越大，大到足以划分为四个区域，而且每一区域都再分给城市居民。杜兰写道："其中一些长老认为，他们实得的财产少于应得的，就开始反叛。"他们决定去寻找一个不同的地方。他们穿过芦苇，找到了一小块干的土地。在这里，四位头领（"焦躁不安、富于煽动性、心怀不轨"）建成第二座城市，并把它称为特拉特洛尔科（Tlatelolco）。位于特斯科科湖上的这两座姐妹城市一直都处于敌对状态。杜兰说："他们永远不可能和平共处，也不可能和他们的兄弟们和睦相处。"[8]

分裂迫使两群阿兹特克人都加强了他们的防御。特诺奇提特兰的一位长老说："特拉特洛尔科人已经抛弃了我们，他们已经离开了。我害怕将来的某一天，他们会用诡计胜过我们，征服我们……在我们处于这种境遇之前，我认为，我们应该果断决定，选出一位既可以统治我们又可以制服特拉特洛尔科的国王。"[9]

他们选择的国王是阿卡马皮奇特利（Acamapichtli），他名字的字面意思是"一支箭"。他的父亲是阿兹特克人，而母亲是库尔华坎人。1375年，他加冕称王，成为特诺奇提特兰的第一位统治者。紧接着他就被逼和周边国家进行了一次复杂而微妙的谈判。泰佐佐莫克（Tezozomoc）是位于山谷西岭的阿斯卡波察尔科城邦的有权势的国王。他对特诺奇提特兰的迅速崛起感到恐慌。于是他下令，让他们立即进贡鱼、青蛙、柳树、柏树、玉米、辣椒、豆类、南瓜以及用游丝蚓（ezcahuitli）做成的长条饼。对湖边居住者来说，这种饼是一种很重要的蛋白质来源。

纳贡也就说明阿兹特克人成了阿斯卡波察尔科的臣属。新任国王是一位英勇的年轻人，但他决定小心行事。他命令市民缴纳贡品，以维持和平。(恰巧,他的大祭司也同意了他的做法。大祭司说,威齐洛波契特里神已经现身并且许诺,如果纳贡,他就护佑这座城市,让它繁荣富强。)

于是他们照做了。杜兰记载道:

> 阿兹特克人连续50年进贡同样的物品。他们假装心甘情愿地服从命令,然而,阿兹特克的人口却在增加,实力也在变强。国王阿卡马皮奇特利在特诺奇提特兰统治了40年。在此期间,特诺奇提特兰非常和平、安宁、和睦。他对这个城市的房屋、运河和街道等进行了规划,用心建设这个城市……他还为了国家赢得了一些其他的利益。[10]

与此同时,特拉特洛尔科的酋长们无视这次选举,而是选出了自己的国王。阿卡马皮奇特利拥有一半库尔华坎人的血统,而且是阿斯卡波察尔科的臣属。这座北部城市请求阿斯卡波察尔科的泰佐佐莫克派一个儿子来担任他们的统治者。泰佐佐莫克同意了他们的请求,派去了自己小儿子库库皮足华克(Cuacuauhpitzahuac)。这使得特拉特洛尔科也成为这座强大的城市的一个臣属,但它的地位要高于它的邻居。

从一开始它们就互相仇视。特诺奇提特兰和特拉特洛尔科这两座姐妹城,就像该隐(Cain)和亚伯(Abel)兄弟反目一样,它们位于同一片湖上,却为了赢得遥远而暴虐的泰佐佐莫克的支持而相互争斗。杜兰说:"没有一个分裂后又相互敌对的国家可以长久地存在。双方一方面害怕毁灭,一方面又争斗不休,双方都假装看不到这一事实。"[11]

时间线 19

印度北部	教皇	意大利	神圣罗马帝国	德意志	中美洲
穆伊兹丁 (1287—1290)					
柏格拉汗, 高尔苏丹 (1287—1291)					
	尼古拉四世 (1288—1292)				
卡尔吉王朝 (1290—1320)					
贾拉勒丁 (1290—1296)					
(卡卡提亚) 普拉塔帕·鲁德拉 (约1290—1321)					
	卜尼法斯八世 (1294—1303)				
阿拉乌丁 (1296—1316)					
			阿尔布雷希特一世 (1298—1308)		
蒙古进攻德里 (1299)					墨西卡人成为库尔华坎的附庸 (约1299)
		佛罗伦萨沦陷(1301)			
德里攻击梅瓦尔 (1303)	本笃十一世 (1303—1304)				
	克雷芒五世 (1305—1314)				
潘地亚亡国(1308)				亨利七世 (1308—1313)	
		罗伯一世,那不勒斯国王(1309—1343)			
	解散圣殿骑士团 (1312)		亨利七世 (1312—1313)		
				德意志内战开始 (1313)	
库特卜丁 (1316—1320)	约翰二十二世 (1316—1334)				

时间线 19（续表）

印度北部	教皇	意大利	神圣罗马帝国	德意志	中美洲
库斯鲁汗（1320）					（库尔华坎）阿赤土迈特（？）
加斯丁·图格鲁克（1321—1325）					
卡卡提亚灭亡（1321）			路易四世（无人反对）（1322—1347）		
德里征服孟加拉（1324）		《和平保卫者》（1324）			
穆罕默德·图格鲁克（1325—1351）					墨西卡人反抗库尔华坎（1325）
		路易四世，意大利国王（1327—1347）			
	尼古拉五世（对立教皇）（1328—1330）		路易四世（1328—1347）		
	本笃十二世（1334—1342）				
马都拉苏丹国建立（1335）					
毗奢耶那伽罗王国建立（1336）					
		彼特拉克加冕桂冠诗人（1341）			
孟加拉的伊利亚斯·夏希王朝建立（1342）					
德干苏丹国建立（1347）					特拉特洛尔科建立（约1347）
菲鲁兹·沙阿（1351—1388）					
					（特诺奇提特兰）阿卡马皮奇特利（1375—1395）
					（特拉特洛尔科）库库皮足华克（?—约1417）

/ 20

百年战争

> 1329 年至 1347 年间,英格兰的爱德华三世既与苏格兰作战,又在争夺法国王位,由此引发一场持续百年之久的战争。

1329 年,苏格兰国王罗伯特一世病重。"他年事已高,"让·傅华萨记载道,"并且饱受麻风病的折磨,这终将夺去他生命。"事实上,他终年只有 55 岁,却长年遭受这种"严重的疾病"的折磨。当时的"麻风病"泛指各种令人生厌的消耗性疾病。他于 1329 年 6 月 7 日去世,留下他 5 岁的儿子大卫二世(David II)继承苏格兰王位。[1]

罗伯特一世已经尽了他最大的努力,保证儿子能继承王位。1328 年签署《爱丁堡-北安普敦条约》时,年幼的大卫二世与爱德华三世 7 岁的妹妹订婚(婚礼于同年举行,随后这个小女孩入住苏格兰王宫)。对于摄政和监护人的人选,罗伯特一世选择了自己的亲戚莫里伯爵(Earl of Moray)托马斯·伦道夫(Thomas Randolph)。他作战经验丰富,曾在班诺克本指挥作战,也在苏格兰独立战争中跟罗伯特一世一起战斗过。《拉纳科斯特编年史》中记载道："在（他的）加冕礼上，大卫公开宣告，苏格兰王位并非世袭继承，而是像他父亲一样，通过个人征服得来。"[2]

一个孩子做出的这样的声明是愚蠢的，但是莫里伯爵知道，苏格兰人有着追随最强者的传统，而不是仅仅认同血脉关系。果然，大卫的统治很快受到挑战，挑战来自被废黜的约翰·巴利奥尔之子爱德华·巴利奥尔（Edward Balliol）。大约50年前，约翰死于法国，他在生前被从伦敦塔监狱释放，条件是永远不许返回苏格兰。1332年8月，凭借一支小型雇佣军和一些想要夺回丢失的苏格兰领地的英格兰贵族的支持，爱德华·巴利奥尔和他的士兵们乘船出发，在英格兰东海岸的金霍恩（Kinghorn）登陆。

在去抵抗这场入侵的途中，莫里伯爵得了急症去世。于是，苏格兰贵族们举行内部选举，选出马尔伯爵（Earl of Mar）来代替他。在大卫同父异母的私生子兄弟罗伯特和莫里伯爵之子的帮助下，这位新的摄政领导3万名苏格兰人对抗这一小型支英格兰军队，然而却令人难堪地被彻底打败。《拉纳科斯特编年史》中记载道："苏格兰人被打败主要是由于英格兰弓箭手。他们万箭齐发，苏格兰的第一支军队出阵时，不知所措，受损严重，无法相互支持。"在这场后来被称为杜普林沼地（Dupplin Moor）之战的战役中，超过一半的苏格兰士兵战死或被俘。马尔伯爵担任摄政仅仅9天，就死于这场战役。罗伯特和莫里伯爵之子也一起阵亡。[3]

爱德华·巴利奥尔一路凯歌，向斯昆进军，并在同年10月4日加冕为苏格兰国王。但是他在苏格兰并没有支持者。加冕3个月后，效忠大卫二世的苏格兰军队重新集结起来，逼迫他逃离苏格兰。

这时，苏格兰的两位国王都向爱德华三世寻求帮助。大卫二世的使节到约克觐见国王，请求爱德华三世能够履行盟友义务，帮助其妹夫大卫，帮助这位年轻的国王。与此同时，爱德华·巴利奥尔的官员们也出现了。他们指出，巴利奥尔和他的盟友们只是夺回曾经属于他们的土地而已。

国家利益和重夺苏格兰的机会战胜了家族关系，爱德华三世决定支持巴利奥尔。托马斯·格雷记载道："国王的智囊团持相同观点，认为他不必反对他自己的国民。"一支英格兰军队加入了巴利奥尔和他的士兵。1333年7月初，巴利奥尔和爱德华三世的联军进攻边陲小镇伯威克。这次，苏格兰抵御力量寡不敌众，"大批贵族、骑士、平民被杀"。伯威克投降了，巴利奥尔第二次向斯昆进军。[4]

眼见胜算不大，新摄政安排大卫二世及其幼妻琼（Joan）离开苏格兰去法国。法兰西国王腓力六世同意帮助他重新夺回苏格兰，条件是大卫对法兰西国王效忠。与此同时，在苏格兰国内，巴利奥尔为报答爱德华三世的帮助，将苏格兰超过一半领土的直接控制权交给了英格兰。[5]

然而英格兰和苏格兰之间的战争只是更漫长、更复杂的英法战争的小小前奏。

英法之间的战争不是什么新鲜事。这两个国家从未友好相处过。亨利二世从他父亲那里继承了法兰西境内的领地，成为第一个兼有安茹伯爵爵位的英格兰国王，并要向法兰西国王效忠。从那时起，英法关系变得更为复杂。两位国王之间的相互关系非常复杂，其中一位还是另一位的封臣。阿基坦的埃莉诺（法王路易七世之妻，后嫁给英王亨利二世）带着她的家族领地，嫁给英格兰国王，远离法兰西国王。之后，两国关系变得更加棘手。

然而这场新的战争又略有不同。1337年10月19日，爱德华三世寄给法兰西国王一封信。信的开头写道："爱德华，承蒙上帝恩宠的英格兰和爱尔兰国王，写给瓦卢瓦的腓力……"

> 我们是法兰西领土和王权的继承人，比你更有资格获得王权。你们已经进入了我们继承的领土范围之内，并且坚持要用武力占有……因此我们给你们警告，我们会索要并夺回我们继承的法兰西遗产……因此我们视你们为敌人和对手。[6]

腓力六世反驳道："这封信并没有要求回复。"爱德华三世的索取要求被驳回，百年战争开始了。

"百年战争"指 1337 年到 1453 年发生的一系列战役。人们很久之后才开始用这个说法。爱德华的第一场战役是攻打加斯科涅北部领土，一直到 1338 年年底才开始。而英法之间第一次主要战役是斯鲁伊斯（Sluys）海战，发生于 1340 年 6 月 24 日。英格兰舰队在那次战役中摧毁了法国海军。两国有时连续数年激烈交战，其间又会有长时间的和平期。对于生活在当时的像让·傅华萨这样的史家来说，除了英法之间战事稍多以外，他们并没有觉得那个时代跟别的时代有什么不同。[7]

英法战争持续了 100 多年，在领土纷争之外，还存在更深层次的冲突矛盾。让·傅华萨记载道："英格兰国王一直很希望能有机会攫取法兰西王权。"腓力五世利用古老的《萨利克法》，从他侄女手中夺走法兰西王权。他无意间为英格兰国王提供了夺走法兰西王权的方法。腓力五世绕过他侄女统治法国，导致他的独生女与法兰西王权无缘，并且新的瓦卢瓦王朝取代了于格·卡佩的直系后裔。爱德华三世是腓力五世的妹妹伊莎贝拉之子，因此他成了唯一拥有

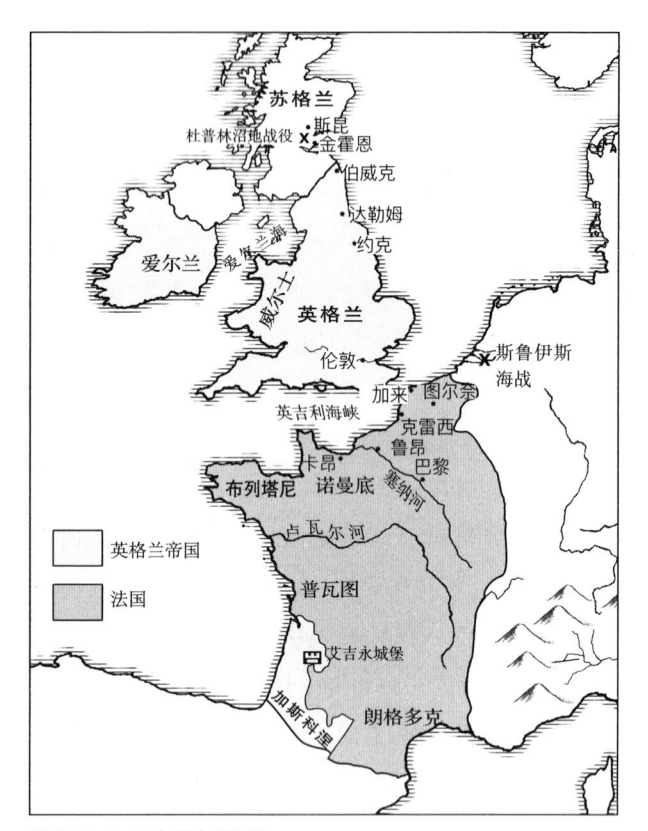

地图 20-1　百年战争的开始

卡佩王朝直系血统的国王。

为了准备战争，爱德华三世想和德意志国王路易四世结盟。路易同意了，宣布爱德华三世为神圣罗马帝国的代理主教。"如此一来帝国所有的主教都将听他调遣。"这样，英格兰国王可以在帝国任何地方征兵。但在发表这个任命声明之前，路易四世需要搞清楚自己是否有权力这样做。[8]

1338年春夏之间连续召开了三次会议，德意志选侯们几乎一致同意［除了波希米亚国王约翰一世（John I），他是路易四世的老敌人，投了反对票］将但丁和帕多瓦的马西利乌斯的结论写下来，作为帝国国策。神圣罗马帝国皇帝的权力不是来自主教，而是来自这些选侯，他们是帝国及其人民的代表。现在，他们已经正式结成了选举联盟。经过正当选举产生的德意志国王不需要得到教皇的批准。事实上，有36封完全相同的信被寄给教皇，每一封都来自德意志的一座城市，都在指责他违逆神意对"德意志故土"带有敌意。神圣罗马帝国第一次完全从罗马教皇的统治中独立出来，成为一个纯粹的政治实体，由世俗的权力而不是精神的权力建立。[9]

仅凭借选侯，路易四世就成了神圣罗马帝国的皇帝。

在接下来的10年里，英法战争在错误的开始后迅速展开。*在斯鲁伊斯海战中，爱德华三世摧毁了法国舰队，腓力六世入侵英格兰的企图搁浅，但爱德华三世乘胜追击，围攻图尔奈，却以失败告终，浪费了大量的财力。1341年，在法国军队的护送下，苏格兰的大卫二世返回家乡。这时他才刚刚17岁。他开始沿苏格兰边境攻击英格兰。路易四世无视爱德华的反复请求，他所承诺的军队从未出现。

到了1342年年底，没有一方取得明显的优势，双方国王却都负债累累。他们达成了共识，决定和平相处3年。经过谨慎周密的协

---

* 百年战争中的每一场战役都被深度研究过，像本书这样的通史，甚至无法一一介绍百年战争中的主要战役。德斯蒙德・苏厄德（Desmond Seward）的 *The Hundred Years War: The English in France, 1337–1453*（Penguin，1999）提供了易读的综述。在乔纳森・萨姆欣（Jonathan Sumption）写的三卷本叙事体历史读物 *The Hundred Years War*（University of Pennsylvania Press，1992–2009）中有更为详细的记述。

商，1343年1月19日，他们签订《马莱特鲁瓦协议》(The Treaty of Malestroit)，开始休战。

这次休战并没有持续3年。1345年8月，爱德华三世宣布，腓力六世违反了协议中的条款，休战协议作废。作为回应，一支法国军队开始围攻艾吉永（Aiguillon），那里是位于加斯科涅的英格兰领地。让·傅华萨记载道："英格兰国王听说他的士兵在艾吉永城堡处于困境，他决定召集一支庞大的军队，向加斯科涅进军。他下令做好充分的准备，动员自己国家的人民，并组织了来自其他国家的雇佣兵。"[10]

1346年7月，英格兰军队从南安普敦起航。但爱德华宣布，攻打艾吉永只是佯攻。他调整航向，带领1.5万名士兵在诺曼底海岸登陆。他16岁的儿子伍德斯托克的爱德华（Edward of Woodstock）随军作战。7月18日登陆后，他立刻在诺曼底土地上册封年轻的爱德华为爵士。[11]

腓力六世大感意外，匆忙调动军队抵御这场入侵。与此同时，英格兰人轻易地攻下了诺曼底，大肆洗劫。让·傅华萨控诉道："英格兰人在诺曼底美丽富饶的土地上进行破坏、焚烧、抢劫、掠夺。"一位英格兰骑士保留下来的日记记载道，爱德华三世曾下令，不准士兵烧毁穷人的房子，也不准洗劫教堂或者伤害妇女、孩子和老人，但是这用意良好的命令并没有得到很好的执行。7月26日，卡昂镇（Caen）遭到洗劫。爱德华三世的军队不分青红皂白，肆意屠杀平民和骑士。让·傅华萨声称，甚至有英格兰士兵在街上强奸妇女，并且肆意纵火抢劫。（他评论说："英格兰国王领导的军队中，充斥着大量品质恶劣、毫无良知的罪犯。"）[12]

离开卡昂后，英格兰的军队和舰队在海岸集结。腓力六世从北方追赶英格兰人。爱德华三世则来到克雷西昂蓬蒂约（Crécy-en-Ponthieu），这里位于加来海港南边。爱德华三世向腓力六世发出私人挑战。在那里，他回过头来直面追击而来的法国军队。

法国士兵人数远超英格兰，大概是英格兰的三倍。因此腓力六世有充分的理由相信，他能够碾压这些侵略者。8月25日，战斗在下午4点钟开始，英格兰人背对太阳。阳光直射法国人的眼睛，英格兰人再一次使用杜普林沼地战役的成功战术，在阵地前布满弓箭手，箭如雨发，势不可当。法国的防线立刻崩溃。让·傅华萨记载道："没有人能够真正想象或者描述出那天的混乱战况，尤其是法国人糟糕的管理和骚乱，他们的军队明明人数众多……英格兰人继续向人群中最薄弱的部分开弓，没有浪费一支箭。战马和骑兵被射死或者射伤，跌倒在地，无法站立。"[13]

夜幕降临时，腓力六世被迫开始撤退。爱德华三世亲自爬上了附近的一座风车，俯视这片土地。他的儿子仍然在激烈战斗。一位军官来到他身边向国王请求支援，爱德华三世回答说："只要我的儿子还活着，今天就不要再来打扰我。让孩子赢得自己的荣誉。"到这个时候，英军基本已确保了胜利。数千名法国步兵和大多数腓力六世的骑兵（据可靠统计，共计1291人）尸横遍野。腓力六世逃到亚眠避难。年轻的爱德华太子受到嘉奖。至少有一篇传说提到，他身穿黑色铁甲。可能因此他得到了"黑太子"（Black Prince）的绰号。[14]

爱德华在克雷西取得胜利之后，他对手的厄运似乎开始了。

加来是一个极具战略意义的港口。爱德华三世行军至此并开始围攻。抵抗者们坚持了11个月。为了让爱德华三世的军队分心从而化解这次攻击，腓力六世寄言苏格兰的大卫二世，要求他从北方入侵英格兰。这个计划是一场灾难。大卫带领苏格兰军队向达勒姆前进。约克大主教匆忙集结了一支英格兰军队。两军意外地遭遇了。英格兰弓箭手再一次击溃了苏格兰人的防线。《拉纳科斯特编年史》记载道："英格兰人伤亡甚少，但几乎整支苏格兰军队都被俘或被杀。"大卫二世被俘入狱，被押回伦敦，监禁了 11 年。[15]

路易四世不愿意遵守承诺发兵帮助爱德华，随即向法兰西国王示好，之后又卷入与本国贵族们在死亡和联姻方面的一系列复杂纷争中。到了 1346 年，他剩下的朋友已经很少了。德意志选侯们运用路易帮他们获得的权力，选举出了一位新国王——波希米亚的查理（Charles of Bohemia）——来替代他。

59 岁的路易四世拒绝承认这次选举。次年，内战即将爆发之际，在一场捕熊狩猎中，他突然中风，坠马身亡。[16]

腓力六世失去了加来。守军最终于 1347 年 8 月投降。爱德华三世马上在那里建立了英格兰殖民地，命令 36 个英格兰名门望族和 300 个地位次要一点的贵族迁至这座城市，并鼓励法国人迁出。他宣称："我希望由纯粹英格兰血统的人占据加来。"[17]

然后，在他准备从胜利中捞得好处时，世界末日到来了。

/ 20 百年战争

时间线 20

教皇	意大利	神圣罗马帝国	德意志	中美洲	法国	苏格兰	英格兰	威尔士
					腓力四世（1285—1314）			《里兹兰法令》（1284）
尼古拉四世（1288—1292）								
					《伯厄姆条约》（1289）	约翰·巴利奥尔（1292—1296）		
卜尼法斯八世（1294—1303）								
						苏格兰第一次独立战争（1296—1328）		
						斯特灵桥战役（1297）		
		阿尔布雷希特一世（1298—1308）		墨西卡人成为库尔华坎的附庸（约1299）				
	佛罗伦萨沦陷（1301）				库特赖战役（1302）			
本笃十一世（1303—1304）								
克雷芒五世（1305—1314）					"佛兰德的狮子"罗伯特三世（1305—1322）			
						罗伯特一世（1306—1329）		
							爱德华二世（1307—1327）	
		亨利七世（1308—1313）						
	罗伯一世，那不勒斯国王（1309—1343）							
解散圣殿骑士团（1312）		亨利七世（1312—1313）					皮尔斯·加韦斯顿被谋杀（1312）	
			德意志内战开始（1313）		路易十世（1314—1316）			
约翰二十二世（1316—1334）					腓力五世（1316—1322）			
				（库尔华坎）阿赤土迈特（？）	牧人起义（1320）			

时间线20（续表）

教皇	意大利	神圣罗马帝国	德意志	中美洲	法国	苏格兰 英格兰 威尔士
		路易四世（无人反对）（1322—1347）			查理四世（1322—1328）	
《和平保卫者》（1324）				墨西卡人反抗库尔华坎（1325）		
	路易四世，意大利国王（1327—1347）					爱德华三世（1327—1377）
尼古拉五世（对立教皇）（1328—1330）	路易四世（1328—1347）				腓力六世（1328—1350）	
						大卫二世（1329—1333/1371）
						杜普林沼地战役（1332）
						爱德华·巴利奥尔（伪）（1333—1336）
本笃十二世（1334—1342）					百年战争（1337—1453）	
						斯鲁伊斯海战（1340）
	彼特拉克加冕桂冠诗人（1341）					
						《马莱特鲁瓦协议》（1343）
						克雷西战役（1346）
		查理四世（1346—1378）				
				特拉特洛尔科建立（约1347）	加来失守（1347）	
				（特诺奇提特兰）阿卡马皮奇特利（1375—1395）		
				（特拉特洛尔科）库库皮足华克（？—约1417）		

/ 21

世界末日

> 1338年至1353年，瘟疫来袭。

这场瘟疫是从中国的西部出现的。

元世祖忽必烈的五世孙妥懽帖睦尔登基，成为元朝的第十一位皇帝。他于1333年继位，时年13岁。之后的11年内，他一直很被动地被大臣们操纵着，而这个国家机构臃肿，官僚腐败，横征暴敛。[1]

他登基后第五年，伊塞克湖畔的一个不起眼的小村庄开始有人死亡。*我们仅仅是从墓地里的墓碑上了解到这些的。其中成百上千

---

* 1338年到1339年，中亚发生的死亡事件被广泛认为是瘟疫的第一迹象，但这种说法未被普遍接受。跟这场瘟疫的起因一样，"黑死病"的准确来源一直是争论的焦点。本章采取大多数人的观点，即14世纪的瘟疫是由鼠疫杆菌引起的腺鼠疫。但是少数科学家和历史学家仍然坚持继续探寻其他起因，如炭疽、出血热、斑疹伤寒或者一些传染病的组合。有关黑死病的文献和研究都非常多。比较好的入门书是菲利普·齐格勒（Philip Ziegler）的研究著作 *The Black Death* (John Day 1969, paperback reissue, Sutton Publishing, 1997)；罗斯玛丽·霍罗克斯（Rosemary Horrox）翻译编辑的 *The Black Death* (Manchester University Press, 1994) 一书，全部使用当时的原始材料；关于瘟疫的起因，可以阅读格雷厄姆·特维格（Graham Twigg）撰写的 *The Black Death: A Biological Reappraisal* (Schocken Books, 1985)，以及苏珊·斯科特（Susan Scott）和克里斯托弗·邓肯（Christopher Duncan）撰写的 *Biology of Plagues: Evidence from Historical Populations* (Cambridge University Press, 2001)；关于瘟疫后果的分析，可以参阅塞缪尔·K.科恩（Samuel K. Cohn）撰写的 *The Black Death Transformed* (Arnold Publishing, 2002) 和大卫·赫利希（David Herlihy）撰写的 *The Black Death and The Transformation of the West* (Harvard University Press, 1997)。

的墓碑竖立于 1338 年和 1339 年这两年。"这是库克卢克的坟墓,"一块墓碑上写着,"他和妻子都死于瘟疫。"[2]

至于瘟疫在接下来 6 年的传播情况,当时没有文献记载,但许多史书记载了其他灾难。淮河流域爆发旱灾和饥荒,广东和两湖遭遇暴雨和洪水,河南出现蝗灾,一场地震在昆仑山脉中形成了一个新的湖泊。同时,沿着元朝城市通向印度市场的贸易路线,疾病似乎已经悄悄地向西传播开来。1344 年,从德里出发的军队准备行军南下,镇压在马拜尔(Ma'bar)的叛乱,却被"瘟疫"消灭。来到东南部的城市马都拉以后,阿拉伯旅行作家伊本·白图泰发现,这一致命的传染病正席卷而来。他这样写道:"无论谁染上这种病,第二天或第三天都会死去。"[3]

到了 1346 年,西方世界才知道,已经有可怕的东西从东方传播过来。观察者第一次记录了这种瘟疫的症状。"它开始于一片黑暗的土地,"阿拉伯学者阿布·哈夫斯·奥马尔·伊本·瓦尔迪(Abu Hafs 'Umar Ibn al-Wardi)这样写道,"并且已经流行 15 年了……瘟疫就像国王一样,端坐在王位上,手握大权,每天杀掉上千甚至更多的人,人们大批死亡。它用脓包毁灭着人类……它追杀着每座房子中的每个人,太令人震惊了!如果有一个人开始吐血,这座房子中的每个人都必死无疑。"[4]

死亡的阴影不断向西推进:穿过河中地区,进入罗斯和金帐汗国,经过叙利亚,直到埃及。1347 年,金帐汗国一支军队围攻卡法(Caffa,热那亚控制的一个贸易港口)时,染上了瘟疫,士兵开始死亡。"每天成千上万的人死去,"当时的意大利史家加布里埃莱·德·穆西(Gabriele de' Mussis)写道,"他们身上一旦出现患病症状,就会立即死亡。症状表现是,腋下或腹股沟体液凝固,引起肿胀,并且伴随着高烧。"[5]

文艺复兴时期的史书记载,许多流行病都被贴上了"瘟疫"的标签,但是这种特殊瘟疫的症状是腋窝及腹股沟肿胀。方济各会修士米歇尔·达·皮亚扎(Michele da Piazza)首先在港口城市墨西拿发现了瘟疫。他写道:"一开始,这些肿块就像榛子那么大。这些腺体逐渐肿胀……然后变得像鸡蛋或鹅蛋那样大,患者苦不堪言。"肿胀或淋巴结炎都是淋巴结感染引起的,淋巴结内部都是脓水。这些是跳蚤传播的鼠疫杆菌的发病症状,也就是腺鼠疫。[6]

这种细菌之前就曾引起过流行病。在6世纪的拜占庭帝国,鼠疫杆菌杀害了数百万的人。但它以前从未如此广泛快速地传播过。并且它以前从未穿过地中海,威胁人口密集的欧洲城市。因为从没有接触过这种疾病,人们对它没有丝毫免疫力。

1347年,瘟疫传播到了卡法。皮亚扎解释说,垂死的金帐汗国战士使用投石机,把死去同伴的尸体扔过城墙,希望能用这种病或者腐尸的臭味来杀死防卫者。少数居民乘船逃向墨西拿,但是到了那里,他们都死了。还有"那些……跟患者交谈……从患者那里购买商品、跟患者接触过或者有任何交往的人都死了"。[7]

对于皮亚扎来说,瘟疫就是恶魔发动的黑暗侵袭。他的关于蒙古人尸体的故事成功地将瘟疫跟异教徒和无神论者国家联系起来。但瘟疫传入并传出卡法,很可能跟在其他地方传播没什么区别。船舱里的黑鼠携带病菌,随意地出入城市。它们爬到哪里,跳蚤就落在哪里。气候失常,城市过度拥挤,人口疲弱,各地充满了远行的商船队和军队。在这种情况下,瘟疫摧毁了整个欧洲,就像它当初毁掉亚洲那样。

数百万人腹股沟淋巴结肿胀,皮肤变黑,皮下出血,口鼻腐烂，吐血不止，最后在折磨中痛苦死去。数百万人因肺部感染炎症死亡，这种情况致命速度很快，一般在48小时内，还不等腹股沟淋巴结发炎就已致死。"那些猝死的病人肺部受到了感染，并且一直咯血，"法国医生路易·桑托斯（Louis Sanctus）写道，"每个患者死去后，所有在他生病期间碰到他、探望他，以及以任何方式与他来往或将他送去坟墓的人，都会马上死亡，无药可治。"[8]

在君士坦丁堡，至少一半的城市居民死亡。拜占庭皇帝约翰六世目睹了他的一个儿子离世。"这种痛苦是无法治愈的，"他写道，"任何肉体的力量都无法阻挡它……病人腿上和胳膊上会长一些很大的脓包。这些脓包被切除时，会散发出剧烈的恶臭味……人们完全无助，一点儿希望也没有。"[9]

在佛罗伦萨，诗人乔瓦尼·薄伽丘（Giovanni Boccaccio）惊奇地看到，街上的两头猪闻了闻瘟疫受害者丢弃的破布，然后便瘫痪在地，拼命挣扎，直到奄奄一息，就跟中毒一样。空荡荡的房子随处可见，整个家庭所有的人都会在几个小时之内相继死去。尸体堆放在街上。在教堂墓地挖的墓坑中，尸体"层层堆积"，只覆盖了一层薄土。有一些村庄的村民死亡殆尽。庄稼无人照看，家家大门敞开，教堂空无一人，牛羊四处乱跑。

在马赛，短短一个月内，就有约5.6万人丧生。在巴黎，每天有800余人死亡，其中包括腓力六世心爱的妻子琼。在阿维尼翁，教皇克雷芒六世（Clement VI）在城外买了一块土地，奉献出来，好用来埋葬约6.2万具尸体。[10]

1348年，瘟疫越过海峡，传播到英格兰和爱尔兰，先是从西南部开始，逐渐传遍所有岛屿。英格兰有将近一半的人口死亡。"许多村庄都废弃了，"莱斯特的神父亨利·奈顿（Henry Knighton）写道,"因为在这里住的所有人都死了。事实上,许多村庄再也没有人居住了。""无论是村庄、城市、城堡还是城镇,疾病肆虐,几乎无人幸免。"爱尔兰修士约翰·克林恩(John Clynn)在他的空空的修道院中这样写道。"整个世界都被恶魔包围,"他随后补充道,"在等待死亡的过程中,我专心记下真正听到的东西……我在羊皮纸上留下记载,如果将来有人幸免,可以继续我的工作。"在这最后的几句话的后面,有另外一个人的笔迹:"看来,作者似乎已经死了。"[11]

1348年10月到1349年2月,仅仅在开罗,就有约10万埃及人死去。"开罗变成了一片空旷的沙漠,"阿拉伯史家马克里奇(Maqrizi)写道,"街上一个人也看不到。从苏维拉城门(Bab Zuweila)到纳斯尔城门(Bab al-Nasr),一个人影也看不到……尸体堆放在公共道路上,送葬的队伍都挤在一起,死者在混乱中被运到墓地。"[12]

"一切事务都无人负责,甚至没有人敲响教堂的钟声了,"来自托斯卡纳的锡耶纳的阿尼奥洛·迪·图拉(Agnolo di Tura)写道,"每天晚上都有数百人死去。为了掩埋众多的死尸,他们挖了很多又大又深的墓坑。而且我……亲手埋葬了5个儿子……每个人都认为,这就是世界末日。"[13]

最终,死亡的脚步开始变慢了。

到1350年中期,瘟疫在英格兰和欧洲大陆造成的死亡已经微不足道。这场流行病转了个圈,又传播到了罗斯,一直持续到1353年。莫斯科大公和他的两个孩子无一幸免。而这种瘟疫再也没有彻底消失。在已知的世界中,它会一次又一次地爆发。[14]

幸存者们发现,他们面对的是空荡荡的农村、荒芜的村庄和废

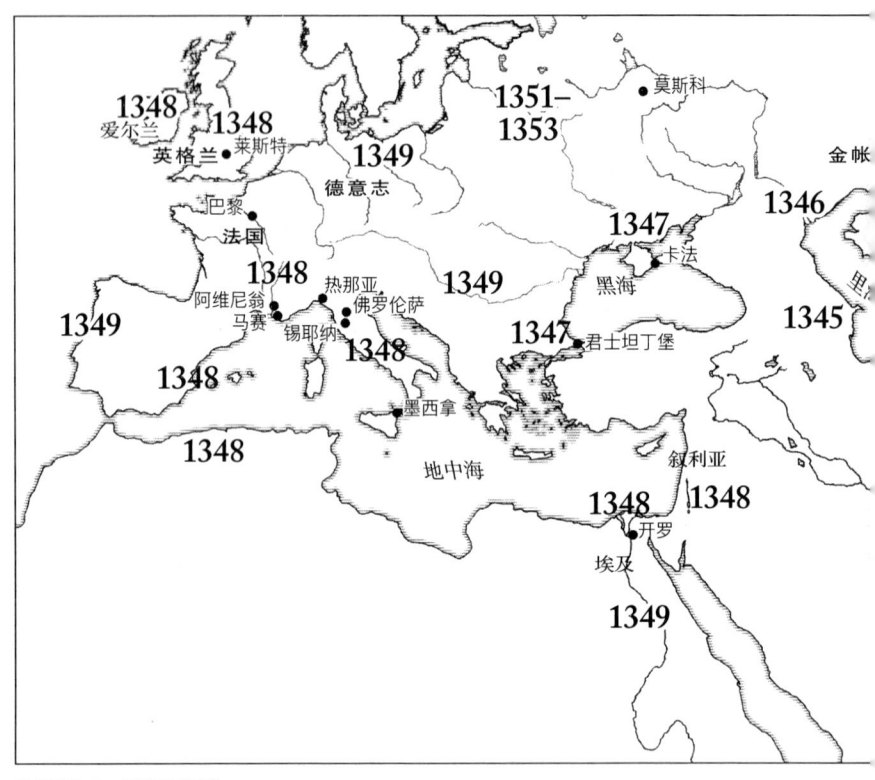

地图 21-1 瘟疫的传播

弃的田地。"接下来的冬天，会严重缺乏工人，"亨利·奈顿抱怨道，"……以前从来没有出现过这样的人手短缺现象。"在英格兰，必需品的价格已上涨了三倍到四倍。农场工人现在非常稀缺，他们开始为自己的劳动收取很高的费用。[15]

"许多人确实听过这种普遍的说法"，法国诗人纪尧姆·德·马肖（Guillaume de Machaut）写道：

21 世界末日

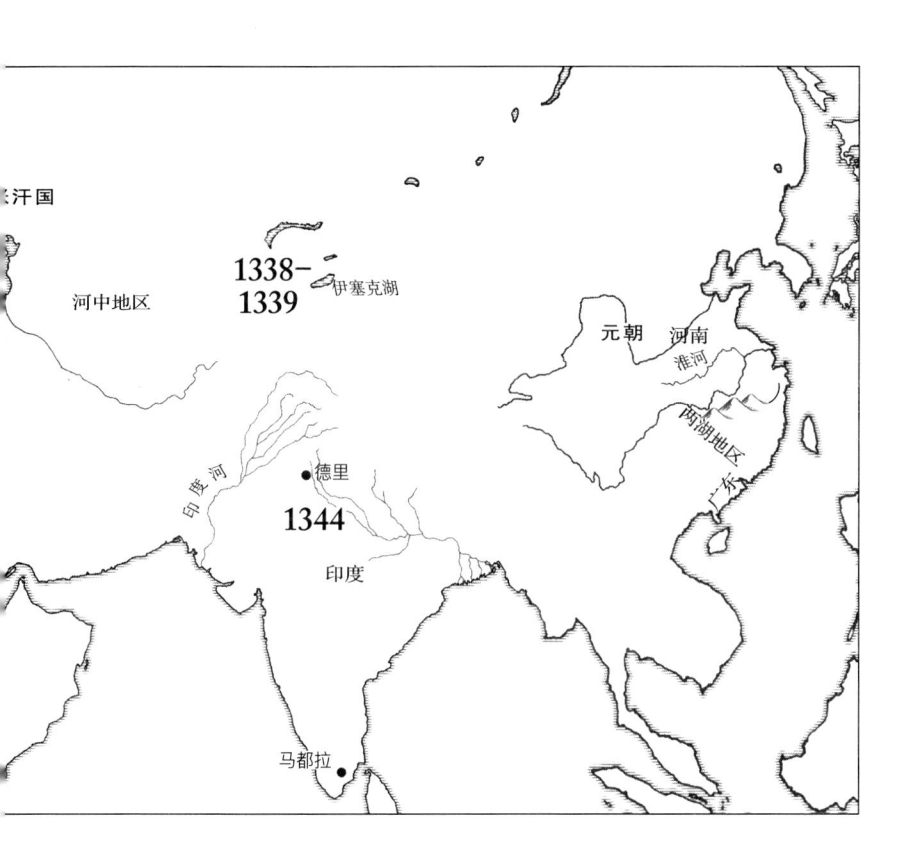

[地图标注：察汗国、河中地区、1338-1339、伊塞克湖、元朝、河南、淮河、两湖地区、广东、印度河、德里、1344、印度、马都拉]

在1349年的时候，

每一百人只有九人幸免。

人手不足，

许多上好农场没有人照看。

无人耕田，

无人收获庄稼或葡萄。

有人开出三倍的工资……

因为太多的人都死了。[16]

许多人死去了，但是关于瘟疫的起因却是众说纷纭。巴黎医学院发布了一份报告，指责"水瓶座的三颗行星"排成一行，引起空气严重腐败，从而导致了瘟疫的爆发。英格兰国王爱德华三世失去了14岁的女儿，他指责臣民心灵邪恶。佛罗伦萨人马泰奥·维拉尼（Matteo Villani）写道："看到了邻居的死亡以后，得到上帝恩典而存活下来的人们本该变得更友好、更谦逊、更善良……更应该洋溢着对彼此的关爱和宽容。但是，实际发生的，却恰恰相反。"在法国和德意志，犹太人被指控在泉水里下毒。愤怒的暴徒抓住并杀害了数百名犹太人。在阿维尼翁，教皇克雷芒六世谴责这种暴力，并且为瘟疫的离去创作了一首弥撒曲："哦，上帝啊，除了忏悔的罪人之外，谁还渴望死亡呢，我们恳请你慷慨地向你的子民伸出援手……仁慈地从他们那里撤掉你愤怒的枷锁吧。"[17]

"我们已经几乎失去了一切，"在给朋友的一封信中，桂冠诗人彼特拉克写道，"并没有剩下什么……最后的损失无法恢复，死亡的创伤无法愈合。唯一令我们安慰的是：我们要追随那些走在前面的人……我们过的生活是一场睡眠。无论我们做什么，都是沉浸在梦中。只有死亡才能打破睡眠，把我们从梦中唤醒。我希望自己在这之前就能够醒来。"[18]

时间线 21

教皇	意大利	神圣罗马帝国	德意志	法国	苏格兰	英格兰	瘟疫
				腓力四世 (1285—1314)			
尼古拉四世 (1288—1292)							
				《伯厄姆条约》 (1289)			
					约翰·巴利奥尔 (1292—1296)		
卜尼法斯八世 (1294—1303)							
					苏格兰第一次独立战争 (1296—1328) 斯特灵桥战役 (1297)		
			阿尔布雷希特一世 (1298—1308)				
	佛罗伦萨沦陷 (1301)						
本笃十一世 (1303—1304)				库特赖战役 (1302)			
克雷芒五世 (1305—1314)				"佛兰德的狮子" 罗伯特三世 (1305—1322)			
					罗伯特一世 (1306—1329)		
						爱德华二世 (1307—1327)	
			亨利七世 (1308—1313)				
	罗伯一世， 那不勒斯国王 (1309—1343)						
解散圣殿骑士团 (1312)			**亨利七世** (1312—1313)			皮尔斯·加韦斯顿被谋杀 (1312)	
			德意志内战开始 (1313)				
				路易十世 (1314—1316)			
约翰二十二世 (1316—1334)				**腓力五世** (1316—1322)			
				牧人起义 (1320)			

时间线 21（续表）

教皇	意大利	神圣罗马帝国	德意志	法国	苏格兰	英格兰	瘟疫
	《和平保卫者》(1324)		路易四世（无人反对）(1322—1347)	查理四世(1322—1328)			
	路易四世，意大利国王(1327—1347)					爱德华三世(1327—1377)	
尼古拉五世（对立教皇）(1328—1330)		路易四世(1328—1347)		腓力六世(1328—1350)			
					大卫二世(1329—1333/1371)		
					杜普林沼地战役(1332)		
					爱德华·巴利奥尔（伪）(1333—1336)		元顺帝妥懽帖睦尔(1333—1368)
本笃十二世(1334—1342)							
				百年战争(1337—1453)			
							伊塞克湖畔出现瘟疫（1338）
					斯鲁伊斯海战(1340)		谢苗一世，莫斯科大公(1340—1353)
	彼特拉克加冕桂冠诗人(1341)						
					《马莱特鲁瓦协议》(1343)		
							瘟疫毁灭德里军队(1344)
			查理四世(1346—1378)		克雷西战役(1346)		
				加来失守(1347)			瘟疫传到卡法(1347)
							瘟疫传到英格兰(1348)
							瘟疫席卷开罗(1349)
							瘟疫传到罗斯(1353)

/ 22

战争的欲望

> 1349年至1369年间,纳瓦拉的查理二世试图攫取法兰西王位,卡斯提尔国王失去民心,法国农民起义,英法两国找到新的借口发起战争。

1349年10月至1350年8月,三位君主死于瘟疫。

第一位王室受害者是纳瓦拉女王琼二世(Joan II of Navarre)。33年前,她叔叔依靠《萨利克法》,抢走了她的法兰西王位。也正是因为这部法典,卡佩王朝直系灭亡,她在瓦卢瓦的堂叔腓力六世登上法国王位。

1350年8月22日,琼二世死后约10个月,57岁的法兰西国王腓力六世在与他的新任妻子,即琼二世20岁的女儿完婚后不久,便死于瘟疫。*

莱昂-卡斯提尔国王阿方索十一世(Alfonso XI)也死于这场瘟

---

* 当时的文献仅仅提到他"与世长辞",不过这更像是一种死于黑死病的委婉说法,毕竟这种离世方式对于君主来说不够体面。

疫。3月27日,他在直布罗陀附近的一顶军用帐篷中逝世。此时,基督教王国葡萄牙、莱昂-卡斯提尔和阿拉贡已经全线压到了地中海地区。伊斯兰国家中,只有格拉纳达仍然坚守南部海岸,由优素福一世(Yusuf I)统治。阿方索正是在与其作战时身亡的。

莱昂-卡斯提尔王国的王权(现在通常被简称为"卡斯提尔王国")由阿方索十一世16岁的儿子佩德罗继承。卡斯提尔国王佩德罗放弃了与格拉纳达的战争,而是向邻国阿拉贡的国王佩德罗四世(Peter IV)开战,目的是开疆拓土。

与此同时,腓力六世的长子加冕成为法兰西国王约翰二世(John II),继承了一个"令人失望的国家"(让·傅华萨语)。"英格兰人控制了很多地方,尤其是加来。这让法国人非常恼怒。此时,法国国库逐渐消耗殆尽。"十几年前发生的饥荒与干旱使得法国国力衰落。无休止的战争与腺鼠疫更是严重削弱了法国国力。[1]

纳瓦拉国王选择这一时机,开始实施夺取法兰西王权的计划。

纳瓦拉国王查理二世是琼二世的儿子,也是琼二世的继承人,一直把自己当作法国人。从父亲埃夫勒伯爵(Count of Évreux)那里,他继承了法国北部大片的家族领地。他与约翰二世的女儿结婚,大部分时间都生活在法国。甚至在加冕后,他也把纳瓦拉主要当作收入和士兵的来源。

在某些方面,查理二世比爱德华三世更有资格继承法国王位。两人对法国王位的继承问题是由路易十世的早逝造成的。路易十世死于1316年,终年27岁,没有男性子嗣。对爱德华三世和查理二世来说,王位传给瓦卢瓦家族是不公平的。这种传承无视现有的卡佩家族后裔。但爱德华三世只是路易十世的外甥,而查理二世则是他的外孙。

在他当政的前5年，纳瓦拉国王查理二世的诉求不断获得支持，他很满意。早在1302年，腓力四世召开了法国首次三级会议，参会者包括贵族阶级、神职人员以及城市居民代表。后来腓力四世的继承人多次召开三级会议，其大多数职能是批准新的税法。每一次，这三个阶层，或者说"三个阶级"，都表现得像一个团体："三级会议代表"，等于是第一批法国民众的代表。但三级会议没有通过法律和迫使国王做事的权力。它只能给出建议。三个阶层中，有相当一部分人经过思考，认为三级会议应该有权力对国王的决定提出异议，尤其那些涉及税收或国家货币重新发行问题的决定（重新发行货币会不可避免地导致物价迅速攀升或极速下跌）。

伴随瘟疫而来的动乱使得改革更具民意基础，而纳瓦拉国王查理二世与改革者建立了复杂又谨慎的联盟，把自己标榜成一个"改革国王"，愿意（前提是能够获得王权）给予三级会议更多的权力。"他头脑灵活，目光敏锐，讲话自然，口才上佳，身材小巧，"他同时代的人这样写道，"他拥有令人惊叹的机敏和非凡的个人魅力，支持者甚多，其他拥有王室血统的王室成员无人可与他匹敌。他的支持者不仅包括平民，而且包括拥有地位与权力的人们。"[2]

与此同时，英格兰国王爱德华三世与法兰西国王约翰二世已经结束谈判，达成了一个复杂的和平协议。瘟疫使得两国军队遭受重创，没有一方能够发动新的攻击。1354年4月，约翰同意将整个法国西部诺曼底以南的土地交给爱德华（布列塔尼除外），并放弃加来。作为交换，爱德华三世要放弃法国王位。[3]

一年后，爱德华感觉国力稍微强了一些，于是拒绝履行协议。但是那时候，约翰二世已经得到了软弱的恶名（他手下的一个伯爵这样说："以基督宝血之名，国王无能，是一个糟糕的统治者。"），而纳瓦拉国王查理二世的实力增强。查理二世最杰出的成就是说服约翰的儿子兼继承人,即"王太子"查理(Dauphin Charles)*,一同密谋推翻约翰的统治。[4]

18 岁的查理王太子头脑聪明但体弱多病,很快就被他能言善辩的妹夫说服了。1356 年 4 月,这两人举办了一场宴会,邀请了 30 位潜在的盟友。宴会在诺曼底(王太子同时拥有诺曼底公爵的封号)的鲁昂城堡内举行。然而全副武装的约翰二世突然出现,身后跟着一群士兵。他早已得到消息,知道纳瓦拉国王查理二世计划绑架并杀害自己。他决定粉碎查理二世进行中的阴谋。

不顾王太子的强烈抗议,约翰逮捕了四名诺曼底的领导官员,并下令处死他们。他们被立即带离城市,被在场的唯一一位刽子手砍头。此人是鲁昂监狱中的囚犯,为得到赦免,主动要求去当刽子手。此前他从未砍过别人的头,因此行刑过程血腥而漫长。[5]

约翰二世饶恕了他的女婿,但是纳瓦拉国王还是被带走囚禁起来,从一个严密的监狱转移到另一个,最后被关在阿尔勒城堡中,那里被沼泽地包围着。这件事使英格兰人重新开始战争。为了报仇,纳瓦拉国王查理二世的弟弟腓力招来了英格兰王子冈特的约翰(John of Gaunt),也就是爱德华三世的第四个儿子,一起攻击约翰二世在诺曼底的土地。为了这次行动,爱德华三世自己准备了 27 艘船。[6]

黑太子爱德华这时 26 岁,是一位跟法国作战 10 年的老兵。他正待在父亲的领地加斯科涅。从那里,他率军多次袭击朗格多克,

---

* "王太子"(Dauphin)的头衔名称来源于他的领地多菲内(Dauphiné)。查理是法兰西王室中首位获得此名号的继承人。他继位之后,规定未来所有法兰西王室继承人都将获得"王太子"这一头衔。

在法国的城镇与村庄烧杀抢掠。图卢兹便是遇袭城镇之一。1356年8月，约翰二世在诺曼底与纳瓦拉人和英格兰人开战，而黑太子爱德华则带领8000名士兵，离开加斯科涅，向卢瓦尔河进军。[7]

这又是一次大规模突袭，其目的并不是要迫使约翰二世进行决战。"我们的目的是，在法国领土上攻击敌人，"黑太子自己写道，"……骚扰这个国家并消耗其力量。"但约翰二世率军拦截了黑太子爱德华，两军在普瓦捷正面交锋。法国军队休息得更好，组织也更好，所以有充分的理由期盼胜利。

9月19日，英军击退法军，逢英必败使法国迅速陷入一种难堪的境地。托马斯·格雷认为原因在于法国军官没能一起采取行动，因为他们"因言语不和而产生了分歧"。其他记载均显示，约翰二世在第一次冲锋后，决定让骑兵下马作战，想努力避开上次战争中遇到的致命的英格兰弓箭手，然而这却导致了一场灾难。[8]

无论原因是什么，这次战败极其尴尬，因为法兰西国王约翰二世和他的14岁儿子腓力都被俘了。黑太子对待王室成员很有礼貌，但把这两个俘虏带到了英格兰。[9]

国王约翰二世并没有被关押在地牢里。在14世纪，扣留俘虏的目的大多数情况下都是索要赎金。而对于更看重荣誉而非财富的骑士来说，扬名立万是主要参战目的。俘虏并关押一个富有的敌人，直到获得可观的赎金，这样能够快速填满空虚的国库。

实际上，约翰二世被俘虏并被押至温莎几个月之后，1357年，苏格兰的大卫二世（当时33岁，已经被囚禁于英格兰整整11年）最终与英格兰谈判成功，用10万马克来交换他的自由（在未来的10年，通过分期付款的方式结清。爱德华三世还是愿意讲条件的）。10万苏格兰马克的确是一大笔钱。一个中等阶层的骑士，每年可能

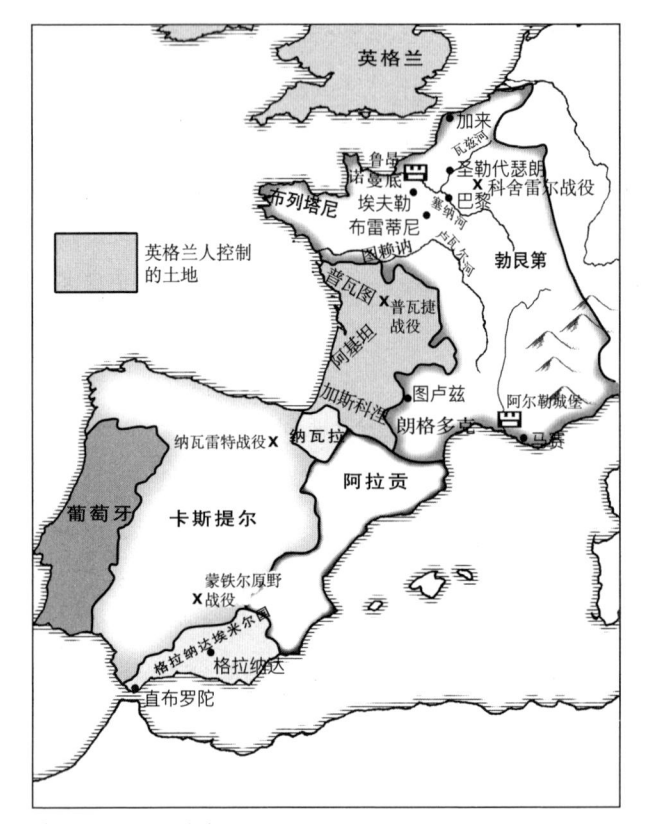

地图 22-1　法国溃败

只需要100马克来维持生活，而一个仆人或农民可能只需要10马克。

过去10年里，英格兰国王爱德华三世在战争中耗费了大量金钱，总的税收收入也由于人口的下降而减少。俘虏约翰二世之后，英格兰国王有机会挣回一些钱。他索要300万克朗的赎金。如果换成是在2012年的美国，则法兰西国王价值5亿美元，而苏格兰的大卫二世价值 650 万美元。*

作为一个非常有价值的囚犯，约翰二世被软禁在一个舒服的环境中，与此同时，爱德华三世则在尝试说服三级会议支付所提议的赎金。被软禁期间，约翰拥有自己的手下、私人会客厅，偶尔还能放鹰行猎。同时，在巴黎，有"许多会议要开，人们感到强烈不满"。大多数人认为，国王的儿子太过年轻，没有足够的能力来管理国家，再加上英格兰人与纳瓦拉人在西部到南部轻松取胜，造成了一路浩劫，最终每一个阶级都同意，选出 12 个"他们中最聪明的人，去考虑并确定最可取的方案"。这个由 36 个人组成的议会与"名义上的摄政"、年轻的王太子查理共同管理国家，但查理并没有太多实权。[10]

但此时的法国疲于战争、瘟疫以及过度征税，还没有确立议会制度。1357 年 11 月，纳瓦拉的查理二世从沼泽中的关押地逃往巴黎。此时的巴黎内部陷入复杂的权力争斗，三方势力包括：查理二世的支持者（有相当多的巴黎人认为他的确拥有登上法国王位的资格）、三级会议［有权势的巴黎商人艾蒂安·马塞尔（Etienne Marcel）担任负责人］和王太子。

富人与贵族忙着在巴黎相互争斗。瓦兹河（Oise）岸边的北方小镇圣勒代瑟朗（Saint-Leu-d'Esserent）突然发生了暴动，令他们大吃一惊。

这场暴动来自法国的底层社会，农民是这次暴动的主力，贵族们蔑视他们，并给他们起外号叫作"傻瓜扎克"（Jacques Bonhomme，

---

* 比较货币价值总是比较困难的。在 2012 年的美国，苏格兰的大卫二世价值为整个卡戴珊家族的年收入；在 2012 年用美元衡量，法国约翰二世的 5 亿美元能够为哈佛大学近 3000 名本科生支付 4 年的全部学费。换一种说法，这些钱能买下 1/4 的道奇棒球队，包括体育场。

意为"乡巴佬")。他们在农村努力种植庄稼、饲养家畜,却连续受到英格兰、法兰西和纳瓦拉军队的侵犯,王室随意征收各种苛捐杂税,并采用武力强制执行,瘟疫的袭击让他们不断哀悼死去的亲人。他们已忍无可忍。压倒他们的最后一根稻草,也许就是王太子决定允许军队首领领兵抢劫乡村,补充不足的资金。"我们不仅被英格兰敌人的入侵折磨,"当时的作家菲利普·德·梅齐埃(Philippe de Mézières)抱怨道,"也被我们的贵族折磨。"[11]

1358 年 5 月,苦难让他们组织起来发动武装起义。"一些城镇居民自发地聚集起来……没有任何领导者,"让·傅华萨写道,"……他们说,法国的贵族、骑士以及乡绅是国家的耻辱,摧毁他们的行为是值得称赞的。"两个星期之内,众多武装起来的农民和工匠,包括铁匠、矿工、制桶工和泥瓦匠,甚至还有乡村教士和少数的行政官员发动了起义。他们手持长矛和犁片,从法国南部出发,烧毁城堡,杀掉骑士,屠杀贵族家庭及其亲属。(让·傅华萨甚至记载了更不可思议的残忍事件,包括用烤肉叉烧烤一个骑士,但他把起义的年份和其他数据弄错了。)[12]

这场起义被称为"扎克雷起义"(Jacquerie),仅仅持续了 3 个星期。在此期间,王太子查理和纳瓦拉的查理二世分头战斗。他们摧毁了主要起义力量,镇压了这场起义。仅几个星期后,艾蒂安·马塞尔在巴黎被暗杀。

国家风雨飘摇之际,约翰二世正在与俘虏他的人进行谈判。两位国王最终达成了协议。经过协商,约翰二世可以用阿基坦、诺曼底、普瓦图和图赖讷(Touraine)来换取他的自由,这些几乎是他国家一半的土地。他还必须交纳 300 万克朗的赎金。爱德华三世大方地同意约翰可以用 6 年时间来还清这笔债务。[作为赎金的担保,约翰的二儿子，即王太子查理的弟弟，安茹公爵路易一世（Louis I, Duke of Anjou），被送到加来当作人质，直到全部赎金支付完毕。]作为回报，爱德华三世放弃在诺曼底的权利，同时（第二次）同意放弃争夺法国王位，这个让步也延伸到他的儿子黑太子爱德华。[13]

1360年5月8日，他们在布雷蒂尼（Brétigny）签订了这一协议，约翰二世被释放回国。他结束了4年的监禁生活，回到巴黎，他的臣民在伤感中得到一丝安慰。这直接终结了纳瓦拉国王查理二世的希望。亲眼看到他的支持者离他而去后，他撤回了纳瓦拉。[14]

但约翰二世的归来并没有充满喜悦。他的第二任妻子在他回家前刚刚去世。巴黎经济萧条，内讧不止。乡村中强盗横行。国库空虚，还有300万克朗的赎金等待支付。在几星期内，王太子查理的两个女儿因病离世，他自己也饱受一种怪病的折磨，头发和指甲脱落。

约翰二世完全没办法说服三级会议通过提高税收来支付赎金，而年轻的安茹公爵路易一世看不到自己监狱生活的尽头，从加来逃离，自己回到了家中。因此在1364年1月，约翰自己宣布，他要回到英格兰就一些条款重新进行谈判。他让王太子查理在巴黎做摄政。对于他最喜欢的小儿子腓力，他将勃艮第连同勃艮第公爵的头衔一并给了他。而安茹公爵路易什么都没得到。

爱德华三世大张旗鼓地欢迎法兰西国王，并安排他住在伦敦的索威宫（Savoy Palace），这里是冈特的约翰王子的家。当时的《坎特伯雷纪事》（*Chronicle of Canterbury*）中写道："谈判之事一天一天耽搁下来。同时法兰西国王留在索威宫，没有得到任何结果。"3月初，约翰患上严重的怪病。4月8日，到了伦敦3个月后，他死在索威宫，终年45岁。[15]

让·傅华萨记载道，这时，纳瓦拉的查理二世又有了"希望"。他派出一支纳瓦拉军队，由纳瓦拉人和英格兰人共同指挥，抵达诺曼底。查理二世的传记作者、杰出的克里斯蒂娜·德·皮桑（Christine de Pisan）写道，"3000名全副武装的士兵"同时向塞纳河进军，他们打算在路上拦截王太子查理，阻止他加冕。但法国王家军队迅速出击，在巴黎北部的村庄科舍雷尔（Cocherel）附近截住了入侵者。"战场上，士兵们挥舞着长矛或战斧，劈砍削剁，"让·傅华萨描述道，"……纳瓦拉军队的大部分都被杀死或俘虏，几乎没有人逃脱。"3天后，王太子加冕成为法兰西国王查理五世（Charles V）。[16]

科舍雷尔一役粉碎了纳瓦拉的查理二世最后一次夺取法国王权的认真尝试。在未来的20年里，他继续煽动，一有机会就不怀好意地对抗法兰西王室，但除了纳瓦拉王国，他再也不能管理其他国家了。1387年，他极其痛苦地死去。他用白兰地酒浸泡床单，然后披在身上治疗皮肤病，却意外地引发了火灾，他在剧痛中坚持了十几天，最后在极度痛苦中断了气。[17]

《布雷蒂尼条约》为法兰西国王约翰二世提供了最后一次回家的机会，同时保证了无论是英格兰国王爱德华三世还是黑太子都不再发动战争。英格兰与法兰西只是理论上和平了而已。*但这注定脆弱的和平不久就被打破了。战争在伊比利亚半岛再次爆发。

卡斯提尔的佩德罗在父亲因瘟疫早亡后继承了王位。当政的前15年内，他与阿拉贡的佩德罗四世因领土问题争战不休。让·傅华萨记载道，他是"一个残酷的人……性格又可怕，所有人都畏惧他，

---

* 条约也列出了赎金的分期付款计划，但现在还不清楚接下来数十年实际交了多少赎金。

不信任他"。事实上,他并不比英格兰和法兰西的国王更坏,但15年的战争没有提升他的民望,而之前的战争却让法国民众更加爱戴约翰二世。[18]

查理五世的加冕礼结束不久,佩德罗在卡斯提尔的同父异母非婚生哥哥,特拉斯塔玛拉的恩里克(Enrique of Trastámara),出来挑战佩德罗的统治。同时,"法兰西国王和阿拉贡国王承诺,要将他送上王位"。对法兰西国王查理五世来说,这个决定合情合理。与阿拉贡的联盟,加上一个由法国扶持上台的卡斯提尔国王,这样就能够提供一堵有用的城墙,抵御远方来的纳瓦拉的军队。一支法国和阿拉贡组成的联军开始入侵卡斯提尔。佩德罗召集他的贵族和骑士,但他们都因战争而疲惫,因瘟疫而虚弱,而且"几乎都不能来"。

佩德罗被迫从自己的国家逃到加斯科涅。根据《坎特伯雷纪事》的记载,他拜见黑太子爱德华,"急切请求对方给予他军事援助"。为了说服对方,他提出自己和黑太子有着血缘关系。黑太子的曾祖母,即爱德华一世的妻子卡斯提尔的埃莉诺,是佩德罗上推四代的姑妈,因此他们是远房表叔侄。[19]

其实大部分欧洲国王都至少是隔三四代的亲戚,但黑太子立刻同意了。毕竟,这一联盟将会让他再次和法国对决,同时又不违背《布雷蒂尼条约》。

1367年,卡斯提尔国王佩德罗跟黑太子和英格兰军队一起杀回卡斯提尔。在边陲小镇纳瓦雷特(Navarrete),英格兰和卡斯提尔联军彻底打败了法国和卡斯提尔联军。恩里克从卡斯提尔逃到法国。查理五世派出更多援军,兄弟间第二次对决。在蒙铁尔原野(Campo de Montiel)一役中,法国和卡斯提尔联军取得胜利。佩德罗被俘。让·傅华萨写道,当特拉斯塔玛拉的恩里克来到帐篷囚房见他时,他们"愤怒地争吵起来。这两兄弟厮打起来。最后，恩里克掏出匕首，刺进了佩德罗的身体"。[20]

之后，恩里克加冕成为卡斯提尔的国王恩里克二世（Henry II）。他之所以获得王位是因为法国的帮助，而他的加冕仪式代表着法国对英格兰的胜利。同时，查理五世从此次胜利中获得极大的鼓舞。他宣布，由于英格兰并未执行《布雷蒂尼条约》中的部分条款，两国间的和平就此结束。1369年夏天，他开始准备从水陆两路进行入侵。"整个英格兰对此都感到非常高兴，"让·傅华萨总结道，"因为他们也已经准备好了。无论法国人何时登陆，他们都会好整以暇。"无论这两个国家多么疲惫和贫困，战争的欲望比四位国王、两份条约和腺鼠疫存在的时间都要长。它们将继续征战。[21]

时间线 22

教皇	意大利	神圣罗马帝国	德意志	瘟疫	法国	苏格兰	英格兰	纳瓦拉	卡斯提尔
						斯特灵桥战役（1297）			
		阿尔布雷希特一世（1298—1308）							
佛罗伦萨沦陷（1301）						库特赖战役（1302）			
本笃十一世（1303—1304）									
克雷芒五世（1305—1314）					"佛兰德的狮子"罗伯特三世（1305—1322）				
						罗伯特一世（1306—1329）			
							爱德华二世（1307—1327）		
		亨利七世（1308—1313）							
	罗伯一世，那不勒斯国王（1309—1343）								
解散圣殿骑士团（1312）		亨利七世（1312—1313）					皮尔斯·加韦斯顿被谋杀（1312）	阿方索十一世（1312—1350）	
			德意志内战开始（1313）		路易十世（1314—1316）				
约翰二十二世（1316—1334）					腓力五世（1316—1322）				
					牧人起义（1320）				
		路易四世（无人反对）（1322—1347）			查理四世（1322—1328）				
《和平保卫者》（1324）									
	路易四世，意大利国王（1327—1347）						爱德华三世（1327—1377）		
尼古拉五世（对立教皇）（1328—1330）		路易四世（1328—1347）			腓力六世（1328—1350）			琼二世（1328—1349）	
						大卫二世（1329—1333/1371）			

时间线 22（续表）

教皇	意大利	神圣罗马帝国	德意志	瘟疫	法国	苏格兰	英格兰	纳瓦拉	卡斯提尔
					杜普林沼地战役（1332）				
				元顺帝妥懽帖睦尔（1333—1368）	爱德华·巴利奥尔（伪）（1333—1336）				
本笃十二世（1334—1342）									
					百年战争（1337—1453）				
				伊塞克湖畔出现瘟疫（1338）					
				谢苗一世，莫斯科大公（1340—1353）			斯鲁伊斯海战（1340）		
彼特拉克加冕桂冠诗人（1341）									
							《马莱特鲁瓦协议》（1343）		
				瘟疫毁灭德里军队（1344）					
			查理四世（1346—1378）				克雷西战役（1346）		
				瘟疫传到卡法（1347）	加来失守（1347）				
				瘟疫传到英格兰（1348）					
				瘟疫席卷开罗（1349）			查理二世（1349—1387）		
					约翰二世（1350—1364）			佩德罗（1350—1369）	
				瘟疫传到罗斯（1353）					
					扎克雷起义（1358）				
					《布雷蒂尼条约》（1360）				
					查理五世（1364—1380）				
								蒙铁尔原野战役（1369）	

/ 23

白莲教与红巾军

> 1351年至1382年，元朝灭亡，
> 明朝取而代之。

很多史家都记录了阿姆河彼岸的瘟疫，但在中国，几乎没有与之相关的记载。我们唯一能了解其严重性的线索是数字：从瘟疫暴发到14世纪末，中国人口减少了约4000万。

这并不能完全归因于腺鼠疫（黑死病）。13世纪，蒙古人入主中原。如同世界其他地方一样，中国也经历了严重的自然灾害。高温干旱，阴雨发霉，洪水风暴，这些都导致农作物歉收、饥荒肆虐、民众饿死。瘟疫只是这些灾难之一。

苦难让古老的佛教有了新的传播方式：推崇阿弥陀佛的净土宗向所有信众承诺，信奉佛教的人经过苦难之后，会在西方极乐世界获得重生。在12世纪，净土宗高僧茅子元传教时宣称，只要诚心向往净土，专心念佛，即可往生西方极乐世界。他的追随者给这一派起名为白莲教。到了14世纪，神秘的白莲教发展到鼎盛。元朝时，白莲教众多派系活跃在全国各地。他们提出更为直接易懂的教义：佛的化身明王将在现世转生，并将把净土带至尘世，普度众生。白莲教教众渴望马上得到解脱，常常佩戴红色头巾作为组织的标识。[1]

1351年，忽必烈的五世孙妥懽帖睦尔仍然统治着这个不幸的运转不灵的帝国。31岁的妥懽帖睦尔荒废朝政长达18年。朝廷被他的丞相脱脱掌管着。

同年，脱脱负责帝国中心的一项大规模修缮工程。黄河入海口经常改变，因为河流沿岸土地平坦，不断积聚的淤泥导致河道来回变化。但是前几年的洪水让河道离山东半岛北部更远了。洪水还阻断了大运河，导致粮食无法从富饶的长江流域运往大都，只剩下了海运一条途径。

利用大都的困境，强盗方国珍组织了一支船队，游走于沿海地区，抢劫沿海城市，拦截前往大都的运粮船只。元朝的海军既抓不住也赶不走他们。如果能让黄河恢复到原来的河道，就能够对大运河进行清淤，恢复通航。然后从南到北的运粮航道就能恢复，免受方国珍船队的打劫。[2]

如此浩大的工程自然需要大量的劳力，于是脱脱便从农民中强行征发劳力，让他们每年都无偿劳动数月。被征发的劳力怨声载道。在黄河清淤工作进行的同时，他们家里的田地由于缺少照料而荒掉，而当他们回家后，面对的是粮食歉收和并没有减少的赋税。但是脱脱依然征发了元朝中心地区近20万汉族居民。[3]

繁重的徭役像导火索一样，点燃了元朝汉族人民久积心中的不满。

在被强征去治黄的队伍中，有一个叫韩山童的白莲教信徒。在劳役进行一半时，他声称在黄河的淤泥里发现了一个独眼石人，预言明王将转世。其他白莲教信徒都来追随他，并以红头巾作为标识。在众人的支持下，韩山童自立为王，并声称自己是最后的宋朝皇室后代，要推翻元朝的压迫统治。[4]

这场小规模的反抗很快被脱脱镇压下去，他还派兵抓捕到了韩山童。韩山童很快被杀，他的追随者也作鸟兽散。他的儿子韩林儿曾自称是皇权继承者，这时也躲了起来。但是韩山童仅仅是带头羊。艰难的生活、元朝统治者的严酷剥削，再加上对救世主的希望，红巾军叛乱开始在元朝各个地方爆发。韩山童之后，至少又有五个人自立为王。六七个没有自立为王的领导者也加入起义中。[5]

脱脱成功带兵镇压了叛乱，却成了昏庸皇帝的牺牲品。1355年，妥懽帖睦尔很突然地罢免了他的丞相职位。皇帝之所以这么做，是因为脱脱一心镇压叛乱，却没有抽时间筹备皇太子孛儿只斤·爱猷识理答腊的册宝礼，这让皇帝很气愤。这一决定表明，元朝皇帝的统治严重脱离了实际。一直忠心耿耿的脱脱立即就被罢免了。当时，他正忙于围攻被起义军占领的高邮地区，红巾军濒临溃败，但脱脱的离去使他们有机会重整旗鼓。[6]

围攻高邮的失败是元朝走向灭亡的转折点。脱脱被撤职流放，一年之后去世（可能是被人下毒害死）。因为统治阶级之间的矛盾，元朝的军队分裂，人人都想得到最大权力。由于各地起义纷纷爆发，而元朝军队势单力薄，元朝已经没有能力抗击叛乱。10年后，元朝皇帝妥懽帖睦尔控制的领土只剩下大都及其周边地区。红巾军兵分两路，发动进攻。在东北方，大部队由原先韩林儿的部下朱元璋领导。在西南方，大部队由原来元朝的一个小吏陈友谅领导。陈友谅在江州（今江西九江）自立为汉王。朱元璋占领集庆（今江苏南京）后，宣称自己为新吴朝的建立者（自称吴国公）。与此同时，方国珍将南方沿海地区和杭州南部据为己有。[7]

1363年，做过和尚的朱元璋在鄱阳湖南岸打败了他的竞争对手。陈友谅率先进入鄱阳湖。据史书记载，他派遣上百艘三层的朱漆铁甲楼船开路，满载士兵和战马，莽撞地闯入鄱阳湖。他打算围攻岸边的南昌城，朱元璋手下占领着这座城池。

朱元璋率领舰队从应天（朱元璋占领集庆后，将其改名为应天）出发，赶去支援。8月30日，他们在鄱阳湖上遭遇，激战两天未分胜负。第三天，朱元璋命令战船装载火药芦苇，指示诸将靠近敌船后发动火攻。陈友谅的楼船首尾相接，进退不便，加上风向的协助，朱元璋的火攻极为奏效，大败敌军。[8]

这场战斗近一个月后，在第二次遭遇战中，陈友谅被射中一只眼睛，当场毙命，朱元璋从此控制了中国南方。南方的红巾军运动很快瓦解。元统治者在大都反抗了4年多，但是国家早已在北方红巾军首领的掌控中。

1367年11月，朱元璋对大都发起了最后一击，轻而易举就获得了胜利。次年，妥懽帖睦尔统治者集团向北逃回古蒙古国。但他依然控制着上都，那里是忽必烈汗在北方建立的首都；他依旧大言不惭地宣称自己是中原的统治者。但实际上，他变成了北方一个统治着小国的军阀而已。一年之后，他便失去了上都，逃到了更靠北的草原上。

在南方，朱元璋在首都应天登基。1368年新年，他宣布了新的朝代明朝正式建立。他的庙号是太祖，年号为洪武。因为这个年号，他通常被称为"洪武帝"。[9]

他时年40岁。一切跟他做和尚时相比都发生了巨大变化。有资料记载，他有20多个儿子，都被分封为藩王，控制重要的战略地区。这么描述，好像是把实际上漫长的过程凝缩了起来，但不管怎样，这表明了他决心牢牢掌控国家。[10]

他做到了，在皇位上坐了30年。由于在位时间很长，他有足够的时间完善国家的各个方面。他任命大学士修订、扩充、再版古老的唐代法令，以解决旧习俗和元朝沿用的游牧民族习俗带来的疑难纠纷。他向太学投入大量资金，并且恢复了科举考试制度，使之成为自己选拔贤良官员的渠道。他早期的诏令中曾经讲道："为天下者譬如作大厦，非一木所成，必聚材而后成。天下非一人独理，必选贤而后治。"[11]

他的首要目的就是保持国家的安定。在托人带给拜占庭帝国皇帝的诏书中，洪武帝指出，在元朝的统治下，他的家园遭受了近20年的苦难。诏书中写道："朕为淮右布衣，起义救民。荷天之灵……奠安方夏，复我中国之旧疆……朕虽未及古先哲王，俾万方怀德，然不可不使天下知朕平定四海之意。"[12]

他从来没有忘记过自己是通过造反得到皇位的，所以他从来都不太信任那些功臣。1380年，由于害怕老朋友同时也是朝廷重臣的胡惟庸势力过于强大，洪武皇帝以谋反罪下令处死胡惟庸，然后开始清除一切可能威胁到他统治的人。数千人被处死。两年之后，朱元璋成立了秘密机构锦衣卫，充当自己的间谍和打手。他们有权将一切有可能威胁国家安全的人囚禁于秘密的监狱。他残忍地命令贵族大户离开原先的领地，没收他们的土地，把他们安置在偏远的地区，以防止他们联合起来造反。作为补偿，他向他们提供粮食和布匹，让他们完全依赖于自己的恩惠。[13]

他多疑嗜杀，谋害功臣，在这方面可能有些偏执，但这些都不是因为私人恩怨或琐事引起的，而且他不是伪君子。他说："人主

时间线 23

瘟疫	法国	苏格兰	英格兰	纳瓦拉	卡斯提尔	中国
			爱德华三世 （1327—1377）			
	腓力六世 （1328—1350）			琼二世 （1328—1349）		
		大卫二世 （1329—1333/1371）				
		杜普林沼地 战役（1332）				
		爱德华·巴利奥尔 （伪）（1333—1336）				元顺帝妥 懽帖睦尔 （1333—1368）
	百年战争 （1337—1453）					
伊塞克湖畔出现 瘟疫（1338）						
谢苗一世， 莫斯科大公 （1340—1353）			斯鲁伊斯海战 （1340）			
			《马莱特鲁瓦协议》 （1343）			
瘟疫毁灭德里 军队（1344）						
			克雷西战役 （1346）			
瘟疫传到卡法 （1347）	加来失守 （1347）					
瘟疫传到英格兰 （1348）						
瘟疫席卷开罗 （1349）			查理二世 （1349—1387）			
	约翰二世 （1350—1364）				佩德罗 （1350—1369）	
						韩山童起义 （1351）
瘟疫传到罗斯 （1353）						
						脱脱去世 （1356）
						朱元璋自称 吴国公（1356）

23 白莲教与红巾军

时间线 23（续表）							
瘟疫	法国	苏格兰	英格兰	纳瓦拉	卡斯提尔	中国
	扎克雷起义（1358）					
	《布雷蒂尼条约》（1360）					陈友谅称帝（1360）
						鄱阳湖战役（1363）
	查理五世（1364—1380）					
						明朝（1368—1644）
						明太祖（1368—1398）
				蒙铁尔原野战役（1369）		
						胡惟庸案（1380）
						设立锦衣卫（1382）

嗜好，所系甚重。躬行节俭，足以养性；崇尚侈靡，必至丧德。"因此他不吃肉，身着打补丁的衣服。他还让太子自己种菜以节约开销。他拥有钢铁般的自制力和意志力。他坚信：新的大明帝国将会是安定的，同时为了维持安定，付出任何代价都是值得的。[14]

/ 24

蒙古人之后

> 1351年至1399年，一个新国家于东南亚诞生，一位中国血统的将军用中国武器改变了自己国家的命运。

蒙古人撤出了中国以南地区，但他们的进攻已经破坏了当地的局面。

早在蒙古人到来之前，高棉就气数已尽了，最终为了和平，成为蒙古人的附庸国。从此以后，吴哥窟的统治力不断下降。根据1327年的碑文，当时在吴哥窟的高棉王是名不见经传的阇耶跋摩九世（Jayavarman IX，亦作 Jayavarmadiparamesvara），他以后的国王都没有留下名字。建筑的修建几乎停止。稻田里长满野草。高棉人现在有一个新的敌人——一个曾经臣服于自己的敌人。[1]

一个世纪以前，高棉的附庸暹罗人占领了西部河谷，脱离了高棉人的统治。他们以素可泰为中心，建立了王国。"暹罗"是这个山谷里的人的第一个独立的国家。我们现在称之为泰国。不久，分散在湄公河（Mekong）到伊洛瓦底江（Irawaddy）沿岸地区的许多小的泰族的飞地也加入进来。

第一个泰族王国把河谷里最大的城市素可泰定为首都。但是到1351年，一个来自泰国华富里（Lopburi）的实力强大的人，在他自己的领地里加冕为王。在华富里，他开始建立一个更为强大的敌对王国。

据一些文献记载，这位名为乌通（U Thong）的领袖雄心勃勃，是定居在华富里的一位中国商人之子。当时在泰国的河谷地带，有很多中国人从事利润丰厚的贸易。而另一些史家认为他是华富里当地人。据早期乌通王室的史书记载，乌通与另一个泰国城市素攀武里（Suphanburi）的一户富人联姻，并控制了这座城市。无论他的出身如何，乌通把他的名字改成了拉马铁菩提（Ramathibodi），那两座城市成为他新领土的两个核心。[2]

根据王室史书记载，一场天花迫使拉马铁菩提王离开了故土华富里。他留下士兵控制华富里，带着幸存的人民向城外走去，直到他们在湄南河和帕萨河（Pasak）的交汇处找到了一座"圆形的岛，那里土地平坦，没有瘟疫"。在那里，他建立了新的都城大城（Ayutthaya）。史书记载下了确切日期和时间：1351年3月4日，星期五，上午9点。泰历712年5月6日，日升后9时3刻。[3]

事实证明，拉马铁菩提是一位好斗的统治者。因为担心高棉人可能会报复，1352年，他领导的大城新王朝与衰落的高棉人发生了第一次彻底的冲突。随之而来的是漫长又痛苦的10年战争。双方互有胜负。拉马铁菩提的儿子，王子拉梅萱（Ramesuan）被高棉人囚禁，他的舅舅营救了他。1369年，拉马铁菩提去世，大城王朝已经完全在乡村地区立足，但高棉人仍是他们的威胁。[4]

和大多数新独立的地区一样，泰族王国没有传统的父子相传的制度。作为他父亲的继承者，拉梅萱得到了王位。不久他的舅舅，素攀武里的波隆摩罗阇（Borommaracha），来到大城争夺王位。

波隆摩罗阇时年约60岁。他是一位身材矮小、脾气暴躁、经验丰富的军人，几乎得到了整个城市的拥护。他从高棉人的囚禁中解救出拉梅萱。在吴哥窟城外取得的巨大胜利（尽管只是暂时的胜利）提高了他的声望。而拉梅萱没有军功可炫耀。看到舅舅得到那么多人的拥护，他被迫放弃了王位，回到了华富里。

接下来，波隆摩罗阇并没有把他的矛头指向高棉人，而是指向邻国，第二大的泰族王国素可泰。拉马铁菩提与他的邻国签订了和平条约，但波隆摩罗阇却于在位的18年期间不断侵扰素可泰的边界。当时的史书评价说，他是"被战争控制的统治者"，"热爱兵器"。到1388年他去世的那一年，他已经迫使素可泰国王拥护他的统治。[5]

在拉梅萱被夺去王权的18年后，他回来了，索要他父亲的王位。他的舅舅把王国疆域扩大了一倍。作为对波隆摩罗阇的报复，拉梅萱处死了波隆摩罗阇的儿子，也就是他的表弟东兰（Thong Lan）。东兰当时仅有十几岁。他是用传统的方式处死东兰的——将其装在绒袋里殴打致死。[6]

随后拉梅萱发动了对高棉人的第二次战争。他的策略并不是简单地击败高棉人，而是把他们困在泰族王国里。被俘的高棉人，尤其是艺术家、作家、音乐家或者是高层政府官员，被驱赶到大城。在那里，他们被鼓励继续工作。在高棉人统治这片河谷的时期，泰族文化和高棉文化就已经并存。泰人早已使用高棉人的书写形式，也早已借用高棉人的灌溉方式种植庄稼。尽管现在高棉人对这片地

地图 24-1　东南亚的冲突

区的统治力下降，但交流仍在继续。现在已经不是简单的文化并存，而是两种文化通过互相融合，形成一种新的文化。[7]

拉梅萱父亲的家族和母亲的商人家族之间却没有太多融合的迹象。直到 14 世纪末，拉梅萱才继承了他父亲的王权，但他母亲的家族仍在等待着，准备抓住机会，夺回王位。

在中国南海的沿岸，大越和占婆用两国交战的方式庆祝蒙古人的离去。

两国在边境上的疆土纷争持续了数十年。大约在 1360 年，纷争演变成了战争。挑起这场战争的是占婆的好战国王制蓬峨。大越称他为红王。就像泰国的拉马铁菩提一样,他的出身也是个谜。我们所知道的是,到1361年,他已经带领占婆第一次对大越发动攻击。紧随而来的是更多的战争。1369年,制蓬峨在外交关系中得到了明朝皇帝对其王位的认可。这使他对大越的征服行动变得更加有力。

1371年,制蓬峨发动了一场大规模的海战。他带领着士兵登上了大越国的海岸。他们向内陆地区进军,一直打到大越国首都升龙。一路上,他们烧杀抢掠。女人和青壮年被捆起来运往占婆,当作占婆人的奴隶。[8]

因为不能阻止这场奇袭,当时大越国王陈艺宗乘船逃离都城以避祸,次年退位,让位给了他的弟弟陈睿宗。陈睿宗在一次进攻占婆的战役中死于战场,他的儿子陈废帝随后即位。陈废帝没有动员全国抵抗入侵者,后世史官称他"昏懦不能有为"。为了避敌,他把所有钱财都运到了山里,埋了起来,以防止占婆人或者他的臣民得到这笔财富。[9]

红王第二次袭击了升龙,然后是第三次。他至少对大越发动了十次大规模的战争。尽管他频繁骚扰大越而且轻而易举地攻占了大越的都城,但他并不能占领这个国家。他曾遭到激烈反抗,不过并不是来自大越的国王,而是来自大将军黎季犛。黎季犛是一个有着中国血统的军人。他从大越的士兵一跃成为大越军队的最高指挥官。

和占婆的交战漫长又艰辛,持续数年,黎季犛一次又一次地把侵略军赶回去,但也付出了巨大代价。1389年,他遭遇了指挥生涯中最大的失败。在梁江战役中,他的军队遭到肆意屠杀,军中将领四散零落,他被迫逃离。经过一个荒凉的村庄时,同行的一位幸存将领悲叹道:"贼势如此,我等孤军,难于持久。"[10]

但黎季犛已经从他的祖籍所在地中国引进了一种武器,并用这种武器武装自己的士兵。大越士兵不知道这种武器的名字，索性直接借用了汉语的名称。在下一次对战占婆时，也就是1390年的一次水战中，大越的士兵就携带了火铳。火铳像是一种手枪，这种新式军事技术来自明朝。

他们收买了一位占城贵族，这个人向他们透露了红王乘坐的船只。于是大越人集中火力，向那艘船上射击。制蓬峨被击中，不治而亡。他的军队军心大乱，不战而退。黎季犛命人割下了制蓬峨的首级，带回了都城。随着红王的死亡，占婆辉煌的历史时代走向结束。[11]

1400年，黎季犛篡夺了大越国的王位。

这次夺权似乎是因为他对王室失望至极。十几年中，他目睹了王室在面对占城人时的软弱、妥协与痛苦。大越经济萧条，士气低落。当时一个史家记载道，占婆的士兵"在大越的土地上肆意横行，如入无人之境"，大越的都城被洗劫了一次又一次。[12]

这位伟大的将军曾把一个女儿嫁给国王。1398年，他说服当时在位的国王陈顺宗，即他的女婿，让位给太子，即他的外孙，年仅2岁的王子陈安。不久之后，黎季犛处死了太上皇陈顺宗，而他则成为他外孙的摄政王。

1400年，这位儿皇帝在4岁时顺从地退位，把王位交给外祖父。黎季犛把他的姓改成了中国的胡姓，并自称是传说中的上古首领虞舜的后人。他甚至改朝换代，把国号从大越改为大虞（Ta Yu），因为他自称是虞的后人。[13]

中国古代的科学技术曾经拯救他的国家，现在他希望再造这个国家。

时间线 24

法国	苏格兰	英格兰	纳瓦拉	卡斯提尔	中国	大越	占婆	高棉	暹罗
		爱德华三世（1327—1377）						阇耶跋摩九世（约1327—约1336）	
腓力六世（1328—1350）		琼二世（1328—1349）							
	大卫二世（1329—1333/1371）								
	杜普林沼地战役（1332）								
	爱德华·巴利奥尔（伪）（1333—1336）				元顺帝妥懽帖睦尔（1333—1368）				
百年战争（1337—1453）									
		斯鲁伊斯海战（1340）							
		《马莱特鲁瓦协议》（1343）							
		克雷西战役（1346）							
加来失守（1347）									
			查理二世（1349—1387）						
约翰二世（1350—1364）				佩德罗（1350—1369）					
					韩山童起义（1351）				大城的乌通（1351—1369）
					朱元璋自称吴国公（1356）				
					脱脱去世（1356）				
扎克雷起义（1358）									
《布雷蒂尼条约》（1360）					陈友谅称帝（1360）			制逢峨（1360—1390）	

24 蒙古人之后

时间线 24（续表）

法国	苏格兰	英格兰	纳瓦拉	卡斯提尔	中国	大越	占婆	高棉	暹罗
					鄱阳湖战役（1363）				
查理五世（1364—1380）									
					明朝（1368—1644）				
					明太祖（1368—1398）				
			蒙铁尔原野战役（1369）						拉梅萱（1369—1370）
									波隆摩罗阇（1370—1388）
						陈睿宗（1373—1377）			
					胡惟庸案（1380）				
						陈顺宗（1388—1398）			
					设立锦衣卫（1382）				
									拉梅萱（第二次执政）（1388—1395）
						梁江战役（1389）			
						陈少帝（1398—1400）			
						胡季犛（1400—1407）			

/ 25

奥斯曼人和绝望的皇帝

> 1352 年至 1373 年,奥斯曼人受邀穿越赫勒斯滂海峡,拜占庭皇帝几乎失去一切。

1352 年,在君士坦丁堡的皇宫中,有两位皇帝。一位是 20 岁的约翰五世,安德洛尼卡三世之子。另一位是 60 岁的约翰六世,即约翰·坎塔库泽努斯,曾担任摄政。*他们共同统治着一个可悲的衰落的帝国,城市中瘟疫肆虐,而农村只剩下一半人口。辉煌的拜占庭帝国所遗留下来的,只有古老的罗马色雷斯行省、爱琴海北部岛屿的一小部分和孤悬于海岸边的塞萨洛尼基城,周围土地已被斯特凡·杜尚领导的塞尔维亚入侵。[1]

国家一片惨淡景象,但年轻的约翰五世除了发现自己缺少权力以外,其他什么也没有看到。他的共治者约翰六世处在支配地位,已经将帝国部分地区交给两位幸存的儿子进行管理。他将希腊半岛

---

* 详见第 9 章"奥斯曼崛起"。

偏远的最南端交给小儿子，而将哈德良堡这座具有战略意义的城市交给大儿子马修（Matthew）。[2]

1352 年夏季，年轻的约翰五世鲁莽地进军马修的领地，并且围攻哈德良堡。马修向他的父亲请求帮助。为了补充拜占庭军队薄弱的实力，约翰六世向旧时盟友奥斯曼苏丹奥尔汗求援。

奥尔汗答应了请求，向拜占庭派出了一支土耳其军队，由他的大儿子苏莱曼·帕夏（Suleyman Pasha）来指挥。同时，年轻的约翰五世恳求一个危险的敌人出兵援助。他给斯特凡·杜尚发去消息，请求他的增援。

杜尚派出了 4000 名士兵。拜占庭和塞尔维亚联军试图攻克哈德良堡，而拜占庭和奥斯曼联军尽力防守。在马里卡河（Maricá）河岸，哈德良堡的城墙外，奥斯曼人击溃了塞尔维亚人，年轻的约翰的同盟军撤退了。约翰五世自己也被捕入狱。约翰六世下令将他流放到忒涅多斯岛，距离小亚细亚海岸约 24 千米。

约翰六世现在宣称，他的年轻的共治者已被罢黜，并任命自己的儿子马修为新的共治皇帝。他还声明，他是在悲伤而非愤怒之中这样做的。但是他逾越了界限。他邀请的奥斯曼军队并不受欢迎，〔据历史学家尼斯福罗斯·格雷戈拉斯（Nicephorus Gregoras）记载〕在他为了获得足够的金银支付援军而洗劫君士坦丁堡的教堂与修道院之后，人们更是充满怨恨。战争结束后，奥斯曼人洗劫了哈德良堡附近的村庄，抢走了自己喜欢的物品。人们认为，那是约翰六世允许他们这样做的。更糟糕的是，奥尔汗的儿子苏莱曼·帕夏占领了色雷斯的要塞——靠近海岸的灿姆佩（Tzympe），并拒绝离开。[3]

250 多年以前，阿历克塞·科穆宁曾经邀请十字军战士东征，与突厥人作战。因为这件事，他让自己的帝国变得容易遭受十字军的攻击。约翰六世则邀请土耳其人西行,与他的拜占庭同胞作战,并且在帝国境内为他们提供了立足之处。君士坦丁堡也要为这个决定付出代价。

约翰六世变得越来越不受欢迎,土耳其人的出现也越来越令人厌烦。1354年,灾难降临在土耳其人的领地。3月2日早晨,一场大地震摇撼了整个爱琴海海岸。君士坦丁堡的城墙在地震中移位、开裂。色雷斯各处的屋舍和城堡变成瓦砾,一些村庄则完全消失。作为控制赫勒斯滂海峡通道的要塞,加利波利城被夷为平地。成千上万的人丧生。幸存者不得不面对猛烈的暴风和雨雪。[4]

约翰六世从君士坦丁堡派出救援力量,但是土耳其人早已上路。听闻加利波利遭受的破坏后,苏莱曼·帕夏集合大批土耳其士兵和市民,一同赶往这片沙漠废墟。他们占领了毁坏后的空置房屋,修复城墙,将这座城市视为自己的城市。更多的土耳其人扩散到农村地区,每当发现被毁的村庄,他们都这样去做。这是一种无声且高效的占领,并且他们拒绝离开。[5]

拜占庭幸存者期待他们的皇帝能够赶走侵占他们屋舍土地的人,但是约翰六世寄希望于通过外交手段解决。"在衡量自己手中能与敌军抗衡的武装力量之前,聪明的人不会发动战争,"他在自己的回忆录中,为他拒绝发动战事这样辩护道,"这些野蛮人经验丰富,人数众多,同仇敌忾……相比之下,我们的资源微不足道。我们的军队曾经能力出众、威名远扬,现在却败落不堪、人员不足。我们的公共财政收入少得可怜。"[6]

但是当他向奥尔汗发出请求时,奥斯曼领导者搪塞了他。年轻的约翰五世利用了这种局势。11月,他逃离了被监禁的岛屿,回到君士坦丁堡。市民们都很欢迎他,在街上呼喊着他的名字,要求他重新执政掌权。

约翰六世无奈之下只好屈服。12月10日,他以拜占庭帝国共治皇帝的身份退位,将所有权力转交给这个年轻人。他的退位看起来像一种解脱。他已经管理这个帝国十几年了,霉运一直不离他左右。他去了君士坦丁堡的圣乔治修道院,在此度过了他的余生,最终于91岁时去世。[7]

君士坦丁堡现在的状态比约翰六世统治时还要糟糕。1355年约翰五世年仅23岁,缺乏作战经验,却不得不面对东边的土耳其人和西边塞尔维亚的斯特凡·杜尚。这两方都想占领这座城市,抢夺皇位。斯特凡·杜尚为此行动做准备时,在1355年12月严重中风,不治身亡。他终年47岁,尚未指定继承人。他的帝国在继承者之间的争斗中迅速分裂。[8]

此后,奥尔汗和奥斯曼帝国成为约翰五世最棘手的问题。在接下来的17年当政时期里,这个问题将一直困扰着他。

与约翰六世不同,他愿意攻打土耳其人。但是他很快就认识到,他那已被罢黜的共治者的做法是正确的。仅凭拜占庭军队不足以驱逐土耳其人。

既然无法从历史中学到些什么,于是,他向教皇请求帮助。在寄到阿维尼翁的信中,他提出一个建议。这个建议是阿历克塞·科穆宁绝对没有想到过的。为了获得天主教的士兵与船只,约翰五世转变信仰,成为天主信徒,并且把整个帝国带进天主教阵营。

教皇克雷芒六世在瘟疫中幸免,患病良久后于1352年逝世。他在阿维尼翁的继承者是法兰西人英诺森六世(Innocent VI)。英诺森是一位训练有素的律师。他客气地派去一名教廷使节,指导这个帝国的信仰问题,但是他故意忽略了约翰五世对援兵的要求。约翰五世不知疲倦地与幕僚商议这份提议。英诺森六世是现实主义者。他知道东正教教会愿意自行解散的可能性微乎其微。[9]

向教皇发出请求之后，约翰五世尝试向他人求助，如塞尔维亚人（忙于内战）、热那亚人和威尼斯人（无法提供足够的人手），以及匈牙利国王（忙于与保加利亚的战争）。与此同时，奥斯曼对色雷斯的占领悄然地进行着。在一次骑马事故中，机会主义者苏莱曼·帕夏意外丧生（他的马被处决，跟他一起埋葬在色雷斯海岸的墓地）。奥尔汗派二儿子穆拉德（Murad）穿过赫勒斯滂海峡，继承苏莱曼·帕夏的职位，统治加利波利，领导土耳其人继续入侵。"土耳其历史学家都认为穆拉德王子……是奥斯曼家族最有权势的人，"16世纪希腊编年史家西奥多·斯潘多尼斯（Theodore Spandounes）记载道，"因为找不到能在战争中战胜他的人。他总是第一个发起攻击。"[10]

在穆拉德的控制下，这种占领逐渐变成了一种向外的侵略。他包围并占领了季季莫蒂霍（Didymoteicho），那是拜占庭第二大城市，然后占领了哈德良堡。哈德良堡被重命名为埃迪尔内（Edirne），成为奥斯曼帝国在色雷斯的首府。

1361年年底或1362年年初（土耳其史书上没有确切记载），他的父亲奥尔汗离世，穆拉德成为奥斯曼帝国苏丹。在去世那年，奥尔汗首次授予自己苏丹的头衔。现在穆拉德一世也采用了这一头衔。[11]

同时，对色雷斯的征服仍在继续。

阿维尼翁教皇的地位突然摇摇欲坠。

律师出身的英诺森六世于1362年9月去世。由枢机主教们组成的教皇选举会议决定，由本笃会修士纪尧姆·德·格里莫阿德

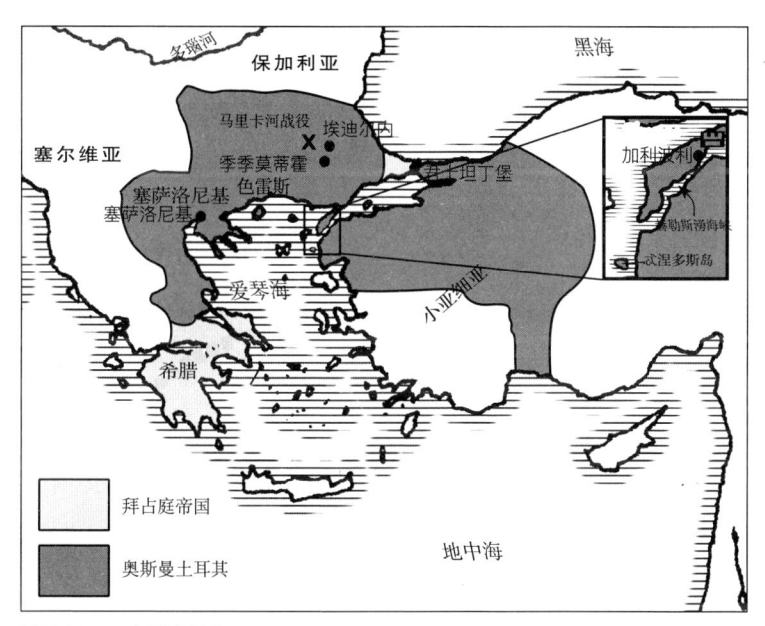

地图 25-1　奥斯曼帝国

（Guillaume de Grimoad）担任教皇。那时，格里莫阿德正在意大利执行教廷的传教工作。据说他在听到英诺森六世的死讯后大声喊叫起来："如果选出的教皇能够将圣彼得的宝座归还给意大利，我就死而无憾了。"他当选的消息不久就传了过来。[12]

在回法国的途中，他取名为乌尔班五世（Urban V）。他是天生的禁欲主义者，训练有素，严厉虔诚，无法容忍英诺森六世奢侈的生活。他相信，罗马教皇不能同时侍奉上帝与法兰西国王。自从当选教皇之后，他就一直计划重返罗马。

大多数更偏向于法国的枢机主教对此持反对意见。但是罗马元老院送来了鼓励的信件，60多岁的诗人彼特拉克也送来了一封辞藻华丽的长信。"当你睡在罗讷河沿岸镶金的屋檐下,"他的信以此开篇,"拉特兰是一片废墟,圣母的教堂在风雨中战栗。使徒的教堂就像是无形的乱石堆砌起来一样。"[13]

1367年4月,乌尔班五世开始了一场从马赛市[*]启程的航行,将教皇职位(和那些不愿意离开的枢机主教,他们全程都在抱怨意大利风俗、意大利人的行为举止,以及意大利食物)带回它的诞生地。教皇的宫殿实际上已成一片废墟,但他在维泰博附近找了一个临时的住处。

两年后,君士坦丁堡的约翰五世到达此处。走投无路之际,他决定再向教会发出一次请求。他已经认识到,希腊教会不会轻而易举地向教皇屈服,但是作为获得支持的最后一次尝试,他决定改变自己的宗教信仰,希望君士坦丁堡的东正教徒们能够跟随他。

乌尔班五世同意接受这位皇帝回归天主教信仰。1369年10月21日,在精心筹划的典礼上,约翰五世亲吻了教皇的脚、手和嘴,人们欢迎他加入天主教。[14]

作为回报,乌尔班五世提供给他300名士兵,这根本不够对奥斯曼帝国发起一次攻击。但是教皇也发布了一条官方的教皇敕书,命令所有西部基督教君主竭尽全力援助这位皇帝,因为他现在已是信仰上的同胞兄弟。有了这种保证以后,约翰五世试图赢得热那亚和威尼斯的支持。他已经身无分文,在没有帮助的情况下,连家也回不了。但是到达威尼斯后,他发现威尼斯总督仍然在计算为他的母亲安娜提供的3万达克特贷款的利息。她在与约翰·坎塔库泽努斯进行内战时借下了这笔欠款。总督拒绝免除这些债务,约翰五世

---

[*] 见地图22-1。

没有钱继续前行。因此拜占庭皇帝在威尼斯陷入困境，负债累累，无法返回君士坦丁堡。

最终他的二儿子曼努埃尔没收了其管辖的塞萨洛尼基市的教堂和修道院里的珍宝，筹措到了资金，前往威尼斯保释他的父亲。1371年10月，约翰五世回到他的首都。他饱受羞辱，皈依了天主教，还一文不名。回来后，他了解到，穆拉德带领奥斯曼军队在塞尔维亚作战时大获全胜，杀死了两位在斯特凡·杜尚死后继承塞尔维亚国土的王子，同时攻入塞尔维亚内地。土耳其的威胁从两侧夹击拜占庭，把欧洲其他地方跟拜占庭剩余国土分隔开来。约翰五世只得从水路返回自己的国家。[15]

皇帝放弃了。

当时的文献没有记录这一条约的具体条款，但是到1373年，约翰五世立下誓言，成为穆拉德的封臣，职责是协助穆拉德在安纳托利亚对抗与土耳其人有竞争的其他突厥部落。他背弃了自己的信仰，在威尼斯饱受羞辱，却一无所得。他把自己从信奉东正教的拜占庭皇帝变成了信奉天主教的土耳其封臣。最终，除了君士坦丁堡以外，他失去了所有。[16]

时间线 25

中国	大越	占婆	高棉	暹罗	奥斯曼土耳其人	塞尔维亚	拜占庭	教皇
					奥尔汗 (1323—1362)			
			阇耶跋摩九世 (约1327—约1336)				安德洛尼 卡三世 (1328—1341)	
					奥尔汗占 领尼西亚 (1331)	斯特凡·杜尚 (1331—1355)		
元顺帝妥 懽帖睦尔 (1333—1368)								
								本笃十二世 (1334—1342)
					尼科美底亚向 奥尔汗投降 (1337)			
							约翰五世 (1341—1391)	
								克雷芒六世 (1342—1352)
							约翰六世 (1347—1354)	
韩山童起义 (1351)				大城的 乌通 (1351—1369)				
								英诺森六世 (1352—1362)
							爱琴海地震 (1354)	
							约翰六世逊位 (1354)	
						塞尔维亚陷入 内战(1355)		
朱元璋自称吴 国公(1356) 脱脱去世 (1356)								
					苏莱曼·帕夏 去世(1357)			

时间线 25（续表）								
中国	大越	占婆	高棉	暹罗	奥斯曼土耳其人	塞尔维亚	拜占庭	教皇
陈友谅称帝（1360）		制蓬峨（1360—1390）						
					穆拉德一世（1362—1389）			乌尔班五世（1362—1370）
鄱阳湖战役（1363）								
					占领哈德良堡（1365）			
								教廷回到罗马（1367）
明朝（1368—1644）明太祖（1368—1398）								
				拉梅萱（1369—1370）			约翰五世转信天主教（1369）	
				波隆摩罗阇（1370—1388）				
	陈睿宗（1373—1377）						约翰五世归顺穆拉德（1373）	
胡惟庸案（1380）设立锦衣卫（1382）								
	陈顺宗（1388—1398）			拉梅萱（第二次执政）（1388—1395）				
	梁江战役（1389）陈安（1398—1400）胡季犛（1400—1407）							

/ 26

德里的解体

> 1352年至1388年间,德里苏丹实施仁政,孟加拉国王推崇神秘主义,而南方的统治者们一直在发动战争。

在德里,菲鲁兹·沙阿·图格鲁克已勉强做了不到一年的苏丹。在他伯父的残暴而又疏忽的统治之下,伊斯兰君主的地位已经大大下降。执政早期,相比德里边界外的敌人,他更关注国内事务。他的传记作者沙姆斯-依·西拉杰记载道,在他统治初期,"为了重建饥荒年代被废弃的土地、村庄和驻地,他向德里人民发放了大量政府贷款",随后又免除了他们偿还贷款的义务。[1]

这条国内政策非常好,菲鲁兹·沙阿也因此得到臣民的忠诚和信任。西拉杰记载道,在他整个统治时期,"国内没有任何动荡。每个人都拥有大量黄金和白银……整个国家繁荣富强,人民安居乐业。整个德里苏丹国都在真主的眷顾之中……这些都是他统治时期的光辉事迹"。[2]

菲鲁兹·沙阿统治期间,国家繁荣昌盛,在他叔叔手中没落的国家重新开始扩张。

在德里的东方，孟加拉王国在沙姆斯丁的管理下，正逐步摆脱先前统治者的控制。沙姆斯丁打败了周围的印度军阀，扩大了自己的国土。如此一来，他的王国踏上了新的征程。

最晚从 11 世纪起，伊斯兰教中一种被称为苏菲主义（Sufism）的教义通过穆斯林的活动传遍了世界。苏菲派的开拓者重视来世而非今世，因此他们寻求内心的净化，努力让自己更加虔诚。他们通过斋戒、冥想、祷告、捐献等方式来提升自己。他们表达自己发自内心的对真主的感恩，不断认识到真主与信徒之间那种神圣的联系，从心底确信只有一位唯一的真神。[3]

在这些方面，他们和全世界其他神秘主义者一样，比如欧洲的沉思修士以及中国的白莲教信徒。但是苏菲派信徒也十分坚信，那些达到内心纯洁的人——圣贤们，即苏菲圣徒（awliyâ）——将会是他们真正的统治者。"通过慈爱，真主把特别杰出的人变成圣贤，"11 世纪的苏菲派学者阿里·侯吉维里（Ali Hujwiri）写道，"真主拣选他们出来，管理他的国度。"

> 真主把他们从自然堕落中净化出来，从俗世情欲中解放出来。这样，他们将一心专注于真主，仅仅与真主保持亲密的关系……真主让这些圣徒管理整个宇宙。他们完全献身于真主的工作……因着他们的出现，真主使雨从天而降。因着他们净化的生活，真主使地面长出各种菜蔬。因着他们的信念，真主使他们战胜不信者。[4]

阿里·侯吉维里出生于伽色尼。他曾经游历整个古波斯地区，那里是伊斯兰教苏菲派的昌盛之地。但是后来，他在印度北部城市拉合尔定居，并在那里向伊斯兰教穷人以及印度教下层人士传教。他告诉他们，圣徒的权威高过国王，他们可以通过精神修炼，从生活的泥潭中提升到这一耀眼的层次。这对于他们来说是弥足珍贵的应许。

苏丹沙姆斯丁并非毫无权威，但他拥护伊斯兰教苏菲派，以借此挣脱德里的统治。他成为苏菲派谢赫（Shaikh）阿拉·哈克（'Ala al-Haq）的赞助者和跟随者。哈克是孟加拉人，他通过苏菲派的等级制度成为圣徒。"他是宗教光辉的指导者，"沙姆斯丁曾在一个现存的清真寺碑文上这样写道，"愿他的虔诚永存。"伊斯兰教苏菲主义为沙姆斯丁提供了一个有用的方法，使他的统治与先前国王的统治不同。在王室的赞助支持下，苏菲神秘主义传遍了整个孟加拉帝国。[5]

菲鲁兹·沙阿未能收回孟加拉，既未使其回归宗教正统，也未将其重新置于德里的控制之下。1357年，沙姆斯丁离世，菲鲁兹·沙阿进军孟加拉，攻打沙姆斯丁的儿子，即他的继承者西坎达尔（Sikandar）。但是他并没有实力打败孟加拉苏丹，最后只好接受西坎达尔象征性的贡品，然后被迫撤退。[6]

德里的南方，毗奢耶那伽罗王国和巴赫马尼苏丹国分立之后，它们更加担心彼此，而不是曾经统治过它们的苏丹。

1356年去世之前，毗奢耶那伽罗王国首位统治者哈里哈拉一世征服了从高韦里河（Kaveri）到克里希纳河的所有地区。后来他的弟弟布卡一世继位，成为苏丹。

与此同时，阿拉乌丁·巴赫曼也处在战争中。他把首都迁移到一个更安全的城市古尔伯加（Gulbarga，位于卡纳塔克邦）。该城四面环山，水资源丰富。他在那里为自己建造了一座巨大的城堡，城堡至今还屹立在那里。到 1358 年去世的时候，他已经把巴赫马尼苏丹国扩展到东至邦吉尔（Bhongir），西至道拉塔巴德，北达韦恩根格河（Wainganga），南达克里希纳河。

克里希纳河是毗奢耶那伽罗王国北方的国界线。为了克里希纳河和栋格珀德拉河之间肥沃的土地，阿拉乌丁·巴赫曼的儿子，即他的继承者，穆罕默德·沙阿一世（Muhammad Shah I）向他的邻国发起战争。这场战争是一个多世纪的时间里两国间爆发的十场恶战中的第一场。[7]

穆罕默德·沙阿一世本人就是一个英勇善战的战士。他是最先在德干高原战争中使用火药的人。他使用的火药炮弹并不精准，飞

图 26-1 古尔伯加城堡
图片来源：© 苏希尔·库马尔

行方向也无法预料,它们制造的噪声和混乱远超过其实际的防御功能。它们来自中国,印度人称之为"火箭"(hawai)。最初火药被用来开山辟地。有史以来第一次,那些建在有争议地区的要塞都预留了炮孔,以便发射炮弹。[8]

在穆罕默德·沙阿一世眼中,他向印度教王国发起的战争是一场宗教战争。据同时代的史书记载,15年间,穆罕默德·沙阿一世与毗奢耶那伽罗王朝之间的战争导致50万人丧生。(最后,两个国家的国王达成一致,释放被掳的平民和战俘。)他们签订了和约,但是很快条约就被撕毁。割让的土地又被重新收回。如同西方的法兰西和英格兰一样,战争的欲望让两个国家不得安宁。[9]

由于在北方面对的是强硬的对手,布卡一世的儿子,即他的继承者哈里哈拉二世(Harihara II)决定从南方下手。他派出少量士兵穿过保克海峡,然后在僧伽罗海岸登陆。

13世纪时,潘地亚政权开始衰落。从那时起,僧伽罗北部便在贾夫纳(Jaffna)王国的统治下实现了独立。贾夫纳的第一任国王可能曾是潘地亚帝国的将军。他的祖国被德里统治时,他仍然留在这个岛上。贾夫纳王国也曾一度十分繁荣富强。14世纪30年代,伊本·白图泰曾来到贾夫纳,并游览了当地的珍珠渔港和红宝石矿山。

小岛南部一直没有被潘地亚控制。但几十年过后,权力的中心逐渐从檀巴德尼耶向南移动到首都加姆波勒(Gampola),然后又移动到要塞科特城(Kotte)。从南方海岸线开始,僧伽罗商人在南方港口开辟了新航线,一直延伸到开罗。[10]

这个岛屿十分富裕,同时不易被攻取。毗奢耶那伽罗王朝的军队曾尝试入侵该地,但忠于北方的军队使得哈里哈拉二世无法向前推进。贾夫纳和科特的国王用一笔巨额的贡金买通了他。所以征服

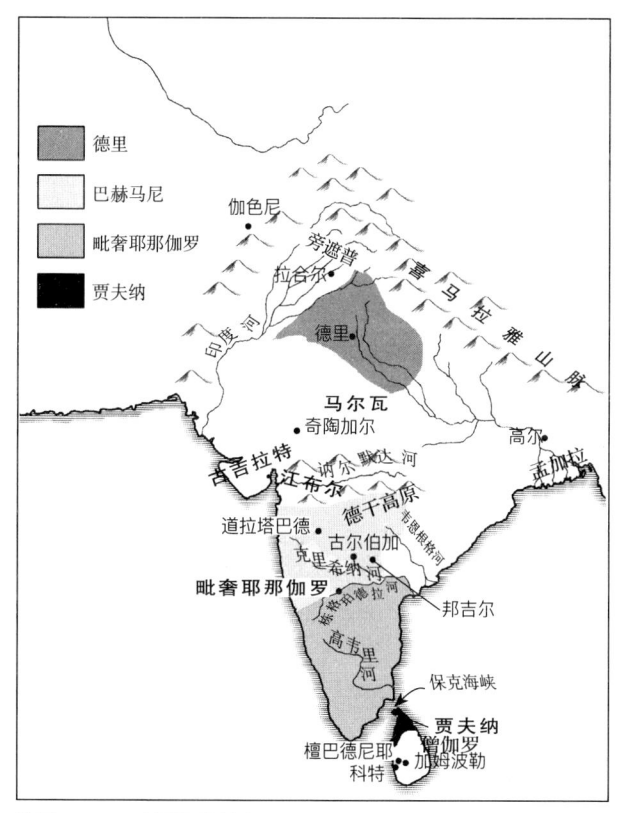

地图 26-1　巴赫马尼的扩张

该岛的计划被搁置了。

菲鲁兹·沙阿死于 1388 年。

德里成为他攻打邻近王国的坚强后盾之后，他马上就开始进攻邻国，开展传统的远征。几乎所有的远征都失败了，但他在国内的成功还在继续。"苏丹致力于管理，"沙姆斯-依·西拉杰记载道，

"所以国家一年比一年强大繁荣。"

菲鲁兹·沙阿自己认为,公正和怜悯是他统治时期最大的特点。"先前的统治者",他写道:

> ……都使用各种各样的酷刑。砍去四肢、挖鼻切耳、挖眼珠、倒铅液进喉咙、用棍打断手脚骨头、火烧身体、向手脚和胸膛钉钉子、削肉、分尸等等……这一切酷刑让每个人心中都充满了恐惧,使得政府法规得到充分实行。但是真主向我展现了他的仁慈,因此这些酷刑已经被亲切、良善和仁慈取代了。如此一来,人们反倒越发敬畏、尊重政府了。[11]

他是对的。尽管他并不好战,但德里的领土仍然基本完整。他只丢失了王国的一个部分——肯地斯(Khandesh),这里在他死前6年发生了暴动。但是除了肯地斯,其他地方都很满意他的治理。菲鲁兹·沙阿算不上一名将军,但他以行动证明自己是一名出色的管理家、充满激情的清真寺建造者和花园设计者、有能力的帝国金融管理家。在其统治期间,粮食一直都是低价销售,军人和官员都有很好的俸禄,税收也十分合理。[12]

他死于1388年,享年79岁。他死后,苏丹国立刻就四分五裂。江布尔(Jaunpur)、马尔瓦和古吉拉特的统治者加入了孟加拉和肯地斯这些独立的势力一边,同时在德里,几位继承者争夺被削弱的王位。亲切和良善未能恢复这个帝国的荣光,不过减缓了衰落的速度;现在,衰败重新加速。"在菲鲁兹·沙阿执政的30多年里,人们安居乐业,幸福安康,"沙姆斯-依·西拉杰总结道,"但是他死后,德里的领土落入他人手中。命中注定,这里的人们将四散零落。"[13]

26 德里的解体

时间线 26

大越	占婆	高棉	暹罗人	奥斯曼土耳其	塞尔维亚	拜占庭	教皇	印度南部和中部	德里	印度北部和东部
				奥尔汗（1323—1362）					穆罕默德·图格鲁克（1325—1351）	
			阁耶跋摩九世（约1327—约1336）							
				奥尔汗占领尼西亚（1331）						
					斯特凡·杜尚（1331—1355）					
						安德洛尼卡三世（1328—1341）				
							本笃十二世（1334—1342）			
								马都拉苏丹国建立（1335）		
								毗奢耶那伽罗王国建立（1336）		
								哈里哈拉一世（1336—1356）		
				尼科美底亚向奥尔汗投降（1337）						
						约翰五世（1341—1391）				
							克雷芒六世（1342—1352）			孟加拉的伊利亚斯·夏希王朝建立（1342）
										沙姆斯丁（1342—1357）
						约翰六世（1347—1354）		德干苏丹国建立（1347）		
								阿拉乌丁·巴赫曼（1347—1358）		
									菲鲁兹·沙阿（1351—1388）	
			大城的乌通（1351—1369）							
							英诺森六世（1352—1362）			
						爱琴海地震（1354）				

时间线 26（续表）

大越	占婆	高棉	暹罗人	奥斯曼土耳其	塞尔维亚	拜占庭	教皇	印度南部和中部	德里	印度北部和东部
						约翰六世逊位（1354）				
					塞尔维亚陷入内战（1355）					
								布卡一世（1356—1377）		
					苏莱曼·帕夏去世（1357）					
								穆罕默德·沙阿一世（1358—1375）		西坎达尔（1358—1390）
制蓬峨（1360—1390）										
				穆拉德一世（1362—1389）			乌尔班五世（1362—1370）			
				占领哈德良堡（1365）						
							教廷回到罗马（1367）			
						约翰五世转信天主教（1369）				
			拉梅萱（1369—1370）							
			波隆摩罗阁（1370—1388）							
陈睿宗（1373—1377）						约翰五世归顺穆拉德（1373）				
								哈里哈拉二世（1377—1404）		
								肯地斯暴动（1382）		
陈顺宗（1388—1398）			拉梅萱（第二次执政）（1388—1395）							
梁江战役（1389）										
陈安（1398—1400）										
胡季犛（1400—1407）										

/ 27

克雷沃联合

> 1364年至1399年，匈牙利与波兰短暂联合，组建君合国，随后波兰与立陶宛联合成另一个君合国。

1364年，波兰卡齐米日大王（Casimir the Great，即卡齐米日三世）召集了一次贵族会议，诸国王公纷至沓来。

法国新加冕的国王查理五世出席。神圣罗马帝国皇帝查理四世也亲自到场。1346年，查理四世被德意志选候们选中替代不受欢迎的路易四世。1355年，他加冕为皇帝。不久前，1363年，他刚刚迎娶了波兰国王的外孙女埃尔日别塔（Elizabeth）。同时参与会议的还有匈牙利国王以及来自德意志各诸侯国、波兰诸公国和地中海地区各岛国的贵族。

然而，克拉科夫会议未能达成初衷。卡齐米日大王原本希望通过会议激起王公贵族们的热情，推动新十字军东征，抵御来自东部的奥斯曼土耳其的威胁。可是号召新十字军东征有点像办个慈善晚宴进行募捐。人们对这一需求只是口头应付，然而真到了需要帮忙的时候却默不作声。与会的统治者们对骑马比武更感兴趣。法国诗人纪尧姆·德·马肖参加了这次会议,他记载道,"波兰国王在自己国土上举办克拉科夫会议,并承诺将神圣的十字军运动进行到底":

> 在出席的所有王公中,
> 有人公开声明,有人暗暗发誓
> 他们将欣然提供帮助,
> 尽自己所能。
> 但是传令官宣告了名单
> 他们都想留下
> 骑马比武,举办一场锦标赛。
> 总之,他们一起骑马比武。[1]

这场锦标赛跟他们将要面临的战争差不多。赛后他们都回了家,这件事到此结束。

但是克拉科夫会议实现了一个更基本的目的,即向世界展示,波兰已经跻身一流国家的行列。

波兰大地上的联合进程一点都不容易。第一任波兰国王,11世纪的鲍莱斯瓦夫一世,仅仅控制了一部分波兰的公国。他的继任者们也是如此。卡齐米日大王之父矮子弗瓦迪斯瓦夫一世(Wladyslaw I the Elbow-high)统治短暂,但野心勃勃。他成功聚拢了所有的公爵,但是波兰北部和东部仍旧不在他的统治范围之内。

1333年加冕礼之后,卡齐米日大王就致力于完成统一。条顿骑士团位于他的领土和波罗的海之间,占领了普鲁士所有的疆土。他和骑士团签订了一个条约，以解决北方边境的持续争端。他贿赂匈牙利国王，从而获得马佐夫舍公国的统治权。他打败了其他公爵，让他们投降屈从，并在波兰修建了50多座新城堡，用来维系新扩张的国家。他创办学校，说服教皇批准克拉科夫新大学的章程。他出资修订和再版法律，这些法律是针对所有波兰人的。他投身于首都的翻修。一则古老的波兰谚语描述道："他即位时波兰是用木材建的，驾崩时波兰是用砖建的。"[2]

克拉科夫会议向世界展示了一个全新的波兰：这是世界第三大国，国家富裕昌盛，人民受到良好教育，局势稳定。然而，卡齐米日大王留下了一个未解决的难题。他没有男性继承人。他结过三次婚，有两个情妇，还和一个布拉格的已婚女人重婚，但他的婚生孩子全都是女孩。

1370年10月底，这位60岁的国王外出打猎时，从马背上重重摔下。医生建议他静养，但他拒绝卧床休息。不久，他高烧不止，呼吸急促，可能是患了肺炎。11月5日太阳升起的时候，卡齐米日大王辞世。[3]

他的葬礼规模宏大，组织周密，骑士和朝臣组成一英里长的游行队伍，还向民众分发了银币。葬礼弥撒结束时，他的王旗被撕成碎片。参加葬礼的匈牙利国王记载道："这时，大教堂里的会众一起失声痛哭。不分老少和阶级高低，人们都放声痛哭，久久难以平静。毫无疑问！这位热爱和平的国王逝世后，他们害怕自己已经习惯的和平生存和成长的环境将会随之结束。"[4]

匈牙利国王、安茹家族的路易一世（Louis I）出席了葬礼。他的目的是继承波兰王位。他是死去的国王最亲近的男性亲属（他母亲是卡齐米日大王的姐姐），并且卡齐米日大王曾许诺将王位传给

地图 27-1　卡齐米日大王统治下的波兰

他。不久路易一世成功地与波兰公爵们达成妥协。他们将认可他为波兰国王，作为回报，他不能干涉他们的事务。他在 1374 年颁布了"科希策特权法令"（Privilege of Košice），进一步巩固与公爵们的关系，将他们对王权应尽的义务减少到三条（上交一小部分地税、只为波兰服兵役、维护城堡和防御工事）。他还把数百英亩的王室土地重新分配给公爵们。之后他就很少去波兰了。12 年里，匈牙利和波兰联合王国只是名义上的同一个王国。[5]

不幸的是，跟他舅舅一样，路易一世也没有生下儿子。1382年去世之前，他安排自己在世的最年长的女儿，11岁的玛丽亚（Maria），接替他担任匈牙利和波兰联合王国的女王。他还安排她嫁给神圣罗马帝国皇帝查理四世十几岁的儿子，西吉斯蒙德（Sigismund）。

但他下葬后，这两个国家的贵族都反对玛丽亚的统治。波兰一派有威望的公爵们要求推选玛丽亚的妹妹海德薇格（Hedwig）来继承王位。这样就会打破两国的联合，保持波兰的独立。匈牙利贵族也反对女性执政。他们邀请了那不勒斯（位于意大利南部，13世纪脱离西西里王国独立）的国王来掌权。[6]

匈牙利的反对比波兰更加血腥。1386年，那不勒斯国王查理三世（Charles III）到达匈牙利。一个月后，玛丽亚之母埃尔日别塔派人暗杀了他。埃尔日别塔希望自己出任摄政，帮助年幼的女儿统治国家。为了报复，死去的国王的支持者绑架了玛丽亚和她的母亲，把她们带到克罗地亚。在一个山中城堡里，埃尔日别塔被勒死在她女儿的眼前。[7]

西吉斯蒙德（在他父亲的帮助下）召集了一批德意志士兵和威尼斯水手，几个月后到达匈牙利。通过武力和让步相结合，他成功让玛丽亚的对手释放了玛丽亚，也为他自己赢得了匈牙利王权。他向这支反对女王掌权的势力承诺，玛丽亚不会拥有高于王后的权力，他们这才最终接受了他的统治。

玛丽亚怀疑她的新婚丈夫跟她母亲的死有关，拒绝和他一起生活。对这桩婚姻，他并不比她更感兴趣。1395年玛丽亚在一次骑马事故中意外身亡，此前他们一直分居。当时她才24岁，还身怀他们的第一个孩子。她的死亡帮助西吉斯蒙德控制了王权。此后他作为匈牙利的国王独立当政。

而在波兰，1384年10月16日，不到11岁的小海德薇格被加冕为国王。波兰人没有用来指称一个执政的女王的称呼，因为一直以来，波兰只有王后，没有女王。而就算用"国王"这个称号，也无法解决波兰的首要问题：这个国家最近拓展了领土，势力壮大了，然而现在这一切都由一个小女孩来掌控。

波兰公爵们求助于最有可能同他们结盟的人：立陶宛大公。

波兰诸公国曾经邀请条顿骑士团一起征服立陶宛。条顿骑士团征服了普鲁士讲立陶宛语的地区，这产生的一个意外结果是将立陶宛人与东部地区联合到了一起，从而形成了一个越来越强有力的屏障，由定都维尔纽斯的立陶宛大公控制和指挥。

条顿人的侵略行为也使卡齐米日大王的父亲相信，与立陶宛结盟将提供有力的保障，抵抗德意志-普鲁士国家和金帐汗国可能的扩张。1325年，他安排卡齐米日大王迎娶立陶宛大公的女儿，使这两个国家结盟。

卡齐米日大王的妻子阿尔东娜（Aldona）出嫁时皈依了基督教。但是立陶宛人毋庸置疑仍然是异教徒，一直信奉传统的"自然崇拜"。普鲁士以武力胁迫他们皈依基督教，这没能让他们相信基督教可以改善他们的状况。然而现在，波兰公爵们向立陶宛大公提出一个建议。如果大公皈依正统的基督教并且迎娶海德薇格，他将成为波兰和立陶宛的联合君主。这将是一个强大的国家，条顿人和蒙古人都难以击败它。

立陶宛大公雅盖沃（Jogaila）时年20多岁，且早已显现出卓越的政治才能，这种才能将在其余生的统治中大放异彩。他脾气温和,穿着朴素,饮食节约,从不饮酒,以骑猎为乐。"他生活俭朴,更适合狩猎而不是治理国家。"15世纪的史家扬·德鲁考兹(Jan Dlugosz)这样轻蔑地评论他。德鲁考兹不是立陶宛和波兰联盟的支持者,但就连他也不得不对雅盖沃的性格给予一定的赞誉:"诚挚、正直、绝不奸诈。"[8]

雅盖沃的母亲出身罗斯贵族,是一位正统的基督徒。因此他对基督教并不陌生。他同意了波兰人开出的条件。1385年8月14日,海德薇格的摄政在克雷沃(Krewo)会见了雅盖沃,双方签订了一份正式协议:克雷沃联合(Union of Krewo),规定由立陶宛大公统治波兰和立陶宛联合组成的君合国。

海德薇格仍然是女王,但是所有权力都转到了雅盖沃手中。所有的记载都表明,他对她很好。1399年,海德薇格第一次怀孕,她生下一个女儿。不久,这个小女孩夭折了。一周内,海德薇格也死于产褥热。卡齐米日大王的两个甥孙女也都已经离世,皮亚斯特王朝就此走向终结。波兰和立陶宛合二为一:拥有一个君主,一个君位,两支军队,两套行政机构和一种宗教信仰,因为大部分立陶宛人跟随他们的大公信仰了天主教。[9]

时间线 27

奥斯曼土耳其	塞尔维亚	拜占庭	教皇	印度南部和中部	德里	印度北部和东部	波兰	匈牙利	立陶宛
							矮子瓦迪斯瓦夫一世(1320—1333)		
奥尔汗(1323—1362)					穆罕默德·图格鲁克(1325—1351)		卡齐米日三世与立陶宛的阿尔东娜结婚(1325)		
		安德洛尼卡三世(1328—1341)							
	斯特凡·杜尚(1331—1355)						卡齐米日三世(1333—1370)		
			本笃十二世(1334—1342)						
				马都拉苏丹国建立(1335)					
				毗奢耶那伽罗王国建立(1336)					
				哈里哈拉一世(1336—1356)					
尼科美底亚向奥尔汗投降(1337)									
		约翰五世(1341—1391)							
			克雷芒六世(1342—1352)			孟加拉的伊利亚斯·夏希王朝建立(1342)		安茹的路易一世(1342—1382)	
						沙姆斯丁(1342—1357)			
		约翰六世(1347—1354)		德干苏丹国建立(1347)					
				阿拉乌丁·巴赫曼(1347—1358)					
						菲鲁兹·沙阿(1351—1388)			
			英诺森六世(1352—1362)						
		爱琴海地震(1354)							
		约翰六世逊位(1354)							

时间线 27（续表）

奥斯曼土耳其	塞尔维亚	拜占庭	教皇	印度南部和中部	德里	印度北部和东部	波兰	匈牙利	立陶宛
	塞尔维亚陷入内战（1355）			布卡一世（1356—1377）					
苏莱曼·帕夏去世（1357）				穆罕默德·沙阿一世（1358—1375）		西坎达尔（1358—1390）			
穆拉德一世（1362—1389）									
		乌尔班五世（1362—1370）					克拉科夫会议（1364）		
占领阿德里安堡（1365）									
		教廷回到罗马（1367）							
		约翰五世转信天主教（1369）					安茹的路易作为波兰国王卢德维克一世（1370—1382）		
		约翰五世归顺穆拉德（1373）					科希策特权法令（1374）		
				哈里哈拉二世（1377—1404）					雅盖沃大公（1377—1434）
				肯地斯暴动（1382）			玛丽亚（1382—1385）		
							海德薇格（1384—1399）		
							克雷沃联合（1385）		
								那不勒斯国王查理三世作为匈牙利国王查理二世（1385—1386）	
								西吉斯蒙德（1387—1437）	
							立陶宛大公雅盖沃作为波兰国王弗瓦迪斯瓦夫二世（1399—1434）		

/ 28

蒙古帝国的复兴

> 1367年至1399年，跛子帖木儿击败金帐汗国，入侵西方，洗劫德里。

1367年，巴尔赫（Balkh）的一位蒙古士兵计划恢复蒙古征服时期的辉煌。成吉思汗的年代早已远去，当时蒙古凭借武力控制了已知的世界。

他时年31岁，同胞们一般称他"帖木儿"（Timur-Leng），意思是"跛子铁人"（the Iron Cripple，后来拉丁化为Timurlane）。他曾经在四肢严重受伤的情况下坚持战斗到底，那次战争中受的伤造成了永久性的跛脚，他由此获得这个绰号。他在阿姆河东边的察合台汗国长大成人，为他的大舅子迷里忽辛（Amir Husayn）效力了十年。忽辛埃米尔是巴尔赫的蒙古统治者。[1]

在理论上，迷里忽辛效忠察合台汗国的蒙古可汗，这位可汗是成吉思汗的后裔。但是察合台汗国的政权从未稳定，而蒙古帝国的其他三部分（金帐汗国、伊利汗国、元朝）至少有过短时间的繁荣。察合台汗国历代可汗统治了汗国东部地区，这里也称蒙兀儿斯坦，意为"蒙古人之地"（Mughulistan）。他们从未控制汗国西部地区，即河中地区（阿姆河东部）。在那里，埃米尔们（amirs，当地蒙古首领）拥有控制权。如果没有他们，察合台汗国的历代可汗就无法保有他们的汗位，而迷里忽辛是诸多埃米尔中一名非常杰出的拥立国王者。他曾亲自组织了当时察合台汗国可汗合不勒沙（Khabul Shah）的加冕礼。[2]

帖木儿的一位传记作家写道，至少从 21 岁开始，帖木儿"便已非常想要反叛可汗，自己掌握权力"。但是帖木儿并不是王室宗族的后裔（尽管后代传记作者们如此声称），并且他追求的并非可汗这一头衔。他想要获得权力，而不是名号。他想要统治，而不仅仅是获得可汗头衔。他想获得迷里忽辛的权力，不是傀儡可汗的虚名。[3]

像伟大的成吉思汗一样，他是一个无比凶悍的勇士，同时拥有超凡魅力。16 世纪的军人兼史学家米尔扎·穆罕默德·海德尔（Mirza Muhammad Haidar）引用了一首献给帖木儿的诗句，该诗由那些在战争中曾经见到过他的人撰写："他手执利刃 / 瞬间火光四射 / 夺烈日之光 / 他如咆哮雄狮，奋勇向前。"[4]

他疯狂作战，在迷里忽辛的军队中为自己赢得了一批忠诚的跟随者。而随着他赏给士兵的战利品增加，士兵的忠诚度也在增加。他赏给士兵衣服、珠宝、马匹、武器和腰带。同时代宫廷史学家谢拉夫丁·阿里·亚兹迪（Sharaf ad din Ali Yazdi）记载道，他还向英勇作战的士兵们赠送"金樽美酒，由世间最美丽的女人敬献"。相比之下，迷里忽辛天生吝啬，从未如此慷慨。[5]

"随着埃米尔帖木儿权力的增强，迷里忽辛的光辉开始变得黯淡。"海德尔写道。当他感觉到自己足够强大时，帖木儿开始攻击迷里忽辛。他对前上司展开了围攻，在巴尔赫设下圈套对他进行诱捕。1370年4月10日，城防被破，帖木儿的军队涌入城中。帖木儿俘虏了他的大舅子，派与迷里忽辛有宿怨的官员去处死他。[6]

从那时开始，帖木儿成为河中地区的埃米尔，统治了迷里忽辛的领土，并将撒马尔罕定为都城。他假借察合台汗国的名义进行统治，但是将所有征服的地区归为己有。长达17年的扩张使他的疆土持续向西延伸：花剌子模、伊斯法罕（Isfahan）、大不里士（Tabriz）和里海以南地区。[7]

帖木儿是一个返祖者，即蒙古游牧人和亚述国王的返祖式结合。他对外交没有任何兴趣，并因手下太过克制而训斥他们。他的宫廷史学家记录道："他对将军们温和地处置敌人的方式非常不满，对他们和平对待敌对地区非常不满。"帖木儿更倾向于让敌人血流成河，这有助于把所有可能叛乱的敌人扼杀在摇篮中。在进攻赫拉特以南110千米的伊斯菲扎尔城（Isfizar）的战争结束后，他下令把这个城中剩下的守兵塞入高塔并活埋。攻克伊斯法罕后，他处决了7万敌人。他让人把敌人的头骨垒成柱子，摆在前伊利汗国的领土上，标榜自己的功绩。在锡斯坦（Sistan），他命令自己的军队破坏所有能发现的水利设施，破坏农村种植农作物的能力，摧毁人们反抗的意愿。[8]

他不仅仅是一个虐待狂。尽管后代传记作家替他说出虔诚的话语，他也不是一个有信仰的勇士。他自称信奉伊斯兰教，但是在他的屠杀过程中，丝毫没有圣战的迹象。他杀死敌人，体谅同盟。他是现实主义者，而不是哲学家。他唯一的准则就是获得胜利。

直到他到达里海，他的战役都是针对其他埃米尔的族人，针对当时已经在奥斯曼帝国周边建立的地方性土耳其人王朝，针对那些

地图 28-1 帖木儿扩张

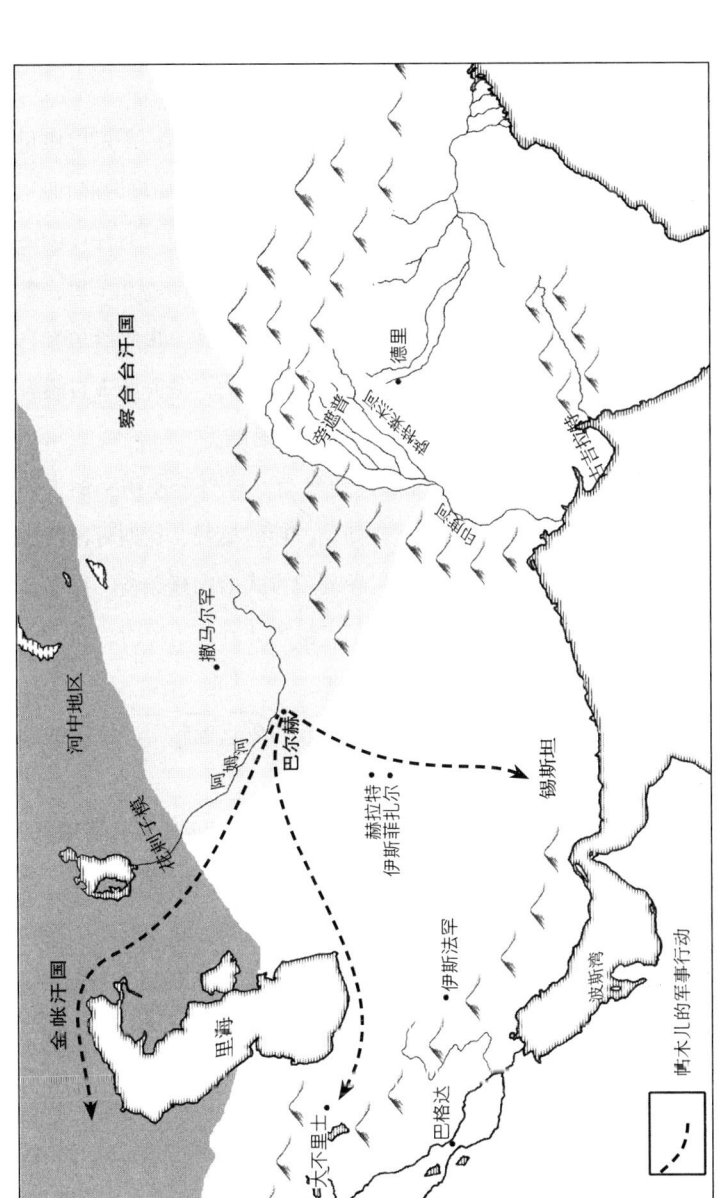

自称统治者的前伊利汗国官员。现在他把目光转移到金帐汗国身上，这个蒙古汗国曾经统治罗斯诸邦国长达一个世纪。

仅在几十年之前，对帖木儿而言，金帐汗国还是一个难以应付的挑战。但是现在，金帐汗国似乎已经触手可及。鼠疫已经削弱了罗斯人的城市和监督他们的蒙古政府。1359 年，两兄弟对汗位的争夺已经演变成汗国范围内的战争。在帖木儿到达之前的几年里，整个汗国共有七位觊觎者同时宣称自己是合法的可汗。最终胜出者自称是成吉思汗之子术赤的后代。他就是脱脱迷失，最开始来自察合台汗国。多年之前，他曾是效忠于帖木儿的封臣。[9]

尽管罗斯贵族们发动了大规模的暴动，希望迅速摆脱蒙古领主，脱脱迷失还是自称得到了金帐汗位。面对梁赞、莫斯科以及少数其他罗斯城市的反抗，脱脱迷失发动蒙古式的凶残袭击，掠夺金银财宝，烧毁房屋，屠杀女人和孩子。帖木儿到达边境时，脱脱迷失已经把罗斯人的土地收入囊中。[10]

转而面对前主君时，他拒绝按帖木儿的要求像封臣应该做的那样服从命令。

罗斯贵族们被号召与压迫者一起对抗外来者，他们选择服从。帖木儿似乎是两个选择中更坏的一个。俄罗斯史书中称他是一个"邪恶、残暴、可怕的虐待狂和破坏者"。得到罗斯贵族的支持后，1391 年，脱脱迷失与帖木儿的军队在伏尔加河东部交锋，但以惨败收场。

他向西部撤退，把东边的汗国土地拱手让给帖木儿。第二年，帖木儿一路激战，攻克了多个罗斯人的城市，一直打到叶列茨（Yelets）。俄罗斯史书中这样描述这次入侵："（他）掳获了叶列茨的贵族，对他们进行严刑拷打，死者不计其数。"在距离莫斯科 320 千米的地方，他才停了下来，因为他不愿在俄罗斯极度寒冷的冬天再度进军。[11]

他镇压了里海以南地区的起义，并将注意力放到了巴格达。1393年8月，他不费吹灰之力攻克了这座城市。直到1394年，他才再一次入侵脱脱迷失的领地。

罗斯贵族再次加入蒙古领主的行列，目的是摆脱蒙古的威胁。他们再一次失败了。1395年，在捷列克河（Terek）上，脱脱迷失与帖木儿激战三天后被迫逃走。他的余生都在逃亡，为了能够逃生，他一直在西伯利亚游荡。

这一次俄罗斯所有的土地都向帖木儿敞开。他洗劫了金帐汗国在伏尔加河边上的首都萨莱，然后在俄罗斯领土上待了8个月，破坏堡垒，把城镇变成瓦砾。"他征服了所有他想要的地方。"阿拉伯旅行作者伊本·阿拉伯沙（Ibn Arabshah）写道。他在不到10年后游历了这片被破坏的土地，并目睹了破坏过程："（他）拿走战利品，分发给士兵。放任军队肆意掠夺和囚禁俘虏，允许他们使用武力和暴力，摧毁堡垒，破坏整个环境。"[12]

然后帖木儿撤回撒马尔罕进行休整。他又有了另一个攻击目标。

他已经派长孙皮尔·马黑麻（Pir Muhammad）率领一支先头部队进入印度。这支先行侦察部队进军到萨特莱杰河（Sutlej），然后退到山中。1398年8月，经过细致的准备之后，帖木儿从撒马尔罕出发，向南进军，同皮尔·马黑麻会合。

同时，他洗劫了旁遮普。9月20日，帖木儿在印度河河边安营扎寨，准备入侵德里。德里一直被图格鲁克王朝统治，若干苏丹曾经统治此地。此时它已不再是帝国中心，现在被鲜为人知的纳西尔丁·马哈茂德（Nasiruddin Mahmud）统治，他是图格鲁克家族的子孙。德里仍是一只肥羊。

在围攻这座城市之前，帖木儿命令屠杀军营中所有的印度战俘，防止他们在战争期间突然逃跑并加入德里一方进行防御。"今日战事重大，"他告诉手下，"战俘不能跟咱们的辎重放在一起。别无他法，只能杀死他们。"他要求每个士兵处死一定数量的俘虏。同时代的记载显示，10万余人惨遭屠杀。他们的尸体在营地外堆积成山。[13]

1398年12月17日，德里苏丹的军队出战迎击帖木儿。苏丹军队中有120头大象，象牙上涂有剧毒。这给蒙古军队造成了一些麻烦，不过帖木儿做了调查，知道那些大象非常容易受到惊吓。他命令手下在骆驼背上堆放干草，点上火，然后把骆驼赶入象群。

面对低声吼叫、全身火光、横冲直撞的骆驼，这些大象掉转方向，冲入苏丹的军队。印度军队一时间阵脚大乱。蒙古人击退了对手。纳西尔丁·马哈茂德得以逃脱，躲在古吉拉特避难。[14]

德里的居民就没有那么幸运了。帖木儿的大军第二天攻入这个城市，他允许士兵大肆抢掠、屠杀。"印度教徒的头颅被堆成一座高塔，"一位史家写道，"他们的尸体成为饥饿的野兽和鸟类的口粮。"据官方文献记载，在1小时内有1万人被斩首，妇女和孩子被充当奴隶，粮仓被烧毁，德里女人戴在耳朵和手指上的珠宝被抢走。这篇文献总结道："他们把整个城市洗劫一空，却放过了学者居住区。"[15]

他并没有立刻继续洗劫其他印度领土。相反，帖木儿撤回撒马尔罕。1399年，印度北部夏天高温难耐，阻碍了他的征途。他带走了数千个俘虏，包括艺术家、作家、能吏、石匠、砖匠和织工。他想让他们在自己的王国里像奴隶一样工作。他命令建筑工人建造一座清真寺，用来纪念自己的丰功伟绩。纳西尔丁·马哈茂德终于悄悄回到自己那被毁的城市。他发现城市到处被洗劫一空，付之一炬，尸体堆在路边，整个文化都被翻山越岭运到了遥远的撒马尔罕。

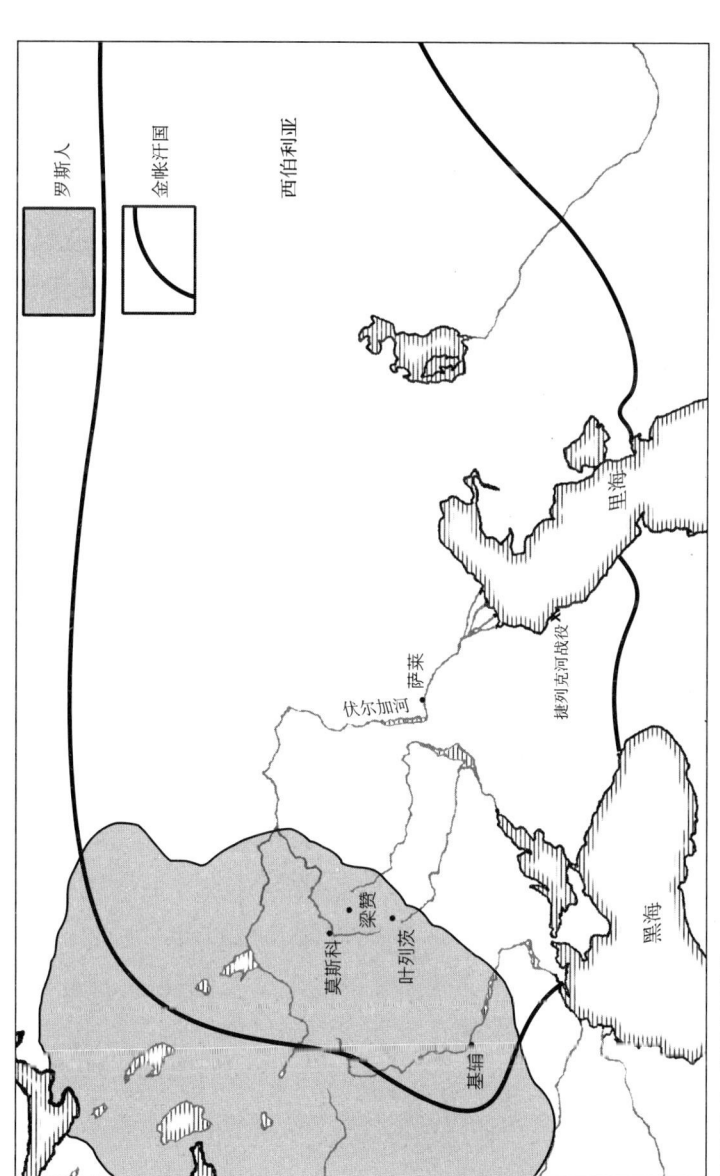

地图 28-2 捷列克河战役

时间线 28

印度南部和中部	德里	印度北部和东部	波兰	匈牙利	立陶宛	察合台汗国	帖木儿的征服	金帐汗国
			卡齐米日三世与立陶宛的阿尔东娜结婚（1325）					
			卡齐米日三世（1333—1370）					
马都拉苏丹国建立（1335）								
毗奢耶那伽罗王国建立（1336）								
哈里哈拉一世（1336—1356）								
		孟加拉的伊利亚斯·夏希王朝建立（1342）	安茹的路易一世（1342—1382）					
		沙姆斯丁（1342—1357）						
德干苏丹国建立（1347）								
阿拉乌丁·巴赫曼（1347—1358）								
	菲鲁兹·沙阿（1351—1388）							
布卡一世（1356—1377）								
穆罕默德·沙阿一世（1358—1375）		西坎达尔（1358—1390）				合不勒沙（1364—1370）		
			克拉科夫会议（1364）					
							帖木儿开始掌权（1367）	
							帖木儿成为河中地区的统治者（1369）	
			安茹的路易作为波兰国王卢德维克一世（1370—1382）					

时间线 28（续表）								
印度南部和中部	德里	印度北部和东部	波兰	匈牙利	立陶宛	察合台汗国	帖木儿的征服	金帐汗国
哈里哈拉二世 (1377—1404)								
			科希策特权法令 (1374)					
					雅盖沃大公 (1377—1434)			
								脱脱迷失 (约1380—1406)
		肯地斯暴动 (1382)		玛丽亚 (1382—1385)				
			海德薇格 (1384—1399)					
			克雷沃联合 (1385)					
				那不勒斯国王查理三世作为匈牙利国王查理二世 (1385—1386)				
				西吉斯蒙德 (1387—1437)				
								脱脱迷失被帖木儿击败 (1391)
							帖木儿占领巴格达 (1393)	
	纳西尔丁·马哈茂德 (1394—1413)							
								捷列克河战役 (1395)
							帖木儿入侵旁遮普 (1398)	
							帖木儿入侵德里 (1398)	
			立陶宛大公雅盖沃作为波兰国王弗瓦迪斯瓦夫二世 (1399—1434)					

/ 29

妥协与和解

> 1368 年至 1392 年,高丽王朝被朝鲜王朝取代,日本南朝让位给北朝。

在帖木儿帝国的东方,凭借中间广阔的土地以及江河,高丽王朝免受帖木儿大帝和瘟疫的侵袭,却在明朝面前勉力挣扎。

元朝的灭亡给了高丽王朝的统治者们机会,使他们得以恢复曾经的地位。忽必烈可汗曾经强迫他们废除传统的庙号,改用品级较低的附庸国诸侯王谥号,并进一步通过联姻来控制高丽王室。他把一个女儿送往高丽作为王后。自那以后,高丽国王们都要迎娶蒙古公主作为妻子。

红巾军起义爆发之后,元朝日渐衰落。高丽恭愍王开始尝试收回他的权力。1368 年,明太祖登基,这就像是给高丽王朝开了绿灯。恭愍王立刻致信明太祖,表示愿意与大明友好相处,尊重明朝皇帝。与此同时,他还任命佛教徒辛旽协助清洗自己朝廷里的亲蒙贵族和官员。[1]

让高丽摆脱蒙古的影响,这并非易事。在将近一个世纪里,高丽国王不仅要娶蒙古王后,还要去元朝学习知识,接受教育。恭愍王自己也花费了几年时间,在元朝首都大都研究政治和儒家思想。通过记录他那个时代的一本史书的记载,我们意外地发现,他回国后,身边的人满怀愤怒。早前,这个年轻人的哥哥去看望父王,那位国王立刻就火冒三丈,大声呵斥道:"汝之父母皆高丽也,何见我行胡礼?且衣冠太侈,何以示人。可速更衣。"[2]

蒙古元素贯穿高丽人的日常生活,这似乎已经成了恭愍王心中长久的屈辱。清除亲蒙官员的行动很快升级,变成公开报复那些曾对蒙古人持友好态度的高丽杰出人士。在国王的支持下,辛旽甚至成立了一个新的机构,"田民辨正都监"(即农田和农民再分配机构)。其唯一的职责是调查亲元地主,进而没收他们的土地和家奴,重新分配土地,释放奴婢。[3]

恭愍王决心从高丽文化中清除掉蒙古元素,但并非所有的朝官都认可这一举措。对于他的大多数臣民来说,元朝习俗已经成为他们自己的习俗。要担心的外国人是明朝人。这个咄咄逼人的新帝国,还没有一个人了解乃至理解它。

另一个造成混乱的是被称为"倭寇"的日本海盗。他们利用日本国内政权分裂和内战不断的情况,无法无天地在海上抢劫掠夺。倭寇对高丽海岸的袭击日益严重,于是恭愍王下令,将沿海地区储藏官粮的稻仓迁往内陆地区。农民们不得不放弃一直耕种的沿海肥沃土地,远离大海。恭愍王将防御海盗的任务交给了将军李成桂。李成桂是一位神箭手。他用自己的弓箭亲自除掉了最令人害怕的、臭名昭著的倭寇首领阿只拔都。[4]

倭寇有时发动袭击,动用多达3000名的海盗和大量船只。他们是高丽王朝长期的麻烦，对大明王朝来说也是如此。然而，到目前为止，足利幕府一直无力制止他们。幕府权力不足，无法制止远离京都的强盗活动。此时日本的君主制本身就是分裂的，一个持明院统天皇在京都统治，与其对立的大觉寺统天皇则在南部山区建立了政权。足利将军将自己的前途命运与京都的天皇联系在一起，而这个天皇的统治范围既小又弱。

1368年，新任将军是一个10岁的少年：足利义满。他是第一任足利将军之孙。他本来一直将权力交给足利幕府的执事细川赖之，因为细川赖之能力极强且忠心耿耿，但很快，细川赖之受政敌排挤而被迫离开京都。日本现在仍是四分五裂，相互征战，地方的军阀们仍是率性而为。没有帝国或军阀统治者有能力把和平带到农村地区，更不用说海盗出没的遥远海岸了。

1371年，改革派官员僧人辛旽被暗杀。他曾积极推行没收土地、释放奴婢的政策，结果在高丽树敌太多。恭愍王依旧固执地继续推行反元亲明的政策。对于那些看到明朝力量不断增长的人而言，这些举措加剧了他们的恐惧。3年后，恭愍王也被刺杀。

刺杀事件发生后，宰相李仁任当国擅权，他对先王的政策持反对态度。李仁任亲元反明，他坚信，只有抵制明朝所有要求，高丽才能寻求独立。李仁任主持拥立恭愍王之子，9岁的王禑继位，而他自己则控制了朝政。他发现这样做很容易，因为王禑年少且身份存有争议。后来有很多文献（这些文献都证明，王禑根本不是合法国王）解释说：盛传王禑根本不是恭愍王之子，而是死去的僧人辛旽的私生子，他被偷偷送进王宫，因为恭愍王的王后无法生育。[5]

在将近14年里，高丽王朝的亲明派与反明派一直争斗。李仁任自己也陷入了这种冲突之中。抗击日本海盗的高丽英雄李成桂是亲明派领导者，拥有许多追随者。就像死去的恭愍王一样，他相信，与惹怒明朝相比，顺从明朝显然是更明智的政治选择。

1388年夏天，洪武帝提出，要求高丽归还曾经属于元朝的北方地区，这种冲突变得十分激烈。在他反明派谋士的影响下，王禑命令将军李成桂率领军队，进攻离高丽最近的明朝领土。李成桂直言抗辩。他说，这个主意非常糟糕。他给这位年轻的国王上书，详细解释了不能这样做的原因。

> 以小逆大，一不可；
> 夏月发兵，二不可；
> 举国远征，倭乘其虚，三不可；
> 时方暑雨，弓弩胶解，大军疾疫，四不可。[6]

王禑拒绝听取。李成桂异常愤怒，带领军队直逼首都，拘禁了年轻的国王和反明派的谋士。相对来说，这次政变比较和平。王禑没有遭受虐待，但依然被废黜。[7]

一开始，李成桂和盟友重新挑选了一个新的国王作为傀儡。1392年8月，李成桂自立为国王，并宣布下一年，即1393年，是新朝代的元年。同时他也重新命名了这个国家。该国从那时开始改叫朝鲜，朝鲜同时也是他的新朝代的名字，他的庙号是太祖。

这次朝代更替相对和平。为努力使流血牺牲达到最小，这位新的国王下令，罢免所有朝廷官员，剥夺称号，软禁在府邸。他重新任命了新的官员。他宣布建立一个新首都：汉阳城，并将其改名为汉城。人们一般称之为"首尔"，这原本是朝鲜语中的一个普通名词，意思是"首都"。这个大规模的城市建设工程随后动工，朝廷为此招募了 2 万名劳工。劳工在冬季建造环绕整个城市的新城墙，因为那时劳工们不需要到农田中劳作。这个城池有四个城门：兴仁门（东大门）、崇礼门（南大门）、郭义门（西大门）和肃靖门（北大门）。肃靖门平时闲置，仅在举行重大仪式时使用。

而朝鲜太祖继续顺从明朝。他认为，朝鲜要"以小事大"，而且适当归顺也是荣誉和美德。尽管他常年领兵打仗，但太祖的确是个极为出色的外交官。大明皇帝提出朝鲜每三年向明朝进贡一次，朝鲜太祖提出愿意每年进贡三次。洪武帝对此尽管有些错愕，仍然同意了。[8]

朝鲜太祖并没有过分在意自己的尊严。他在意的仅仅是国家的生存和自己宝座的稳定。在这方面，他胜利了。诗人、朝臣郑道传赞美他是"开国圣王"，他的统治"圣寿万年，万民咸乐"。

1395 年，太祖下令雕刻星图。星图上面标注了 1467 颗恒星、银河系，以及将近 300 个星座。* 在早已散佚的 1 世纪星图拓片的基础上，这个新星图包含了更详细的内容。暗淡之星雕得比较小，明亮之星雕得比较大，从而表现恒星的相对亮度。这个星图能反映出 1 世纪的天空，但雕刻的恒星却是完全基于 14 世纪末的实际观察。这项工程极其复杂、极其详细，而这项工程是由一个君王发起并赞助的，这个君王放弃战争却放眼天空。[9]

与此同时，年轻的幕府将军足利义满已经慢慢在京都朝堂上赢得了更多的尊重。他被授予多项头衔。21 岁时，他获得了父亲和祖

---

* 这个星图被称为《天象列次分野之图》。

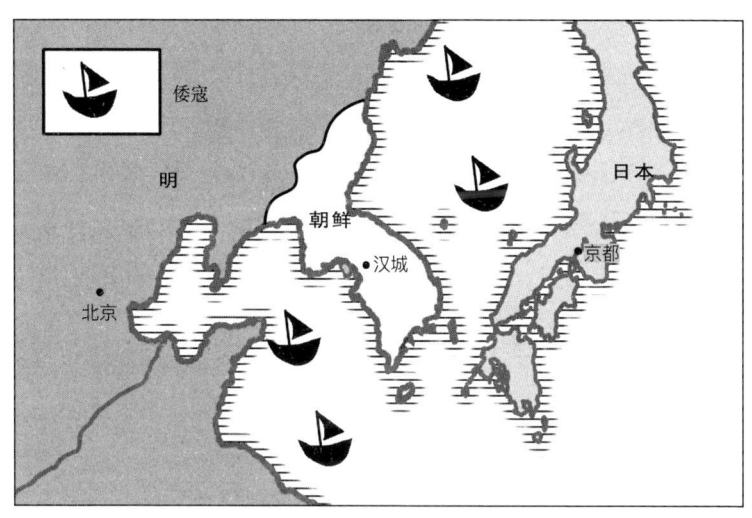

地图 29-1　朝鲜王朝和日本

父拥有过的所有头衔。1382年，他的职位是左大臣，是北朝朝堂上第二高的职位。[10]

他不断地赢得象征权力的仪式和信物。在与明朝的交往中，他甚至自称"日本国王"。然而明朝并不喜欢和藩属国打交道。足利义满没有皇室头衔，并不能与洪武帝及其继位者互遣使臣或签订条约。

同时，在吉野建立的南朝势力开始衰退。南朝天皇是后醍醐天皇之孙后龟山天皇，他持有象征日本天皇神秘王权的三神器，但除此之外，他没有其他优势。1392年，足利义满将军成功地与南朝达成协议。后龟山天皇将三神器带到京都，交与北朝后小松天皇（这可以让京都天皇统治合法化），将军保证后龟山天皇被授予上皇的尊号。他还承诺，下一个执政天皇将来自大觉寺统（后龟山天皇的后代家族），以后的皇权将在持明院统（后小松天皇的后代家族）和大觉寺统之间交替继承。[11]

这跟 60 多年前那个失败的协议内容完全一致。但后龟山天皇选择成为乐天主义者。他来到京都，交出手中的皇权象征物。

为了纪念这一时刻，足利义满在京都举办了延续 3 天的神圣庆祝活动。每天晚上，众人向神明献舞（即神乐舞），庆祝精神团结的胜利、南北朝时代的结束和"南北朝"的统一。[12]

这一妥协理论上宣告了南北朝斗争的结束，却并没有任何实质性作用，无法让各个分裂的军事区域重新回到原来中央集权的统治下。在统一各地有独立想法的军阀们这方面，它没有起到任何作用。这个庆祝胜利的舞蹈没有实际意义，仅仅是仪式，毫无现实作用。

29 妥协与和解

时间线 29

波兰 匈牙利 立陶宛	察合台汗国	帖木儿的征服	金帐汗国	高丽 元朝 日本
卡齐米日三世与立陶宛的阿尔东娜结婚（1325）				
				光严天皇（北朝）（1331—1333）
卡齐米日三世（1333—1370）				建武新政（1333—1336）
安茹的路易一世（1342—1382）				
				恭愍王（1351—1374）　韩山童起义（1351）
				朱元璋自称吴国公（1356）
				脱脱去世（1356）
	铁穆尔沙（1358）			
				陈友谅称帝（1360）
				鄱阳湖战役（1363）
克拉科夫会议（1364）				
		帖木儿开始掌权（1367）		
				明朝（1368—1644）
				足利义满幕府（1368—1394）
				太祖（1368—1398）
		帖木儿成为河中地区的统治者（1370）		
安茹的路易作为波兰国王卢德维克一世（1370—1382）				
				辛旽被刺杀（1371）
科希策特权法令（1374）				王禑（1374—1388）

波兰	匈牙利	立陶宛	察合台汗国	帖木儿的征服	金帐汗国	高丽	明朝	日本
		雅盖沃大公 (1377—1434)						
					脱脱迷失 (约1380—1406)		胡惟庸案 (1380)	
	玛丽亚 (1382—1385)						设立锦衣卫 (1382)	
								后龟山天皇 （南朝） (1383—1392)
海德薇格 (1384—1399)								
克雷沃联合 (1385)								
	那不勒斯国王查理三世作为匈牙利国王查理二世 (1385—1386)							
	西吉斯蒙德 (1387—1437)							
						王禑被废 (1388) 傀儡统治者		
				脱脱迷失被帖木儿击败 (1391)				
						朝鲜太祖 **李成桂** (1392—1398)		南北朝时代结束 (1392)
				帖木儿占领巴格达 (1393)				
				捷列克河战役 (1395)				
				帖木儿入侵旁遮普 (1398)				
				帖木儿入侵德里 (1398)				
		立陶宛大公雅盖沃作为波兰国王**弗瓦迪斯瓦夫二世** (1399—1434)						

/ 30

维斯孔蒂家族与教皇国

> 1368 年至 1390 年，教皇试图返回罗马，维斯孔蒂家族争夺意大利北部的控制权，与此同时，教廷分裂。

罗马教皇乌尔班五世已经返回罗马，但他在不朽之城罗马只度过了一年，就开始格外怀念阿维尼翁。

意大利沸腾了。教皇国南部的那不勒斯王国对罗马教皇的态度友好，但他们却因尔虞我诈的宫廷斗争而四分五裂，而且跟西西里王国是宿仇。教廷迁至阿维尼翁后，教皇国在接下来的 70 多年里处于无首领的自主统治状态。教皇国治下的各个城市纷纷自治。罗马城的统治权则被元老院和各种相互斗争的贵族家族交替掌控。然而在北部地区，伦巴第人的城市已经恢复原本的独立统治，几乎不受高高在上的神圣罗马帝国皇帝查理四世的干涉。查理四世对于古老的"意大利王国"（Regnum Italicum）远不如对于德意志更感兴趣。他到罗马接受加冕礼时，是在早上抵达罗马，随后接受加冕，然后连一夜都没有在这个城市停留，就匆匆离开了。[1]

在这一真空期，维斯孔蒂（Visconti）家族的势力也得到了扩张。

早在 1287 年，维斯孔蒂家族就已经开始在米兰扩张势力。当时米兰的大主教，奥托内·维斯孔蒂（Ottone Visconti）已经设法让其侄马泰奥（Matteo）成为米兰政府首脑——人民尊长（Captain of the People），这个职位是商人和工匠的领导者和代言人。30 多年后，神圣罗马帝国皇帝路易四世任命马泰奥之孙为米兰永久领主（Perpetual Lord of Milan）。从那时起，维斯孔蒂家族就控制了米兰政坛。[2]

米兰也向外扩张领土，宣称对附近城市帕维亚和热那亚拥有统治权。1356 年，加莱亚佐·维斯孔蒂（Galeazzo Visconti）和贝尔纳博·维斯孔蒂（Bernabò Visconti）兄弟二人将米兰领土分割。加莱亚佐·维斯孔蒂在米兰执政，而贝尔纳博在博洛尼亚执政，这座城市是他从教皇国抢夺而来的。

贝尔纳博是个可怕的对手。这个放荡之徒臭名昭著，拥有 17 个合法子女和十几个私生子女。他还是养着 5000 只猎犬的狂热狩猎者。他也是冷酷、性情乖戾的统治者。他曾经下令把盗猎鹿的人扔进狗舍当作狗食，还曾经处死一个年轻人，因为这个年轻人承认曾"在梦中"杀死了一头主人用于戏耍的野公猪。暴君维斯孔蒂侵扰了教皇国，因此乌尔班五世将他逐出教会。教皇派遣两名使节携带逐出教会的诏书前往博洛尼亚亲自与贝尔纳博交涉。贝尔纳博了解了事情原委之后，强迫使节吞下了诏书，包括羊皮纸、丝带、铅封以及其他部分。乌尔班表示抗议，但贝尔纳博随即反驳道："我将让你知道，我才是大主教，我才是我领地上的君主和国王。即便是上帝也不能在这里违背我的意愿行事。"[3]

这种蔑视与挑衅让乌尔班五世感到有些棘手。于是他恳求皇帝查理四世，希望查理能够为他提供足够的武装力量，从而将贝尔纳博驱赶出去。

查理四世同意了他的请求,并于1368年5月进入意大利,向米兰进军。尽管查理在意大利不太受人欢迎,但他还是能轻而易举地集结意大利北部城市的力量以对抗维斯孔蒂。佛罗伦萨、帕多瓦和曼图阿的人们都对维斯孔蒂势力的膨胀而感到担忧。然而,这位皇帝允许维斯孔蒂兄弟交纳大笔贡金进行疏通。然后他试图在卢卡驻扎,但因为他对维斯孔蒂暴君采取绥靖政策,卢卡人很是愤怒,拒绝欢迎他的到来。[4]

查理四世放弃了计划,无功而返。没有他的支持,乌尔班五世失去了信心。他在意大利不堪重负、势单力薄。他开始怀念阿维尼翁。

枢机主教们知道他希望回到家乡,大多数罗马人也对此心知肚明。瓦斯泰纳(Vadstena,瑞典地名)的比吉塔(Birgitta)是方济各会的修女,因她的神秘天启之言而远近闻名。她拜访教皇,告诉他说她从圣母那里获得了直接指示。"我通过祷告和圣灵引导指引罗马教皇乌尔班从阿维尼翁来到罗马……,"她以圣母之声说着,"而他对我做了什么?他背叛了我……邪恶的精神力量欺骗了他,使他沦落至这般田地。他厌倦了天赐的神圣使命,只想追求肉体上的享受。"比吉塔预言道,如果乌尔班五世返回阿维尼翁,他将会在一年之内死去。[5]

但是乌尔班五世当时已经60多岁了,疲惫不堪、精神萎靡。所以说,在一年内死去也是极有可能的。1370年9月,他回到阿维尼翁。12月,他死于急症。

他的继承者是格列高利十一世(Gregory XI),即前教皇克雷芒六世之侄。格列高利十一世时年42岁,充满活力且富有政治头脑。

他明白，如果罗马教皇不回归罗马，就会面临失去教皇国的危险，但是他也意识到，他无法像乌尔班五世一样处理好维斯孔蒂问题。所以，他在阿维尼翁成立了伦巴第族城市联盟，对抗维斯孔蒂。

这最终演变成一个极其可怕的悲惨错误。格列高利十一世曾希望佛罗伦萨能够加入反维斯孔蒂联盟，但是他派去缔结盟约的教廷使节变节了，跟维斯孔蒂交好。而早已质疑教皇动机的佛罗伦萨人则集合了锡耶纳、卢卡和比萨来对抗教皇国。紧接着，这场冲突变成了意大利人与法国人的对抗，变成了为保卫家园而抵御外籍教皇的保卫战。10天的时间里，8座城市和城镇加入了这个反罗马教皇联盟。[6]

这场肮脏、复杂、血腥的战争见证了各种变节，其中一个变节者是唯利是图的雇佣兵约翰·霍克伍德（John Hawkwood）。他先后为佛罗伦萨、米兰和格列高利十一世效力。尽管他曾受雇于罗马教皇，但在他带领下属离开意大利城市法恩扎（Faenza）之前，他们疯狂屠杀平民，强奸了所有60岁以下的女性，并大肆抢掠。根据一本锡耶纳编年史书记载，霍克伍德至少亲手杀死了一名年轻女性。一位随军神父站在法恩扎城门口，高声喊叫，要求强奸受害者屈从，因为"这有利于军队"。一年后，一件相似的事件在切塞纳（Cesena）被披露出来。教皇使节，日内瓦的罗伯特（Robert of Geneva），发动了一场袭击，致使至少4000名平民死亡。"女人、年轻人、老年人、残病者、孩童以及孕妇都被用匕首残忍杀害。"曾有人在袭击中听到罗伯特本人高呼："我将会制造更多血腥！杀死所有人！——鲜血，鲜血！"[7]

到1377年，格列高利十一世和反教皇联盟都不堪战争之苦，准备谈判协商以求和平。8月21日，双方达成停火协议。而格列高利

地图 30-1　意大利战争

十一世于 1378 年 3 月去世时，与佛罗伦萨的谈判刚进行一半，贝尔纳博·维斯孔蒂的问题也没有得到解决。

格列高利十一世来到罗马进行谈判，并在那里咽下最后一口气。最终罗马枢机主教抓住机会选举出一名意大利教皇。他们将法国同僚的声音压了下去，使意大利出生的巴尔托洛梅奥·普里尼亚诺（Bartolomeo Prignano）成为教皇乌尔班六世（Urban VI）。但是法国枢机主教对新教皇上任后首月的表现十分不满（教皇甚至拒绝访问阿维尼翁，对枢机主教奢侈生活也感到十分震惊。他首先采取的措施之一就是颁布法令，要求他们的晚餐只允许上一道菜）。很快，枢机主教们开始暴动。他们一起离开罗马，在丰蒂（Fonti）重新集合，宣布罢黜乌尔班六世，并选举出了对立教皇：日内瓦的罗伯特，切塞纳大屠杀的领导者。[8]

罗伯特成为教皇后，称克雷芒七世（Clement VII），随后回到阿维尼翁。教廷迁往法国一事此时已经发展为一种更加分裂的状况：有两股教皇势力，分别在罗马和阿维尼翁。教会分立将持续数十年。"法国查理五世国王承认克雷芒七世为真正的教皇，"让·傅华萨记载道，"西班牙国王、萨伏依伯爵、米兰公爵，那不勒斯女王，以及整个苏格兰都是如此。但是德意志宣布支持乌尔班六世。佛兰德伯爵路易二世（Louis II）也支持乌尔班……因此基督教世界分裂了，教会中充满分歧。"[9]

在罗马，乌尔班六世（"他性情暴躁，十分固执，"让·傅华萨说，"在执政过程中傲慢自大。"）并没有为自己赢得荣誉。他罢免了所有参与选举克雷芒七世（罗马人眼中的"对立教皇"）的枢机主教，然后又与他们的接替者产生了诸多争执。他控告他们反叛，将他们折磨拷问后一一处死。有一些人被装入袋子，活活淹死。[10]

他已经因枢机主教的事情焦头烂额，没有精力再去考虑意大利城市，而战争在北部地区再一次爆发。

罗马教皇和德意志国王都忙于自己的事务，而意大利城市间的冲突更加白热化。热那亚和威尼斯总是水火不容，战火重燃。1380年，在基奥贾（Chioggia）的海上战役中，威尼斯人摧毁了热那亚绝大多数战舰。经过这一次重创之后，热那亚再也没能完全恢复实力。在米兰，贝尔纳博·维斯孔蒂的侄子，吉安·加莱亚佐·维斯孔蒂（Gian Galeazzo Visconti），密谋推翻他叔叔的政权。1385 年，他发动了一次突袭，将贝尔纳博和他两个儿子都送入了监狱，然后宣布自己成为米兰领主。他大幅减税，回报米兰人的支持，他们立刻对他赞不绝口，全然忘记了贝尔纳博。几个月之后，这个依然被守卫严密监视的著名暴君在吃完侄子送去的最后一顿大餐后死去了。[11]

吉安·加莱亚佐继续扩张领土，建设自己的王国。他于 1387 年控制了维罗纳，并于 1388 年占领了帕多瓦。威尼斯和佛罗伦萨仍然在他的控制范围之外，但 1390 年，瘟疫再次暴发，使得这两座城市元气大伤。它们无法阻挡米兰新领主的持续攻击。博洛尼亚、阿西尼、佩鲁贾、锡耶纳、比萨和卢卡逐个被他占领。[12]

时间线 30

察合台汗国	帖木儿的征服	金帐汗国	高丽	元朝	日本	教皇	意大利	神圣罗马帝国	德意志
						尼古拉五世（对立教皇）(1328—1330)			路易四世（1328—1347）
							阿佐内·维斯孔蒂，米兰领主（1329—1339）		
					南北朝时代（1331—1392）				
					光严天皇（北朝）(1331—1333)				
					建武新政（1333—1336）	本笃十二世（1334—1342）			
					光明天皇（北朝）(1336—1348)				
					足利尊氏幕府（1338—1358）				
							彼特拉克加冕桂冠诗人（1341）		
						克雷芒六世（1342—1352）			
								查理四世（1346—1378）	
			恭愍王（1351—1374）	韩山童起义（1351）					
						英诺森六世（1352—1362）			
							贝尔纳博·维斯孔蒂，米兰领主（1354—1385）		
								查理四世（1355—1378）	
				朱元璋自称吴国公（1356）					
				脱脱去世（1356）					
铁穆尔沙（1358）									
				陈友谅称帝（1360）					
						乌尔班五世（1362—1370）			
				鄱阳湖战役（1363）					
	帖木儿开始掌权（1367）					教廷回到罗马（1367）			

时间线 30（续表）

察合台汗国	帖木儿的征服	金帐汗国	高丽	明朝	日本	教皇	意大利	神圣罗马帝国	德意志
					足利义满幕府（1368—1394）				
				太祖（1368—1398）					
	帖木儿成为河中地区的统治者（1370）					格列高利十一世（1370—1378）			
			辛旽被刺杀（1371）						
			王禑（1374—1388）						
						乌尔班六世（1378—1389）			
						克雷芒七世（对立教皇）（1378—1394）			
		脱脱迷失（约1380—1406）		胡惟庸案（1380）			基奥贾战役（1380）		
				设立锦衣卫（1382）					
					后龟山天皇（南朝）（1383—1392）				
							吉安·加莱亚佐·维斯孔蒂，米兰领主和公爵（1385—1402）		
			王禑被废（1388）傀儡统治者						
		脱脱迷失被帖木儿击败（1391）							
			朝鲜太祖李成桂（1392—1398）		南北朝时代结束（1392）				
	帖木儿占领巴格达（1393）								
	捷列克河战役（1395）								
	帖木儿入侵旁遮普（1398）								
	帖木儿入侵德里（1398）								

/ 31

坏的开端

> 1369年至1381年,英格兰和法兰西的国王逐渐长大成人,普通百姓发起反抗。

英格兰和法兰西的战争仍然在继续。

1369年夏天,法兰西国王查理五世组织船只和军队,准备入侵英格兰。爱德华三世不甘示弱,立刻召集军队备战。当时爱德华三世的长子,黑太子爱德华,担任最高将领,但他患有慢性痢疾,无法骑马(甚至无法长时间步行),所以爱德华派四儿子冈特的约翰率领4000名兵士突袭加来周边地区。

查理五世推迟了入侵计划。相反,他委任弟弟勃艮第公爵指挥军队,转而迎击英格兰入侵者。东北海岸爆发了一系列战役。

起初,双方兵力旗鼓相当,难分胜负。随后,黑太子爱德华协助弟弟作战。到达后不久,黑太子发现,在法国的要求下,英格兰控制的利摩日镇不战而降。让·傅华萨记载道,他很"愤怒",坚持进行围攻,要重新夺回这座城镇。

英格兰工兵在城墙下挖掘隧道，没费多大力气，就打破了防守。然而黑太子却怒火中烧，因为市民如此轻易地对法国敞开了大门。"真是一场惨剧，"让·傅华萨写道，"所有人，不论男女老少、阶级高低，都跪在黑太子面前，祈求一条生路。但黑太子心中充满了复仇激情，对他们的哀求置若罔闻。所有人一旦被发现，就会立刻被处死。"[1]

黑太子除了身患痢疾以外，还常常无缘无故发怒并会出现可怕的幻觉。这表明他可能患有卟啉症。*不管黑太子的凶残出于何种原因，利摩日 3000 名手无寸铁的市民惨遭屠杀。查理五世听到这个消息后，"悲恸欲绝"，异常愤怒。英格兰民众也非常愤慨。查理五世任命职业军人贝特朗·迪·盖克兰（Bertrand du Guesclin）为抗击英军的指挥官，头衔是"法国骑士统帅"（Constable of France）。这个职位通常由贵族而不是普通士兵担任。[2]

此时，法国在战争中占据上风。

黑太子的病变得更加严重，最终返回了英格兰。爱德华三世宣布他要亲临法国指挥。但他已经年近 60 岁了，有些力不从心，所以之后并未离开英格兰。1372 年，法国指挥的热那亚和卡斯提尔联合舰队在拉罗谢尔（La Rochelle）击败了英格兰舰队。1373 年，总指挥盖克兰已经几乎为法国收回了卢瓦尔河和吉伦特地区（Gironde）之间的全部领土。只有波尔多、巴约讷（Bayonne）和加来仍然被英格兰控制。现在英格兰控制的法国领土跟 1337 年战争爆发前一样。由于国力空虚、士气低落，爱德华三世跟查理五世协商，决定休战

---

* 卟啉症的病因是基因紊乱，从而导致体内某种化学物质不平衡，会引起呕吐、腹泻、胃痉挛等症状，同时出现癫痫和精神症状，如偏执狂和幻觉。其他英国王室成员，如最为人所知的爱德华的后人，国王乔治三世（1738—1820），或许也患有此疾病。

两年。[3]

随后让·傅华萨记载道:"在双方休战期间,1376年圣三一主日那一天……英格兰的威尔士亲王爱德华……在威斯敏斯特宫去世。"那年黑太子46岁,他死于慢性疾病,病因是肾衰竭或卟啉症。

爱德华三世的身体也变得越来越差。他立刻宣布,黑太子9岁的儿子理查是王位继承人。次年,爱德华三世中风数次后病逝。同时代的《大编年史》(Chronica Maiora)记载道:"他曾是拥有辉煌成就的国王。他乐善好施,仁慈而伟大……(但)有一点必须要简单提一下。继位初期,他多次取得了巨大成功,威名远扬。而当他英雄迟暮之后……许多不幸灾难纷至沓来。"[4]

年幼的理查二世(Richard II)在伦敦完成加冕典礼,场面十分壮观。齐普赛街(Cheapside)上修建了一座城堡。美酒从城堡的六角转台上面流入引水道,供老百姓饮用。在首都,人们估计老国王那在世的最年长的儿子冈特的约翰可能是理查继承王位的最大挑战者。理查是第一位直接继承祖父王位的英格兰国王。但冈特的约翰克制自己,没有提出异议。[5]

英格兰由一个稚气未脱的小孩统治,因此休战期满后,查理五世派出舰队越过海峡攻打英格兰。1377年至1380年,法国军舰突袭了英格兰南部沿海地区。拉伊(Rye)、苏塞克斯、怀特岛、达特茅斯、普利茅斯、南安普敦和多佛尔都被法国入侵。然而查理五世并没有享受到胜利的喜悦,他同样受到慢性病的困扰,最有可能是心脏问题。让·傅华萨记载道,他预测到了自己余日无多。他1380年时43岁,王太子也才12岁。所以他召集兄弟,要求他们辅佐年幼的查理六世(Charles VI)。1380年9月16日,法兰西国王查理五世去世。

31 坏的开端

法国新国王即位时只有 12 岁，而英格兰新国王理查二世当时也只有 13 岁。两个孩子继承了交战中的两个国家。这两个国家都没有精明谋士来帮助国家保持和平。

在参加完国王的葬礼之后，查理六世的三个叔叔和一个舅舅（分别是安茹公爵、贝里公爵和勃艮第公爵，此外还有舅舅波旁公爵）又在巴黎待了几天，为侄子（外甥）控制权的问题而争吵。最终他们一致同意安茹公爵担任摄政。

安茹公爵路易一世（Louis I, Duke of Anjou）一心想成为那不勒斯国王。为达成目的，他利用王家资源集结军队。他取得了对立教皇克雷芒七世的信任，为自己在阿维尼翁举行加冕，然后带领 4000 名骑兵进军意大利。冬天天气寒冷，意大利也不愿意为他提供军马饲料。大多数马因此死亡。士兵食物短缺，许多军官也因身患痢疾而死。罗马教皇乌尔班六世宣布他是异教徒，要对他发动征讨。1384 年 9 月，瘟疫逐渐在幸存者中蔓延，路易死于军中。[6]

法国年轻国王的另外两个叔叔也没有更好地辅佐国王。他们建议提高巴黎的税收。被激怒的市民发动了暴乱。年轻的国王和他的叔叔们逃到了莫城（Meaux）。在此期间，贝里公爵还忙着挪用王家资金，购买珍贵手稿和精美艺术品，充实自己的收藏宝库。勃艮第公爵跟路易一世持有相同的政治抱负，他建议查理六世亲临佛兰德战场，镇压反对佛兰德伯爵的反叛者，而佛兰德伯爵恰恰是勃艮第公爵的岳父。[7]

佛兰德伯爵和勃艮第公爵将从胜利中受益，他们的获益远远超过查理六世。即便如此，年幼的国王还是同意带领王家军队出征佛兰德。一路上他们"收获颇丰"，掠夺到各种衣服、亚麻布、刀子、

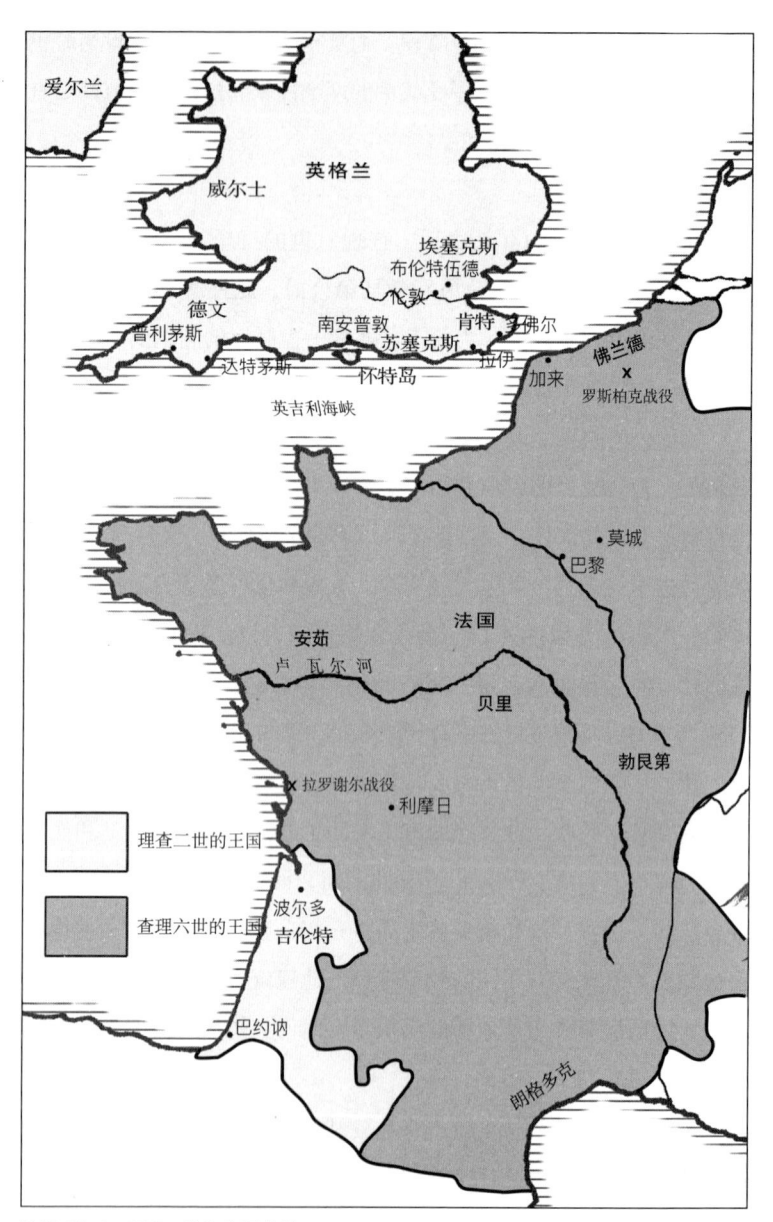

地图 31-1　理查二世和查理六世

金币、银币以及银制盘子。所有掠夺品都被运回王室宝库。

他们在罗斯柏克村（Rosebecque）遭遇了佛兰德叛军，在随后的大屠杀中，法国步兵手持长矛，杀入拥挤的佛兰德军队中，把佛兰德人的队伍冲散，佛兰德人只能夺路而逃。佛兰德叛军的首领死在水渠中，身上却没有伤口。他在逃亡的过程中摔倒，遭踩踏窒息而亡。[8]

取得全胜之后，查理六世回到了巴黎。市民手持武器欢迎国王，希望以此向年轻的国王展示他们的力量。作为回应，查理让指挥官打开城门，封闭街道，这样军队便可以全部进入，镇压任何试图反叛的人。这令人生畏。巴黎人悄悄溜回了家。就连让·傅华萨也记载道："他们害怕受到惩罚，国王进城时，没有人敢出门，甚至连窗户也不敢开。为了报复，查理六世和幕僚对那些公开抗议者征收巨额罚金，以此惩罚他们过去的行为，警示法国其他地区的民众。"[9]

理查二世得到的辅佐也不太好。

未成年国王的摄政本应是他的叔叔冈特的约翰，即爱德华三世目前在世的最年长的儿子。但很多人都不喜欢约翰，多位大臣甚至怀疑他觊觎王位。为此他们成立了一个管理委员会，其成员每年更换。但根据《大编年史》记载，委员会所有成员都"声名显赫、正直善良、通情达理"。[10]

他们或许正直善良，但他们的决策却很糟糕。为了给正在法国进行的战事筹钱，该委员会开始征收一系列新税：人头税。每个人都要缴纳这种统一税。1377年，第一次征收时，每人要交纳四便士银币，这大体相当于一只山羊的价格（教士需要缴纳更高的税）。1379年进行了第二次征税。穷人需要缴纳四便士，而骑士和地主需要缴纳更多。人们从未"见过或者听说过这种奇妙福利"。14 世纪的《佚名编年史》(*Anonimalle Chronicle*)记录道,此事绝无先例,人们对其极力抵制。[11]

1380 年 10 月,第三次"奇妙福利"来了:15 岁以上的居民(无论男女)都要缴纳三枚四便士银币。这是第一次税金的三倍。1380 年征收的人头税在全国范围内执行。农民、冈特的约翰和伦敦市长都要缴纳相同数额的税。*

1381 年春天,征税开始。税吏发现了一些奇怪的事情。从 1377 年开始,大概有 50 万农民、牧人和农场主陆续消失。德文郡深受农民流失的影响。很显然,该地区人口在三年内减少了近一半。[12]

无声的抗税行为表明存在大量地下组织,同时,人们普遍认为他们受够了。英格兰劳动者受够了。

宗教界和世俗界两个额外的人群加入他们,英格兰怨声一片。托马斯·沃尔辛厄姆(Thomas Walsingham)在《大编年史》中写道:"一名来自北方的男子在牛津大学成为人们关注的焦点。他叫约翰·威克里夫(John Wycliffe),是一位神学博士。他公开宣扬一些非常荒谬的异端学说……指出罗马的教会不是所有教会的领导者……罗马教皇的权力不比任何授职神父大……而福音能为所有基督徒提供足够的现世指导。"这并非新鲜见解,也并不令人震惊。朗格多克的迦他利派教徒、韦尔多派教徒和牧人起义者全都呼吁解散罗马教会。但丁和马西利乌斯都已经表示反对教皇自封的特殊权威。但威克里夫在学术著作中和讲台上都表达了这些观点。他善于进行平白、有力的表达,这在牛津大学教师中十分罕见。他在伦敦的布

---

* 规定要求:如果穷人不能足额缴税,富人要补齐差额。最终目的是征收统一税。

道为他赢得了众多信众。他指责英格兰神职人员拥有财富和特权，并认为罪人的救赎直接来自上帝，无须"高级教士"宽限期限。这两种观点都剥夺了特权者手中的权力，将其移交给普通基督徒。[13]

与此同时，"疯狂的神父"约翰·鲍尔（John Ball）在乡间奔波，呼吁对英格兰社会进行根本性重组。让·傅华萨告诉我们："周日做完弥撒以后，大家走出教堂时，他习惯在集市上把大家召集起来，然后发表类似下面的言论："

> 朋友们，英格兰局势不可能平静，除非一切事务都由公共处理，除非贵族和农奴间的沟壑消除，除非我们齐心协力。为什么那些领主凌驾于我们之上？他们是如何配得上这种名分的呢？他们凭什么奴役我们？我们都是始祖亚当和夏娃的后裔。那他们怎么可以说他们领主比我们更好，从而强迫我们辛苦劳作，为他们赚钱呢？他们可以穿着天鹅绒和皮草，而我们只能穿布料。他们可以享用美酒、香料和上好的面包，而我们只能吃黑麦和被扔掉的秸秆，喝白水。他们拥有华屋良田，而我们只能冒着风雨辛苦耕作。我们眉间的汗水成就了他们高高的地位……让我们一起去找国王。他很年轻，我们会告诉他我们遭受了怎样悲惨的奴役，我们会告诉他这必须改变，否则我们将自行解决。[14]

与此同时，王家委员会已决定，任命专门的调查官处理抗税行为。调查官拥有逮捕和惩罚的权力，负责追寻失踪的农民。

1381年6月，布伦特伍德村（Brentwood）的居民遭遇了全副武装的调查人员。调查官托马斯·班普顿（Thomas Bampton）下令逮捕他们,他们用武力将他赶出了布伦特伍德。

随即,叛乱开始在整个英格兰南部蔓延。

这不是像扎克雷起义那样缺少组织的农民叛乱,而是一场内战。成千上万的英格兰平民曾经在法国参加过战斗,他们知道如何组织战斗。在埃塞克斯和肯特的城镇,他们选出领导人,按照军团进行编队,准备进军伦敦。[15]

他们抵达首都,通过城门进入市内。他们号称有 10 万人,一位被选出的领导人成为首席发言人。他叫瓦特·泰勒(Wat Tyler),几乎没有人了解他的情况。他可能在法国参加过战斗,沃尔辛厄姆写道,他是一位"能人"。另一位史家写道,他"头脑灵活,非常聪明"。

到现在为止,叛乱一直不算血腥。在前往伦敦的路上,农民军洗劫了教区办公室,焚毁了土地记录和出生证明,但没有围攻城堡或攻击住户。但在伦敦,他们变得不受节制。精美的索威宫被付之一炬,那是不受欢迎的冈特的约翰在伦敦的豪宅(约翰本人在苏格兰,这可能救了他一命)。坦普尔区(The Temple)是伦敦律师执业的地方,也被洗劫。农民军打开弗利特河畔的债案犯监狱(Fleet Prison)的大门,释放了囚犯。大火在伦敦各个地方燃起。坎特伯雷大主教、英格兰财务大臣、一位首席人头税征税官,以及另外两名男子被拖出藏身之处伦敦塔,然后被处死。[17]

理查二世自己也退到王家衣库(The Wardrobe),他跟幕僚被困在那里。他被迫同意进行谈判。6 月 14 日和 6 月 15 日,他骑马出行,会见瓦特·泰勒。

泰勒的要求毫不客气。爱德华三世当政时曾批准过一些法律,授予地主更多控制农民的权力。泰勒要求废除这些法律,同时扩大受法律保护者的范围。所有英格兰教会的财富要重新分配给人民。剥夺所有主教的地位，只有约翰·鲍尔才能保留这一头衔。取缔所有英格兰贵族的地位和头衔。"最后，"泰勒总结说，"要恢复英格兰所有农奴的自由。"根据王家法令，理查二世将要废除整个主仆结构，它在诺曼征服之后一直影响着英格兰。

理查二世同意所有要求，"保住了王权"。他只在英格兰留有一个头衔。[18]

他没有权力也没有意向执行这些承诺。泰勒却感到很满意，他要来一大杯啤酒，为新达成的协议敬酒。对于接下来的事情，各种史书记载不同。有的说泰勒拔出匕首，攻击伦敦市长。也有的说，理查二世手下的一位骑士嘲讽了这位农民领袖。还有的说，市长直接试图逮捕泰勒。不过，10 分钟之内，瓦特·泰勒躺在地上，身受重伤。

已经悄悄地埋伏在周围的伦敦民兵立即包围了农民军。大规模流血冲突似乎是不可避免的，但年轻的理查二世应付自如。流淌着金雀花家族血脉的他冲着叛军大喊："我将是你们的国王、首领和领导者。我同意你们的要求。"

紧张时刻过后，农民开始放下武器。民兵允许他们散去。接下来的几天里，越来越多的人回到自己的家园。

他们把希望寄托在年轻的国王身上，他也答应改变他们的处境。日子一天天过去，人们清楚地意识到，他绝对无意遵守诺言。骚乱又开始了。但那时英格兰军队集结了全部力量，开始惩处叛军。"国王和贵族在后面追赶他们。有人被马拖着走，有人死于剑下，有人被绞死，有人被肢解，"14 世纪威尔士律师亚当·厄斯克（Adam Usk）写道，"数千人惨遭屠杀。"理查二世授予伦敦市长绝对军事权力，维持城市秩序。约翰·鲍尔试图逃往农村，但被逮捕后带回伦敦。他在那里被大卸八块。[19]

6月22日，理查二世亲自在埃塞克斯领导发动报复袭击。劳动者代表团要求觐见国王。沃尔辛厄姆记录道，他们要求他兑现承诺，废除农奴制，让他们跟领主平起平坐。理查对"他们的气魄十分惊讶"，反驳道：

> 你们过去是农民，现在也是农民。你们依旧会受到奴役，不像以前那样，而是待遇更差。只要我们还活着能够这样去做，只要上帝的恩典还统治这个国度，我们将努力运用智慧、权力和财富，让你们永远这样服从……现在和未来像你们的人会一直看到你们的痛苦，像照镜子一样。这样他们就会诅咒你们，唯恐犯下同样的罪行。[20]

/ 31 坏的开端

时间线 31

高丽	元朝	日本	教皇	意大利	神圣罗马帝国	德意志	法国	苏格兰	英格兰
									爱德华三世（1327—1377）
			尼古拉五世（对立教皇）（1328—1330）	路易四世（1328—1347）			腓力六世（1328—1350）		
				阿佐内·维斯孔蒂，米兰领主（1329—1339）				大卫二世（1329—1333/1371）	
		南北朝时代（1331—1392）							
		光严天皇（北朝）（1331—1333）							
								杜普林沼地战役（1332）	
		建武新政（1333—1336）						爱德华·巴利奥尔（伪）（1333—1336）	
			本笃十二世（1334—1342）						
		光明天皇（北朝）（1336—1348）							
							百年战争（1337—1453）		
		足利尊氏幕府（1338—1358）							
									斯鲁伊斯海战（1340）
				彼特拉克加冕桂冠诗人（1341）					
			克雷芒六世（1342—1352）						《马莱特鲁瓦协议》（1343）
									克雷西战役（1346）
					查理四世（1346—1378）				
							加来失守（1347）		
恭愍王（1351—1374）	韩山童起义（1351）						约翰二世（1350—1364）		
			英诺森六世（1352—1362）						
				贝尔纳博·维斯孔蒂，米兰领主（1354—1385）					
					查理四世（1355—1378）				
	朱元璋自称吴国公（1356）								
	脱脱去世（1356）								
							扎克雷起义（1358）		

时间线 31（续表）								
高丽	明朝	日本	教皇	意大利	神圣罗马帝国	德意志	法国	苏格兰	英格兰
	陈友谅称帝（1360）		乌尔班五世（1362—1370）				《布雷蒂尼条约》（1360）		
	鄱阳湖战役（1363）						查理五世（1364—1380）		
		足利义满幕府（1368—1394）	教廷回到罗马（1367）						
	明太祖（1368—1398）								
辛旽被刺杀（1371）			格列高利十一世（1370—1378）				利摩日沦陷（1370）		
王禑（1374—1388）							拉罗谢尔战役（1372）		
									黑太子去世（1376）
									理查二世（1377—1399）
			乌尔班六世（1378—1389）						
			克雷芒七世（对立教皇）（1378—1394）						
	胡惟庸案（1380）			基奥贾战役（1380）			查理六世（1380—1422）		
									农民起义（1381）
	设立锦衣卫（1382）								
		后龟山天皇（南朝）（1383—1392）					安茹公爵路易一世去世（1384）		
				吉安·加莱亚佐·维斯孔蒂，米兰领主和公爵（1385—1402）					
王禑被废（1388）									
傀儡统治者									
朝鲜太祖李成桂（1392—1398）		南北朝时代结束（1392）							

/ 32

移位

> 1370年至1399年,加奈姆帝国变成博尔努帝国,尼日尔七个王国的边界发生变化。

加奈姆雄鹰帝国霸占着非洲中部长达一个世纪之久。它坐落在一望无垠的乍得湖东面,疆土向四周延伸。14世纪历史学家奥马里曾写道:加奈姆帝国位于埃及的济莱镇(Zella,今属利比亚)和卡卡镇(Kaka,今属苏丹)之间。"从一个镇到另一个镇需要3个月的时间。"由济莱镇北上就是撒哈拉沙漠,从卡卡镇向西北遥望就是中非乍得湖,它们相隔约1900千米。那时的加奈姆虽然地域辽阔,但是,不能称为欧洲式的帝国,因为欧洲的领主会向属下征收赋税,要求封臣向其效忠,但加奈姆国王并不控制任何疆土。[1]

相反,他只负责保障贸易路线通畅。加奈姆的繁荣依赖于贸易,其贸易线路经过撒哈拉沙漠,一条线路延伸至的黎波里(Tripoli),另一条线路通往埃及,这条商路不太好走,旅客稀少。产自加奈姆的矿山、田地和森林的盐、象牙、鸵鸟羽毛和粮食谷物被运往北方。

战马、羊毛、铜和铁制武器等被运往南方。加奈姆王室认为没必要强迫北部的撒哈拉部落臣服，但他们急切希望打通一条安全通往地中海市场的贸易之路。加奈姆的边界划分是基于商业的实际情况，而不涉及政治因素。这也就使得边界模糊不清，难以划定，甚至难以守卫。

14世纪初，加奈姆东部边界开始遭受临近地区侵犯。这些侵犯者为农民及牧人，时代稍晚一些的史家称他们是布拉拉人，他们极有可能来自尼罗河高山地区，顺着河流向西漂流，早在阿拉伯人定居之前就来到那里。他们坚守自己传统宗教习俗，痛恨加奈姆的贸易交易。阿拉伯史家伊德里西记载道：加奈姆出口量最大的商品为盐和明矾，但是从附近部落抓获的奴隶也会成为交易的一部分。加奈姆的奴隶交易规模不大，但利润丰厚。伊斯兰教明令禁止贩卖或者拥有穆斯林奴隶，附近部落的异教者就成了加奈姆唯一的奴隶来源。[2]

双方之间战争持续不断，长达数十年。1370年，布拉拉人的袭击演变成为全面战争。传说加奈姆最后六位君主均死于这场跟布拉拉人的战争。1380年左右，加奈姆国王奥马尔·伊本·伊德里斯（Umar ibn Idris）做出重大决定，放弃乍得湖以东区域，离开首都恩吉米。他决定前往乍得湖以西，这样乍得湖就正好处于他的居民与布拉拉人之间。乍得湖以西的地方当时被称为博尔努。很久以前，这一片地区很可能是一个独立的王国。人们几乎忘了那个独立的时代，但加奈姆国王习惯自称为"加奈姆之王和博尔努之主"，博尔努曾经独立的痕迹因而保留下来。[3]

大多数奥马尔·伊本·伊德里斯的臣民都跟随他，高兴地远离恐惧。这个遭受打击几十年的王国开始努力恢复。除了乍得湖，博尔努没有天然边界。它慢慢扩张到南部乡村。那里的 7 个王国在王城周围搭建了泥墙。

这些小国后来被称为豪萨（Hausa）王国。每个小国以一座有泥墙的城市为中心，士兵在此处驻扎，贸易也随之开展。贸易市场拓展到的黎波里：黄金、象牙和鸵鸟羽毛被运往北方直至地中海地区，而纸张、羊皮纸、武器和盔甲被运往南方。共有 7 个豪萨王国：卡诺（Kano）和拉诺（Rano）以靛蓝染料贸易著称，戈比尔（Gobir）好战，扎里亚（Zaria）的财富来自奴隶贸易，还有比拉姆（Biram）、道拉（Daura）和卡齐纳（Katsina）。它们是分布在尼日尔河的较宽分岔口上的小型定居点，有一些已有数百年历史。根据卡诺的传统口述记载，第一位统治者于公元 1000 年统治全国，约在 1150 年完成围墙的建设。在 12 世纪末，卡诺一直致力于征服周边地区，对邻国扎里亚发动了战争。当时卡齐纳只是一个不受保护的小村庄。[4]

之后的关于豪萨王国起源的传说记载了一次从东方而来的旅程。巴亚基德（Bayajidda）是巴格达国王之子。他跟父亲发生了争执，离开了家乡。他来到博尔努，娶了博尔努公主。然后又跟岳父发生了争执，离开了这个王国。他继续西行，到达了道拉，发现那里的村民饱受井中巨蟒的折磨，只能在周五打水。于是他杀死了巨蟒，娶了道拉女王。两人共育有 7 个儿子，他们各自建立起自己的王国。[5]

关于这个故事的版本颇多，但是很晚之后才被真正记载下来。14 世纪，豪萨王国还未信奉伊斯兰教。巴亚基德的出身也仅仅是后来的一个传说。只是为了让豪萨王国带上一抹穆斯林和王室的起源色彩。尽管各种传说千奇百怪，豪萨王国之间显然已经依靠古老的部落关系相互联系起来。[6]

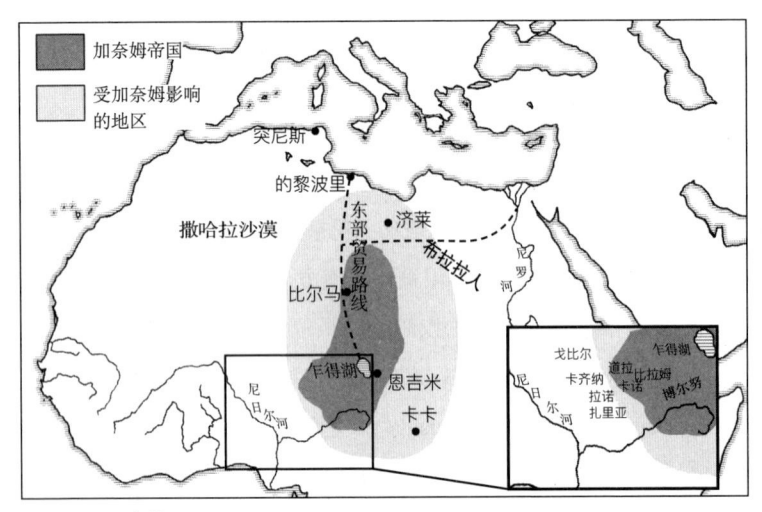

地图 32-1　豪萨王国

　　井中巨蟒揭示了另一种联系。道拉村民为了镇压这条巨蟒，用上了乌鸡、黑色公羊和黑犬。然而只有周五（穆斯林圣日）这一天和穆斯林王子之剑能够抵挡巨蟒的侵害。[7]

　　加奈姆国王率领他的伊斯兰政府大举向西迁移，同行者包括士兵、定居者、学者和阿訇。这是伊斯兰宫廷第一次完整出现在建有围墙的豪萨城市北部。这些城市成了有着传统生活方式的人和先知子民的共同边界。

时间线 32

教皇	意大利	神圣罗马帝国	德意志	法国	苏格兰	英格兰	加奈姆
						爱德华三世 (1327—1377)	
尼古拉五世 (对立教皇) (1328—1330)		路易四世 (1328—1347)		腓力六世 (1328—1350)			
	阿佐内·维斯孔蒂，米兰领主 (1329—1339)				大卫二世 (1329—1333/1371)		
					杜普林沼地战役 (1332)		
					爱德华·巴利奥尔 (伪)(1333—1336)		
本笃十二世 (1334—1342)							
				百年战争 (1337—1453)			
						斯鲁伊斯海战 (1340)	
	彼特拉克加冕桂冠诗人 (1341)						
克雷芒六世 (1342—1352)							
						《马莱特鲁瓦协议》(1343)	
						克雷西战役 (1346)	
		查理四世 (1346—1378)					
				加来失守 (1347)			
				约翰二世 (1350—1364)			
英诺森六世 (1352—1362)							
	贝尔纳博·维斯孔蒂，米兰领主 (1354—1385)						
		查理四世 (1355—1378)					
				扎克雷起义 (1358)			

时间线 32（续表）

教皇	意大利	神圣罗马帝国	德意志	法国	苏格兰	英格兰	加奈姆
				《布雷蒂尼条约》（1360）			
乌尔班五世（1362—1370）							
				查理五世（1364—1380）			
教廷回到罗马（1367）							
格列高利十一世（1370—1378）				利摩日沦陷（1370）			
							与布拉拉人的战争（14世纪70年代）
				拉罗谢尔战役（1372）			
						黑太子去世（1376）	
						理查二世（1377—1399）	
乌尔班六世（1378—1389）							
克雷芒七世（对立教皇）（1378—1394）							
							奥马尔·伊本·伊德里斯（?—约1388）
	基奥贾战役（1380）			**查理六世**（1380—1422）			迁往博尔努（1380）
						农民起义（1381）	
				安茹公爵路易一世去世（1384）			
	吉安·加莱亚佐·维斯孔蒂，米兰领主和公爵（1385—1402）						

/ 33

疯癫和篡夺

> 1383年至1401年，查理六世失去心智，理查二世失去王位。

冈特的约翰在农民起义中失去了宫殿，但对于王位依然满怀信心。

他的第一任妻子是兰开斯特公爵的女继承人布兰奇（Blanch of Lancaster），因此他获得了兰开斯特公爵的称号。布兰奇去世时只有23岁，她为约翰生了7个孩子，但只有3个孩子得以成年。之后，他又娶了17岁的卡斯提尔的康斯坦茨（Constance of Castile）。她是被废黜并且被谋杀的卡斯提尔国王"残忍者佩德罗"的女儿。佩德罗同父异母的哥哥特拉斯塔玛拉的恩里克觊觎王权。在法国人的帮助下，他夺得了卡斯提尔王位。佩德罗深知，冈特的约翰想以妻子的名义索取卡斯提尔王位。

"约翰身为兰开斯特公爵，提出强烈要求，认为钱必须由他掌管，"《大编年史》记载道，"他声称，利用相同数额的金钱，他就能够将敌人阻挡在英格兰海岸之外整整一年……贵族们很不情愿，但还是苦涩地同意了这个纠缠不休的请求……公爵在其领地里拥有很大的权力，对于贵族们来说，违反他的意愿是不明智的。"听说兰开斯特的约翰有了新舰队后，特拉斯塔玛拉的恩里克知道，这批舰队不仅仅是为了防御海岸、抵抗法国而建的。恩里克感到了"巨大的恐惧……他认为，公爵打造舰队不仅仅是为了保护海域，而且是为了以妻子的名义武力夺取他的王国"。[1]

他的担心完全正确。冈特的约翰想要夺取卡斯提尔的王位。为了实现这个目的，他与葡萄牙国王商议建立英格兰-葡萄牙联盟。"通过葡萄牙，我们能够更快捷地得到卡斯提尔王权。"他的一个幕僚说。葡萄牙人一贯怀疑卡斯提尔试图再次吞并他们，而对抗卡斯提尔的战争能够帮助他们确保自己独立。[2]

事实上两个国家之间的战争直到1383年才开始。到那个时候，特拉斯塔玛拉的恩里克已经去世，而他的儿子胡安一世（Juan I）已经继位。英格兰和葡萄牙派出一支联合军队，由冈特的约翰和葡萄牙人阿维什的若昂（John of Aviz）率领，向卡斯提尔进军。阿维什的若昂自称对葡萄牙拥有领导权。和以前一样，法国士兵赶来增强卡斯提尔的防御。波旁公爵，即年轻的查理六世的舅舅，担任最高司令官。

然而，这场战争变成了葡萄牙人反抗卡斯提尔，争取独立的战争。阿维什的若昂抵抗卡斯提尔控制葡萄牙的野心，从而获得了控制这个独立国家的权力。1385年8月，在阿尔茹巴罗塔（Aljubarrota）战役中，阿维什的若昂击败了法国-卡斯提尔联军，彻底粉碎了卡斯提尔夺取葡萄牙领土的计划。这场胜利之后，阿维什的若昂成为人们心目中的英雄，他更有筹码谋得王位了。

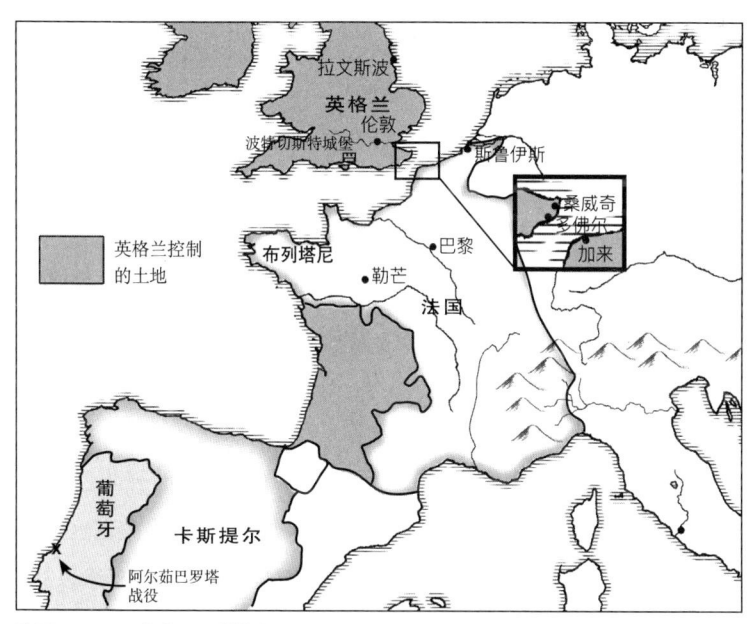

地图 33-1　阿尔茹巴巴罗塔战役

但冈特的约翰没有得到好处。特拉斯塔玛拉的恩里克之子依然控制着卡斯提尔，冈特的约翰仍然没有取得卡斯提尔王权。葡萄牙国王表示要继续与卡斯提尔作战，英格兰议会很不情愿地同意再一次资助冈特的约翰，提供1200名骑士、2000名弓箭手、1000名步兵，以及足够支撑至少6个月的资金。

卡斯提尔国王也再次向法国宫廷寻求帮助。查理八世认为，入侵英格兰能让英格兰人撤出卡斯提尔。他给卡斯提尔国王回信说："不要慌，我们将占领英格兰人的老家，让他们不知道该顾哪头。在彻底摧毁英格兰后，我们会助你一臂之力。"

让·傅华萨记载道："卡斯提尔国王对这个答复谈不上满意。

事实上，他难掩失落之情，因为没有骑士和大领主从法国来帮助他。他们都急于入侵英格兰。"侵略计划定在 1386 年 8 月。为了建造更多战舰，法国开始征税。查理六世下令，征用法国港口停泊的所有船舶。（"上帝创造世界以后，从没有如此多的大型船舶聚集在一起过。"让·傅华萨记载道。）他们花费数月烘制能在船上食用的饼干、腌肉和干蛋黄，干蛋黄会被打成粉末，在船上储藏。在英格兰，一条新的谣言正在悄然传播：法国正准备在多佛尔或者桑威奇（Sandwich）登陆，舰队将随时出发，他们将会包围加来，而查理六世将会亲自率军进攻。[3]

这一整个辉煌的计划出人意料地失败了。法国的舰队直到 10 月底才赶上顺风。万圣节前夜，整支舰队驶离了已经聚集在这里整整一年的斯鲁伊斯海港。沃尔辛厄姆记载道，在港口 30 千米以外，"逆风袭来，直直地吹向他们，把他们送回了家……他们的船只彼此碰撞，一些船在斯鲁伊斯港口的入口就遭到了破坏"。[4]

他们没有进行第二次尝试。也没有法国军队进入卡斯提尔，尽管到了 1387 年，冈特的约翰已经认识到，自己夺得卡斯提尔王位的尝试徒劳无功，转而把一个女儿嫁给葡萄牙国王之子。他无法获得王位，但或许有一天能够成为国王的外祖父。

那场没有完成的侵略是巴黎方面完全缺乏领导力的表现。查理六世是一个年少轻狂的统治者，对政治不感兴趣。他的叔叔们时常为了宫廷权力而争斗，他们私通勾结，私订协议，阻止任何统一的战略的实施。在伦敦，理查二世的执政不再高效。他的宠臣笨拙愚蠢。他跟两位仍在英格兰的叔叔发生了争执，并且密谋撤掉他不喜欢的议员。大大小小的战斗正在法国与英格兰海岸展开，然而两个国王都没有能力进行谋划，更不用说执行一个宏伟的战略了。

33 疯癫和篡夺

1391 年,法国宫廷大臣们召开了一场试探性会议,讨论可能达成的和平协议。"法国人……清楚地认识到,他们的实力不足以战胜英格兰王国,"沃尔辛厄姆记载道,"然而英格兰也没有强大到可以征服法国的地步,结果只能是随着时间的推移,两个国家因为毫无意义的征战变得贫穷。"[5]

为了起草和平协议,两国官员列出无数条细节,讨论也持续了很长时间。在接下来的那个夏天,和谈没有多少进展。查理六世开始受到慢性热病的折磨。让·博华萨记载道:"他的御医和叔叔们注意到他经常意识恍惚,精神错乱,但他们毫无办法,因为他根本听不进任何建议。"

1392 年 8 月第一周,尽管他的健康状况不佳,24 岁的国王仍坚持率领军队远征,对抗布列塔尼公爵,这位公爵曾侮辱过法国骑士统帅。那一天很热,他身穿黑色丝绒夹克,戴着绯红礼帽,他身后骑马的青年侍从经过了精心打扮——身着丝绸和甲胄,头戴铮亮的钢盔。其中一人扛着国王的长矛。

让·博华萨记载道:"他们骑马前行。青年侍从也不过是孩子,无法约束自己和他们的坐骑。扛着长矛的侍从竟然睡着了……长矛落到了前面侍从的头盔上。"它们咣当一声碰在一起。查理六世受到惊吓,产生了幻觉,以为是一群叛国贼发动了袭击。他大声喊道:"前进!前进!"然后转身攻击侍从。他们吓得四散而逃,查理拔剑出鞘,直接策马冲向他 20 岁的弟弟,奥尔良公爵路易一世(Louis I, Duke of Orléans)。

奥尔良公爵惊慌失措,策马疾驰而去,而后绕了一圈回来,这样侍从和骑士就能围住国王。国王好像不认得任何人。他们向后退去,然后围成一圈,让他追赶,直到他筋疲力尽。最后,内侍来到他身后，抓住他的手臂，别人夺走了他的宝剑。

让·傅华萨记载道："他的叔叔、舅舅和兄弟们赶过来，但他失去了对于他们的记忆，对他们没有表现出任何熟悉感和好感，他转着眼球，一言不发。"他被抬上担架送往附近的勒芒（Le Mans），在那里昏迷了整整三天。他恢复意识之后，完全不记得这件事了。他很虚弱，不过理智尚存。[6]

但他永远不会再是以前的样子了。他会突然感到剧烈疼痛，就像有一千根刺在扎他一样。他会时不时地认不出人，攻击朋友和家人，或者在宫殿奔跑数小时直至累倒在地。他的精神错乱不可预知，也不持久，因此摄政也无法长期掌权。他的叔叔和舅舅们重回宫廷，国家落入了他们的手中。[7]

国王的精神错乱进一步减慢了和平谈判的速度。最后，1396年3月，两国达成协议，进入长达28年之久的休战期。两国冰释前嫌，禁止在现有的边界上新建城堡。29岁的理查二世同意迎娶查理六世7岁的女儿伊莎贝拉（Isabella）。这是王室家族间的联姻，但他们的孩子无权继承法国王位。

婚礼在11月举行，伊莎贝拉获得英格兰南部的波特切斯特（Portchester）城堡作为府邸。沃尔辛厄姆记载道："近期的王室婚礼和嫁妆似乎给英格兰带来了一段和平，而且两国已就30年的和平期达成协定……但是这一切被发疯的国王破坏了。"[8]

没有发出警告，理查二世便逮捕并关押了他不信任的三个人：沃里克伯爵（Earl of Warwick）和阿伦德尔伯爵（Earl of Arundel），还有理查二世的叔叔，黑太子最小的弟弟托马斯（Thomas）。他控告他们三人密谋囚禁自己。没人相信这些指责，但理查还是决定处理掉这些潜在的威胁。沃里克伯爵被终身囚禁，阿伦德尔伯爵被砍头。王族成员托马斯在监狱中意外去世。理查雇了一个刺客,不留痕迹地将他闷死在了监狱里。

沃尔辛厄姆评论道:"没有人知道国王害怕什么。"他可能是患了妄想症。他后期的行为不太理性。他总觉得阿伦德尔伯爵的脑袋会奇迹般地回到身体上,于是在一天凌晨 4 点多命令一群伯爵挖开棺材进行检查(头和身体还是分开的)。他也变得越来越专制。他向臣民大肆借钱,却无意偿还。他想让所有人臣服于他。他强迫朝臣在白纸上签字画押,以便日后当他需要除掉他们时,能够写上罪名。亚当·厄斯克记载道,他正在"加速走向毁灭"。[9]

1398 年,他命令堂弟亨利·博林布鲁克(Henry Bolingbroke)离开英格兰。亨利是冈特的约翰的长子,一介莽夫。他曾经因为一句戏言要跟另一位贵族诺福克公爵进行决斗。为了防止决斗发生,理查二世把他们一起送出国门。

1399 年,冈特的约翰离世,终年 59 岁。他回到英格兰时疲惫不堪,没有追究是谁杀了他弟弟,是谁驱逐了他的儿子。在他死后,理查二世没收了他在兰开斯特的诸多地产,这些地产当时属于被放逐的亨利。

亨利之前去了巴黎,听到消息后,立刻回国。沃尔辛厄姆记载道:"他现在发现,国王对待所有臣民都不公平。而且国王不时地出现在国家的某个地方,看那里的人们是否准备反抗自己。"亨利最终在拉文斯波(Ravenspur)附近登陆,准备隆重登场,公爵们、伯爵们纷纷投奔他。几天之内,他集结了 6000 名士兵,人数还在不断增加。

理查二世甚至没有试图进行反击。他仍然清醒地意识到自己是多么不得人心。在亨利及其支持者到来之前,他就动身逃往北方。

最后他放弃了。他派一名使者去找亨利，主动提出退位，条件是保全性命和过上"适合他身份的生活"。[10]

7月4日，亨利到达英格兰。9月29日，理查二世在伦敦塔正式举行退位仪式。他解除了全体臣民对他效忠的义务，并宣布由新的兰开斯特公爵接任国王。沃尔辛厄姆记载道，他这样做时，"似乎很开心，面露喜色"。

第二天，亨利四世（Henry IV）接受了加冕。"我宣布接管这个王国，"他告诉那些聚集在一起的骑士、神父和伯爵，"我属于王族一脉……上帝的恩典让我恢复这个王国……这个王国处于毁灭的边缘，这都要归咎于政府的无能。"他用英语发表上述言论。自从诺曼征服以后，这是英格兰国王第一次用英语进行加冕演讲。[11]

随后，理查二世也对国王的处置做了表态。"这一切以后，"他说道，"我希望我的这位亲戚能成为一位好的主君，并成为我的朋友。"

1400年2月，退位的国王辞世。亨利四世之前把他软禁在庞蒂弗拉克特（Pontefract）城堡，位于约克郡北部。据当时的文献记载，他深陷绝望，思维混乱，绝食而死。并不是所有人都相信这件事。让·傅华萨记载道："众所周知，他不可能活着出来。"也有谣传声称，亨利四世派刺客处理了前任君主。16世纪的史家拉尔夫·霍林斯赫德（Ralph Holinshed）提出，埃克斯顿的皮尔斯（Piers of Exton）骑士听到亨利四世叹息道："就没有一个真正的朋友来助我摆脱他吗？"皮尔斯立即出发展开行动。但这是在故意影射亨利二世和贝克特的事件，因此这个故事的真实性受到质疑。[12]

不论如何，亨利立即展示了理查的尸体。尸体被放在担架上，从庞蒂弗拉克特一路由四匹黑马拉到伦敦。这样做的目的就是让所

时间线 33

加奈姆	法国	苏格兰	英格兰	卡斯提尔	纳瓦拉	葡萄牙
			爱德华三世 (1327—1377)			
	腓力六世 (1328—1350)				琼三世 (1328—1349)	
		大卫二世 (1329—1333/1371)				
		杜普林沼地战役 (1332)				
		爱德华·巴利奥尔 (伪)(1333—1336)				
	百年战争 (1337—1453)					
			斯鲁伊斯海战 (1340)			
			《马莱特鲁瓦协议》 (1343)			
			克雷西战役 (1346)			
	加来失守 (1347)					
					查理二世(1349—1387)	
	约翰二世 (1350—1364)			佩德罗(1350—1369)		
	扎克雷起义 (1358)					
	《布雷蒂 尼条约》 (1360)					
	查理五世 (1364—1380)					
				蒙铁尔原野战役 (1369)		
				特拉斯塔玛拉的恩里 克二世(1369—1379)		
与巾拉拉人的 战争(14世纪 70年代)	利摩日沦陷 (1370)					
				冈特的约翰与卡 斯提尔的康斯坦 茨结婚(1371)		

时间线 33（续表）							
加奈姆	法国	苏格兰	英格兰	卡斯提尔	纳瓦拉	葡萄牙	
	拉罗谢尔战役 （1372）						
			黑太子去世（1376）				
			理查二世（1377—1399）				
奥马尔·伊本·伊德里斯 （?—约1388）							
			胡安一世（1379—1390）				
迁往博尔努 （1380）	查理六世 （1380—1422）						
			农民起义（1381）				
	安茹公爵 路易一世 去世（1384）						
				阿尔茹巴罗塔 战役（1385）		阿维什的若昂 （1385—1433）	
	英法停战 （1396）						
			亨利·博林布鲁克 被放逐（1398）				
			亨利四世 （1399—1413）				

有人见证理查二世确实死了。亨利的目的是消除一切怀疑，消除所有关于理查离奇逃脱的传闻，杜绝理查的冒充者出现。理查到死也没有子嗣，金雀花王朝直系一脉到此绝嗣。兰开斯特家族得到了英格兰王位。*

---

* 理查二世和亨利四世是堂兄弟。亨利四世的父亲冈特的约翰是爱德华三世国王的第四子，所以亨利四世被认为是家族一员。兰开斯特家族是金雀花王朝的旁支（这种旁支由君主制或家长制下小儿子们的后裔组成）。

/ 34

尼科波利斯战役

> 1385 年到 1396 年，奥斯曼人获得胜利。

君士坦丁堡的约翰五世在牺牲了自由的条件下保住了皇位。他现在是奥斯曼苏丹穆拉德的封臣。为了确保他服从命令，他的儿子曼努埃尔被扣留在奥斯曼宫廷当作人质。穆拉德只是在执行长期以来确立的奥斯曼政策：通过武力来同化并征服其他国家，强迫周边国家的君主变成对他唯命是从的下属，向他的意志屈服。[1]

战争持续不断。现在，奥斯曼帝国的大军越过拜占庭，来到了塞尔维亚和保加利亚。塞尔维亚完全陷入一片混乱之中，失去了整个东部地区。1385 年，索菲亚（Sofia）被奥斯曼帝国占领。次年，尼什（Niš）也被占领。1387 年，塞萨洛尼基被攻陷。保加利亚发起反抗苏丹统治的最后一击，但是被奥斯曼军队打败。保加利亚国王被俘虏，只得宣誓效忠。[2]

1389 年的初夏，奥斯曼大军最终征服了塞尔维亚。最后的塞尔维亚的守卫者是一位叫拉扎尔（Lazar）的贵族，他在摩拉瓦河（Morava）河畔自封为地方统治者，重整旗鼓，联合其他塞尔维亚统治者准备最后一战，但他们寡不敌众，意见不一。6月15日，奥斯曼大军与他们在科索沃遭遇，数以千计的塞尔维亚士兵惨遭杀戮。拉扎尔本人被俘，随即被斩首。于是塞尔维亚也属于土耳其了。拉扎尔的儿子宣誓效忠、朝贡，以及为土耳其征战，从而得以活命。

在这片黑暗中，穆拉德之死似乎成了唯一的亮点。穆拉德死于科索沃战役，死因未知：也许是战死，也许是被叛徒谋害。但奥斯曼帝国正好利用了这一点。苏丹之位由穆拉德之子巴耶济德一世（Bayezid I）继承，他的外号是"霹雳"（Yildirim）。即位之后，巴耶济德立刻下令，用弓弦绞死了他最喜欢的兄弟、忠诚的指挥官雅各布（Yakub）。雅各布在科索沃战役中表现英勇，但他可能成为新苏丹的有力竞争者，而巴耶济德绝对不允许这种可能性存在。

巴耶济德一世颁布了新政。他不再继续允许封臣在其控制下继续存在，计划将他们粗暴地驱逐出去。这场新的"战役"开始于保加利亚和其他奥斯曼帝国封臣的领地。巴耶济德决定用奴隶统治者取代臣属的国王，因为奴隶统治者对他个人完全效忠。他给了自己一个新头衔：罗马（Rûm）苏丹。这样做并不仅仅是为了宣称小亚细亚的奥斯曼苏丹国是其领土，他的意思是要成为第二罗马（即君士坦丁堡）的苏丹。[4]

1390年，他逼迫曼努埃尔二世（Manuel II）参与围攻菲拉德尔斐亚（Philadelphia）。菲拉德尔斐亚是小亚细亚土地上最后一个抵抗奥斯曼入侵的希腊古城。拜占庭帝国的最后一批前哨部队向奥斯曼大军投降时，拜占庭帝国皇位的继承者第一个登上城墙。15世纪希腊编年史家哈尔科孔蒂利斯（Chalkokondyles）尖酸辛辣地评论道，这是一种罕见的荣耀。[5]

巴耶济德一世步步入侵，君士坦丁堡的约翰五世感到惶恐不安，于是下令从破旧教堂拆下大理石，用来加固城门。约翰五世的做法令刚刚大展身手的巴耶济德感到不悦。巴耶济德要求约翰撤下城墙加固的部分，拆除该城的黄金城门并将门对外敞开。巴耶济德威胁约翰五世，如果约翰不执行命令，他就会弄瞎曼努埃尔二世的眼睛，曼努埃尔二世仍然被扣押在苏丹宫廷之中。

约翰五世只得照做。但这是对他的希望和荣耀的最后一击。他回到宫殿，躺在床上一动不动，滴水未进，最终于1391年2月去世，终年58岁。[6]

听到了父亲的死讯，曼努埃尔二世逃离了苏丹的领地，回到君士坦丁堡。巴耶济德一世曾经放话说，他后悔没在有机会时杀了曼努埃尔二世这个人质。[*]但是既然曼努埃尔二世这个新皇帝依然管辖着君士坦丁堡，他不得不这样安慰自己："关上城门，我统治着这里，但外面依然属于我。"[7]

当时，40多岁的曼努埃尔二世不仅是一个身经百战的老兵，还是一个天生聪颖的学者和军事家。他假装君士坦丁堡的那些古老荣耀依然存在。1392年年初，他迎娶了塞尔维亚公主海伦娜（Helena），举办了一场不合时宜的婚礼，以此吹嘘帝国的伟大。整座城市被用丝绸装饰着。人们举办各种游行和盛宴，参加持续整整一晚的圣餐仪式。之后这对头戴皇冠、身饰珠宝的新婚夫妇起身离开黄金宝座，

---

[*] 很显然，苏丹巴耶济德又重新考虑了这个恐吓做法。曼努埃尔二世接替父亲登上皇位的3个月后，苏丹巴耶济德下令，在宫廷中召见曼努埃尔二世，这个新皇帝安全地到达。曼努埃尔二世决定展现他的忠诚，以延缓巴耶济德对君士坦丁堡的必然入侵。在他1392年1月返回君士坦丁堡之前，曼努埃尔花了7个月的时间来协助巴耶济德开展下一项军事活动。之后，他回到了君士坦丁堡，然而巴耶济德的策略变成了一种彻彻底底的征服。

向那些聚集在宫殿里的宾客致敬。

那顶真正的皇冠实际上还在威尼斯，作为拖欠威尼斯债款的抵押。在客人即将离开之际，来自威尼斯的客人提醒曼努埃尔二世皇帝，他仍然欠威尼斯的钱。

这个伟大的东方帝国所剩的就只有君士坦丁堡城墙以内的地方了。城墙以外的地方现在都属于土耳其人了，而且巴耶济德一世放眼于全局的胜利，企图控制所有西方国家的王权。"清除了这片土地上的荆棘后，"他在宫廷里说，"我的儿子们就可以在基督教的土地上自由地跳舞，不用再担心脚下了。"[8]

1394年，巴耶济德一世下令围攻君士坦丁堡。当年曼努埃尔二世就是从他的宫廷逃走的。他的军队烧毁了君士坦丁堡城墙外的一切，然后从陆路包围了君士坦丁堡。这座城市能够幸存，唯一的原因就是奥斯曼大军暂时无法从海上进行封锁。奥斯曼的舰队还不是很成熟，水上作战的能力还很差，而君士坦丁堡当时还可以进行海上补给。但城外的土地和木材都不可用。在城内，人们被迫在狭小的城内田地上种植蔬菜，他们拆毁外屋和谷仓，以获得足够的木材来烤制面包。[9]

曼努埃尔二世需要外界的帮助。最后匈牙利的西吉斯蒙德对他伸出了援手，西吉斯蒙德统治的地区其实是他妻子的领土。在奥斯曼大军的攻击下，保加利亚已经屈从，而塞尔维亚也已经成为奥斯曼帝国的附庸国。西吉斯蒙德似乎已经能够看到自己将来的命运。他希望西方基督教的国王们能再发动一次十字军东征。

尽管阿维尼翁教皇（对罗马人来说是"对立教皇"）承诺给予赎罪券，但没有人付诸行动。只有少数英格兰士兵来了，但是他们

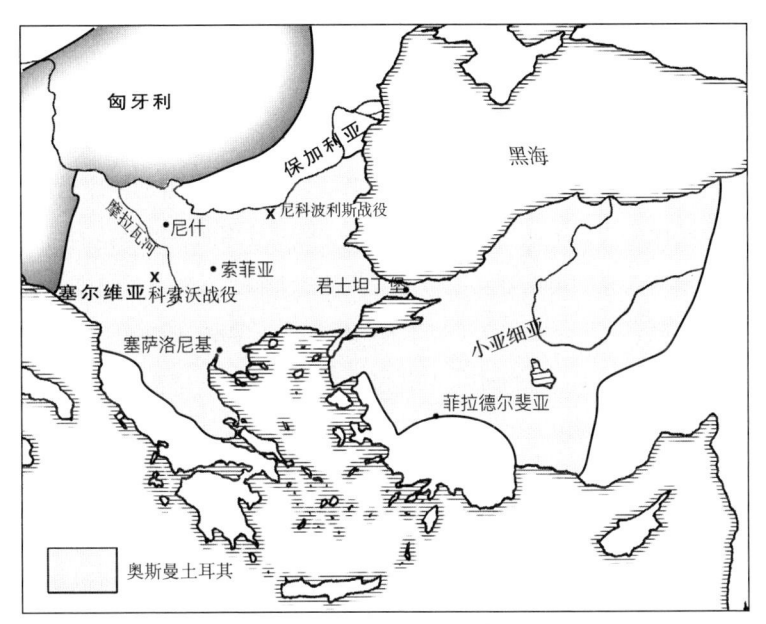

地图 34-1　奥斯曼帝国的胜利

都不是在王室的命令下来的。法国国王查理六世绝不会参加十字军东征。查理六世的叔叔勃艮第公爵承诺说会代替他参加东征，但是在最后一刻，勃艮第公爵改变了主意，派遣自己的儿子出征。为了能够继续拥有通过黑海跟东方进行贸易的权利，威尼斯也派遣了军队。医院骑士团也派了些人。[10]

1396 年 9 月底，在匈牙利聚集的十字军队伍达到最强水平，但依然力量薄弱、无精打采。面对这场即将要和奥斯曼人军展开的战斗，他们争论应该是打一场防守战（一直等到巴耶济德出现）还是打一场进攻战。最后，他们向尼科波利斯方向前进。由于西吉斯蒙德增派了 6 万匈牙利人来充实十字军东征的队伍，他们已经变成了一支足以令人闻风丧胆的队伍。

9月25日,巴耶济德一世击溃了他们。

法国骑士团急于在第一次攻击时就取得战功,巴耶济德带领一小部分精兵吸引了法国骑士团,并让大部队藏在附近的一座山上。这支法国分遣队迅速追击出现的一小支奥斯曼军队,但是他们马上就被随后而来的奥斯曼大军包围,并被消灭掉了。之后,奥斯曼大军冲向剩下的十字军军队。猝不及防之下,十字军士兵被大批屠杀。位于尼科波利斯外面的十字军营地也被包围,所有货物和帐篷都落到了奥斯曼人手里。[11]

匈牙利的西吉斯蒙德和医院骑士团团长得以逃脱,留下了数千名被俘士兵。勃艮第公爵的儿子也在其中。当天战斗过后,巴耶济德一世命令他的部下把所有俘房都带出来。巴耶济德自己可以获得五分之一的战利品,但根据伊斯兰教传统,这些俘房属于俘房他们的人。但苏丹有自己的想法。他找来一个来自法国勃艮第的战俘,因为这名战俘曾经是奥斯曼帝国的雇佣兵,而且会说几句土耳其语。他要求这名战俘选出20个最有钱的俘房,向他们勒索赎金。那个俘房照做了。勃艮第的下一任继承者也被选了出来。

然后巴耶济德下令,把其余的俘房全都斩首。

巴耶济德的这一举动违背了基督教和伊斯兰教的惯例,但是他的下属们还是忠顺地执行了他的命令。其中的一个幸存者是来自德意志的步兵约翰·席尔特贝格(Johann Schiltberger),他年仅16岁,因为年龄过小才幸免于难。他说:"他们不会杀20岁以下的人。"然后他接着说:

然后我看到巴伐利亚的贵族汉森·格赖夫(Hannsen Greif)

大人和其他四人都被绑到一起。当他们看到屠杀的景象时,格赖夫大声呼喊,安慰那些站在那里等待被处死的骑兵和步兵。他挺着脊梁说道,今天我们的鲜血为了基督教信仰而流淌,在上帝的恩赐下,我们将会成为天堂的子民。当他说这番话的时候,他跪了下来,和他的同伴们一起被砍下了头。[12]

最后,大屠杀终于停了下来。巴耶济德的士兵想要取悦他们的主人,却对这项任务感到了厌烦。目击者们对于遇难者的总数持有争论,大家众说纷纭,从几百人到数千人。不管总数是多少,结果都一样。君士坦丁堡依然处在被包围之中,西方基督教国家已经撤退。此时,巴耶济德一世通往西方的大路已经畅通无阻。

十字军东征的牺牲是一种殉道者的牺牲。汉森·格赖夫临死前的那一瞬间是释然的,因为他完全相信自己将面见上帝。但是对于巴耶济德一世而言,这并不是一场圣战。对他来说,他正在征服一个帝国,绝不关心正义之战的神圣规则。

时间线 34

法国	英格兰	卡斯提尔	纳瓦拉	葡萄牙	奥斯曼土耳其	塞尔维亚	拜占庭	匈牙利	教皇
						斯特凡·杜尚 (1331—1355)			
百年战争 (1337—1453)					尼科美底亚 向奥尔汗投 降(1337)				
	斯鲁伊斯海战 (1340)						约翰五世 (1341—1391)		
								安茹的路易一世 (1342—1382)	
									克雷芒六世 (1342—1352)
	《马莱特鲁瓦 协议》(1343)								
	克雷西战役 (1346)								
加来失守 (1347)							约翰六世 (1347—1354)		
		查理二世 (1349—1387)							
约翰二世 (1350—1364)		佩德罗 (1350—1369)							
									英诺森六世 (1352—1362)
							爱琴海地震 (1354)		
							约翰六世逊位 (1354)		
						塞尔维亚陷入 内战(1355)			
					苏莱曼·帕夏 去世(1357)				
扎克雷起义 (1358)									
《布雷蒂尼条约》 (1360)									
					穆拉德一世 (1362—1389)				乌尔班五世 (1362—1370)
查理五世 (1364—1380)									
					占领哈德良堡 (1365)				
	蒙铁尔原野 战役(1369)								教廷回到罗马 (1367)
		特拉斯塔玛拉 的恩里克二世 (1369—1379)					约翰五世转信 天主教(1369)		
利摩日沦陷 (1370)	冈特的约翰与 卡斯提尔的 康斯坦茨结婚 (1371)								

时间线 34（续表）

法国	英格兰	卡斯提尔	纳瓦拉	葡萄牙	奥斯曼土耳其	塞尔维亚	拜占庭	匈牙利	教皇
拉罗谢尔战役（1372）									
							约翰五世归顺穆拉德（1373）		
	黑太子去世（1376）								
	理查二世（1377—1399）								乌尔班六世（1378—1389）
									克雷芒七世（对立教皇）（1378—1394）
		胡安一世（1379—1390）							
查理六世（1380—1422）									
	农民起义（1381）								
安茹公爵路易一世去世（1384）								**玛丽亚**（1382—1385）	
		阿尔茹巴罗塔战役（1385）		**阿维什的若昂**（1385—1433）			那不勒斯国王查理三世作为匈牙利国王查理二世（1385—1386）		
								西吉斯蒙德（1387—1437）	
					巴耶济德一世（1389—1402）				
					科索沃战役（1389）				
					菲拉德尔斐亚投降（1390）				
							曼努埃尔二世（1391—1425）		
					围攻君士坦丁堡（1394）				
英法停战（1396）					尼科波利斯战役（1396）				
	亨利·博林布鲁克被放逐（1398）								
	亨利四世（1399—1413）								

/ 35

卡尔马联盟的成立与瓦解

> 1387 年至 1449 年,丹麦女王玛格丽特统一了斯堪的纳维亚三国,但她去世后,联盟并未持续太久。

波罗的海北部有三个国家:丹麦、挪威和瑞典。它们从未在国际事务上发挥过主导作用。

早在 8 世纪之前,斯堪的纳维亚人就已经在寒冷的北部半岛定居。古代史家执事保罗(Paul the Deacon)曾记录了当时斯堪的纳维亚人面临的困境,他们"人口已经多到无法继续聚集在一起生活了"。因此,一部分人搬到了意大利北部的伦巴第,为意大利这个文化熔炉增添了一道金发碧眼的风景线。另一部分人越过波罗的海,沿着河溪建起了商栈和"罗斯人村庄"。还有一部分人当了海盗,进入法兰克人和英格兰人的地盘,成了后来的"维京人"。

但多数人仍继续留在本土,后来他们分别加入了瑞典、丹麦和挪威等王国。900 年前后,"乱发哈拉尔"(Harald Tangle-Hair)统一挪威,并派船西航,将冰岛和格陵兰岛变成自己的殖民地。丹麦曾殖民过英格兰一段时间。在丹麦人的威胁之下，瑞典曾与丹麦和英格兰结盟。

尽管丹麦和瑞典的国王多出自王室，但是人民依然坚持沿用古老武士部落的传统，自己选择国王，只有挪威制定了父位子承的制度。跟传统风俗一样，他们的语言也慢慢出现了不同。斯堪的纳维亚三国之间分分合合，像跳苏格兰里尔舞（reel）一样。

1319年，芒努斯·埃里克松（Magnus Ericsson）继承其祖父，成为挪威国王芒努斯七世（Magnus VII），同年也被选举为瑞典国王芒努斯二世（Magnus II）。就这样，瑞典和挪威因为简单的共主邦联制联合在一起。出于对同一位国王统治两个国家的不满，瑞典和挪威人民进行了多次起义反抗。芒努斯迫于压力，于1355年将挪威王位传给儿子哈康六世（Haakon VI）。1364年，瑞典贵族将他的外甥阿尔贝特（Albert）扶上瑞典王位，他失去瑞典王位之后被驱逐出境。

芒努斯·埃里克松携儿子哈康六世逃亡至挪威，大约10年后他在一次海难中丧生。共主邦联虽然解体了，但哈康为第二次邦联的建立奠定了基础。他娶了丹麦瓦尔德马尔四世（Valdemar IV，他的独子早年夭折）的女儿玛格丽特（Margaret）公主。玛格丽特与哈康育有独子奥拉夫（Olaf）。1375年，瓦尔德马尔四世逝世。次年，丹麦议会（Danehof）选举6岁的奥拉夫为丹麦国王奥拉夫三世（Olaf III），由其母亲摄政。1380年夏天，哈康六世早逝。10岁的奥拉夫继承了挪威王位。

之后，这部王国三部曲再次出现了新变化。瑞典在阿尔贝特的统治下四分五裂，丹麦、挪威因共主邦联联合在一起。奥拉夫这位年轻的国王跟他的父亲一样不幸。他于1387年英年早逝。他的母亲玛格丽特继续摄政，成为挪威和丹麦两国的实际统治者。

尽管两国人民均不认可这位女君主作为统治者，但玛格丽特开始做一件所有前任国王从未做过的事——实现三国共主。

此时她已统治挪威和丹麦，而她要做的只是说服两国人民继续拥护她的王位。年轻的奥拉夫死后，丹麦议会同意玛格丽特继续摄政，毕竟她是瓦尔德马尔四世唯一在世的子女，而议会也更愿意让王冠戴在王室人头上。但议会不知道该如何称呼这样一位女士，于是他们想出了一条权宜之计，称呼她为"全权女士和女主"（All-Powerful Lady and Mistress）。[1]

挪威采用王位世袭制，所以在决定国王人选时费了一些时间。为了能够顺利加冕，玛格丽特收养了一位子嗣，那就是她已故姐姐5岁的外孙埃里克（Eric）。于是，在得到丹麦议会认可的同年，她也成了挪威的统治者。[2]

这样就只剩瑞典还没有被她纳入囊中了。

瑞典的阿尔贝特虽是由大多数贵族选出的国王，但并不是全部西部贵族都效忠于他。比起阿尔贝特，有些贵族更倾向于芒努斯·埃里克松，因为他们更看好他的儿子哈康和孙子奥拉夫。现在他们决定效忠于玛格丽特。阿尔贝特肆意掠取贵族的土地和城堡供自己使用，反对他统治的呼声更高了。

1388年1月，一项秘密条约达成了，玛格丽特将拥有瑞典境内城堡、堡垒的使用权，条约承认她瑞典"全权和名正言顺的统治者"的身份。作为交换，玛格丽特承诺维护贵族们在阿尔贝特上台前所享有的"权利、自由和特权"，甚至同意交还丹麦和挪威掠取的所有瑞典土地，把两国的边境线恢复到几十年前的状态。[3]

阿尔贝特对敌人不屑一顾，甚至奚落玛格丽特是"裤子都不穿

35 卡尔马联盟的成立与瓦解

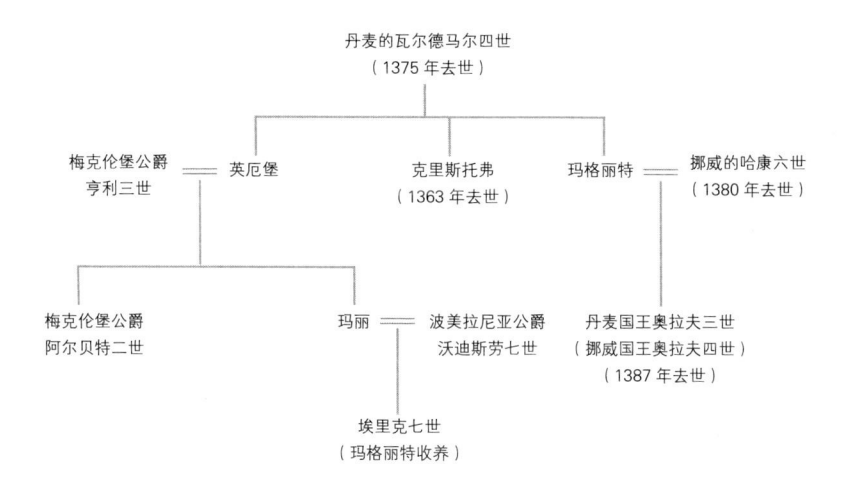

```
                    丹麦的瓦尔德马尔四世
                      （1375 年去世）
    ┌──────────┬──────────┬──────────┬──────────┐
梅克伦堡公爵 ══ 英厄堡    克里斯托弗    玛格丽特 ══ 挪威的哈康六世
 亨利三世                （1363 年去世）         （1380 年去世）
    │                                          │
梅克伦堡公爵              玛丽 ══ 波美拉尼亚公爵   丹麦国王奥拉夫三世
阿尔贝特二世                     沃迪斯劳七世    （挪威国王奥拉夫四世）
                          │                   （1387 年去世）
                        埃里克七世
                      （玛格丽特收养）
```

图 35-1　玛格丽特和埃里克的家谱

的女王"。但当丹麦-挪威联军攻入瑞典后，瑞典军队逐渐瓦解，整个王国陷入一场内战。一本当时的史诗悲叹地记载道，"整个王国一片混乱"：

> 手足相残，
> 父子反目。
> 法律权利无人在意。
> 有人效忠旧主，
> 有人追随女主。[4]

这场残酷的战争很快就结束了。1389 年 2 月，玛格丽特的军队在法尔雪平（Falköping）东部的平原上大败阿尔贝特。阿尔贝特本人也被俘虏。因为不熟悉当地地形，阿尔贝特率领军队骑马进入结冰的沼泽地，深陷其中。玛格丽特十分厌恶阿尔贝特给她起的绰号，命令他戴上小丑帽子，之后将他流放到丹麦的林霍尔姆（Lindholm）城堡，他之后6年的囚禁生活就在此度过。

丹麦、瑞典和挪威的大部分地区都已归属玛格丽特，只有忠于阿尔贝特的斯德哥尔摩到了1395年才被攻陷。拿下斯德哥尔摩意味着玛格丽特成为斯堪的纳维亚三国的完全统治者。她希望三个国家联合，作为一个整体传到埃里克的手里，因此下令起草宪章，确立这个邦联正式形成。三个王国拥戴同一位君主，建立"永久的联盟"，各国遵循各自的法律法规和惯例，每国有责任保护其他两国不受外界侵犯，一国对外结盟即代表三国对外结盟。[5]

1397年6月17日，三国贵族在卡尔马举行的会议上签署了《卡尔马宪章》。年轻的埃里克七世（Eric VII）成为斯堪的纳维亚三国的国王，而他44岁的姨外祖母玛格丽特在10岁就成为王后，至今统治了挪威和丹麦整整10年。她才是权力的实际掌控者。

国王奥拉夫三世去世15年后，一个身无分文的外地人出现在了普鲁士的条顿骑士团国（Teutonic state of Prussia），并在格劳登兹（Graudenz）附近的小村庄住了下来。当时的普鲁士历史学家约翰·冯·珀斯格（Johann von Posilge）记载道："几个商人发现了他，问他在丹麦是不是挺有名的。因为他长得很像奥拉夫国王。但他说不是。商人们离开后又带着几个人回来，并以君主称呼他，说他是丹麦和挪威的国王。"[6]

当时奥拉夫已逝世15年，这些商人如何得知奥拉夫15年后的样子确实有待探究。珀斯格没有直说，但接下来的故事暗示所谓的"商人"其实是当地策划谋反的人，目的是挑战玛格丽特的政权。

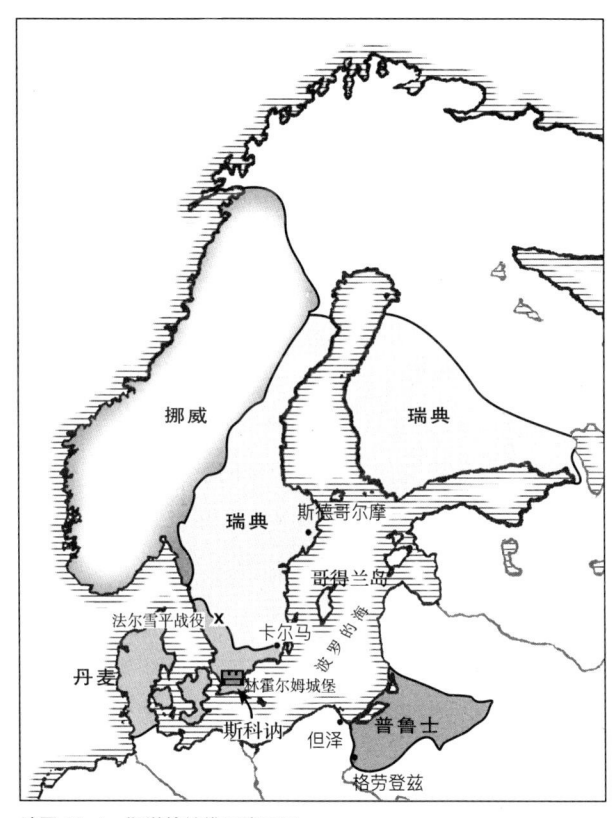

地图 35-1　斯堪的纳维亚诸王国

"商人们"和他来到一座海滨城市但泽（Danzig，现在的格但斯克），"带他体会了无上的荣耀"，为他修建宫殿，提供一切他想要之物，甚至给他制作了国王印章。这个缺乏主见的外乡人很快接受了自己的新身份，同意给玛格丽特写信，要求她归还自己的王位。[7]

可是，他一被带到女王面前，一切就都真相大白了。"无论从哪个角度看，他都不是真的奥拉夫，"珀斯格写道，"他既不是生于王室，也不会说王室语言（策划谋反的家伙们应该提前想到这一点）。"被揭穿后，他承认自己只不过是匈牙利北部居民，因为但泽的那些商人给了他太多的荣耀，才接受了新的身份。[8]

他被玛格丽特女王判处死刑。刑场设在斯科讷（Scania）南部的跨国市集。他被绑在火刑柱上，烧死的时候还被迫举着自己写给玛格丽特的所有信件。

卡尔马联盟统一了三国，却无法弥补三国之间的裂痕。

1405年12月8日，在玛格丽特的掌控下，埃里克在威斯敏斯特大教堂与英格兰国王亨利四世的女儿菲利帕（Philippa）举办了婚礼。菲利帕年仅11岁。24岁的埃里克甚至没有出现在婚礼现场。这场王室婚礼一直由别人代替他进行。

这场仪式说明了两人的婚姻是合法的，但菲利帕直到第二年夏天才离开英格兰。到达这个新国家后，她才第一次见到自己的丈夫。1406年10月26日，他们在瑞典的隆德大教堂（Lund Cathedral）再次举行婚礼。菲利帕的204名英格兰随从和侍女出席了婚礼。他们今后将从属于埃里克和菲利帕一家。现存的妆奁清单记载，两人的长袍和礼服由总计23 762张松鼠皮裁制而成。[9]

与英格兰的联盟使得埃里克成为欧洲最强大的统治者之一。但他既没有玛格丽特的领导力，也没有她的政治头脑。1412年玛格丽特去世后，联盟无人管理，人民赋税过重，他也逐渐失去了人民的支持。

1434年，瑞典首先爆发了起义。1436年，挪威也爆发了武装反抗。埃里克并不想参与到战争中去。1438年，他携带着国库的钱财和珍宝逃到了哥得兰岛（Gottland），住在岛上的城堡中。[10]

1440年，丹麦人民选举了新国王：埃里克七世的外甥，巴伐利亚的克里斯托弗（Christopher of Bavaria）。他年纪尚轻，对统治国家没有什么经验。他的上台意味着丹麦的实际控制权落到了贵族手里。最终瑞典也承认了克里斯托弗的王位。挪威是三国中最后一个承认他的王位的，他加冕后从来没有访问过该国。[11]

克里斯托弗上台8年后去世，没有留下子嗣，也没有留下什么值得后人纪念的丰功伟绩。三国共主邦联正式瓦解。早年反抗埃里克起义的贵族领袖卡尔·克努特松（Karl Knutsson）成为瑞典国王卡尔八世（Charles VIII）。丹麦选举了本国人奥尔登堡的克里斯蒂安（Christian of Oldenburg）继承王位。挪威人则意见不一。有人希望从哈康六世的近亲中选出一位本土国王，有人支持瑞典国王统治，还有人赞成丹麦国王统治。

最终，支持丹麦国王统治的挪威人胜出，丹麦和挪威归一位国王统治。但瑞典依然处于分离状态。玛格丽特的伟大成就——卡尔马联盟——在她去世后仅传承了一代人就结束了。

时间线 35

奥斯曼土耳其	塞尔维亚	拜占庭	匈牙利	教皇	瑞典	丹麦	挪威
					芒努斯二世·埃里克松（1319—1364）		瑞典国王芒努斯二世·埃里克松作为挪威国王芒努斯七世（1319—1355）
奥尔汗（1323—1362）							
		安德洛尼卡三世（1328—1341）					
	斯特凡·杜尚（1331—1355）						
尼科美底亚向奥尔汗投降（1337）						瓦尔德马尔四世（1340—1375）	
		约翰五世（1341—1391）					
			安茹的路易一世（1342—1382）				
				克雷芒六世（1342—1352）			
		约翰六世（1347—1354）					
				英诺森六世（1352—1362）			
		爱琴海地震（1354）约翰六世逊位（1354）					哈康六世（1355—1380）
苏莱曼·帕夏去世（1357）穆拉德一世（1362—1389）				乌尔班五世（1362—1370）			
占领哈德良堡（1365）						阿尔贝特（1364—1389）	
				教廷回到罗马（1367）格列高利十一世（1370—1378）			
			约翰五世转信天主教（1369）约翰五世归顺穆拉德（1373）				
							奥拉夫三世（1376—1387）
				乌尔班六世（1378—1389）克雷芒七世（对立教皇）（1378—1394）		丹麦国王奥拉夫三世作为挪威国王奥拉夫四世（1380—1387）	

35 卡尔马联盟的成立与瓦解

时间线 35（续表）

奥斯曼土耳其	塞尔维亚	拜占庭	匈牙利	教皇	瑞典	丹麦	挪威
			玛丽亚（1382—1385）那不勒斯国王查理三世作为匈牙利国王查理二世（1385—1386）西吉斯蒙德（1387—1437）			玛格丽特（1387—1412）玛格丽特（1389—1412）	
巴耶济德一世（1389—1402）	科索沃战役（1389）	菲拉德尔斐亚投降（1390）曼努埃尔二世（1391—1425）					
围攻君士坦丁堡（1394）尼科波利斯战役（1396）					斯德哥尔摩向玛格丽特投降（1395）卡尔马联盟成立（1397）埃里克七世（1412—1438）反对埃里克的行动（1434）		反对埃里克的行动（1436）克里斯托弗三世（1440—1448）丹麦国王克里斯托弗三世作为瑞典国王克里斯托弗（1441—1448）	丹麦国王克里斯托弗三世作为挪威国王克里斯托弗（1442—1448）
					卡尔八世克努特松（1448—1457、1464—1465、1467—1470）	奥尔登堡的克里斯蒂安（1448—1481）	

/ 36

胡斯起义

> 1388 年至 1419 年，德意志城市反抗国王，波希米亚的胡斯派开始反抗教会。

　　德意志国王文策斯劳斯四世（Wenceslaus IV）已经统治了 10 年。在绝大部分时间里，他都在与自己的人民斗争。

　　文策斯劳斯四世在 27 岁时继承了父亲查理四世的波希米亚王位。查理四世在 1378 年逝世之前，为了使儿子能够成功当权，给选侯们发放现金礼物以笼络人心。为了筹集现金，查理四世抵押了大部分士瓦本的帝国自由市。文策斯劳斯在继承了王权的同时，也不得不面对接下来惨淡的现实。

　　所谓的"帝国自由市"（Reichsstädte）建立在皇家直属领地上，是在皇家城堡周围发展起来的城市。它们直接受神圣罗马帝国皇帝管辖。所有帝国自由市直接向皇家国库缴税，只听从皇帝任命的总督的命令，不受任何公爵和选侯的调遣（即使它们是属于公爵或选侯的直辖领地），发誓只对皇帝效忠。[1]

"抵押"一个帝国自由市就是把它移交给另一方控制,以此换取资金。查理四世把任命地方行政长官以及其他城市官员的权力一并卖给了士瓦本贵族符腾堡(Württemberg)伯爵,这个举动明显是把城市的管理大权交给了这位伯爵。[2]

士瓦本城市乌尔姆(Ulm)带领其他13个城市发起反叛。同时,它们宣布已经结成了一个团体,这个由德意志城市组成的政治联盟目标一致:坚决抵抗任何一个想要插手管理城市事务的外来君主,并且拒绝选举年轻的文策斯劳斯当他们的新皇帝。查理四世在1378年逝世之前基本没有镇压过士瓦本的叛乱。在接下来的10年中,文策斯劳斯一直强迫这个城市联盟服从他的管治。这个头开得不怎么好。

1389年,他与士瓦本联盟的战争最后以难以令人满意的方式艰难地结束了。文策斯劳斯同意给予士瓦本城市一系列自治特权(包括成立独立委员会来解决"和约中的贵族和城市"之间的争端),条件是他们承认自己是他们的国王。然而事实上,他主张的这种全面和平(Landfriede)不允许任何城市联盟反对皇帝:反对皇帝就是"反对上帝,反对帝国,反对法律"。[3]

士瓦本城市联盟已经精疲力竭,无心恋战,最后同意妥协。但是文策斯劳斯试图压制臣民意志的想法最后无果而终。在执政的前10年里,他忙于镇压反对帝国的城市叛乱。在随后的10年里,他采取了一系列措施,镇压德意志贵族的叛乱。贵族们反对他筹集资金的方式,其中包括承认吉安·加莱亚佐·维斯孔帝为米兰公爵以获得大笔收入。他们反对他对神职人员的处理方式(他与布拉格大主教发生冲突,结果他把大主教的下属都送进了监狱)。他们批评他的酗酒行为。他们还抱怨文策斯劳斯在统治帝国时产生大量的文书工作。[4]

总之，他们下定决心摆脱国王的限制。"德意志的城市享有非常广泛的自由，"16世纪的政治哲学家马基雅维利写道，"……它们高兴时就服从皇帝，不担心被皇帝或者别人攻击。城市拥有坚固的城墙和深沟的保护，存有足以使用一年的弹药和补给。围攻这些城市将漫长而痛苦。"但马基雅维利没有提到，它们习惯于自治，根本不愿服从命令。[5]

文策斯劳斯想结束教会分裂的局面，自由市因此得到了背弃他的机会。教会的分裂已进行到第二代了。生于那不勒斯的卜尼法斯九世（Boniface IX）已经成功地在罗马继承了乌尔班六世的教皇之位。同时期的来自阿拉贡的本笃十三世继承了克雷芒七世，在阿维尼翁成为教皇。政治分裂进一步加剧了宗教分裂。精神错乱的法国国王支持阿维尼翁教皇，德意志却承认罗马教皇。

1398年，文策斯劳斯同意与查理六世在兰斯见面。通常法国国王都是在那里处理外交事务，并签署各项协议的。他前一天晚上饮酒过量，第二天早晨摇摇晃晃地迟到了。与此同时，查理六世的身体正在逐渐好转。宿醉未醒的德意志国王和法国国王达成了一致。他们会将各自支持的现任教皇请下台，选出第三位教皇，从而重新将教廷统一起来。

卜尼法斯九世发动了反击。他提出赋予德意志选侯们罢免国王的权力，以换取他们对教皇的支持。

德意志选侯们接受了这个提议。他们对继任者的人选意见不一，耽误了一些时间。1400年8月20日，在拉尼克（Lahneck）城堡，美因茨大主教宣布，文策斯劳斯"无用、懒惰、无能，不配拥有王冠"。紧接着，选侯们聚在一起，选出巴拉丁的鲁珀特（Rupert of the Palatine）为德意志的下一任国王。[6]

文策斯劳斯拒绝被废黜，但在大多数德意志地区，他的支持者甚少。他被迫撤退到波希米亚。他在那里继续担任国王，但他的权力仅限于波希米亚境内。

德意志的鲁珀特很快就发现，他接手的这些烦琐问题无法得到快速解决。1401年，在加冕之后，他为了削弱吉安·加莱亚佐·维斯孔蒂的力量（也就是现在的米兰公爵）而进军意大利，但止步于布雷西亚。次年，鲁珀特放弃进攻，悻悻回国。他很快就发现，跟前任国王一样，自己深陷叛乱、抱怨和诡计的深渊。

躲在波希米亚的文策斯劳斯遭到了多个帝国自由市的进攻，被贵族们推翻了统治。现在他面临着统治期间的第三次起义。波希米亚的神父扬·胡斯（Jan Hus）支持并发起了另一场叛乱。虽然胡斯信徒的势力远弱于德意志的贵族和士瓦本的帝国自由市，但他们却比以上二者都要难以对付。

扬·胡斯当时30岁，曾经是神父、学者、布拉格大学校长，也是约翰·威克里夫的追随者，现在是大规模人民起义的核心领导者。

威克里夫在1381年的农民起义之后不久就去世了。当时他正全力投入把拉丁语《圣经》翻译成英语的浩大工程。这是个极为反教权的项目，来自他的信念："任何聪明人都不应该害怕对《圣经》文本的研究。"威克里夫说，英格兰教士的傲慢和贪婪使他们无视对上帝之语的真正理解。但《新约》内容是"众生均能理解的"。[7]

进行翻译的并非威克里夫独自一人。还有其他几位英格兰学者认同威克里夫的激进思想，向他伸出了援手。反对派人数也在增加：威克里夫的《圣经》出版以后，英格兰一位修道院院长亨利·奈顿怒斥道："他把《圣经》变成了普通的物品。相比以前只对博学的神职人员开放，现在它对平信徒和妇女更为开放……因此，福音明珠暗投，被人践踏在地……而教士的神职则变成了平信徒的游戏。"[8]

威克里夫继续布道、写作。他认为教会的变体论（圣餐中的面包和酒变成基督的真正身体和鲜血）不合《圣经》教义，属于盲目崇拜。"我们敬拜圣餐杯中的假神，"他抗议道，"因为圣事仅仅是一个标志……它标志着一件往事或未来之事。"这给那些声称独享神圣身体和鲜血的神职人员一记耳光。作为往事的标志，任何人都可以分享面包和红酒。他称赎罪券为"十足的亵渎"，因为向罪人承诺惩罚会取消，是把基督的救赎力量给予了教皇。[9]

1384 年，威克里夫英年早逝，死于中风。此前他在英国穷人阶层和骑士阶层都拥有大批追随者。他们自称"罗拉德派"（Lollards，即威克里夫派）。托马斯·沃尔辛厄姆对威克里夫不感兴趣，说他们是"残暴的狼，用他们的邪恶教义传染他人"。1401 年，亨利四世批准议会的法令，禁止英格兰臣民拥有威克里夫的《圣经》，因为它"违背天主教信仰"。未经教会许可的传教行为都可能面临被逮捕和审判的惩罚。该法令从来没有提到罗拉德派，但人们马上就不再说出自己的信念了，因为违者会被处死。[10]

威克里夫的信念同样也在海峡另一边广为传播。1403 年，布拉格大学禁止传播他的教义。胡斯继续为他辩护，甚至为了学生受益而继续翻译威克里夫的著作，导致最后他被学校解雇。

1409 年，教皇训令正式谴责了"威克里夫主义"，授权焚毁他所有的著作，谴责他的所有传教内容。但这个教皇训令本身就存在争议。它不是来自罗马或是阿维尼翁，而是来自比萨。就是在那里，枢机主教团聚集在一起，同意废黜两位教皇，选出第三位妥协的候

地图 36-1　胡斯战争

选人：方济各会的亚历山大五世（Alexander V）。

亚历山大五世刚当上教皇，第一件事就是宣告威克里夫有罪。而不幸的是，其他两位教皇并不同意下台。现在情况极其尴尬，在西方有了三位教皇。

文策斯劳斯四世依然是波希米亚国王，他于1410年3月决定承认亚历山大五世为真正的教皇。这意味着针对威克里夫主义的教皇训令已经产生了全面且激烈的影响。

扬·胡斯和其他几个威克里夫主义支持者带着威克里夫著作的复制品,去找布拉格大主教陈情。这些著作让人"花费了大量精力",内容十分有价值。把它们烧掉的行为很荒谬:"依据同样的道理,那我们也应该去烧亚里士多德、阿威罗伊(Averroes)或者奥利金(Origen)的作品。"主教没有理会他们,下令燃起火堆。尽管图书的主人们在不断抗议,仍有至少 200 本书被烧毁。两天后,大主教还将胡斯和他的同伴们革出了教门。[11]

大主教专制的做法并没有得到大多数布拉格人的认同,这主要是因为人们传言他私自扣留了最珍贵书籍中的黄金装帧。当时有这样一首民谣在街上流传:"主教把书烧了,但对内容一无所知。"一批暴徒冲进教堂,把神父们赶下祭坛。胡斯对此事并不加以阻止,他在布道中强烈表示,大主教是敌基督的。文策斯劳斯下令让大主教赔偿焚毁的图书,这对于平息紧张的局势也毫无助益。亚历山大五世坐上第三个教皇的宝座仅 10 个月后就意外身亡。这意味着波希米亚国王可以暂时持观望态度,观察当时的局势。[12]

转机还真的来了。约翰二十三世(John XXIII)是比萨的亚历山大五世的继任者,他将胡斯逐出教会,并不明智地批评波希米亚"充满异端"。文策斯劳斯十分反感他对自己王国的一整套谴责之词。约翰二十三世要求胡斯离开布拉格,但拒绝对他采取任何进一步的行动。数月间,胡斯在首都之外进行讲道和写作:拒绝承认教皇是彼得的继承人,谴责教廷的放纵,因此吸引了越来越多的追随者聚集在他周围。[13]

同时,波希米亚边境另一侧也发生了变化。德意志国王鲁珀特在王位上度过了艰辛的 10 年后,于 1410 年去世。关于其继承人的争论一直持续到1411年，最后确定选择匈牙利国王西吉斯蒙德（他在女王妻子去世之后获得王位）。他是1396年尼科波利斯战役的幸存者，也是国王查理四世的次子和文策斯劳斯的弟弟。

西吉斯蒙德稳步登上了有国际争议的中心位置。他现年43岁："身材高大，双目有神，前额宽阔，脸颊红润，长须浓密，"后来成为教皇庇护二世（Pius II）的15世纪史家埃涅亚斯·西尔维于斯（Aeneas Sylvius）这样写道，"他思想独特，头脑灵活，但性格多变……他谈吐诙谐，喜欢酒和女人……他承诺很多却很少兑现，常欺骗他人。"[14]

西吉斯蒙德希望同时收复波希米亚，控制意大利，解决三位教皇并存的尴尬。他利用新获得的德意志国王的权力提出召开国际公会议。他只需要一个教皇同意这个想法就够了。约翰二十三世同意了，因为约翰希望借助公会议废黜他的两个对立教皇。

组织公会议花了几年的时间。1414年万圣节的两天前，大会在德意志小镇康斯坦茨召开。近400名高级神职人员参加，包括大主教、修道院院长、隐修会会长和其他神父。但他们的人数远远少于大学领导、学者以及来自欧洲宫廷的大使。公会议有两大问题亟待解决：威克里夫异端的传播和三位教皇并存的丑闻。这都是学术和政治难题，也是神学困局。

康斯坦茨人山人海。那里不仅有参会者，还有数百名商人、小丑、杂技演员、魔术师、音乐家、理发师和妓女。人们在街上肆意狂欢。"士瓦本人说，"扬·胡斯记载道，"康斯坦茨需要30年才能赎清所有的罪。"一位当地居民估计，在公会议召开会议期间，有超过7万外地人涌入这座城市。[15]

大会一开始便召唤扬·胡斯为他自己的信仰进行辩护。胡斯似乎有这样一种印象：公会议的与会者不赞成他，只是因为不明白他在说什么。西吉斯蒙德亲自为胡斯提供安全保证：如果胡斯来到康斯坦茨，那么他也可以平安地离开。这进一步打消了他的顾虑。"在你的安全保证下，我会参加公会议，因为耶和华至高者会保护我，"胡斯给国王回信，接受承诺，"我从不偷偷摸摸，只会公开传道……所以我不愿意私下发言，只愿在大庭广众之下讲话……我无所畏惧。"[16]

胡斯在 1414 年 11 月初抵达康斯坦茨。他写信给身在波希米亚的朋友们，说自己在这里得到殷勤的欢迎（同时有些担忧地说，康斯坦茨的住宿和食物比他预料的要贵得多）。但是在他准备为自己辩护时，士兵包围了他的住处。枢机主教团认定他是异教徒，而不是客人。[17]

他被囚禁在当地修道院的潮湿的地下室中，旁边就是厕所。不久，他患上严重的痢疾。西吉斯蒙德得知他被捕以后，抗议这种行为违反了王家的安全保证。但他很快就发现，释放胡斯会疏远大部分公会议参加者。所以为了结束教会分裂，他选择了牺牲胡斯。

胡斯又被关押了好几个月。"请给我一本《圣经》，"他写信给朋友时说，"和一些笔和墨水……另外托人送来衬衫。"同时，公会议回过头来处理三位教皇并存的问题。比萨的教皇约翰二十三世从一开始就参加了会议，他很快发现，聚集来的神职人员都决定废黜自己。1415 年 3 月，他离开了。在他缺席的情况下，公会议废黜了他。[18]

还剩下两个教皇需要处理。1404 年，好斗的罗马教皇卜尼法斯九世就去世了，而时任罗马教皇的格列高利十二世（Gregory XII）一直希望结束分裂的局面。他现在愿意退位，条件是公会议废黜阿维尼翁教皇本笃十三世，由一位新教皇候选人代替三位教皇。[19]

本笃断然拒绝合作。西吉斯蒙德开始与他的非宗教界盟友,尤其是与阿拉贡国王谈判,企图迫使本笃离开阿维尼翁。但这一过程缓慢、棘手,需要很长时间。康斯坦茨公会议重新把注意力放到了胡斯身上。争辩和争论随之而来。但直到1415年6月,胡斯才获准为自己辩护。教会不接受他的辩护。他们给他几次机会放弃自己的信仰,但他断然拒绝。最后,7月6日,他被带到康斯坦茨教堂,并被认定为异端。随后,他被送到被称为魔鬼之地的城外刑场。他被拴在火刑柱上,木柴一直堆到他的下巴。"在我所撰写、传播和教导的福音真理中,"他喊道,"我今天会平静地死去。"随后大火燃起。

公会议与会者无一在场。他们已经开始再次争论关于教皇的问题。[20]

最终,阿拉贡国王同意罢黜顽固的阿维尼翁教皇,公会议得以结束教廷分裂。1417年,枢机主教们选举了一位教皇,公会议批准通过,他就是罗马神父马丁五世(Martin V)。工作完成以后,公会议休会,聚集而来的大使、教士、教授和妓女终于回家了。

但扬·胡斯不会被人们忘记。得知他去世的消息以后,他在波希米亚的追随者们开始购买武器,组建自己的组织。他们不再仅仅是威克里夫的追随者,他们现在是胡斯派。这个英勇的团体迅速发展成为一支受欢迎的军队。

1418年年初,新教皇马丁五世把所有胡斯的追随者逐出教会,迫使国王文策斯劳斯公开谴责他们,否则就要控告他违反真正教会的命令。迫于实际情况,文策斯劳斯下令逮捕在布拉格的一些神父,因为他们允许非专业人员准备圣餐,这显然是胡斯所认可的威克里夫的激进思想。在胡斯事件上,文策斯劳斯跟处理帝国自由市事件一样运气不佳。他的惩罚引发了暴动。1419年7月，胡斯派怒气冲冲地涌上布拉格街头，冲进市政厅，要求释放被关押的教士。在接下来的对峙中，胡斯派把13个布拉格市政官员扔到窗外。7个市政官员在街道上被杀害。

国王文策斯劳斯不久后就过世了，据说是由于休克，但更有可能是因为急性酒精中毒。他的弟弟西吉斯蒙德声明波希米亚归于德意志，把这个王国重新并入他的德意志-匈牙利联合帝国。然后他开始摧毁胡斯派。但市政厅事件［后来被称为布拉格"第一次掷出窗外事件"（First Defenestration of Prague）］只是德意志军队和激进胡斯派之间漫长而血腥的战争的第一幕。胡斯战争会再持续十几年。这场战争十分血腥，影响广泛，它明确地反对皇帝、国王、教皇和教会的权威。[21]

时间线 36

奥斯曼土耳其	匈牙利	拜占庭	教皇	瑞典 丹麦 挪威	德意志 神圣罗马帝国	意大利
		约翰五世（1341—1391）		瓦尔德马尔四世（1340—1375）		彼特拉克加冕桂冠诗人（1341）
	安茹的路易一世（1342—1382）		克雷芒六世（1342—1352）			
		约翰六世（1347—1354）			查理四世（1346—1378）	
			英诺森六世（1352—1362）			
		爱琴海地震（1354）				贝尔纳博·维斯孔蒂，米兰领主（1354—1385）
		约翰六世逊位（1354）				
				哈康六世（1355—1380）	查理四世（1355—1378）	
苏莱曼·帕夏去世（1357）						
穆拉德一世（1362—1389）			乌尔班五世（1362—1370）			
				阿尔贝特（1364—1389）		
占领哈德良堡（1365）						
			教廷回到罗马（1367）			
			格列高利十一世（1370—1378）			
		约翰五世归顺穆拉德（1373）		奥拉夫三世（1376—1387）	士瓦本联盟建立（1376）	
					文策斯劳斯（1376—1400）	
			乌尔班六世（1378—1389）			
			克雷芒七世（对立教皇）（1378—1394）	丹麦国王奥拉夫三世作为挪威国王奥拉夫四世（1380—1387）		基奥贾战役（1380）
	玛丽亚（1382—1385）					
	那不勒斯国王查理三世作为匈牙利国王查理二世（1385—1386）					吉安·加莱亚佐·维斯孔蒂，米兰领主和公爵（1385—1402）

时间线 36（续表）

奥斯曼土耳其	匈牙利	拜占庭	教皇	瑞典　丹麦　挪威	德意志 神圣罗马帝国	意大利
	西吉斯蒙德 （1387—1437）			玛格丽特 （1387—1412）		
巴耶济德一世 （1389—1402）			卜尼法斯九世 （1389—1404）	玛格丽特 （1389—1412）	1389年 全面和平	
		曼努埃尔二世 （1391—1425）				
围攻君士坦丁堡 （1394）			本笃十三世 （对立教皇） （1394—1423）			
				斯德哥尔摩向玛格丽特投降 （1395）		
尼科波利斯战役（1396）						
				卡尔马联盟成立（1397）		
					鲁珀特 （1400—1410）	
			格列高利十二世 （1406—1415）			
			亚历山大五世 （1409—1410）		教皇谴责威克里夫主义 （1409）	
			约翰二十三世 （对立教皇） （1410—1415）			
					西吉斯蒙德 （1411—1437）	
				埃里克七世 （1412—1438）	康斯坦茨公会议（1414） 扬·胡斯被处决（1415）	
			马丁五世 （1417—1431） 教廷分裂结束 胡斯派被处以绝罚（1418）			
					布拉格"第一次掷出窗外事件" （1419） 胡斯战争 （1419—1434）	
				反对埃里克的行动（1434）		

/ 37

攻占法国

> 1401年至1420年,英格兰国王终于控制了法国。

在英格兰,1399年,亨利四世登上王位。为了争夺英格兰王权,他曾经用尽千方百计。"首先,征服领土,"让·傅华萨记载道,"其次,成为王位继承者。第三,利用国王理查二世彻底而自愿的退位……同时议会承认王位归属于他。"[1]

整个过程中,抗议声非常微弱。亨利四世的统治大权源自他的父亲冈特的约翰。爱德华三世国王辞世以后,约翰是爱德华三世健在的儿子中最年长的一个,理应取代长兄之子理查登上王位。但他从未谋求王位。由于爱德华三世有五个儿了长人成人,英格兰有更多其他王室近亲有资格染指王位。争夺最激烈的是埃德蒙德·莫蒂默(Edmund Mortimer),他的母亲菲利帕(Philippa)是爱德华次子安特卫普的莱昂内尔(Lionel of Antwerp)的独女。和黑太子一样,莱昂内尔先于父亲去世,但菲利帕仍比亨利四世年长。她曾是理查二世的女继承人，在她于 1382 年过世之后，她对王位的继承权传给了她的儿子。

结果就是，虽然亨利四世很受人民的拥戴，但王位很容易受到挑战。在他统治的第一年，政局尤为动荡。在一个多世纪前，威尔士已经成为英格兰王国的一部分，但现在威尔士的一个叫作欧文·格林杜尔（Owain Glyndwr）的富农利用亨利王权不稳的机会，号召同胞一起独立。早在 1401 年，他便开始在威尔士北部领导同胞对英格兰人的居住地发起进攻。亨利派他的长子亨利王子率军反击，但欧文不断"给英格兰造成巨大损失"。[2]

然后亨利四世开始出现失误。

尽管他尽力阻止，但理查二世还幸存的流言仍然开始散布。在他对威尔士的战争还未取得进展时，苏格兰人又趁机入侵北部。一直在为英格兰忠诚地与威尔士作战的埃德蒙德·莫蒂默（尽管被剥夺了公认属于他的王权）在与欧文·格林杜尔战斗时被俘。莫蒂默的姐夫亨利·珀西（Henry Percy）一直在领导抵抗苏格兰人的行动，他提出将莫蒂默从欧文手中赎回。但亨利四世拒绝了这个提议。

这样做能铲除亨利四世在英格兰的潜在对手埃德蒙德·莫蒂默。在这之前一直是亨利四世支持者的埃德蒙德·莫蒂默和亨利·珀西对此都很愤慨。欧文·格林杜尔抓住了这次愤怒的机会。他释放了莫蒂默，把自己的女儿凯瑟琳嫁给了他，并和莫蒂默与珀西结成了同盟。他们将帮威尔士从英格兰独立。作为回报，欧文会帮莫蒂默登上英格兰王位。

亨利四世不经意间使得威尔士的叛乱演变成了内战，而这一叛乱又持续了 10 年。因为行动总是不经大脑，亨利·珀西的长子得到"莽夫"的绰号，他在内战开始后不久便丧命了。1403 年 7 月，在什鲁斯伯里（Shrewsburg，英格兰西部城市）与王家军队的一场激烈战斗中，为了畅快地喘气，"莽夫"珀西把头盔上的护面具摘了下来，之后立刻被飞来的乱箭射中了上颌。而亨利·珀西则于1408年一场战役中阵亡。莫蒂默死于1409年，当时他被英格兰军队围攻，被困在哈勒赫（Harlech）城堡。由于没有充足的食物，还可能身染瘟疫，他在1月份去世，当时英军还没有撤去包围。他的妻子，即欧文的女儿，和他们的四个孩子也都被困在哈勒赫城堡。城堡投降后，他们被关进了伦敦塔。在那里凯瑟琳和她的独子以及两个女儿都死于疾病。[3]

最后只剩欧文·格林杜尔仍坚持着反抗，反抗甚至持续到亨利四世去世以后。经受长达5年的疾病折磨后，亨利四世于1413年3月去世。他得了一种非常可怕的疾病，它会使人"皮肤溃烂、眼睛脱水、内脏器官破裂"，可能是某种麻风病。[4]

查理六世也经历了10年的不幸生活。

他精神失常的时间比正常的时间要多，而且他没有一点对王室的控制权。他最爱的弟弟奥尔良公爵路易一世（Louis I）和叔叔勃艮第公爵长期不和。他们都希望能控制疯癫的国王，从而控制整个法国。

1404年，勃艮第公爵去世。他的世仇传给了他的儿子也就是继承人约翰。约翰刚在尼科波利斯战役中被人从土耳其的囚禁中赎回来。新公爵迅速获得了权力和声望。他极力撮合自己11岁的女儿和年轻的王太子路易的婚事。路易是查理六世的儿子和继承人（查理六世虽然疯疯癫癫，但自他17岁结婚起到1404年，妻子伊莎贝拉已经为他生了11个孩子）。"此时国王和议会决定对人民加税，"史家昂盖朗·德·蒙斯特勒莱（Enguerrand de Monstrelet）写道，"但勃艮第公爵坚决反对这一行为，这使他赢得了法国人民的普遍尊重。"[5]

这只是增强了奥尔良公爵对他堂兄的恨意而已。在接下来的3年里，这两个人为了权力不断运用各种手段，比如发放公众补助金和削减税收等，来讨好巴黎人，要求从国王那里获得特殊恩宠，同时不断争夺军队指挥权，征讨法国的对手。

1407年11月23日，在圣克雷芒节的盛宴上，奥尔良公爵在巴黎深夜的街头遭到一伙武装人员的伏击。他从马上摔下来，在街头被活活打死。现场惨不忍睹，隔天早上他的仆人来到事发地，只能收集一些散落在石头上的脑浆用来埋葬。他们还发现了他的右手，这只手显然是在伏击中被砍掉的。[6]

事后，几个凶手向旁人吹嘘了谋杀的经过。这时人们才知道是勃艮第公爵雇用了行凶者。"这是长期斗争种下的祸根，"蒙斯特勒莱写道，"这场斗争旷日持久，以至于要将整个王朝摧毁。"由于担心被逮捕，勃艮第公爵逃出了巴黎，回到了自己的地盘。但即使谋杀一事已被揭露出来，他仍然很受民众拥护。"巴黎人民对奥尔良公爵并不满意，"蒙斯特勒莱补充道，"因为人民已经了解到，让他们背负沉重赋税的始作俑者正是奥尔良公爵。他们开始在暗地里说'天除恶人，大快人心！'"[7]

1408年早春，在著名神学家让·珀蒂（Jehan Petit）的帮助下，勃艮第公爵明目张胆地回到巴黎，开展了一场公开辩护。这个事件不是谋杀，而是为民除暴，他和珀蒂这样辩解道。因此这一举动合情合理。让·珀蒂进行了三段论辩护（论证过程持续了4个小时）：

> 大前提：杀死暴君不仅是可以被允许的，而且值得称颂。

小前提：奥尔良公爵是个暴君。

结论：因此，勃艮第公爵杀他是替天行道。[8]

他运用了亚里士多德的逻辑学。

查理六世急于维持巴黎的和平，第二天就赦免了他的堂弟。愤怒的奥尔良公爵的支持者们立刻以公爵夫人为首，在公爵的儿子兼继承者的组织煽动下成立了反勃艮第派。此时，公爵的儿子 14 岁的查理已经成为新奥尔良公爵。奥尔良和勃艮第两个家族似乎要把国家推进内战的旋涡。[9]

1410 年，年轻的奥尔良公爵查理娶了阿马尼亚克伯爵（Count of Armagnac）的女儿。此时阿马尼亚克伯爵已经成为反勃艮第派领袖。从那时起，奥尔良家族的支持者被称为阿马尼亚克派。他们来自西部和南部，成员包括贝里公爵、波旁公爵和法国骑士统帅。勃艮第派则来自北部和东部。

双方实力相当，两党都希望得到英格兰新国王的支持，以打破僵局。

1413 年 4 月 9 日，亨利五世（Henry V）在威斯敏斯特加冕。当时一场怪异的暴风雪袭击了英格兰，掩埋了许多动物和房屋。很多人在毫无防备的情况下丧命。一些伦敦人抱怨说，这场暴雪是个征兆：新国王会是"冷血残暴的人"。[10]

亨利五世时年 26 岁，参加了镇压莫蒂默和威尔士叛乱的战争，疤痕累累，经验丰富。两组使节团几乎同时抵达英格兰王宫。一组代表阿马尼亚克派（现在把查理六世也列入其成员），另一组代表勃艮第公爵。他们都希望得到新国王的支持，以打败另一方。[11]

亨利五世表明他愿意提供帮助。他主动与阿马尼亚克派讨价还价，表示会帮助他们打败勃艮第公爵，但条件是要得到法国王位，并迎娶查理六世国王的女儿凯瑟琳，以及获得价值 200 万克朗的嫁妆。*

他的这一举动与其说是提议，不如说是挑起战争。"如此一来，"史家托马斯·沃尔辛厄姆在《大编年史》中记载道，"和平的希望彻底破灭。"瓦卢瓦的家族争斗已经为英格兰的侵略打开了大门。[12]

到了 1415 年夏天，亨利五世备好船只、士兵、武器、各种装备以及补给品，准备跟法国开战。8 月 15 日，他带领着约 1500 艘战船在诺曼底登陆。他们封锁了海岸，随后从陆路包围了沿海要塞城镇阿夫勒尔（Harfleur）。蒙斯特勒莱说他的军队包括 6000 名步兵和 2.3 万名长弓手。而实际上长弓手可能只有接近 1 万人，但他们所持的长弓依然是历任英格兰国王所能指挥使用的最致命武器。英军白天用大炮轰炸城墙，晚上挖掘地道。在这种情况下，阿夫勒尔坚守了一个月。最后守军不得不缴械投降。与此同时，痢疾已经在整个英格兰军营里传播开来。成千上万人死去。还有更多的人被迫返回英格兰。接受阿夫勒尔投降的时候，亨利五世已经损失了相当多的兵力。他决定让剩下的 8000 名长弓手和步兵进攻加来。但当时"很多士兵都已经身患痢疾"。[13]

国王的幕僚之间存在分歧，而勃艮第派和阿马尼亚克派也不愿并肩作战，法国并未及时反击。最后只有阿马尼亚克派的军队前来迎战英格兰。勃艮第公爵虽然答应出战，却并没有现身。[14]

10 月 24 日，两军在阿金库尔（Agincourt）的一片树林里遭遇。

---

* 当时，一位相对富裕的骑士的年收入约为 150 克朗，所以这笔嫁妆相当于一个中产阶级 1.3 万年的总收入。

37 攻占法国

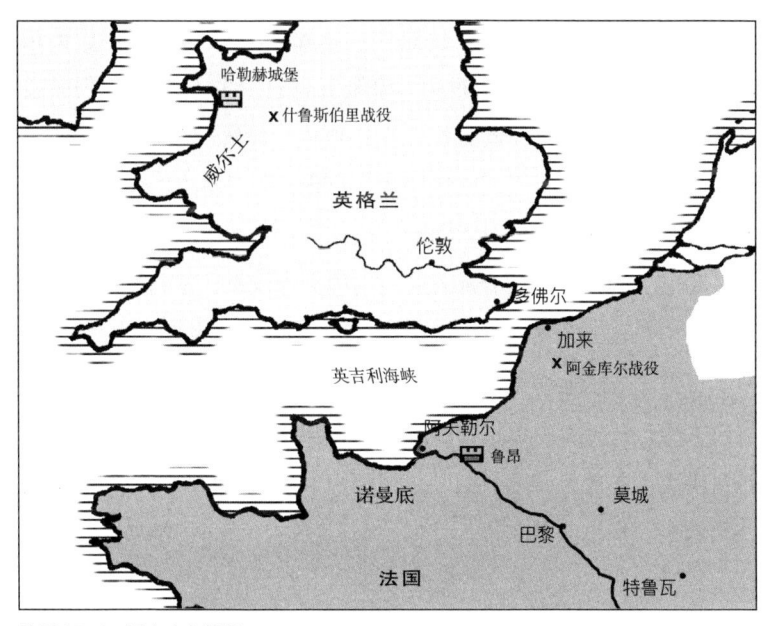

地图 37-1　阿金库尔战役

那天晚上，他们扎营的地方挨得特别近。法国士兵"吃饱喝足、精神饱满"，而英格兰士兵寡不敌众（至少一对三）、"精疲力竭、身体虚弱、缺水少食"。[15]

第二天早上，法国提出进一步谈判，但亨利五世命令手下开始进攻。英格兰弓手一齐开弓，霎时间箭如雨下，像是一场毁灭性的冰雹，把整条法国前线搅得人仰马翻。战马死伤无数，转过头来冲向自家阵地。战场是一片新开垦的土地，因此还有些战马连同骑士陷入泥中。而英格兰步兵此时一拥而上，挥舞手中的"刀剑、斧头、棍棒和钩镰"，杀敌数千人。"法国骑兵几乎全军覆没。"沃尔辛厄姆写道。在被活捉的俘虏中，奥尔良公爵本人赫然在列。[16]

大约有 8000 名法国士兵战死。总死亡人数可能更多。英格兰的史书坚称，在这场战役中，亨利五世只损失了 27 人，但昂盖朗·德·蒙斯特勒莱提供的数据是 1600 人，显然这更为可信。无论具体人数多少，这都是对法国巨大的打击，而对英格兰却是鼓舞人心的胜利。[17]

尽管大获全胜，阿金库尔战役的胜利并没有让亨利五世夺得法国王位。人困马乏的将士也无力继续战斗，他们放弃了攻占巴黎。亨利五世率领部队押解着俘虏回到加来，凯旋返航。回到伦敦，他名声大噪，被誉为"英格兰和法兰西的国王"。

阿金库尔战役之后，阿马尼亚克伯爵成为法国骑士统帅，但他飞扬跋扈，在巴黎日益招人憎恨。不久以后，在一场暴动中，他与多个阿马尼亚克派密友一同丧命。同时，勃艮第公爵开始与英格兰国王进行秘密谈判，声称愿意接受来自兰开斯特家族的国王登基，来取代昏庸、跋扈的查理六世。而正当这份协议臻于成熟的时候，勃艮第公爵被阿马尼亚克派暗杀。[18]

1417 年，亨利五世率领新的军队，从诺曼底开始发动战争。1419 年 1 月 19 日，法国城市鲁昂沦陷。在此之前，从约翰王失败的执政以后，这个城市已经被法国统治了长达两个世纪。这个城市的沦陷让法国完全放弃了抵抗。[19]

1419 年年底，23 岁的新勃艮第公爵，绰号"好人腓力"（Philip the Good），成功地跟查理六世达成了妥协。查理六世可以继续拥有法国的王位，但亨利五世成了法国的摄政。亨利将取代十几岁的王太子查理成为法国王位继承人，并迎娶查理六世之女凯瑟琳，从而保证查理六世的外孙继续统治法国。[20]

查理六世当时已经身心俱疲，疾病缠身，最终点头同意了。《特

37 攻占法国

时间线 37

瑞典	丹麦	挪威	德意志神圣罗马帝国	意大利	法国	威尔士	英格兰
					约翰二世（1350—1364）		
				贝尔纳博·维斯孔蒂，米兰领主（1354—1385）			
		哈康六世（1355—1380）	查理四世（1355—1378）				
					扎克雷起义（1358）		
					《布雷蒂尼条约》（1360）		
阿尔贝特（1364—1389）					查理五世（1364—1380）		
					利摩日沦陷（1370）		
					拉罗谢尔战役（1372）		
	奥拉夫三世（1376—1387）		士瓦本联盟建立（1376）文策斯劳斯（1376—1400）				黑太子去世（1376）
							理查二世（1377—1399）
	丹麦国王奥拉夫三世作为挪威国王奥拉夫四世（1380—1387）			基奥贾战役（1380）	查理六世（1380—1422）		
							农民起义（1381）
					安茹公爵路易一世去世（1384）		
				吉安·加莱亚佐·维斯孔蒂，米兰领主和公爵（1385—1402）			
玛格丽特（1387—1412）							
玛格丽特（1389—1412）			1389年全面和平				

瑞典 丹麦 挪威	德意志 神圣罗 意大利 马帝国	法国 威尔士 英格兰
斯德哥尔摩向玛格丽特投降（1395）		
卡尔马联盟成立（1397）		英法停战（1396）
		亨利·博林布鲁克被放逐（1398）
		亨利四世（1399—1413）
	鲁珀特（1400—1410）	欧文·格林杜尔起义（1401—1415）
		奥尔良公爵被刺杀（1407）
	教皇谴责威克里夫主义（1409）	阿马尼亚克派与勃艮第派的对抗（1410年起）
	西吉斯蒙德（1411—1437）	
埃里克七世（1412—1438）		亨利五世（1413—1422）
	康斯坦茨公会议（1414）	
	扬·胡斯被处决（1415）	阿金库尔战役（1415）
	布拉格"第一次掷出窗外事件"（1419）	
	胡斯战争（1419—1434）	
		《特鲁瓦条约》（1420）
反对埃里克的行动（1434）		
反对埃里克的行动（1436）		
克里斯托弗三世（1440—1448）		

时间线 37（续表）

鲁瓦条约》(Treaty of Troyes)于1420年5月签订,两国之间的纠纷和战争终于结束了。2个星期后,亨利五世和凯瑟琳在特鲁瓦举行了婚礼。一天的蜜月期后,亨利五世卷土重来,重新开战。尽管《特鲁瓦条约》已经答应法国归他所有,但由于几十年来政府的无为无能、图谋私利,查理六世几乎对这个国家没有什么控制力。查理六世把这个国家拱手让给对手,但现在亨利五世不得不征服它。

/ 38

帖木儿帝国的兴亡

> 1401年至1415年间,帖木儿重新征服蒙古帝国,他的继承人瓜分了帝国,而奥斯曼人未能征服君士坦丁堡。

帖木儿率军将德里洗劫一空后,撤回凉爽的撒马尔罕,撇下惨遭破坏的印度农村。在烈日下遭受炙烤。

不久之后,一位来自德干高原的大使拜访了帖木儿。巴赫马尼王国苏丹菲鲁兹(Firoz)被帖木儿的能力所折服。他的大使更是对撒马尔罕的变化感到惊奇不已。这座城市曾经被成吉思汗夷为平地,居民惨遭屠戮。如今这里的废墟中重新焕发出勃勃生机。帖木儿的做法是赦免建筑师、艺术家和工匠们,将他们带回首都进行工作。在他的治理下,撒马尔罕获得了"天堂之门"的美名。

卡斯提尔的外交官鲁伊·冈萨雷斯·德·克拉维霍(Ruy González de Clavijo)在帖木儿即将走到人生尽头时拜访了撒马尔罕。他详细记录了这座城市的一切奇观:遍布各处的清真寺和宣礼塔,平整的庭院和鹅卵石路,以及绿树成荫的公园和大理石房屋。

帖木儿修建了一条宽阔的商业街道。这条街道贯穿城市中心，两边商铺成行。每间商铺规格统一，门口建有供顾客休息的石凳。街道上方建有穹顶，沿路建有数个喷泉。这就是世界上第一个室内购物商场。沿着这条街道前行，冈萨雷斯·德·克拉维霍看到了来自罗斯的皮革和亚麻制品，中国的丝绸和刺绣，印度的红宝石、钻石和珍珠。此外还有肉豆蔻、丁香、生姜、猎物、家禽、面包、水果、大麻、亚麻、银器、铜器、玻璃品、瓷器、大黄和麝香。往来贸易的商人非常之多，一些人甚至在城外露营，形成了一座由5万多顶帐篷构成的城市。撒马尔罕的王宫屹立于城墙之内，一条护城河在城内蜿蜒流过，并在外面绕城流淌。绚丽辉煌的公共花园面积很大，曾经有个使者的坐骑误入枝繁叶茂的花园深处，过了整整6周才被找到。[1]

巴赫马尼的外交官携带大量礼物，前来乞求蒙古武士的恩惠：能否让菲鲁兹臣服于帖木儿？帖木儿很是高兴。他欣然应允，作为回报，他允许菲鲁兹在他的恩赐之下统治马尔瓦和古吉拉特。

帖木儿并没有彻底征服那两个小国，它们都在德里覆灭之后宣布独立。菲鲁兹也没能征服它们。事实上，他的对手，毗奢耶那伽罗苏丹甚至在那时还忙于同两国建立外交关系。但菲鲁兹还是接受了帖木儿的赏赐。在两国之间摇摆不定显得毫无意义，但也并不完全如此。菲鲁兹的臣服意味着帖木儿不必急于再次筹资攻打巴赫马尼。所以帖木儿仍待在印度领土之外。在接下来的几十年里，印度的多个王国会因为争夺领土陷入无休止的内战之中，德里苏丹在这个曾经的帝国中心名存实亡。[2]

帖木儿重返西方，而在那里，两个突厥帝国严阵以待：埃及马穆鲁克王朝和奥斯曼土耳其帝国。

伊利汗国瓦解之后，埃及苏丹被看作地中海东海岸最强大的势力。来自旧政权的巴赫里苏丹曾经保护过埃及阿尤布王朝，此时也退出了历史舞台。1390年，新马穆鲁克王朝控制了埃及。布尔吉王朝（Burji）从另外一个军团中选出了苏丹，那个军团最早是由从高加索山脉地区所购买的奴隶组成的。这些奴隶军团被称为切尔克斯人（Circassian）的马穆鲁克，他们很早以前就与突厥人相融合，但一直保留着自己的名号。巴赫里王朝之后，切尔克斯人的马穆鲁克查希尔·巴尔库克（al-Zahir Barquq）占领了开罗大城堡作为自己的宫殿。这个城堡是萨拉丁时建造的。他的王朝名字来源于阿拉伯词语"布尔吉"（burj），指的是城堡的尖顶，意为他们是高塔上的马穆鲁克。[3]

巴尔库克13岁的儿子法拉杰（Faraj）继承了苏丹，却无力统领手下的埃米尔们。帖木儿手书一封信件送往埃及，要求这位年轻的苏丹臣服并献出叙利亚。"考虑到你和你的子民的安危，你最好投降，"信中用命令的口吻写道，"以免我们愤怒的战士们攻打埃及和叙利亚，以免他们大杀四方，焚烧和掠夺你子民的财产，导致生灵涂炭。如果你执意不肯接受这个建议，你就要对穆斯林飞洒的鲜血和国家的全部损失负责。"[4]

法拉杰的埃米尔们拒绝投降，为了激化事态，他们甚至腰斩了帖木儿派来的信使。作为回应，1400年帖木儿率军直扑阿勒颇。埃及控制下的十几个叙利亚城邦的士兵们连忙巩固阿勒颇的城防，但帖木儿还是击垮了布尔吉的军队。冲破城门后，他允许手下的士兵肆意屠杀平民。之后他包围了大马士革。著名旅行作者和历史学家伊本·赫勒敦被困在城里。此时的伊本·赫勒敦已经年近七旬。帖木儿听说他也在城内，要求与这位名人面谈。守城士兵并不相信帖木儿之前说过的不会入侵城市的诺言，不敢打开城门让赫勒敦出城。于是他们把赫勒敦放在一个篮子里，用绳子把篮子从城墙上缓缓降下。

在好奇心的驱使下，伊本·赫勒敦前去会见帖木儿，但他还是感到忐忑不安。"那是因为恐惧，"他后来写道，"我在脑海中组织着要对他说的话语，想要讨好他和他的政府，尽可能地奉承他。"他与这个伟人一同进餐，谄媚地称呼他为"宇宙的苏丹、世界的统治者"，看着他被仆人抬到马背上。帖木儿跛着脚，右腿拖在身后，走不了很远。[5]

赫勒敦安然无恙地从帖木儿处离开，随后返回了开罗。大马士革最终还是投降了。帖木儿洗劫了城内所有的财宝和货物，并将城池付之一炬。

帖木儿没有直接进攻埃及，转而向东，占领了巴格达，然后北进，直奔奥斯曼土耳其帝国。

尼科波利斯战役的胜利者巴耶济德一世仍在围攻负隅顽抗的君士坦丁堡。曼努埃尔二世皇帝通过水路从被围困的城中逃脱，任命侄子约翰七世（John VII）为摄政控制局面。帖木儿到来时，他还在欧洲各个国家绝望地奔走呼号，乞求他国借给他士兵和钱财来反抗土耳其人的入侵。但他实在是太不走运了。伟大的国王们要么忙于他事、要么破产、要么投资他处、要么丧失理智。

帖木儿做出了其他人未能做成的事情：他拯救了君士坦丁堡，强迫巴耶济德一世放弃了围攻。

帖木儿看起来好像对拜占庭并没有什么企图。相反，他致力于重新振兴古老的蒙古帝国。成吉思汗和他的继承人们让欧洲的君主们深感恐慌，但他们同时也划定了蒙古帝国和欧洲各国的界线。帖木儿也并未想要越过这条界线。事实上，他早先与约翰七世有过交情，也派过两名使者前往君士坦丁堡（其中一名是土耳其穆斯林，另外一名是多明我会的教士），要求皇帝不要有任何与巴耶济德停战的念头，因为帖木儿正在准备从东侧进攻奥斯曼帝国。[6]

1402年夏天，帖木儿大军兵临奥斯曼帝国，包围了安卡拉城堡。到7月末，巴耶济德一世的军队也赶到此处，来抵御侵略者。

帖木儿大约有14万人的军力，巴耶济德有将近8.5万人。为帖木儿一方奋战的大多是之前因奥斯曼帝国扩张而背井离乡的突厥人首领，他们一心想要报仇雪恨，而奥斯曼帝国一方则得到了塞尔维亚部队和他们的"藩王"斯特凡·拉扎列维奇（Stefan Lazarević）的支援。帖木儿很快便展现出了高人一等的战略思想和领导庞大军队的能力。他把军队驻扎在靠近水源处，将奥斯曼帝国的军队与水源阻隔开来，导致他们在口干舌燥的状态下奔赴战场。他还计划再次上演之前袭击德里时取得奇效的火袭。这一次士兵们驱使32头受过特训的大象，将"希腊火"（一种难以熄灭的可燃性液体，可能是用硫黄制成的）投入敌阵。[7]

7月28日一早，战斗打响并且持续了一整天，但到最后，奥斯曼军队还是被击退了。巴耶济德一世和他的两个儿子被俘。同时，帖木儿给在君士坦丁堡的约翰七世送去了另一条信息：用拜占庭大帆船守住博斯普鲁斯海峡，这么一来，落败的奥斯曼军队便不能从那里逃跑了。[8]

解除了土耳其人的威胁之后，曼努埃尔二世和约翰七世终于得到了一丝喘息之机。帖木儿汗国大举攻入奥斯曼帝国内陆。只不过数周的时间，奥斯曼帝国便全线缩回其核心区域。帖木儿则宣布了对奥斯曼其他地区的统治权。1403年的某一天，巴耶济德死于狱中。

他的7个儿子中，2个被囚禁，1个逃往君士坦丁堡，改名为季米特里奥斯（Demetrius），并且接受洗礼成为基督徒，剩下的4个儿子则为了争夺父亲的头衔而争斗不止。

奥斯曼帝国分裂的局面持续了十几年。巴耶济德的一个儿子苏莱曼（Suleyman）设法抢占了西部领土，把曼努埃尔二世从封臣状态解放出来，允许他为了拜占庭帝国而重占塞萨洛尼基，从而加强了对西部领土的控制。为了争夺奥斯曼的核心地区，巴耶济德的另外两个儿子拼得你死我活。他们的大哥穆萨（Musa）从帖木儿手中逃脱出来返回故乡之后，这场争夺便愈演愈烈了。[9]

就在此时，帖木儿完成了对格鲁吉亚王国的完全控制。之前他曾答应乔治七世（George VII），即聪明乔治（George the Brilliant）的曾孙，允许他用贡品和钱财换取一部分统治权。但当他回到这里后，他率兵横扫乡村地区，夷平了700多个村庄。第比利斯所有的教堂被夷为平地，变成一片废墟。[10]

整个西方世界都屏住了呼吸，眼巴巴地看着帖木儿继续西进。此时他那重建蒙古帝国的目标还没有被世人看透。曼努埃尔二世深信，帖木儿的目标是首先洗劫君士坦丁堡，然后进军欧洲，扫荡整个欧洲大陆，并将所有基督徒君主屠戮殆尽。然而，帖木儿率军东归，向着中国而去。他劫掠了金帐汗国，占领了伊利汗国。在这之前，他已经控制了察合台汗国。他就是伟大可汗的再生，夺回可汗的领土比征服任何西方国家都重要。[11]

帖木儿已经年近七旬。到1405年1月，他打到了讹答剌，这个小镇位于撒马尔罕以东400千米。严寒和暴雪迫使他停止了进军。他大宴三天犒劳军队，自己却吃得很少，只是喝得酩酊大醉。结果他陷入昏迷状态，用仅剩的一口气息宣布让他的孙子皮尔·马黑麻

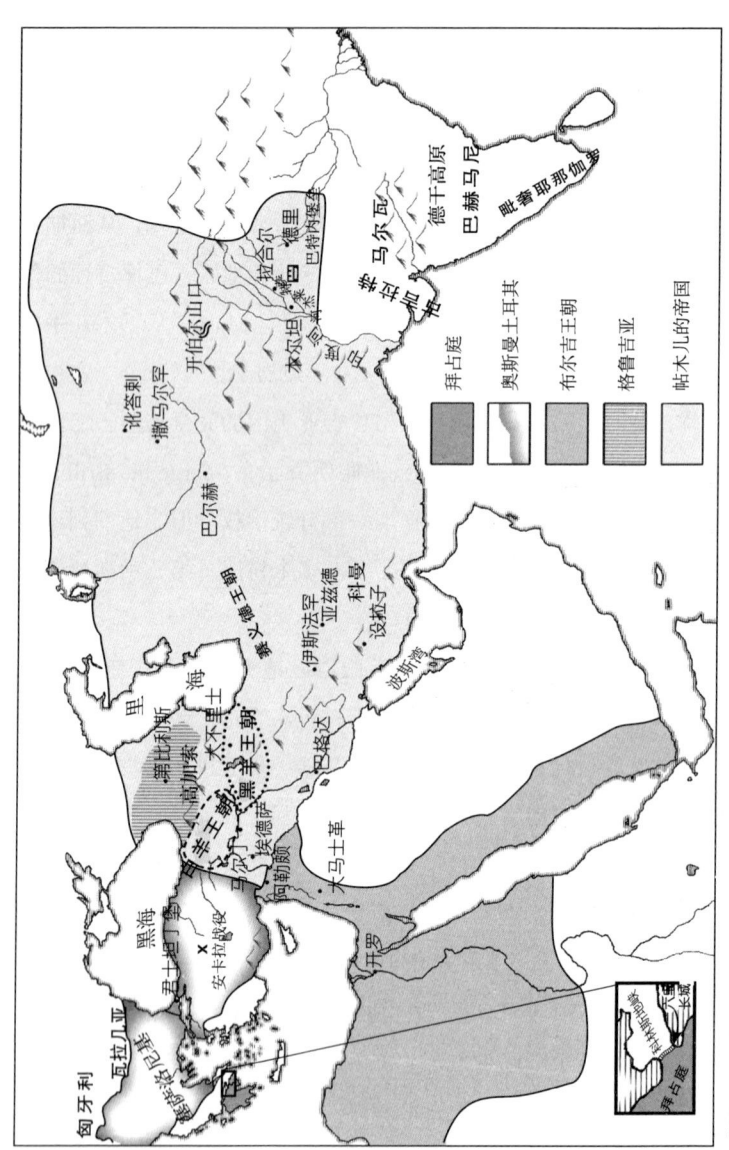

地图 38-1 帖木儿与奥斯曼土耳其的对抗

继承撒马尔罕的王位。[12]

1405年2月18日，一代君王跛子帖木儿辞世。

他所征服的帝国没有公共基础设施，没有真正的行政管理机构，没有凝聚力，缺乏稳定性。帖木儿的另一个孙子窃取了撒马尔罕，皮尔·马黑麻一直试图夺回它，却在1407年被自己的手下刺杀身亡。帖木儿的四子沙哈鲁（Shah Rukh）一直驻守帝国东部地区，他把那部分地区占为己有。很快，帝国的西部地区就被里海和黑海之间的突厥人给占领了。

之前联合起来的许多部落如今分裂成两个独立的联盟，即黑羊王朝（Qara Qoyunlu）和白羊王朝（Aq Qoyunlu）。它们的领土彼此相连又互相交叠，白羊王朝位于黑海以南，而黑羊王朝在里海的西南海岸。白羊王朝占据着马尔丁（Martin）及其周边区域，黑羊王朝在1406年和1410年分别占领了大不里士和巴格达。很快，黑羊王朝便抑制了白羊王朝的扩张，开始蚕食格鲁吉亚王国的领土，杀死了其名义上的国王君士坦丁一世（Constantine I）。黑羊王朝的领袖名叫卡拉·优素福（Qara Yusuf），他跟埃及的马穆鲁克王朝达成了临时停战协定，以确保黑羊王朝成为一个独立的、暂时也是东方最强的突厥人王国。[13]

但这只是临时的停战。帖木儿帝国已经支离破碎，奥斯曼帝国却在慢慢恢复实力。1413年6月，巴耶济德一世继承人之间的内战终于结束，他的四儿子穆罕默德（Mehmed）打败了其他对手，杀死了与他争夺王位的几个兄弟。穆罕默德之后宣布自己是被破坏的奥斯曼帝国的毫无争议的苏丹，也是君士坦丁堡的忠实盟友。曼努埃尔二世皇帝很有远见，提供了拜占庭战船和军队，帮助穆罕默德对抗他的兄弟们。"禀告我的父亲，罗马帝国的皇帝，在真主和父皇的帮助下，我已经夺回我们自祖辈以来世代相传的故土，"在取得大胜之后，穆罕默德给君士坦丁堡朝廷写信道，"他会看到一个全心全意、知恩图报的我。"[14]

他的确遵守了诺言。奥斯曼帝国的各个方面都需要重建。被帖木儿打败，之后又经过了十几年兄弟间的内战，帝国已衰败不堪。穆罕默德坚决不跟拜占庭帝国重新开战，即使他想这样做。穆罕默德与曼努埃尔二世缔结了和平条约，并着手重组军队，以巩固他在塞尔维亚的统治，将来犯的黑羊王朝击退。

穆罕默德又取得了新的胜利，他吞并了匈牙利的瓦拉几亚公国，将其并入自己的帝国，该公国此时由长者米尔恰（Mircea the Elder）大公独立统治。不久之后，米尔恰死去，他的儿子弗拉德（Vlad）取代他成为瓦拉几亚的大公和穆罕默德的封臣。他以弗拉德·德古拉（Vlad Dracul）这个名字而声震天下，绰号"恶龙"弗拉德（Vlad the Dragon），他是德古拉古堡的建造者，是暴力嗜血的瓦拉几亚大公"穿刺王"弗拉德（Vlad the Impaler）之父。[15]

1415年春天，曼努埃尔二世带领一小队士兵前往希腊半岛南部，那是拜占庭帝国仅存的一点领土了。在两周的时间里，士兵们重建了"六里长城"（Hexamilion Wall）。在罗马时代它贯穿了科林斯地峡（The Isthmus of Corinth），保护半岛南部免遭从陆路来的入侵。经过长时间的风吹雨打，它早已毁坏，但对它的重建可以确保土耳其人只能从海路来征服这个拜占庭帝国最后的前哨。[16]

穆罕默德也许会一直遵守条约，但曼努埃尔二世并未打算完全信任这位苏丹的善意。相反，他更信任拜占庭海军。

时间线 38

德意志 神圣罗 意大利	法国 威尔士 英格兰	奥斯曼 拜占庭 帖木儿 埃及
马帝国		土耳其 的征服

贝尔纳博·维斯孔蒂,米兰领主(1354—1385)

查理四世(1355—1378)

扎克雷起义(1358)
《布雷蒂尼条约》(1360)

苏莱曼·帕夏去世(1357)

穆拉德一世(1362—1389)
占领哈德良堡(1365)

帖木儿开始掌权(1367)
帖木儿成为河中地区的统治者(1370)

利摩日沦陷(1370)

拉罗谢尔战役(1372)

约翰五世归顺穆拉德(1373)

士瓦本联盟建立(1376)
文策斯劳斯(1376—1400)

黑太子去世(1376)

理查二世(1377—1399)

基奥贾战役(1380)
查理六世(1380—1422)

农民起义(1381)

安茹公爵路易一世去世(1384)

吉安·加莱亚佐·维斯孔蒂,米兰领主和公爵(1385—1402)

1389年全面和平

巴耶济德一世(1389—1402)

巴赫里苏丹国灭亡(1390)
布尔吉苏丹国(1390—1517)
查希尔·巴尔库克(1390—1399)

时间线 38（续表）

德意志 神圣罗马帝国	意大利	法国	威尔士	英格兰	奥斯曼土耳其	拜占庭	帖木儿的征服	埃及
						曼努埃尔二世（1391—1425）		
							脱脱迷失被帖木儿击败（1391）	
							帖木儿占领巴格达（1393）	
						围攻君士坦丁堡（1394）		
		英法停战（1396）			尼科波利斯战役（1396）			
			亨利·博林布鲁克被放逐（1398）				帖木儿入侵旁遮普（1398）	
							帖木儿入侵德里（1398）	
鲁珀特（1400—1410）		**亨利四世**（1399—1413）						**法拉杰**（1399—1412）
		欧文·格林杜尔起义（1401—1415）			安卡拉战役（1402）			
					苏莱曼（遭到反对）（1403—1411）			
							帖木儿去世（1405）	
							黑羊土库曼和白羊土库曼的扩张	
教皇谴责威克里夫主义（1409）								
		阿马尼亚克派与勃艮第派的对抗（1410年起）						
西吉斯蒙德（1411—1437）				**亨利五世**（1413—1422）	**穆罕默德一世**（1413—1421）			
康斯坦茨公会议（1414）								
扬·胡斯被处决（1415）		阿金库尔战役（1415）			重建"六里长城"（1415）			
布拉格"第一次掷出窗外事件"（1419）								
胡斯战争（1419—1434）								
		《特鲁瓦条约》（1420）						

/ 39

明朝撤军

> 1405 年至 1455 年，北方的蒙古和南方的大越归顺明朝，巨船驶向西方，但胜利和远征突然终结。

明朝是在严厉的洪武帝的领导下建立的。在他的掌控下，这个国家内部的运作方式完全改变，敌对力量被无情地杀戮，元朝的残余势力被彻底地击败。

被推翻的元朝势力逃到北方，蜷缩到原来蒙古的哈拉和林，但事实证明，这个神圣之地也并不安全。明朝的军队一直打到这里，洗劫并烧毁了这个地方，还俘虏了 7 万人。已故的元朝开国皇帝忽必烈的远亲们，争相自称是元朝皇帝。但随着蒙古的中心被侵犯，元朝这个名号失去了它最后的凝聚力。蒙古东北部是元朝最后一块领地，北部的蒙古人分裂了出去，而西部的蒙古人则恢复了他们旧时的部落身份。其中四个部落都加入了一个叫作瓦剌的联盟。

瓦剌和明朝都不确定双方边界该从哪里开始算起，以及草原上游牧民族的居住地该在哪里终结，这使得边境战争变得复杂。洪武帝生性谨慎，对于发动不必要的战争非常小心。但他同样强烈地意识到（几乎到了一种病态的程度），在中原王朝和"夷狄"之间存在界线，虽然他也搞不清楚这种界线该在哪里划定。洪武帝在出兵北伐时所颁布的檄文中写道："元以北狄入主中国，……夷狄何得而治哉！予恐中土久污膻腥，生民扰扰，故率群雄奋力廓清，志在逐胡虏……雪中国之耻。"在其统治时期，他在北边修筑长城，以巩固边防。[1]

洪武帝有许多儿子，但其长子，也就是太子，先于他离世。所以他选择了太子的儿子建文帝来继承他。洪武帝的孙子在南京登基后，洪武帝的第四个儿子燕王朱棣谋反。接下来的内战延续了3年多。1402年，朱棣率兵进入南京，年轻的建文帝烧毁了皇宫。据说建文帝葬身于这场大火，但后来在他叔叔朱棣统治期间，一直有他现身的流言。[2]

朱棣改年号为"永乐"，下令从明朝的官修史书中删去关于他侄子短暂统治的记载。像他专制的父亲一样，他开展大清洗运动，迅速地镇压了一切可能的起义，处死了数以万计的建文帝的支持者（或疑似支持者）。建文帝的翰林学士方孝孺拒绝承认新的永乐皇帝的合法性，被判磔刑，即把人割成几块，而且行刑时间长达3天。[3]

之前的洪武帝是在陆地上征战，而永乐帝则将眼光放在了海上。

1405年至1422年间，他先后六次命令巨大的船队从中国海岸起航，向西方进发。它们首先到达了印度，接着是南亚海岸、僧伽罗、马尔代夫、麦加，最终到达了非洲大陆的东岸。这些船队的指挥官是大太监郑和。地理学家马欢在郑和第四、第六、第七次航行中随行，并做了航行记录。

马欢记录了沿途不同国家的风土人情、风景以及饮食。但这并不是探索未知世界的航行。郑和的"宝船"上载满了配备武器的明朝士兵。他的使命是向所遇到的每位国王征集贡品并使其归顺明朝。他的任务是炫耀国力,而不是施展外交手段:"及临外邦,番王之不恭者,生擒之,"他这样概括自己得到的指令,"蛮寇之侵掠者,剿灭之。由是海道清宁。"他有武器装备来支持自己的宏图伟志——数十艘巨船、数千门装在甲板上的青铜大炮和数万名明朝海军。[4]

郑和率领舰队向越来越远的地方航行,而永乐帝五次亲征漠北。皇帝在北方打仗,郑和在向西方航行,而另一支明朝军队被派往南方。

这支南征的军队多达数十万人,表面上是去恢复越南陈朝的王权,除掉夺权的胡朝统治者的。这个动机很合理、高尚。根据儒家学说,这是一场"义战",旨在恢复正确的秩序。永乐帝下诏曰:"安南皆朕赤子,惟黎季犛父子首恶必诛,他胁从者释之。罪人既得,立陈氏子孙贤者。"[5]

明朝士兵们摧毁了胡朝的力量——胡朝的都城于1407年被占领,夺权的胡朝国王和他的儿子被打成阶下囚。永乐帝不愿意让出这个地方的控制权,不仅没有撤兵,还派人来管理这个国家,吞并了这里,把它正式列为明朝的一个承宣布政使司。他把这个地方重新命名为交趾。这个名字从汉朝起就指这片土地。

明朝时,中国再次统治越南20年。永乐帝对这次征服感到满意。他获得了25万多头大象、马匹和牛,约9000艘船,以及将近1400万石(约合90万吨)粮食。[6]

同时,北方的征战还在继续。最后一次征战漠北结束时,永乐帝把明朝的疆域一直推进到了黑龙江。永乐帝还扩大了明朝军队的

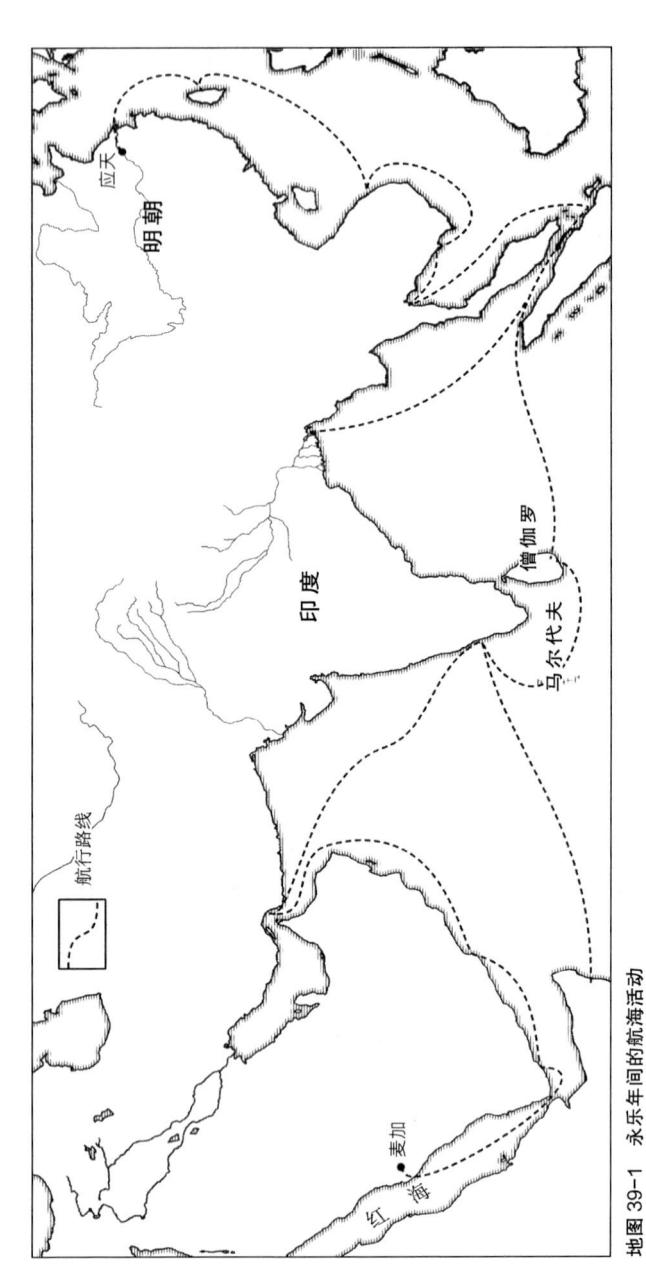

地图 39-1　永乐年间的航海活动

规模，从他统治初期的大约数十万发展到最终将近150万。他开始大规模修缮北方的长城。他宣布将曾经的元大都作为自己的都城，将其改名为北京顺天府。这里拥有巨大的新皇宫，这是一座修建了十几年的城中城，名叫紫禁城，仅供皇帝以及皇室家族使用。[7]

所有这一切花费了大量钱财。

1418年，朝廷的支出开始节制，因为交趾地方豪绅黎利（他还有两个哥哥）开始组建军事力量，抵抗明朝。最初，他选择将重心放在恢复旧的王朝，即灭亡的陈氏王朝上。他挑选了一位性情温和的陈氏家族的领袖，宣称他将帮这位陈氏家族成员重登王位。

但是不久，他就亲自领导叛乱，自称大越的平定王。黎利有一位得力大将军，名叫阮廌，他召集了越南的乡野之士来支持黎利的事业。阮廌接受过良好教育，计谋颇多。据说他曾走入森林，用动物脂肪在数百片树叶上写"黎利为君，阮廌为臣"。蚂蚁吃掉了动物脂肪之后，树叶上的那句话看起来就像是打了孔的信一样。在那些没有受过教育的乡下人看来，这是非常神奇的预言。[8]

有了农民的支持后，黎利和阮廌发动了游击战，这是两军交战时弱方采用的策略。越来越多的明朝军队被拖进了越南的丛林中，一营接一营地被埋伏的游击队歼灭。10年间，越南战场消耗了大批明朝军队。

当这一切正在进行时，永乐帝还在继续浪费钱财修整都城。1421年，来自巴格达的一位外交大使参观了明朝的都城。他参加了一场皇家盛宴，共有上千道不同的菜品："鹅肉、其他家禽的肉、烤肉、鲜果和干果……榛子、红枣、核桃、板栗、柠檬、用醋腌制的大蒜和洋葱……以及各种酒品饮料。"到场的外交官们被要求在皇帝面前行五拜三叩之礼，如此，他们就会被赐予白银、武器、鹰、马等丰厚的礼物。[9]

永乐帝没能活着看到他的扩张和奢华生活所带来的恶果。1424年，他在北征回师途中驾崩。他的儿子洪熙帝继位。洪熙帝在位不到一年，死后将江山交给儿子宣德帝。

宣德帝并不怯懦。当他还是一个青年时，他就随同祖父一起在北方征战。他计划着继续跟瓦剌作战。但是面对紧缩的财政以及南方无休止的战争，他选择将明朝的人力和物力资源根据轻重缓急重新配置——停止下西洋，并从棘手的越南战争中撤军。他在朝廷上说："交趾无岁不用兵，一方生灵遭杀已多，中国之人亦疲于奔走甚矣。"朝臣们意见不一，一半反对从越南撤军，认为这是国力衰弱的危险信号，而另一半指出，越南一直是个问题，历来没有哪个王朝能够不费吹灰之力控制它。[10]

当他们犹豫不决的时候，黎利带兵发动了一系列袭击。到了1427年，至少9万明朝士兵已经死在了越南丛林战中。

于是，宣德帝宣布停战。明朝撤军。黎利得胜，建立了一个独立的大越政权。他是这个新王朝后黎朝的第一个皇帝，即黎太祖。这个王朝的统治一直持续到18世纪。1433年，明朝最后一支下西洋的船队回国。那些船再也没有离开过明朝港口。[11]

宣德帝尽力重新专注于北方战场，但是瓦剌人还是取得了越来越多的胜利。

瓦剌新可汗也先非常擅长团结众人，周围越来越多的蒙古部落以及小的国家臣服于他。而此时的明朝则缺少一个合格的领袖。谨慎的宣德帝在位仅10年就驾崩了，将皇位留给了他8岁的儿子正统帝。整个国家都被控制在这个孩子的顾命大臣手中。他们在政策上存有分歧，而瓦剌早就有条不紊地大举推进到明朝的边境上。明朝皇帝疯狂加固的长城以及内地的一系列新屏障——"内长城"——对防御瓦剌根本不起什么作用。1448年，年轻的皇帝长到21岁时，也先的军队已经推进到了离明朝都城大约300千米的地方了。[12]

1449年，在大太监王振的建议下，正统帝同意亲征瓦剌。顾命大臣们又一次在战略上起了分歧。一个反对者委婉地提出："天子至尊而躬履险地。臣等至愚，以为不可。"这些措辞表明，正统帝不善于接受批评。他的行动表明，他妄想着一次辉煌的胜利。在炙热的8月，正统帝带着50万军队从北京出发。[13]

接近瓦剌的阵线时，他们遇到了大量没有掩埋的明朝士兵的尸体，他们是两周前瓦剌对附近的大同要塞发动袭击时的牺牲者。但是这里没有瓦剌军队的痕迹。在这片异常空旷的土地上，高高地堆放着大量尸体。受到惊吓的皇帝决定掉头返回京城。

但为时已晚。也先已经悄悄包围了明朝军队，切断了他们的退路，并在农历八月收紧了包围圈。明朝军队在土木堡扎营时，瓦剌军突然出现，放乱箭杀死明军数千人，接着他们踩着尸体前进，冲散了剩余的明军。太监王振死于这场战役，可能是被愤怒慌乱的自己人击杀。正统帝意识到战败难免，干脆坐在地上安静地等着被俘虏。

也先向北京送信，勒索巨额赎金。他预想明朝会爽快地交纳赎金赎回他们的皇帝。然而，北京的朝廷只是遥尊被俘的正统帝为太上皇，而他的弟弟登上了宝座，成为新皇帝。[14]

后来，烦躁的也先把年轻的太上皇释放了。他可能希望自己的仁慈能够换来未来他在北京的一个立足点。正统帝返回都城，却发现弟弟对于自己的回归并不高兴，而子民也无意支持他恢复统治。

他被软禁了 7 年后，于 1457 年通过政变复辟，第二次称帝，改元"天顺"。

1464 年，天顺帝驾崩后，明朝也大势已去。

野心勃勃的军事行动、大规模的航海活动以及在国际上的外交活动，都慢慢收场了。瓦剌的威胁逐渐减小。1454 年，在部落争夺联盟统治权的斗争中，也先被部下谋杀。瓦剌对明朝北方边境发动的大规模袭击终止了。但是明朝皇帝没有试图夺回失地。没有新的进攻计划，没有侵略战争，没有索要贡品的使团。明朝残存的人力和税收都被用于支撑一个消极的国内政策——加强边防，躲在边境以内的安全地带进行防守。[15]

39 明朝撤军

时间线 39

法国 / 威尔士 / 英格兰	奥斯曼土耳其 / 拜占庭	帖木儿的征服 / 埃及	明朝 / 大越
		帖木儿开始掌权（1367）	太祖（1368—1398）
利摩日沦陷（1370） 拉罗谢尔战役（1372）		帖木儿成为河中地区的统治者（1370）	
	约翰五世归顺穆拉德（1373）		陈睿宗（1373—1377）
黑太子去世（1376） 理查二世（1377—1399）			
查理六世（1380—1422） 农民起义（1381）			明军攻陷哈拉和林（1380）
安茹公爵路易一世去世（1384）			设立锦衣卫（1382）
			陈顺宗（1388—1398） 梁江战役（1389）
	巴耶济德一世（1389—1402）	巴赫里苏丹国灭亡（1390） 布尔吉苏丹国（1390—1517） 查希尔·巴尔库克（1390—1399）	
	曼努埃尔二世（1391—1425）	脱脱迷失被帖木儿击败（1391） 帖木儿占领巴格达（1393）	
	围攻君士坦丁堡（1394） 尼科波利斯战役（1396）		
英法停战（1396） 亨利·博林布鲁克被放逐（1398）		帖木儿入侵旁遮普（1398） 帖木儿入侵德里（1398）	建文帝（1398—1402） / 陈安（1398—1400）

时间线 39（续表）

法国　威尔士　英格兰	奥斯曼土耳其	拜占庭	帖木儿的征服	埃及	明朝	大越
亨利四世 　　　（1399—1413） 欧文·格林 杜尔起义 （1401—1415）				法拉杰 （1399—1412）		胡季犛 （1400—1407）
	安卡拉战役 （1402） 苏莱曼 （遭到反对） （1403—1411）				成祖 （1402—1424）	
			帖木儿去世 （1405） 黑羊土库曼和白羊土库曼的扩张		郑和第一次 下西洋（1405） 紫禁城 开始兴建 （1406）	明朝击败越南 （1406—1407）
阿马尼亚克派与 勃艮第派的对抗 （1410年起）						
亨利五世 　　（1413—1422） 阿金库尔战 役（1415） 《特鲁瓦条约》 （1420）	穆罕默德一世 （1413—1421） 重建"六里 长城"（1415）					黎利起义 开始（1418） 仁宗 （1424—1425） 宣宗 （1425—1435） 后黎朝 （1428—1789） 黎太祖 （1428—1433）
					明朝最后一次 遣使下西洋 （1433） 英宗 （第一次， 1435—1449） 也先的反抗 开始（15世纪 40年代） 土木堡之战 （1449） 景泰帝 （1449—1457） 也先被谋杀 （1454）	

/ 40

失败

> 1412年至1440年,天主教会和基督教帝国都未能恢复旧时的统一。

多年的对立教皇并存的局面严重分裂了天主教会。教会内部的分裂被一纸协议掩饰了,但透过薄薄的协议还是可以看出来那些裂痕。西方的德意志和拜占庭是单一基督教帝国的范例。两个国家的帝王都说自己经过受洗拥有古老的罗马皇权,想把罗马治下的和平(Pax Romana)转化成为基督教治下的和平(Pax Christiana)。

然而这些理想正在远去,其中至少一个将近破灭。

当时,德意志和匈牙利的国王西吉斯蒙德还不是神圣罗马帝国的皇帝。曾属于神圣罗马帝国领土的意大利和波希米亚也不在他的统治之下。

几乎整个意大利北部都被吉安·加莱亚佐·维斯孔蒂掌控,他曾被德意志国王文策斯劳斯四世授予米兰公爵的称号。只有佛罗伦萨和威尼斯保持独立，热那亚臣服于法国，摆脱了维斯孔蒂的统治。

1402 年维斯孔蒂死于瘟疫。之后，他的两个儿子（分别是 14 岁和 10 岁）面临虎视眈眈的米兰士兵和城市官员，很是无助。大儿子吉安·马里亚（Gian Maria）被雇佣兵法奇诺·卡内（Facino Cane）和其能干的妻子贝亚特里切·拉斯卡里斯（Beatrice Lascaris）所控制。10 年间，这对强悍的夫妇利用年幼的傀儡公爵统治着米兰。与此同时，米兰控制的城市和土地也逐渐被米兰的士官和商人抢占。

1412 年，法奇诺·卡内在帕维亚发起高烧，奄奄一息之时，他的敌人杀死了那位 24 岁的公爵吉安·马里亚。吉安的弟弟菲利波·马里亚（Filippo Maria）取代了哥哥的位置，成为米兰公爵。这位新公爵年仅 20 岁，听从朋友的建议娶了法奇诺的遗孀贝亚特里切。已经 40 岁的贝亚特里切答应了求婚，她会成为米兰公爵夫人，而菲利波·马里亚可以控制她的同盟和她家族的大片土地。[1]

但这绝对不是一桩快乐的婚姻。菲利波·马里亚性格古怪，缺乏吸引力。他很聪明，精于算计，擅用他人，但对雷声恐惧到病态的地步，且肥胖无比。他对自己的鹰钩鼻和巨大的腰身十分敏感，所以住在密室中，还频繁更换房间，上街时会避开臣民，也不允许别人给他画像。而贝亚特里切是一个年长他 20 岁的有钱有权的女人。两人同床异梦，相互敌视。这种状态一直持续到 1418 年，那年菲利波指责妻子通奸，并下令将她斩首。

没有人相信这个控告，但出于方便和自保，人们选择站在维斯孔蒂公爵这一边。[2]

菲利波·马里亚的满足感和成就感更多是来自征战。他命令雇佣兵弗朗切斯科·卡尔马尼奥拉（Francesco Carmagnola）带领米兰军队出征。到了 1421 年，卡尔马尼奥拉为米兰夺回了几乎所有之前脱离了公爵控制的领土。他还额外地获得了热那亚——热那亚摆脱了疯狂的法兰西国王，改与菲利波·马里亚结盟。

征战的过程是很残酷的。一篇文献记载道，在皮亚琴察市，无数市民被米兰人屠杀，城内竟然只有三人幸存。但征战成功地将菲利波·马里亚推向了意大利社会金字塔的顶端。16 世纪佛罗伦萨的政治家马基雅维利在《佛罗伦萨历史》(History of Florence) 一书中指出，菲利波"已经成为整个伦巴第的主人，他认为自己几乎无所不能"。名义上，他是神圣罗马帝国皇帝的一位臣属公爵。但实际上，他统治着意大利北部，几乎拥有帝王的权力。[3]

与意大利相比，波希米亚是一个更棘手的问题。

理论上，波希米亚属于德意志。但是德意志当时正面对胡斯派掀起的动乱。西吉斯蒙德曾向扬·胡斯承诺，授予他康斯坦茨公会议的安全通行权，但是随之反悔，同意将胡斯烧死。胡斯派对他的出尔反尔感到十分愤怒，尤其是其中一位叫扬·日什卡（Jan Zizka）的波希米亚骑士，此人抗击过普鲁士的条顿骑士团，也是文策斯劳斯四世的指挥官。他把波希米亚农民组织成一支真正的军队并进行训练，他们把打谷用的连枷作为武器，行军时坐着送货的马车。西吉斯蒙德不敢进入布拉格，而是先派了一支德意志军队出征，但日什卡和他的农民军击退了对手。[4]

日什卡要求获得扬·胡斯宣扬的权利，即这位胡斯派首领向西吉斯蒙德提出的《布拉格四项协议》中的权利。协议要求西吉斯蒙德：第一，准许福音书的公开宣讲；第二，允许提供"两种"圣餐（从 12 世纪起，在波希米亚教会，信徒只能得到饼，而神父还可以得到红酒）；*第三，要求所有神职人员宣誓安贫，放弃教会积累财富的权利；第四，公开、及时地惩罚触犯神法的行为。协议还提到了一些具体的罪，比如酗酒、偷窃、通奸和淫乱、不合理的税收和加息，以及突然提高领地租金。跟迦他利派和韦尔多派一样，胡斯派反对所有的权利和特权。[5]

西吉斯蒙德拒绝接受该协议。但是在德意志和胡斯派的战争中——日什卡死于瘟疫之后，"秃头"普罗科普（Prokop the Shaven）成为胡斯派的军队领袖——西吉斯蒙德失去了越来越多的土地。训练有素、全副武装的农民军奔赴战场，他们唱着胡斯派的战歌《神的勇士》（Ye Warriors of God），成为战场上的常胜军。

> 每个为真理献身的人都会得到祝福。
> 因此骑士等级的
> 弓箭手和枪骑兵，
> 和手持长矛、连枷的
> 平民百姓，
> 请牢记慷慨的主！……
> 为你们手中的武器骄傲吧，
> 大声地呼喊："上帝是我们的上帝！"[6]

---

* 这种做法虽得到彼得·隆巴尔德和托马斯·阿奎那的支持，但似乎已经偏离了变体论的原则。如果饼和酒分别象征着耶稣基督的身体和血液，那么其实领受任意一种都意味着礼拜者对基督的领受，所以没有必要食用两种。因为酒更容易洒出来和被滥用（也可能是因为更贵），所以法国、意大利和德意志的许多神父都拒绝向普通信徒提供酒。很多地方都采用这种做法，但并非所有地方都采用。胡斯派就很厌恶这种做法，因为它成为特权阶层和普通信徒之间的分界线。

1421年，西吉斯蒙德被在挡在布拉格之外。波希米亚三级会议（由王国的贵族组成）宣布将他废黜。1427年，胡斯派从波希米亚进犯德意志，用掠夺和焚烧来报复德意志对自己家园的袭击。

西吉斯蒙德对胡斯派的回应非常消极无力。他的注意力被分散了——常在匈牙利为进军意大利积蓄足够的力量，同时又希望能够说服新的罗马教皇马丁五世将他加冕为皇帝。

他对皇权的第一次试探发生在1431年春天，当时一场公会议正在德意志的巴塞尔镇举办，讨论胡斯派问题（以及许多其他事务）。但是不久之后，马丁五世就过世了，这推迟了讨论。枢机主教们不得不从胡斯派问题中抽身，选出一位新教皇，也就是威尼斯人尤金四世（Eugene IV）。同时，西吉斯蒙德开始同米兰的菲利波·马里亚谈判。即使他能说服新教皇为他加冕，他的军队也无法穿过伦巴第地区到达罗马，除非他能与米兰达成协议或击败米兰。

作为诱惑，他向米兰派出援兵来对抗它的两个敌对城市——佛罗伦萨和威尼斯。菲利波·马里亚精明地选择了中间路线。他允许西吉斯蒙德进入米兰，戴上伦巴第人的铁王冠（这是获得皇权的中间步骤），但西吉斯蒙德到达后，维斯孔蒂公爵拒绝与他会面。他在米兰城外的一个城堡派人送信给西吉斯蒙德，说自己不敢面见西吉斯蒙德，因为害怕自己会"激动而死"。[7]

这样他就巧妙地避免了向伦巴第新国王宣誓效忠的仪式。这个谎言并没有骗过西吉斯蒙德，但后者没有堂皇的理由坚持与菲利波·马里亚会面，于是他接受了这个借口。1431年11月25日，他取得铁王冠后就打道回府了。

罗马的加冕典礼耗费了18个月的准备时间。教皇尤金四世跟公会议的参会者争执不休，让西吉斯蒙德很难脱身。1433年5月，西

地图 40-1　西吉斯蒙德的帝国

吉斯蒙德终于把一切安排妥当了。他从德意志南部启程，经过伦巴第，于 5 月 21 日进入罗马。他头顶金布华盖，有 600 个骑士和 800 个步兵在身边护卫。10 天之后，在圣彼得大教堂，尤金四世为神圣罗马帝国皇帝西吉斯蒙德加冕。[8]

在庆典上，西吉斯蒙德开始使用新的徽章——一只双头鹰，来代表他的双重身份——德意志国王和神圣罗马帝国皇帝。同年晚些时候,他返回会场,参与(冗长的)讨论和谈判。跟神父们用拉丁语交流时,他把中性名词当成了阴性词用。旁边的教士委婉地纠正他,西吉斯蒙德反驳道:"我是罗马帝国的皇帝,凌驾于语法之上。"(Ego Imperator Romanus sum, et super grammaticam.)[9]

他的新地位为巴塞尔公会议带来了一些微小的进展。11月26日,他们最后商定,撤销把胡斯派当作异端的谴责,准许波希米亚的普通信众领受圣餐酒,并允许受上级"委托"的人传教。对于另外两个要求,公会议则是含糊其词。但是身处布拉格的胡斯派领导人收到这一来自巴塞尔的消息后,倾向于接受这部分的让步。波希米亚是一个小国。10多年来,正常的贸易、农耕和生活已经被战争彻底打乱。超过10万人已经在战斗中丧生。瘟疫多次席卷了全国。[10]

不幸的是,胡斯运动如今已经足够成熟,分化出几个宗派。最激进的胡斯派拒绝接受任何妥协。

在"秃头"普罗科普的带领下,一支强硬胡斯派的军队围攻了天主教城市比尔森(Plzeň)。对此,温和胡斯派加入了正统天主教与强硬胡斯派对抗。1434年5月30日,在利帕尼(Lipany),温和胡斯派及其天主教联盟与胡斯派极端分子展开激战,后者告败并妥协。1436年双方达成协议:《巴塞尔协议》承认胡斯派为天主教的一部分,尽管胡斯派在做法与信仰上存在不同。这是西方基督教第一次认识到,在基督教之中,存在与纯粹的天主教教义大相径庭的不同教派。这种统一只是纸面上的,只要没人戳破就会存在。[11]

《巴塞尔协议》设法让波希米亚回归了帝国,但是它的臣服时间很短。

当了4年皇帝后,西吉斯蒙德于1437年12月9日去世。再过几个月，他就 70 岁了。他或许是死于糖尿病。在去世之前不久，他截掉了左脚的脚趾。在去世前，他感觉自己来日不多了，就令人给自己穿上皇帝的长袍，设法登上宝座，然后坐着等待死亡。[12]

他一个儿子都没有留下，他 40 岁的女婿阿尔布雷希特（Albert）当时是奥地利公爵，声称继承他所有的权力。阿尔布雷希特毫不费力地得到了匈牙利王位。1438 年 5 月，德意志选侯承认了他的统治。但是波希米亚人拒绝了他，胡斯派开始争论应当由谁来替代他。

与此同时，巴塞尔公会议仍在进行。它解决了一半的胡斯派问题，但是还有其他问题尚未解决，包括不同的教会改革方案和（再次）将君士坦丁堡的希腊东正教教会并入罗马的可能性。

同时，与会者内部出现了很多派别。随着波希米亚从神圣罗马帝国分离出去，公会议也变得四分五裂。教皇尤金四世和他的支持者坚持把大会搬到佛罗伦萨去开，那里的富商政客科西莫·德·美第奇（Cosimo de'Medici）对此表示欢迎。公会议中的顽固派选择留下，他们认为教皇没有经过公会议的权威考虑便擅自行动，因此选出了一个替代者——意大利北部的贵族斐理克斯五世（Felix V）被选为"对立教皇"。

不同于 14 世纪的教会分裂，这次教皇权的分裂仅仅是一件次要的事。尤金四世继续前往佛罗伦萨，大多数基督徒认为，巴塞尔公会议已经成了佛罗伦萨公会议。在之后的 10 年中，斐理克斯五世仍顽固地自称教皇。*

---

* 在搬到佛罗伦萨之前的过渡时期，巴塞尔公会议在费拉拉开会。人们现在通常把整个公会议称为佛罗伦萨公会议，但是"巴塞尔公会议"和"费拉拉公会议"这两个名字也经常被使用。

1439 年，君士坦丁堡的皇帝到达佛罗伦萨，准备（再次）讨论和罗马统一的可能性，而那个时候罗马自身还处在分裂之中。

君士坦丁堡的皇帝是被奥斯曼帝国变化的局势所逼。1421 年 1 月，友善的奥斯曼苏丹穆罕默德过世（根据宫廷编年史记载，他是自然死亡的。而流言声称，他是中毒身亡）。他暴戾的儿子——18 岁的穆拉德二世（Murad II）——立刻围攻了君士坦丁堡。

1424 年，年老的曼努埃尔二世向新苏丹支付了一笔钱，暂时解除了围攻。但不久后，曼努埃尔二世就去世了，留下他的儿子约翰八世（John VIII）来面对新的来自奥斯曼的威胁。约翰八世来到意大利参加佛罗伦萨公会议。他请求西方的基督教会为了君士坦丁堡的生存联合抵抗东方的奥斯曼人。从第一次十字东征开始，这个话题就一再被提起。

约翰八世的努力失败了。

约翰八世的策略是，再次尝试消弭东西方之间的差异矛盾。为了一场眼前的战争，他试图消除将近 500 年间双方在思想、神学、习俗和文化方面的分歧。在约翰八世一行人（包括 700 名神父、宫廷官员、神学家和学者）到来前，君士坦丁堡牧首被一封来信激怒了，信上说，教皇接见他时，他要亲吻教皇的脚。他反驳道，他本来愿意"把教皇当作父亲，如果教皇比他年长。如果教皇跟他同龄，他愿意把教皇当作哥哥。如果教皇比他年轻，他愿意把教皇当作儿子"。[13]

这场关于级别的竞争持续着。在公会议上，拜占庭人和欧洲人因为最好的座位、进餐的优先权、牧首在意大利是否可以用跟教皇一样的窗帘来装饰他的讲台、复活节仪式的地点以及（最终）教会的教义而起了争执。从 1438 年 6 月 4 日直到 1439 年 7 月 5 日，公会议每天都会进行马拉松式的争吵,他们的分歧在于:圣灵与圣父、圣子之间确切的关联方式,准备圣餐使用发酵面包还是未发酵面包,教皇对希腊教会的权威程度,以及其他大量相关的细节。神父和神学家一词一句地敲定折中声明。在讨论期间,牧首寿终正寝。[14]

最后,他们达成妥协,将联盟教令写在了纸上,充满喜悦地高声诵读了出来,并吟唱希腊文和拉丁文的赞美诗(只不过,他们都不赞同对方的赞美诗形式,于是不得不站在佛罗伦萨大教堂的中央走廊上,轮流吟唱赞美诗)。

约翰八世得到了西方教会的支持,尤金四世教皇承诺他会派遣300艘军舰并提供1.2万弗罗林帮助约翰对抗土耳其人,保卫君士坦丁堡。于是,约翰八世动身回国了。1440年2月初,他回到了君士坦丁堡。几周内,教皇承诺的士兵和急需的现金也紧随他到了都城。

然而统一终究没有实现。

等候在君士坦丁堡码头的人们问道:"你们的努力怎么样了?……我们的事业成功了吗?"陪伴着皇帝的教士们回答说:"我们在海外出卖了我们的信仰。我们用自己的虔诚换来了不虔诚!"只有希腊教会和宫廷的高层才支持这种妥协。教会里的教士和普通信徒则认为这是一种背叛,珍贵的宝藏被愚蠢地换成了赤裸裸的政治利益。约翰八世了解民意后,推迟了在君士坦丁堡发布联盟教令的时间。[15]

这一推迟变成了无限期的。将教会统一的企图与将神圣罗马帝国重新统一的企图一样没有成功。代价高昂的西方之旅、无尽的争吵、不断的谈判,这一切除了给君士坦丁堡带来了更多的士兵外,别无好处。而紧接着发生的外敌入侵证明,那些士兵也是毫无用处的。

40 失败

时间线 40

奥斯曼土耳其	拜占庭	帖木儿的征服	明朝	大越	德意志	神圣罗马帝国	意大利	匈牙利	教皇
					文策斯劳斯（1376—1400）				乌尔班六世（1378—1389）克雷芒七世（对立教皇）（1378—1394）
			明军攻陷哈拉和林（1380）			基奥贾战役（1380）			
			设立锦衣卫（1382）					玛丽亚（1382—1385）吉安·加莱亚佐·维斯孔蒂，米兰领主和公爵（1385—1402）那不勒斯国王查理三世作为匈牙利国王查理二世（1385—1386）西吉斯蒙德（1387—1437）	
				陈顺宗（1388—1398）梁江战役（1389）	1389年全面和平				卜尼法斯九世（1389—1404）本笃十三世（对立教皇）（1394—1423）
巴耶济德一世（1389—1402）曼努埃尔二世（1391—1425）									
尼科波利斯战役（1396）		帖木儿入侵德里（1398）	建文帝（1398—1402）	陈安（1398—1400）胡季犛（1400—1407）	鲁珀特（1400—1410）				
安卡拉战役（1402）			成祖（1402—1424）				吉安·马里亚·维斯孔蒂，米兰公爵（1402—1412）		
苏莱曼（遭到反对）（1403—1411）		帖木儿去世（1405）黑羊王朝和白羊王朝的扩张	郑和第一次下西洋（1405）紫禁城开始兴建（1406）	明朝征服越南（1406—1407）越南第四次北属时期（1407—1427）		教皇谴责威克里夫主义（1409）西吉斯蒙德（1411—1437）			格列高利十三世（1406—1415）亚历山大五世（1409—1410）约翰二十三世（对立教皇）（1410—1415）

时间线 40（续表）

奥斯曼 土耳其	拜占庭	帖木儿 的征服	明朝	大越	德意志	神圣罗 马帝国	意大利	匈牙利	教皇
							菲利波·马里 亚·维斯孔蒂 作为米兰公爵 （1412—1447）		
穆罕默德一世 （1413—1421）					康斯坦茨 公会议（1414）				
重建"六里 长城"（1415）					扬·胡斯被 处决（1415）				**马丁五世** （1417—1431）
				黎利起义 开始 （1418）	布拉格"第一次 掷出窗外事件" （1419）				教廷分裂结束 胡斯派被处以 绝罚（1418）
					胡斯战争 （1419—1434）				
					《布拉格四项 协议》（1420）				
穆拉德二世 （1421—1444、 1446—1451）					波希米亚 三级会议 （1421）				
				仁宗 （1424—1425）					
				宣宗 （1425—1435）					
			约翰八世 （1425—1448）						
				后黎朝 （1428—1789）					
				黎太祖 （1428—1433）					
					巴塞尔公 会议（1431 年开始）	**西吉斯蒙德** （1431— 1437）			**尤金四世** （1431—1447）
				明朝最后一 次遣使下西 洋（1433）		**西吉斯蒙德** （1433—1437）			
				英宗 （第一次， 1435—1449）	《巴塞尔协 议》（1436）				
					阿尔布雷 希特二世 （1438—1439）			德意志国王阿 尔布雷希特二 世作为匈牙利 国王**阿尔布雷 希特一世** （1438—1439）	
		联盟教令 （1439）		也先的反抗 开始（15世 纪40年代）	公会议移到佛 罗伦萨（1439）				斐理克斯五世 （对立教皇） （1439—1449）

/ 41

永久的奴隶

> 1415 年至 1455 年，葡萄牙船只开往西非装运奴隶，教皇准予它们进行征服。

几十年前，英法战争就已波及伊比利亚半岛。那些影响已经扎根，并结出带刺的果实。

之前，阿维什的若昂成为葡萄牙国王若昂一世，他娶了英格兰冈特的约翰之女菲利帕为王后。在卡斯提尔，特拉斯塔玛拉的恩里克 10 岁的儿子胡安二世坐在王位上。葡萄牙在阿尔茹巴罗塔取得胜利后，又继续与卡斯提尔交战 26 年，直到 1411 年 10 月双方才停火。

后来，为了争夺贸易机会、财富以及大西洋西岸的群岛，卡斯提尔和葡萄牙又开始了新的斗争。

从一开始直到目前，卡斯提尔一直是赢家。1402 年，法国探险家让·德·贝当古（Jean de Béthencourt）登上加那利群岛，野心勃勃地想"征服该群岛，让当地人信仰基督教"。他期望自己拥有荣誉、英勇事迹和丰厚的战利品。据两个随行的圣方济各会的神父记载，贝当古一到达这里，就抓了一些关契斯人（Guanches，一个当地的非洲原住民族群），把他们带到西班牙的加的斯港口，当作奴隶售卖。

贝当古发现这能让自己获得比预想更大的荣誉，于是来到卡斯提尔宫廷，请求胡安二世的父王封自己为加那利群岛的国王，臣属于卡斯提尔。卡斯提尔国王同意了。国王告诉朝臣们："让·德·贝当古的心意非常好。他为了一个距此 200 里格（League，长度单位，1 里格约等于 3 海里）、我从未听说过的小国对我表示效忠。"[1]

不久之后，关契斯人几乎都被当作奴隶贩卖到欧洲，整个部落不复存在。很多卡斯提尔农民迁入加那利群岛，带去了农业和渔业。至此，卡斯提尔拥有了大西洋的大片新领土。对于卡斯提尔的野心，葡萄牙人一直有所警惕，但他们自己也渴望扩大疆域。[2]

葡萄牙的若昂一世把目光投向了直布罗陀海峡另一边的港口城市休达（Ceuta）。当时，休达处在北非马林王朝的苏丹的控制之下。13 世纪末，穆瓦希德王朝瓦解后，朝代更迭频繁，马林王朝是其中之一。对马林王朝发动战争至少有两个好处。若昂一世可以对人民宣称这场战争是"再征服运动"的延伸。"再征服运动"指基督徒夺回被穆斯林占领的领土的战争，由于穆斯林王国格拉纳达的顽强抵抗，那次战争止于伊比利亚半岛。这种说法比说去攻击另一个基督教国家更容易被大众接受。并且，若昂一世的儿子们一定会参与到征战中。他有五个婚生儿子。1415 年时，他们年龄在 13 岁到 24 岁之间，他们旺盛的精力和雄伟的野心需要有一个合适的出口。

征战前，王后菲利帕就去世了。据葡萄牙的宫廷史官记载，王后死前，听见北风呼啸，就挣扎着从床上坐起，大喊："这是远航之风！"一个月后，葡萄牙船只到达休达，开始攻击这座城市。船上有王后菲利帕的三个年长的儿子。[3]

仅仅一天之后,马林王朝就放弃了抵抗。若昂一世亲自指挥了这次进攻。他和他的继承者,即长子杜阿尔特(Duarte),在一翼作战,21岁的恩里克和23岁的佩德罗在另一翼作战。守卫者逃跑之后,休达的清真寺被彻底拆毁。侵略者在原地重新建起了基督教圣坛和耶稣受难像,并用圣水进行清洗。三位葡萄牙王子都被他们的父亲封为爵士。宫廷历史学家戈梅斯·埃亚内斯·德·祖拉拉(Gomes Eanes de Zurara)写道:"那个受封场面十分壮观。三位王子都高大健硕、衣着整洁、佩带宝剑。"[4]

马林王朝并没有非常努力地去保卫休达,但他们也不愿休达成为葡萄牙人进攻他们帝国的滩头堡。后来,马林王朝发起连续的进攻,若昂一世花费了大量钱财来抵抗攻击。1418年,他不得不派年轻的三儿子恩里克带领军队去解除马林王朝的围攻。第二年,恩里克被任命为休达的永久总督。[5]

休达之战最终成为葡萄牙一个昂贵的教训。因为马林王朝顽强反抗,这个城市没有变成葡萄牙扩张到北非的基地。所以,在维护休达安定的同时,恩里克开始寻找另一条贸易线路。祖拉拉记载道:"他一直都希望了解加那利群岛和博哈多尔角(Cape Bojador)之外的土地,因为那时候关于那些土地的自然状况,还没有书面记录或者口口相传的确定信息。"[6]

他以休达为基地,派船只穿过直布罗陀海峡,向南驶向博哈多尔角,到达地中海。这个使命非常艰巨,很少有人愿意受命。

他多次派人出行,除了普通人以外,还包括那些在战争中作战英勇的行伍之士。然而,正如恩里克王子所预料的那样,没有人敢越过博哈多尔角去探索海角之外的土地。事实上，这不是因为胆怯或缺少意愿，而是因为这个海角的新奇，以及在西班牙水手间代代相传的关于它的古老谣传——据说海角之外没有人类、没有可居住的土地……没有水、没有绿草。海水很浅，距离陆地 1 里格的地方只有 1 英寻（fathom，1 英寻约等于 1.8 米）深。但水流却很急，经过该海角的船只都无法返航。[7]

连续 12 年来，恩里克每年都派出船队去探险。马德拉群岛成为葡萄牙的殖民地，葡萄牙船只袭击了马林王朝的港口。尽管恩里克承诺很高的奖赏，仍没有船长愿意冒险经过那个海角。

1433 年，若昂一世去世。恩里克的哥哥杜阿尔特成为葡萄牙国王。此时，另一艘来自休达的葡萄牙船向西南方驶去。船长吉尔·埃亚内斯（Gil Eanes）到达了加那利群岛，便不敢再向前了，他"内心感到恐惧"，转而向北驶去。恩里克为船只重新提供补给，命令他再回去。恩里克告诉埃亚内斯："这么高的风险一定可以得到很高的奖赏。"[8]

在赏金的激励下，埃亚内斯最终穿过了海角。他返回葡萄牙，带来消息说，这片众人惧怕的土地跟传言说的完全不同。这里有平静的海面，还有一条漫长、肥沃的海岸地带，没有人类居住。后来再去考察的船只都带回相同的消息，尽管有人发现了人类和骆驼的脚印。恩里克派出了另一支远航的队伍，这次船上装了马匹，这样人们靠岸后可以向内陆骑行，直到发现人迹。骑行者们并没有发现村庄和居民的踪迹，后来他们越来越恐惧，只得折回。

之后恩里克的远航被一场政治动乱暂时中止了。恩里克的国王哥哥于1437年向北非的马林王朝宣战，尽管葡萄牙议会对此并不热心，恩里克对此却非常狂热，还提出要亲自率军进攻重要港口城市丹吉尔。和他一起出征的还有他的弟弟斐迪南（Ferdinand），也就是若昂一世最小的儿子，他当时35岁。

很巧，丹吉尔的总督曾经是葡萄牙征服休达时的休达总督。他从上次战败中吸取到经验教训，打开丹吉尔的大门引诱葡萄牙军队进入，然后派分遣队在城市周围埋伏。[9]

当马林王朝的苏丹从非斯派出的援军抵达丹吉尔时，恩里克被迫放弃这个地方。他通过谈判承诺放弃休达，以救出大部分士兵，但他被迫留下斐迪南和另外12个葡萄牙骑士当作人质，以使敌军确信该城投降。

但葡萄牙议会拒绝承认恩里克的诺言。斐迪南被囚禁在非斯，晚上枷锁缠身，被关在小房子里，白天被迫和其他犯人一起辛苦劳作。

11个月后，杜阿尔特去世了。一些记载说他死于瘟疫。另一些记载说，他是死于对弟弟命运的深深的绝望和愧疚。杜阿尔特6岁的儿子成为葡萄牙国王阿丰索五世（Afonso V），他的遗孀埃莉诺和他的弟弟科英布拉的佩德罗（Peter of Coimbra）共同摄政，但两人难以合作。

恩里克返回休达后，无法通过谈判使斐迪南获释。1443年，斐迪南，这位年纪最小的葡萄牙王子，死在牢中。恩里克的远航重新开始了。他让一些葡萄牙家庭移居到葡萄牙西部的亚速尔群岛。人们终于亲眼看到了非洲海岸的居民——摩尔黑人，并很快把他们抓起来。这些摩尔黑人被带回葡萄牙后，被当成奴隶卖到里斯本，价格高得令人吃惊。祖拉拉记载道："看到船队短短时间就能轻松地

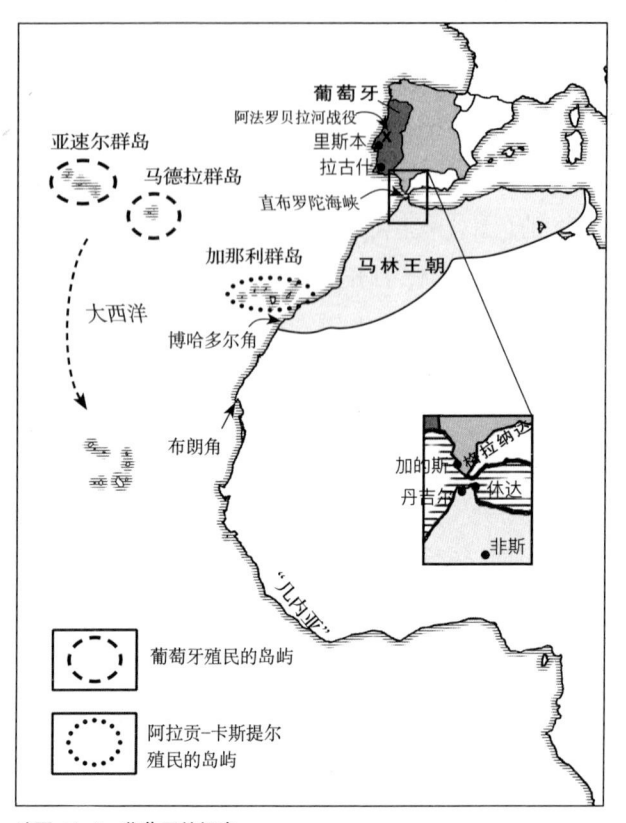

地图 41-1 葡萄牙的探索

获得大量财富,一些人就开始盘算,如何也能分一杯羹。"[10]

现在,恩里克已经不缺少乐意向南航行穿过博哈多尔海角的船长了。有人是为了服役,有人为了荣誉,还有一些人希望分得利润。年轻的摄政佩德罗授予弟弟恩里克特权,使其可以控制所有海角南部的贸易。而恩里克则每年奖励一次那些探索未知地的远航者。船长们沿着西海岸航行,寻找新水湾、新河流和更多的奴隶。绑架事件也伴随而生。葡萄牙船队在海岸线上新的停靠点登陆,把发现的村民抓起来并带回船上。如果没有发现人迹,他们就会继续向南航行,并记录他们的所见所闻。祖拉拉记录了这样一次航行:一队葡萄牙水手从一个新地点登陆,

> 在一个小水湾边,看到一些好像在捡贝类的几内亚(西非)妇女。他们抓住了其中一个大约 30 岁的妇女,以及她 2 岁的儿子和 14 岁的女儿……这个女人力大无比,三个男人竟然很难把她带到船上。相持很久后,有人想到只要把她的孩子抓到船上,这个女人出于母爱就会跟过去……之后一段时间,他们继续寻找奴隶,最后找到了一条河流,于是又开始乘船探险。在一座房子里,他们抓到一个女人,把她带到小船上后,他们再次回到河边。[11]

在一段时间里,葡萄牙的人口贩卖规模并不大,但 1444 年,在恩里克的支持下,大量奴隶被运到葡萄牙城市拉古什(Lagos)。这是由船长兰萨罗特·德·弗雷塔斯(Lançarote de Freitas)指挥的公共关系活动。6 艘船在布朗角靠岸,船员登岸去抓奴隶,其中一艘船由吉·埃亚内斯领航。他们冲入西非的丛林,高喊着"圣地亚哥、圣乔治、葡萄牙"的口号,抓了至少有 250 个奴隶,杀死的人数还要更多。[17]

8 月 8 日,他们航行到了拉古什,把奴隶带到了这座城市的市场上。恩里克骑在马上,准备接受贡品——总人数 1/5 的奴隶,或许还在掂量自己这次令人瞩目的筹划取得的成就。祖拉拉也在那里亲眼见证了这一幕。他记载道,"为了躲避高温,清晨很早的时候,

水手们就听从命令,开始停船把俘虏们带上来":

> 这个场面十分壮观:一大群奴隶挤在一块平地上。他们有的肤色偏白,容貌和体形比较好;有的皮肤稍微黑一些,像黑豹的颜色。其他的奴隶跟埃塞俄比亚人一样黑。有些人面颊深陷,泪流满面地望着彼此。有些人痛苦地呻吟着,凝视高空,放声大哭……其他人躺在地上,以手击面。后来他们被葡萄牙人分开……妻离子散,骨肉分离……母亲们搂着孩子撞向地面,自己摔得浑身是伤,她们以为这样做,人们就会出于同情而不把她们的孩子与自己分开!就这样,葡萄牙人费了很大的劲才把奴隶们分开。[13]

祖拉拉被那些俘虏们所受的痛苦触动了,只得安慰自己说,他们现在比以前过得好多了,他们过去就像"畜生一样,是被诅咒的灵魂"。"他们现在有衣穿,有饭吃,有人关心,因心灵有人引导而走上了信仰基督之路。"他们被带到基督之地,可以听到福音。这些都是被奴役的好处。[14]

到了1452年,奴隶和其他非洲商品的贸易发展非常迅速〔几十年后,地理学家杜阿尔特·帕切科·佩雷拉(Duarte Pacheco Pereira)记载道:"每年有3500个奴隶被贩卖,而且年年增多,还有许多象牙、黄金、精棉布料和其他商品。"〕,以至于葡萄牙国王决定要恳请罗马教皇来保护葡萄牙在非洲的利益。[15]

1449年,年轻的阿丰索五世已经17岁了。他迫使科英布拉的佩德罗,即他的叔叔兼摄政,放弃对政府的控制。佩德罗企图抗拒,

41 永久的奴隶

于是阿丰索的军队在阿法罗贝拉（Alfarrobeira）河边上与佩德罗打了一仗，在战斗中佩德罗被一箭穿心。[16]

于是，阿丰索五世自己掌握了王权，他进一步确认了他的叔叔恩里克管理奴隶贸易的权力。之后，他又请求罗马教廷承认葡萄牙王国在非洲进行的是一场十字军运动，即一场对抗教会敌人的圣战，是对黑暗力量的进攻。

1447年尤金四世去世之后，来自意大利的尼古拉五世（Nicholas V）任教皇。经过简短的思考之后，尼古拉五世同意了阿丰索的请求。1452年6月18日，他发布了宗教诏书《只要是异端》（Dum Diversas），授予阿丰索"完全自由的权力，他可以通过教皇的权威，侵略、搜索、俘获、征服所有萨拉森人和异教徒，以及其他任何地方的敌基督教的人……把他们变成永久的奴隶"。[17]

《永久奴隶》（Perpetuam Servitatem）诏书上盖有教皇的印章，它批准了对非洲俘虏的奴役。尼古拉五世很有可能更多考虑的是土耳其人，而不是西非人，因为该诏书授予阿丰索的是搜寻并奴役所有异教徒并占领他们土地的权力。但3年之后，教皇在《罗马教皇》（Romanus Pontifex）宪章中再次确认该诏书，进一步画出了阿丰索可以抓获并奴役非洲人的地理范围。几代葡萄牙国王都耗费了大量"劳力和金钱，冒很高的风险向非洲派船，非洲人才得以听闻神圣基督的名字，诸多灵魂才得以皈信基督"。因此，葡萄牙在非洲的开拓事业得到了教会的保护。只有葡萄牙人可以航行到西非，传播福音，把非洲人带到欧洲。

> 陌生人可能在贪婪的驱使下航行到这些地方，独享这项工作带来的所有成果和赞誉……一旦教会那些异教徒航行之术，

> 他们会变得更加强大、更为顽固,与国王为敌……这一开拓之举……也许会彻底失败,给基督教蒙羞。为了防止这些情况出现,为了保护基督徒的权利和财产……除了葡萄牙船员和船只……和先前获得国王许可的人员和船只以外……他人无权航行到上述省份,或在它们的港口交易,或在其海域内捕鱼……这些岛屿、土地、港口和海域……属于上述的阿丰索国王和他的继任者……这样可以使他们继续满怀热忱地进行……这项最虔诚和高尚的工作……来解救灵魂。[18]

葡萄牙人对西非的征服已变为神圣之举,对西非人的奴役成了对西非人的救赎,贩卖西非人被粉饰成正义的职责。这是最具毁灭性的扩张,却出自圣战的理想。

时间线41

明朝	大越	德意志	神圣罗马帝国	意大利	匈牙利	教皇	卡斯提尔	马林王朝	葡萄牙
				吉安·加莱亚佐·维斯孔蒂，米兰领主和公爵（1385—1402）	那不勒斯国王查理三世作为匈牙利国王查理二世（1385—1386）		阿尔茹巴罗塔战役（1385）		阿维什的若昂（1385—1433）
					西吉斯蒙德（1387—1437）				
	梁江战役（1389）	1389年全面和平				卜尼法斯九世（1389—1404）	恩里克三世（1390—1406）		
						本笃十三世（对立教皇）（1394—1423）			
	陈安（1398—1400）								
建文帝（1398—1402）							阿布·赛义德·奥斯曼三世（1399—1420）		
	胡季犛（1400—1407）	鲁珀特（1400—1410）							
成祖（1402—1424）				吉恩·马里亚·维斯孔蒂，米兰公爵（1402—1412）			卡斯提尔宣称占领加那利群岛（1402）		
郑和第一次下西洋（1405）									
	明朝征服越南（1406—1407）				格列高利十三世（1406—1415）		胡安二世（1406—1454）		
紫禁城开始兴建（1406）		教皇谴责威克里夫主义（1409）			亚历山大五世（1409—1410）				
		西吉斯蒙德（1411—1437）			约翰二十三世（对立教皇）（1410—1415）		与葡萄牙停战（1411）		
				菲利波·马里亚·维斯孔蒂，米兰公爵（1412—1447）					
		康斯坦茨公会议（1414）							
		扬·胡斯被处决（1415）			马丁五世（1417—1431）				占领休达（1415）
	黎利起义开始（1418）	布拉格"第一次掷出窗外事件"（1419）			教廷分裂结束胡斯派被处以绝罚（1418）				航海者恩里克成为休达总督（1419）

时间线 41（续表）

明朝	大越	德意志	神圣罗马帝国	意大利	匈牙利	教皇	卡斯提尔	马林王朝	葡萄牙
		胡斯战争（1419—1434）							
		《布拉格四项协议》（1420）							
仁宗（1424—1425）		波希米亚三级会议（1421）							
宣宗（1425—1435）									
	后黎朝（1428—1789）								
	黎太祖（1428—1433）	巴塞尔公会议（1431年开始）	西吉斯蒙德（1431—1437）			尤金四世（1431—1447）			
明朝最后一次遣使下西洋（1433）			西吉斯蒙德（1433—1437）					杜阿尔特（1433—1438）	
英宗（第一次，1435—1449）		《巴塞尔协议》（1436）						吉尔·埃亚内斯绕过博哈多尔角（1434）	
		阿尔布雷希特二世（1438—1439）		德意志国王阿尔布雷希特二世作为匈牙利国王阿尔布雷希特一世（1438—1439）				葡萄牙对丹吉尔的进攻失败（1437）	
								阿丰索五世（1438—1481）	
		公会议移到佛罗伦萨（1439）		斐理克斯五世（对立教皇）（1439—1449）					
								斐迪南王子去世（1443）	
也先的反抗开始（15世纪40年代）									
景泰帝（1449—1457）					尼古拉五世（1447—1455）			拉古什市场出售奴隶（1444）	
					《只要是异端》诏书（1452）				
英宗（第二次，1457—1464）					《罗马教皇》宪章（1455）				

/ 42

失去法国

> 1422年至1453年,圣女贞德帮助法兰西国王重获王权,并因此牺牲。法国在"百年战争"中取胜。英、法两国国王都患有精神疾病。

英格兰国王亨利五世宣布对法国拥有主权,但实际上,他只掌控了巴黎及其周边土地,所以,他的宣称只是一纸空文。勃艮第公爵支持他,但是,另一方面,勃艮第公爵的反对派阿马尼亚克派偷偷跟被剥夺继承权的年轻的法国王太子查理结成了联盟。尽管王太子查理曾把继承权交了出去,但是那时候老国王还在世,而且在阿金库尔战役之后,亨利五世又花费数年的时间与法国王太子的支持者作战。沃尔辛厄姆在《大编年史》中记载道:到了1422年,"他的大部分士兵因为战争和缺少食物而身体虚弱……回到英格兰后,他们再也不想重返法国"。[1]

亨利五世留在法国,但他把成年后的时光都耗在了战争上,还染上了在军中蔓延的慢性病——痢疾。1422年8月30日,亨利突然死亡,死在离巴黎仅6000米的地方,距他登上王位不足10年。

在英格兰，亨利五世 9 个月大的儿子即位成为亨利六世（Henry VI），是"英格兰和法兰西两国的国王"。他既是英格兰的统治者也是法国王位的继承人。两个月以后，发疯的查理六世也死了，终年 54 岁。在人生的后 30 年，他一直在跟疾病抗争——不得不使用常规的放血疗法，连续多日祈祷，去圣地朝圣，尝试人们推荐的各种治疗方法。史家昂盖朗·德·蒙斯特勒莱记载道："他因疾病而不得不卧床"一段时间。他临终时，几乎没有人陪在身边。他的葬礼十分隆重，但是"没有一个拥有法国王室血统的王子参加葬礼……想到这位国王在执政早期曾拥有的巨大权力和财富，这实在是很可悲"。[2]

但此前很久他就与王国的命运没有关系了，只有他的离世才对王国有所影响。谁将继承他的王位尚不明确。可能是勃艮第派和英格兰人支持的年幼的亨利六世，也可能是阿马尼亚克派支持的法国王太子查理。王太子查理是已故国王最小的儿子，他的四个哥哥也都曾是王太子，但是他们四个都先于他们的父亲死去。他是唯一幸存的。1422 年，他 19 岁。从 14 岁开始，他就已经代表国王查理六世，主持王室会议，签署王室法令，行使老国王的权力。但是，他天生的能力在小时候多次受挫。而且，他父亲已经把他的（王太子的）头衔给了别人。他经常被对英格兰忠诚的巴黎人阻碍。他受挫时很容易变得绝望和冷漠。他一直不露衷曲。同时代的史家夏特兰（Chastellain）写道："他乐意被一群有智慧有胆量的人围绕，让他们引导自己。但是，这些人不知道的是，他一直在进行一个新的谋划。"[3]

这两位王位候选人都被称为国王：亨利六世待在巴黎，而查理王太子待在靠近布尔日的梅洪的一个小教堂里。英格兰贝德福德公爵作为亨利六世的摄政,也待在巴黎。内战真正开始了。贝德福德公爵和法国勃艮第公爵联合起来,增加他们在巴黎和卢瓦尔河南部山谷地带以外的实力,而查理和阿马尼亚克派以布尔日为据点,因苏格兰叛军的加入和法国王室的卡斯提尔佣兵加强了实力。英格兰史家拉斐尔·霍林斯赫德(Raphael Holinshed)记载道:"一开始只是小规模冲突,之后,它就升级为真正的战争了。"[4]

内战的前6年,亨利六世多次取胜。亨利六世的摄政贝德福德公爵与勃艮第公爵的妹妹结婚了,这使得英法两国的联盟更加紧密。1423年6月,查理的军队在一场鏖战中损失惨重,3000名苏格兰士兵丧生,还有同等人数的法国士兵战死或被俘。英格兰联盟军向南北同时发起大规模进攻,库西(Coucy)、默朗(Meulan)、朗布依埃(Rambouillet)、默恩(Meung)和贡比涅(Compiègne)等小镇逐个沦陷,多个要塞投降。霍林斯赫德记载道:"王太子既痛心又恼火,他被所有属于法国的伯国驱逐。"后来,他在普瓦捷建立了自己的宫廷,尽最大努力扮演国王的角色。但是他已经开始退缩,渐渐把自己跟支持者隔开,把自己困在宫廷内。[5]

1428年10月,贝德福德公爵包围了奥尔良。该城一直抵抗到1429年深冬。后来城里的人们开始挨饿,便派了使者向勃艮第公爵提出投降。法国的局势令人绝望。一旦奥尔良沦陷,南方其余地方也将不保,查理就不得不离开他的国家,或许就得去卡斯提尔。蒙斯特勒莱记载道:"英军还在围攻,王太子查理陷入了巨大的痛苦中,大多数王公贵族看到糟糕混乱的情况,都抛弃了王太子。"[6]

查理待在希农,举棋不定,没有计划,也没有勇气前进一步。就在这个时候,圣女贞德伸出了援手。她是一个农村姑娘,当时年仅17岁,家境殷实。她的"穿着打扮像男人一样",曾做过女仆,

"敢骑马涉水，拥有其他年轻女孩不擅长的技艺"。[7]

她自称在少女时代就在法国东北部的栋雷米村（Domrémy）遇见过神迹。她的父母曾想要把她嫁给一个般配的年轻人，但被她拒绝。她告诉父母，她的使命是将法国从英格兰人手中解救出来，见证王太子成为法国人民的合法国王。1429年3月，她来到希农，向未来的国王解释她的使命。*

查理同意接见她。毕竟他在童年时期经常看到父亲接待一些承诺提供灵丹妙药的术士和预言家。后来的见证者都说，贞德立即就去见了王太子，查理并没有穿着华丽的王袍，而是站在一群幕僚中间，一点儿也不显眼。这次接见本身并没有使查理对她言听计从，但是（根据告解神父记录的后来她在审判中的证词）她给查理的建议不可能被忽略。

国王见到贞德之后，问她的名字，她回答道："王太子殿下，我是贞德。上帝派我前来，助你在兰斯受膏加冕，成为上帝的助手，成为法兰西国王。"国王又问了几个问题，贞德又一次对他说道："我代表上帝告知你，你是法兰西真正的继承者，国王之子。上帝已经派我指引你去兰斯。如果你接受的话，就可以举行加冕和祝圣仪式。"国王理解了她的话之后，对朝臣说，贞德确实告诉了他一个秘密，除了上帝以外，没有他人

---

* 关于贞德简短但非凡的人生，这里只能提供很少的细节。有些经典著作，比如 Regine Pernoud, *Joan of Arc: Her Story*, trans. Jeremy deQuesnay Adams (St. Martin's Press, 1998); *Joan of Arc: By Herself and Her Witnesses* trans. Edward Hyams (Macdonald, 1964); and *The Retrial of Joan of Arc*, trans. J. M. Cohen (Harcourt, Brace, 1955)，提供了更多关于贞德生活的细节、同时代人的记述以及关于她罪名的全面调查。关于查理七世行为的带有几分同情的详细记述，可参阅：Malcolm G.A.Vale, *Charlie VII* (University of California Press, 1974)。

知道，因为这个缘故，他对她信心十足。[8]

他还很年轻，1429年时只有26岁。他一定经常觉得他的统治权力是一个秘密，这个秘密甚至连将他的王位拱手让人的父亲都不知道。

贞德对查理军队的吸引力就不好理解了。但是，她并不是第一个能够鼓舞士气，并拥有超凡魅力的年轻领导者。只不过，在这之前从来没有一个17岁的姑娘可以领导这场战争。要解释这一点，就必须考虑到她神奇的个人禀赋。蒙斯特勒莱写道："很多听过她演说的人都对她的话抱有很大的信心，相信她受到上帝的昭示，就像她自己声称的那样。"[9]

贞德在希农陪着王太子一直到4月，她计划对围困奥尔良的敌军发起进攻。4月27日，她给贝德福德公爵送去一封信（被他丢在一边），命令他投降，交出所有财产，并离开法国。随后，她率领王太子的军队向奥尔良进发。两天后，他们渡过了卢瓦尔河。

她的精力和自信感染了骑士和将领，他们曾在王太子消沉的领导下一蹶不振。5月的第一个星期，贞德指挥军队对勃艮第人和英格兰人的营地发动了三次快速的攻击，迫使围城的敌军在这个星期结束的时候拔营撤离。法军首次告捷，之后又取得了一连串的胜利。就像一支突然重获自信的足球队一样，王太子的军队跟随着"奥尔良姑娘"英勇向前，打了一场又一场精彩的战役。英格兰人和勃艮第人节节败退。5月8日，英格兰控制的图尔内斯（Tournelles）投降。6月，雅尔若（Jargeau）投降。7月，特鲁瓦和兰斯投降。8月，圣但尼（St. Denis）投降。兰斯最终重归法国之后，王太子在古教堂举行了一场精心策划的加冕仪式，沿袭数世纪之前法兰克国王克洛维创立的传统。

涂油加冕之后,查理七世(Charles VII)似乎不愿继续借助贞德的力量。得到法国控制权的最后一步是把英格兰人从巴黎赶出去。但查理并不热衷于进攻,贞德自己也低估了英格兰在巴黎的势力。她认为,人们一定会站在加冕国王的一边,但没有考虑到的是城里有太多的勃艮第人和英格兰人。在8月下旬进攻了几次之后,贞德于1429年9月8日带兵发起了一场进攻巴黎城墙的大战。但是法国军队已经觉察到领导层内部的分裂,开始犹豫不前。贞德自己受了重伤,大腿被石弩击中。贞德带领的保王军最终撤退了。局势发生了转变,贞德受伤后,人们眼中的她从上帝使者变成了会受伤的女人。[10]

法国军队的神秘势头已经退去。9月初,查理七世已经决定撤军到卢瓦尔河对岸过冬。1430年春天,他仍然待在北方城市叙利(Sully),无所作为。

贞德希望恢复原有的势头,于是离开了查理七世。和她一起离开的还有2000名忠诚的士兵。他们去了贡比涅市。贡比涅一直忠诚于查理七世,排斥英格兰人。贞德希望把这个城市当作一个基地,来突袭附近的英格兰军队。结果,她从城门冲出去之后,几乎立刻被勃艮第公爵的手下打退。一个在场的士兵后来写道:"那时,(贡比涅)统帅看到了许多勃艮第人和英格兰人准备登桥……就拉起吊桥,紧闭城门。贞德被关在城外,身边只有几位手下。"[11]

根据后来包括霍林斯赫德在内的人们的记录,贡比涅统帅是被英格兰人收买了,而贞德是中计被俘。不管怎样,贞德被迫投降了,她被抓到了勃艮第公爵位于马里尼(Marigny)的军营。对英格兰人和勃艮第人来说,她是让查理七世的军队死而复生的力量,必须把她从战场清除,还要让她名誉扫地。她没有被当作战俘对待,而是

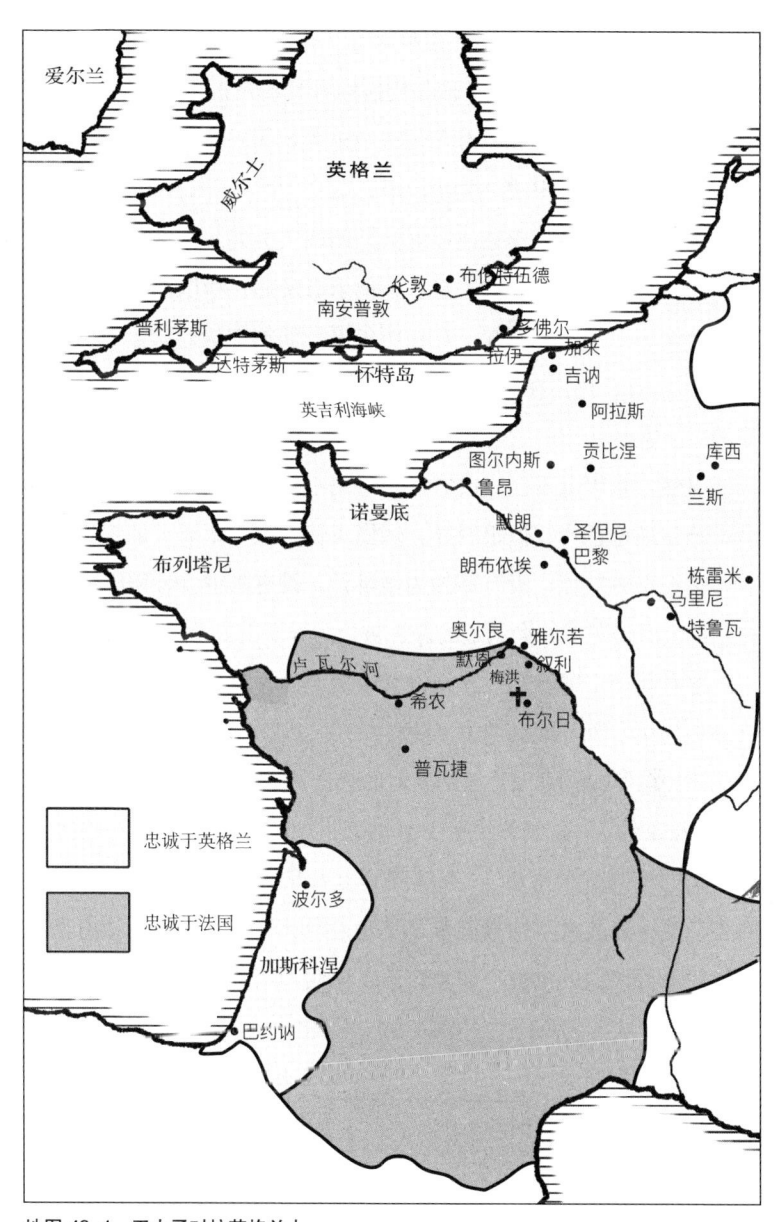

地图 42-1　王太子对抗英格兰人

被指责为异端,被控犯下"多种罪行,包括使用邪术,偶像崇拜,与魔鬼交媾,还有许多跟信仰与反信仰有关系的罪名"。[12]

查理七世没有做任何努力去赎她出来。同时代的作家也没有提及他对此事的任何想法。关于此事,历史上是一片空白。也许他正在制定长远的战略,毕竟他在统治期间确实会偶尔这样做;或者他唯一的目标就是加冕仪式;或者,他患有疾病,所以偶尔会无法控制自己。一切都不得而知。在经历了漫长而痛苦的监禁之后,1431年2月21日,贞德在诺曼底(绝对的英属地)被审判,她被指控为异端。

显然,查理七世已经决意从此远离巫术。虽然审判的言辞中充满了神学理论色彩,但很明显,惩罚贞德是出于军事上的考虑。她被监禁在军事监狱,没有律师为她辩护,没有其他女性陪伴。所有这些都公然违犯了教会制定的保护被控为异端的妇女的法律。[13]

这种程序上的混乱,在很大程度上是因为贞德坚持认为上帝直接同她对话,而不是借助任何教会的声音或环境(几个世纪以来,类似的异端邪说一直困扰着制度化的教会),她还坚信上帝没有批准《特鲁瓦条约》(这项条约赋予亨利五世成为法兰西国王的权利)。拉丁文的审判记录写道:"在被问到上帝是否讨厌英格兰人时,她回答,她一点儿也不知道上帝是爱还是恨英格兰人,也不知道上帝将如何对待他们的灵魂,但她知道,他们肯定会被驱逐出法国,除了那些死在法国的英格兰人。上帝将让法国战胜英格兰。"[14]

她的公诉人皮埃尔·科雄(Pierre Cauchon)既是巴黎训练有素的教会律师,又是法国博韦的主教。3个月来,她受到70种不同的指控。131名律师、神父和学者参加了法庭审判,认定了其中12项罪名。与此同时,贞德(精疲力竭、惨遭同伴抛弃、缺少饮食)患上了疾病，十分衰弱，几近昏迷。5月24日，星期四，她被强行在指控书下方画了十字，这就相当于认罪了，据此，贞德被判处终身监禁。

但到了周末，反抗的念头在她饱受创伤的灵魂深处重新燃起。第二周一早，法官见她时，她推翻了之前的供词。

她立刻就被指责为顽固不化的异教徒，被判处火刑。法国的宗教裁判所之前一直在为这种可能性做准备（可能正希望这种情况出现），现在立刻开始执行这项惩罚。1431年5月30日，贞德被带到鲁昂的广场上，有800名守卫监督行刑。行刑过程非常急促。神父给了她最后一次忏悔的机会，军队长官却催促神父快点结束，这样他就能解散士兵，然后去吃饭了。

> 没有任何仪式、预示或者宣判，整个过程十分匆忙。士兵把她送到执行点，对刽子手说："做你该做的。"之后，她被绑到柱子上，但她继续虔诚地赞美上帝和圣徒。临死前，她高喊："耶稣！"[15]

从表面上看，处死贞德是英格兰的胜利。

但事实并非如此。鲁昂的人们一直没有忘记贞德死时喊出的"耶稣"，越来越多的人把她看作殉道者。那个刽子手后来去找神父，乞求得到上帝的宽恕。他忏悔说自己该死，因为他烧死了一位圣女。谣言开始流传，说贞德的心没有被烈火焚毁，灰烬里出现了奇迹。[16]

贞德在鲁昂被执行死刑后，摄政贝德福德公爵安排10岁的亨利六世在巴黎圣母院进行加冕。但是没有人对加冕仪式表现出热情，巴黎人对年轻的英格兰国王很敌视。于是，几周后，亨利六世就离开了，转而去了诺曼底。

英格兰摄政和他的长期盟友勃艮第公爵起了争端，使英格兰人在法国的地位变得更加复杂。查理七世的权力开始恢复，而勃艮第公爵开始思考如何才能与查理和解。公爵的妹妹，也就是贝德福德公爵的妻子，死于1432年。贝德福德公爵很快再婚，于是勃艮第公爵与他之间嫌隙渐生。蒙斯特勒莱记载道："英格兰人开始猜忌勃艮第人，像防备法国人一样防备他们……他们不再信任彼此。"[17]

英格兰人被紧逼着节节败退。1435年夏末，亨利六世在伦敦同意派遣大使前往法国阿拉斯（Arras），会见两位罗马派来的枢机主教，他们是来帮助交战的双方达成和平的。勃艮第公爵和许多法国邦国的代表都参加了会见。查理七世也派去了自己的外交官。贝德福德公爵缺席。不过，大家很快发现，勃艮第公爵和查理七世的人之间的谈判才是有效的。英格兰人"不高兴……他们怀疑一些条约会扰乱状况，对他们的国家没有好处"。法国党派之间进行了秘密会谈，而且，法国不断对英格兰大使提出要求，让国王亨利放弃声称自己是法兰西国王，以换取一定的法国领土。到了9月初，英格兰人谈够了。他们放弃了会谈，回到了英格兰。[18]

几天后，贝德福德公爵在鲁昂因病去世。勃艮第公爵下令称勃艮第人不再对英格兰履行任何义务。9月21日，他同意签署《阿拉斯条约》。这并没有结束法国与英格兰的战争，但它让勃艮第派重归国王阵营，结束了法国的分裂状态，正是那样的分裂状态使得英格兰干涉法国成为可能。

巴黎城里的英格兰人又顽抗了一段时间，顽固的勃艮第派不愿意跟随他们的公爵一同接受法国国王的统治，还有一支英格兰势力依然控制着巴士底狱。最后，1436年年初，在法国骑士统帅的指挥下，法国王家卫兵冲进城门，包围了巴士底狱，迫使剩余的顽固分子投降。[19]

1437年11月12日，查理七世入主巴黎。他已经19年没有回到自己的首都了。这个日期经过了精心挑选，是圣灵降临节期间的第一个星期日，意味着弥赛亚来临的开始，也是国王们得胜后回到自己城市的日子。

然而法国目前完全没有胜利的气氛。内战的破坏仍在延续。查理七世的前王家士兵变成暴徒"敲竹杠者"（écorcheurs），冲进了农村。警察花了很长时间才控制住他们。

查理七世重组军队，这制造了新的骚乱。他跟奥尔良三级会议合作，下令从现在开始，由政府控制的常备军队来保卫法国。所有官员都听国王指挥，没有国王的批准，任何法国贵族不得拥有军队。私人军队的时代结束了，法国贵族最宝贵的特权之一受到打击。

一些贵族进行了反抗。他们与暴徒"敲竹杠者"合作，试图发起武装叛乱。但叛军在得势之前就被法国骑士统帅指挥的政府军镇压了下去。法国新军的实力首次得到展示。[20]

至此，英格兰几乎失去了在法国的所有领土。1444年，亨利六世年满23岁，这位年轻的国王控制了自己的政府。他同意暂时停火，还同意迎娶查理七世的外甥女玛格丽特（Margaret）。婚礼于1445年举行。

但这个联姻并没有保住英格兰在法国最后的领地。1449年6月，查理七世突然指责英格兰不遵守停火协议的条款，还指责后者试图煽动查理的外甥，即布列塔尼公爵，反抗法兰西国王。1449年7月31日到1451年8月22日之间，战火重燃，法国军队再次征服了几乎所有的城堡和城镇，占据了诺曼底和加斯科涅的战略要地（加斯科涅曾被英格兰占据将近 300 年）。亨利六世说要增派援军，但因为他的注意力都集中在国内事务上（一系列反对他统治的宫廷阴谋），所以他并未派遣战舰。最后，英格兰在法国领土上只控制了一小块土地，包括加来和吉讷（Guînes）。霍林斯赫德痛心地写道："显然英格兰人被取代了，失去了他们曾经拥有的所有在法国领土上的封国、城镇和城堡……不断失去，最终一无所有。"[21]

不是所有诺曼底人都对查理七世的统治感到满意，尤其当他征收新税来支付战争费用时。1452 年 10 月，在什罗斯伯里伯爵约翰·塔尔博特（John Talbot）的指挥下，英格兰 5000 名士兵进军波尔多。这里的公民已经厌倦了法国的奴役，敞开大门，让英军占领了这个地方。法国军队抵达后，首次在围攻中使用了大炮，彻底击败了英格兰侵略者。1000 多名士兵阵亡，塔尔博特也未能幸免。其余的英格兰士兵得以逃命。这是百年战争的最后一役。[22]

查理七世本人流露出古怪的生命衰弱迹象。他的双手不停地发抖，甚至无法签署官方文件。他在 1453 年年末开始发病，他的朝臣们只是隐晦地谈及这一疾病。他被迫在腿上裹布，吸收不断流出来的脓水。脚上的溃烂使得他只能穿特殊的袜子。因为他的口腔溃烂十分严重，他还要小心进食。他可能患有梅毒，或许他从发疯的父亲那儿还遗传来了一些慢性疾病。

他的外甥也生活在痛苦当中。同年 8 月，亨利六世突然失去了思考能力。据同时代的《贾尔斯编年史》（Giles Chronicle）记载："他的智力下降得很突然，而且毫无征兆，这样的状况持续了整整一年半。他丧失了本能的意识和理智，无法执政。"据另一份文献记载，英格兰国王"突然发狂"。这与 1392 年夏天他外祖父查理六世

42 失去法国

时间线 42

德意志	神圣罗马帝国	意大利	匈牙利	教皇	卡斯提尔	马林王朝	葡萄牙	法国	威尔士	英格兰
								查理六世（1380—1422）		
										农民起义（1381）
								安茹公爵路易一世去世（1384）		
		吉安·加莱亚佐·维斯孔蒂，米兰领主和公爵（1385—1402）	那不勒斯国王查理三世作为匈牙利国王查理二世（1385—1386）		阿尔茹巴罗塔战役（1385）		阿维什的若昂（1385—1433）			
			西吉斯蒙德（1387—1437）							
1389年全面和平				卜尼法斯九世（1389—1404）	恩里克三世（1390—1406）					
				本笃十三世（对立教皇）（1394—1423）				英法停战（1396）		
										亨利·博林布鲁克被放逐（1398）
鲁珀特（1400—1410）				阿布·赛义德·奥斯曼三世（1399—1420）					亨利四世（1399—1413）	
		吉恩·马里亚·维斯孔蒂，米兰公爵（1402—1412）			卡斯提尔宣称占领加那利群岛（1402）				欧文·格林杜尔起义（1401—1415）	
			格列高利十二世（1406—1415）		胡安二世（1406—1454）					
教皇谴责威克里夫主义（1409）			亚历山大五世（1409—1410）							
			约翰二十二世（对立教皇）（1410—1415）					阿马尼亚克派与勃艮第派的对抗（1410年起）		
西吉斯蒙德（1411—1437）					与葡萄牙停战（1411）					
		菲利波·马里亚·维斯孔蒂，米兰公爵（1412—1447）								

时间线 42（续表）

德意志	神圣罗马帝国	意大利	匈牙利	教皇	卡斯提尔	马林王朝	葡萄牙	法国	威尔士	英格兰
康斯坦茨公会议（1414）										亨利五世（1413—1422）
扬·胡斯被处决（1415）				马丁五世（1417—1431）		占领休达（1415）		阿金库尔战役（1415）		
				教廷分裂结束 胡斯派被处以绝罚（1418）						
布拉格"第一次掷出窗外事件"（1419）							航海者恩里克成为休达总督（1419）			
胡斯战争（1419—1434）										
《布拉格四项协议》（1420）								《特鲁瓦条约》（1420）		
波希米亚三级会议（1421）								亨利六世（争议）（1422—1453）		亨利六世（1422—1461/1470—1471）
								圣女贞德开始抵抗行动（1429）		
巴塞尔公会议（1431年开始）	西吉斯蒙德（1431—1437）		尤金四世（1431—1447）					圣女贞德被处死（1431）		
	西吉斯蒙德（1433—1437）						杜阿尔特（1433—1438）			
							吉尔·埃亚内斯绕过博哈多尔角（1434）			
《巴塞尔协议》（1436）								《阿拉斯条约》（1435）		
阿尔布雷希特二世（1438—1439）			德意志志国王阿尔布雷希特二世作为匈牙利国王阿尔布雷希特一世（1438—1439）				葡萄牙对丹吉尔的进攻失败（1437）	查理七世（争议）（1437—1461）		
							阿丰索五世（1438—1481）			
公会议移到佛罗伦萨（1439）			斐理克斯五世（对立教皇）（1439—1449）							

时间线 42（续表）

德意志	神圣罗马帝国	意大利	匈牙利	教皇	卡斯提尔	马林王朝	葡萄牙	法国	威尔士	英格兰
						斐迪南王子去世（1443）				
				尼古拉五世（1447—1455）		拉古什市场出售奴隶（1444）				
				《只要是异端》诏书（1452）				波尔多向法国投降（1452）		
				《罗马教皇》宪章（1455）				查理七世生病（1453）		亨利六世发疯（1453）

发病时的病症相同。人们很快意识到，亨利继承了法兰西王室的疯狂症。一年多以后他才恢复了意识。但即使他能够认出妻子和孩子，他的精神仍然是失常的：出现幻听，精神紧张，存在幻觉，陷入想象的世界。这个疾病困扰了王室几代人。事实证明，精神病是亨利五世在阿金库尔战役中为英格兰赢回的持续时间最长的战利品。[23]

/ 43

君士坦丁堡的陷落

> 1430年至1453年,土耳其人大获全胜,十字军覆灭,君士坦丁堡陷落。

暴烈的年轻奥斯曼苏丹穆拉德二世已经成为一个成熟而残暴的统治者。他两次围攻君士坦丁堡,每次都是在拜占庭奉上贡品和更多土地之后才撤退。瓦拉几亚和塞尔维亚的叛乱都被他残忍地扼杀在萌芽之中,之后这两个国家都在他的控制之下。他指挥军队攻克了多瑙河上匈牙利庞大的哥鲁拜客(Golubac)堡垒之后,迫使匈牙利人将堡垒永久转让给他。1430年,他控制了塞萨洛尼基,开始入侵亚得里亚海沿岸属于威尼斯的土地。1431年,他的军队推倒了"六里长城",它是曼努埃尔二世为了阻止奥斯曼势力的扩张而修复的。[1]

在罗马,枢机主教们和教皇满怀希望地讨论着一次十字军东征计划。这支远征军可能包括匈牙利人、波兰军队和威尼斯人,勃艮第公爵表示有兴趣,塞尔维亚人也可能被说服加入。

但是这样一支远征军很难被完全组织起来。关于十字军东征计划的讨论还在继续进行，只有匈牙利在反抗穆拉德二世。

1438年，匈牙利国王阿尔布雷希特二世（Albert II）继承了岳父西吉斯蒙德在匈牙利和德意志的王位。

阿尔布雷希特二世在匈牙利首都阿尔巴日吉亚（Alba Regia）定居。他把精力首先放在对付波希米亚人上，因为后者拒绝承认他的国王地位。卡斯提尔的旅行作家佩罗·塔富尔（Pero Tafur）于阿尔布雷希特二世统治期间的第一个圣诞节拜访了其总部，发现他与"一支大军"驻扎在波希米亚的边境城市布雷斯劳（Breslau）。阿尔布雷希特二世的礼貌（"态度真诚……一位性格开朗、有活力的骑士"）给他留下了深刻的印象，不过更令人印象深刻的是当地严寒的天气。"城里非常冷，以至于国王和朝臣们上街时，都得坐在像打谷机一样的木车里，"塔富尔惊叹道，"有钱人不骑马，因为他们担心从马背上摔下来。由于持续的霜冻天气，街面冻得就像玻璃一样……天气太冷了，我的牙齿都要冻掉了。"[2]

然而，波希米亚人没有被轻易打败。1439年，阿尔布雷希特二世决定转而向南，进攻在塞尔维亚的奥斯曼前锋部队。一场不分胜负的战役之后，他在回维也纳的途中染病。10月27日，他死在匈牙利奈斯梅伊（Neszmély）。至此，他当德意志国王还不到两年时间。事实上，他还不是加冕国王，因为他还未加冕就去世了。

阿尔布雷希特二世对土耳其人的战争产生了一个令人意想不到的影响。为了防止匈牙利和波兰联合起来对抗自己，穆拉德二世曾向波兰派遣大使，向波兰国王弗瓦迪斯瓦夫三世（Wladyslaw III）提出一个请求。土耳其人承诺帮助波兰国王的弟弟卡齐米日

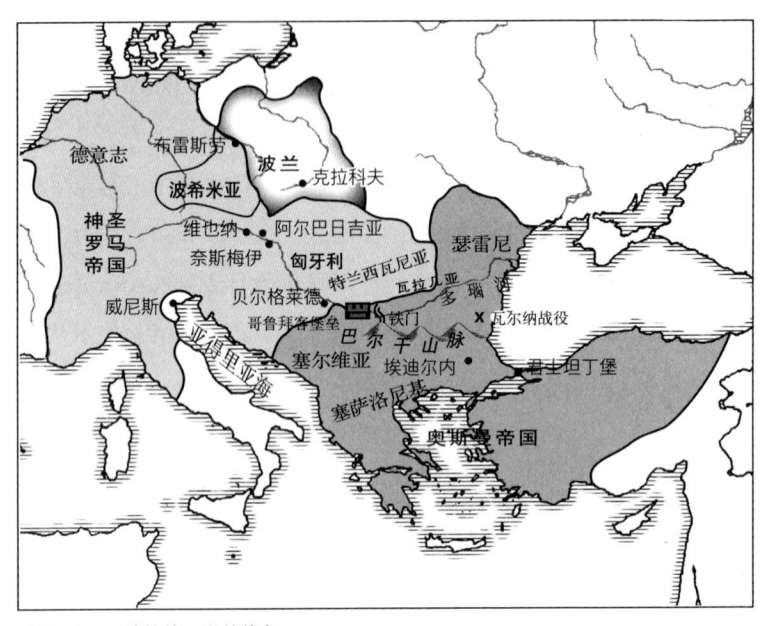

地图 43-1 穆拉德二世的战争

（Casimir）完全控制波希米亚，将之前德意志或者匈牙利对波希米亚的控制权交给波兰人，条件是波兰承诺不帮助匈牙利人进攻奥斯曼人的前线。[3]

那时，年仅 15 岁的弗瓦迪斯瓦夫三世尚需朝臣的辅佐。他接受了土耳其人的建议，但土耳其大使还没有离开克拉科夫，就传来了阿尔布雷希特二世的死讯。同时匈牙利贵族提议，请弗瓦迪斯瓦夫三世做匈牙利国王，继承阿尔布雷希特的位子。而德意志选侯们已经选择了哈布斯堡家族的腓特烈做国王，他是阿尔布雷希特二世的堂兄。佩罗·塔富尔写道："腓特烈并不高尚，但极其富有……并且清楚地知道怎样保住自己拥有的一切。"由此，匈牙利人认为，与德意志划清界限，并且从波希米亚的混乱中挣脱出来，对自己更有利。[4]

弗瓦迪斯瓦夫三世接受了提议，正式加冕成为匈牙利国王，这激怒了穆拉德二世。他的大使回到首都埃迪尔内，告诉他波兰和匈牙利现在被一个人统治。于是，穆拉德宣布与匈牙利的约定作废，集中兵力对后者发起进攻。阿尔布雷希特二世离世4个月后，他的遗孀生下了一个男孩。少数匈牙利贵族支持这个婴儿，他们到处游说，希望人们撤回请弗瓦迪斯瓦夫三世做国王的提议。战争爆发了。穆拉德二世坚信，匈牙利内部的分歧会让这个国家更加脆弱。1440年，他率领大军围攻贝尔格莱德，这里是通往匈牙利的门户。[5]

令他震惊的是，这场围攻失败了。贝尔格莱德位于两河之间，处在两层城墙和五座堡垒的庇护之下。两座坚塔之间的一条长链将它的港口封住了。奥斯曼军队装备了投石机和大炮，接连轰击城墙数月之久，最后却无果而终。后来，穆拉德二世下令在城墙下暗凿一条地道，入口藏在距城墙很远的一座高山后面。结果，贝尔格莱德的守卫者们发现了这条地道，在那里埋下火药。等奥斯曼步兵进入地道后，守卫们引爆了炸药，杀死了地道里的所有士兵。穆拉德撤退了。在这次围攻中，他总计损失了差不多1.5万名士兵。[6]

而匈牙利国内的战争仍在继续，焦点是阿尔布雷希特二世的幼子是否有权继承王位。在特兰西瓦尼亚东部丛林地区，土耳其人遇到了土生土长的匈牙利人匈雅提·亚诺什（Hunyadi János）伯爵的英勇抗击，陷入战争泥淖。匈雅提曾被阿尔布雷希特二世任命为军事总督，负责管辖瓦拉几亚附近的瑟雷尼（Szörény），后效命于弗瓦迪斯瓦夫三世。

匈雅提军事才干出众，使得穆拉德二世不能得手。匈雅提当时

30多岁，受过良好教育，也曾效命于西吉斯蒙德皇帝，谣传他是西吉斯蒙德的私生子。他在米兰学过军事战略，参加过胡斯战争。他现在把战争经验和天生的狡黠应用于匈牙利战场。1442年，奥斯曼苏丹试图从被称作"铁门"的关隘入侵特兰西瓦尼亚，被匈雅提挫败。之后，匈雅提发起进攻。从1443年开始，他带兵穿过巴尔干山脉，正面迎击土耳其人。这一主动大胆的军事行动被称为"远征"（Long Campaign）。

匈牙利的推进造成了奥斯曼一连串的损失。1444年2月，穆拉德二世选择接受弗瓦迪斯瓦夫三世和匈雅提·亚诺什提出的10年休战协议。这份协议提出得很突然，匈牙利的胜利并非是唯一的因素。穆拉德二世最宠爱的次子阿拉丁（Alaeddin）刚刚死于意外的急病，为此他悲恸欲绝，心力交瘁。他才40岁，但已经做苏丹23年了。在这23年里，他一直在征战。签署协议之后，他在埃迪尔内召见13岁的三儿子穆罕默德（Mehmed）。在这里，他宣布自己打算退位并把苏丹之位交给这个儿子和亲选的维齐尔哈利勒·帕夏（Halil Pasha）。[7]

这似乎是虚弱的表现。

突然，一场讨论已久的十字军远征似乎真的要发生了。一位教皇使节被派去拜见弗瓦迪斯瓦夫三世和匈雅提，他保证他们不受刚签订的休战协定约束，因为穆拉德是异教徒。使节对匈雅提美言相劝，说如果匈雅提能设法将土耳其人驱逐出原来属于保加利亚的地区，教皇会承认他为保加利亚国王。提议奏效了。两人一致同意对休战协定不予理睬，与各国联手进攻年轻的新苏丹。[8]

他们十分坚定，甚至在其他潜在的十字军参与国开始退缩之后，他们依然没有动摇。约翰八世不肯冒险惹怒土耳其人，以免君士坦丁堡再受攻击。塞尔维亚首领的女儿是穆拉德的妻子,他认为,加强姻亲联系比毁掉女儿的新家庭好。威尼斯人一直没有交付所需要的船只。到十字军沿着多瑙河行进到土耳其人的前线时,兵力已经缩减,只剩下弗瓦迪斯瓦夫国王和匈雅提领导的匈牙利军队,以及弗拉德·德古拉(现在是瓦拉几亚的大公)带领的少量瓦拉几亚兵力。德古拉大公愿意参战,但是对于取胜没有抱很大希望。"苏丹拥有的狩猎部队人数都多于我们的军队。"他对战友说道。[9]

但匈牙利人以往一直是战场上的赢家。匈雅提执意要作战,而弗瓦迪斯瓦夫三世又朝气蓬勃,斗志昂扬。他们向奥斯曼控制下的瓦尔纳(Varna)行军。敌军压境,奥斯曼维齐尔乞求穆拉德二世重掌大权,领导反击战。穆拉德接受了建议(年轻的穆罕默德有些失望),亲率10万大军向瓦尔纳进军,大军人数是匈牙利军队的三倍。1444年11月10日,他加入战斗。据目击者说,他当时随身携带了一面军旗。军旗的顶部钉着写有和平条约的碎布片。[10]

匈牙利军队遭受重创。弗瓦迪斯瓦夫三世死于此战,年仅20岁。他的尸体一直没有被找到。有流言称他活下来了,成为一名朝圣者在东部游荡,寻找耶路撒冷。这一流言持续了好多年。战场上的幸存者四下逃窜。匈雅提·亚诺什和弗拉德·德古拉都逃到瓦拉几亚。在那里他们之间发生了私人纠纷,最终匈雅提被关进了瓦拉几亚的监狱。

瓦尔纳战役是基督徒们最后一次组织十字军对抗土耳其人。它本来就谈不上十字军之战,发生在瓦尔纳的大屠杀更是让人们不愿意使用这个名字。

战后,这些国家的王位都发生了更替。

穆拉德二世重新成为奥斯曼帝国苏丹,他把充满怨愤的儿子降格为继承人。在匈牙利，阿尔布雷希特二世的小儿子拉迪斯劳斯（Ladislaus）刚刚 4 岁，众人一致推选他继承死去的弗瓦迪斯瓦夫三世的王位。波兰经历了 3 年的王权空位期后，才选定弗瓦迪斯瓦夫三世的弟弟卡齐米日四世（Casimir IV）作为他们的国王。

德意志仍处在哈布斯堡家族的腓特烈的统治之下。西吉斯蒙德使德意志与其邻邦结成的联盟已经彻底瓦解。瓦尔纳之战的 8 年后，腓特烈被教皇尼古拉五世加冕为神圣罗马帝国皇帝腓特烈三世（Fredrick III）。他只控制了德意志和另外一小部分土地。他和尼古拉五世都不知道，他是在罗马被加冕的最后一任神圣罗马帝国皇帝。

1448 年，约翰八世在君士坦丁堡去世。他曾迫不得已向封君穆拉德二世在瓦尔纳战役中取得的胜利表示祝贺。他有过三次婚姻，但是没有儿子。他 44 岁的弟弟君士坦丁十一世（Constantine XI）继承了皇位。

曾两度丧妻的君士坦丁十一世统治的是一个破败不堪、士气低落、贫穷落后的帝国。在君士坦丁堡，他拥有的士兵不到 9000 人，其中一半是雇佣军。满是裂缝的城墙在渐渐垮塌。他并不反对穆拉德二世，但在 1451 年穆拉德死于中风之后，他面对的是一个企图征服君士坦丁堡的新苏丹。

穆罕默德二世（Mehmed II）曾默默隐在父亲身后，等着父亲死去。他们父子关系一直不好。穆拉德更偏爱他的两个大儿子，他们是穆罕默德同父异母的哥哥，但是都英年早逝。父亲死后，穆罕默德回到了埃迪尔内。19 岁的他性格内向，做事谨慎，唯一一个没有小看他的人是维齐尔哈利勒·帕夏。当拜占庭皇帝表示君士坦丁堡可能决定支持穆罕默德二世的对手获得苏丹之位时，穆罕默德怒火中烧，他写信给君士坦丁十一世说："已故的苏丹对您来说是一位宽厚仁慈、勤勉认真的朋友。但现在这位苏丹和他不是同一类人。如果你能避开他大胆、鲁莽的掌控，那只是因为真主继续宽恕你狡猾、邪恶的阴谋……如果你胆敢收复很久之前你失掉的土地，试试看。但是你要知道……你最终的下场就是失去目前拥有的一点点土地。"[11]

哈利勒·帕夏把事务处理得有条不紊。他非常希望穆罕默德二世能够放过他。但是穆罕默德一直让他在位谋事。身为维齐尔，他经验丰富、受人敬重、人脉很广。穆罕默德二世未必想让他父亲的得意助手待在苏丹的宫里，必要时，为了自己的统治，他完全可以清除异己。另一方面，穆罕默德同父异母的年幼的弟弟，即他父亲年轻的新妻子的儿子，也是他潜在的竞争对手。一回到埃迪尔内，穆罕默德就邀请继母到他的宫殿，热情真挚地款待她。她回到自己的宫室时，却发现她的儿子已经被勒死了。[12]

穆罕默德二世并没有把精力耗在一系列战争上。他很快跟匈牙利、威尼斯、瓦拉几亚以及巴尔干半岛南部的希腊城邦达成停火协议，因而能够把全部精力放到建造一座新的堡垒上。它的名字叫作"海峡屏障"（Cutter of the Strait），位于拜占庭帝国博斯普鲁斯海峡的西岸。他指派全部人力参与建造，不到20周堡垒就全部竣工。这座堡垒与他祖父巴耶济德一世在奥斯曼海岸建造的一座堡垒隔海相望。它的唯一用途就是作为征服君士坦丁堡的军事基地。在20周的时间里，君士坦丁堡里的人清清楚楚地看着它由一块又一块的石头垒起来。穆罕默德完全无视君士坦丁十一世的外交抗议。拜占庭的皇帝无法控制城外地区，而穆罕默德的想法就是冲破城墙，彻底摧毁君士坦丁堡。[13]

1452年11月,"海峡屏障"第一次索了很多人的命。堡垒一竣工,穆罕默德就宣布,所有从海峡经过的船只都要缴纳通行费用。一艘威尼斯商船拒绝停靠缴纳关税。于是,奥斯曼的大炮将商船轰炸成了碎片,大部分船员遇难。船长被从水里拖出来,钉在沙滩上。来往的船只都可以看到他的尸体。[14]

战争的暴风雨就要来了。那年冬天,君士坦丁十一世命令人民收集武器、修缮城墙、储备补给。一个叫作乌尔班的匈牙利火炮工匠来访,说可以为他效劳。但是对于君士坦丁来说,他的要价太高,所以皇帝遗憾地把他打发走了。他转而到了"海峡屏障"堡垒,穆罕默德二世立即雇用了他。[15]

1453年4月初,穆罕默德二世开始布置他的兵力。他把总部设立在圣罗马之门外,其他军营帐篷沿城墙安置。蒙斯特勒莱说穆罕默德拥有20万兵力。威尼斯亲历者尼科洛·巴尔巴罗(Nicolò Barbaro)猜测有16万。希腊史家哈尔科孔蒂利斯则认为有40万。他们至少包括6万弓箭手和4万骑兵。一些步兵只配备弯刀,另一些步兵则配备了铁盔和法式护身铠甲。蒙斯特勒莱记载道:"他们拥有大量射石炮和长炮。"射石炮是能够投掷花岗岩石球的宽口大炮,而长炮小一些,能够手动点火。据蒙斯特勒莱记载,其中一门射石炮能够发射800多千克的石块。这便是那个跑到对手那边去的匈牙利火炮工匠的杰作。这些大炮需要60头公牛拉着30辆拖车,从埃迪尔内的锻造厂运往城墙处。道路工人需要耗费两个月的时间,加固前方的道路和桥梁。用于投掷的石块长度超过2米。苏丹希望利用这些武器突破城西的三道城墙。之前没有任何火力能成功攻破这三道墙,也没有军队用过能发射2米长的石块的大炮。[16]

1453年4月，炮击开始。*攻城战持续了55天。那段时间里，大炮每天向城墙上发射100块到120块巨石。巴尔巴罗在土耳其人攻城时一直待在城内，据他记载，土耳其人在4月18日第一次试图从城墙上的破裂处涌入。结果，他们被守卫者打退。人们用石头重新把墙垒了起来。[17]

这座城市最脆弱的城墙位于金角湾的边缘。金角湾是博斯普鲁斯海峡流向内陆的一片水域，已被一条巨大的铁链封住，塔楼守卫着锁链。但穆罕默德对此早有打算。他的工匠给70艘船安装了轮子。4月22日晚上，他的士兵将船只拉过金角湾北边的山，再把它们推进水里，驶到铁链前。次日，天刚刚破晓，金角湾就已经被敌船包围了。

此时这个城市的防守已经处在崩溃的边缘。

5月7日和5月18日，穆罕默德二世的士兵又有两次试图从城墙的破裂处进入，但都被里面少得可怜的守卫挡了回去。君士坦丁十一世心灰意冷，派人送信给穆罕默德，询问苏丹撤兵的条件。穆罕默德答复道："要么我攻下这座城市，要么我死或者被俘……我就想要这座城市，即使它成了空城。"[18]

5月28日，炮击突然停止了。整个城市都安静下来。午夜过后，穆罕默德下令进行最后一击。每个人、每座炮、每匹马和每位弓箭

---

*　1453年对君士坦丁堡的围困是西方历史上被研究最多的（和最为人们所熟悉的）事件之一。史多细节可以在大卫·尼科尔（David Nicolle）约翰·哈尔东（John Haldon）和斯蒂芬·R.特恩布尔（Stephen R. Turnbull）合著的插图版《君士坦丁堡的覆灭：奥斯曼征服拜占庭》(The Fall of Constantinople: The Ottoman Conquest of Byzantium)，以及罗杰·克劳利（Roger Crowley）所著的叙事史书《君士坦丁堡：最后的大包围》(Constantinople:The Last Great Siege)中找到。长达800页的由马鲁瓦·菲利皮季斯（Marois Philippides）和瓦尔特·K.哈纳克（Walter K. Hanak）合著的综合研究书籍《1453年围困和君士坦丁堡之秋——历史学、地形学和军事研究》(The Siege and the Fall of Constantinople in 1453: Historiography, Topography and Military Studies)对已有的研究和资料来源进行了概述。

手都被派上了战场，对城墙发起了猛烈攻击。君士坦丁十一世亲自冲了出来，手里拿着剑，加入了战斗。后来，他的尸体一直没有被发现，可能同其他尸体一同被掩埋在一个大坑里了。战场上尸横遍野，土耳其和拜占庭士兵的尸体混在一起。巴尔巴罗记道，尸体在马尔马拉海面上漂浮着，"就像威尼斯运河上漂着的西瓜"。

5月29日清晨，君士坦丁堡被土耳其人攻陷。穆罕默德二世通过圣罗马大门进城，直接去了圣索菲亚大教堂，那是希腊教会的大教堂。他在那里做了首次穆斯林礼拜。[19]

战后第二天，穆罕默德抓捕了维齐尔哈利勒·帕夏，并把他处死。他已经羽翼丰满，不再需要这位老人了。[20]

土耳其人将这场战争叫作"征服"，而西方世界则称它为"君士坦丁堡的陷落"。

东方不再有罗马帝国的皇帝，黑海边上也不再有基督教的明珠。连接15世纪和君士坦丁大帝梦想的链条被切断了。对于神圣十字军东征的理想而言，1453年的这场征服是瓦尔纳战役的后记。对于神圣帝国的理想而言，这就是一个终结。古老的贸易航线不复存在。古老的希望从此破灭。古老的承诺空洞如斯。[21]

这场征战也成为许多事情的开端：穆斯林开始向西发展；拜占庭的学者逃到了欧洲的宫廷，于是新的希腊思潮传到了西方；它促进了新国家的出现；同时也成了新一轮战争的根源。

但看清结局容易，看清开端难。土耳其人将此事视为一场胜利而不是世界的结局，即使对他们而言，对君士坦丁堡的洗劫也只是一个句号，而非新历史的发端。唯一的由土耳其人做的详尽记录并未大肆宣扬胜利，提的更多是断肢、破碎的头颅、大火、烧焦的尸

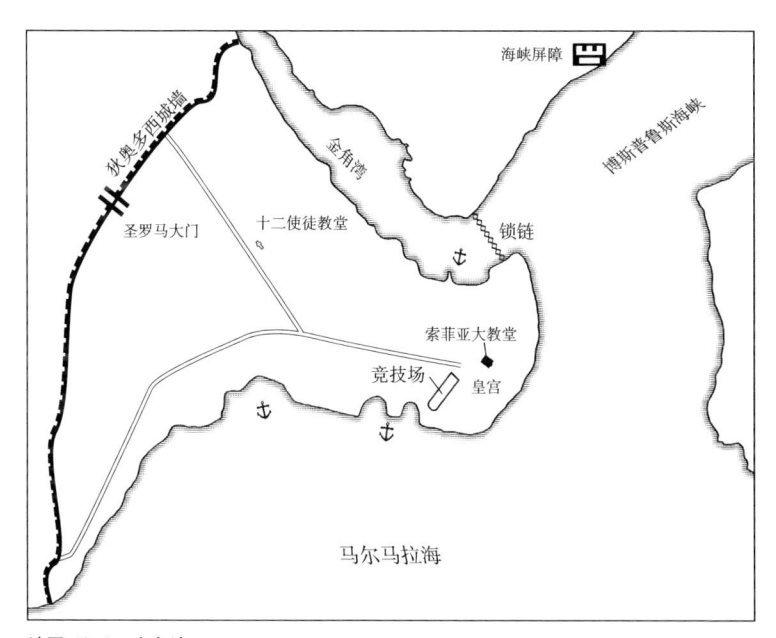

地图 43-2　金角湾

体、废墟、死亡与破坏等。

　　石炮把城墙砸出缺口，土耳其人攻入城内，人们挥舞着长矛和长戟，从低处到高处，又从高处到低处，在废墟上开始近距离肉搏……按照真主的旨意，一场名副其实的灾难降临此处。[22]

时间线 43

卡斯提尔	马林王朝	葡萄牙	法国	英格兰	德意志	神圣罗马帝国	波兰	匈牙利	拜占庭	奥斯曼土耳其
	阿布·赛义德·奥斯曼三世（1399—1420）			亨利四世（1399—1413）	鲁珀特（1400—1410）					
卡斯提尔宣称占领加那利群岛（1402）										安卡拉战役（1402）
										苏莱曼（遭到反对）（1403—1411）
胡安二世（1406—1454）					教皇谴责威克里夫主义（1409）					
与葡萄牙停战（1411）			阿马尼亚克派与勃艮第派的对抗（1410年起）		西吉斯蒙德（1411—1437）					
				亨利五世（1413—1422）	康斯坦茨公会议（1414）					穆罕默德一世（1413—1421）
		占领休达（1415）		阿金库尔战役（1415）	扬·胡斯被处决（1415）				重建"六里长城"（1415）	
		航海者恩里克成为休达总督（1419）			布拉格"第一次掷出窗外事件"（1419）					
					胡斯战争（1419—1434）					
			《特鲁瓦条约》（1420）		《布拉格四项协议》（1420）					
			亨利六世（争议）（1422—1453）		波希米亚三级会议（1421）					穆拉德二世（1421—1444、1446—1451）
				亨利六世（1422—1461/1470—1471）						
										约翰八世（1425—1448）
			圣女贞德开始抵抗行动（1429）							奥斯曼帝国占领哥鲁拜客堡垒（1428）
			圣女贞德被处死（1431）		巴塞尔公会议（1431开始）					奥斯曼帝国占领塞萨洛尼基（1430）

时间线 43（续表）

卡斯提尔	马林王朝	葡萄牙	法国	英格兰	德意志	神圣罗马帝国	波兰	匈牙利	拜占庭	奥斯曼土耳其
		杜阿尔特 (1433—1438)				西吉斯蒙德 (1433—1437)				
		吉尔·埃亚内斯绕过博哈多尔角 (1434)	《阿拉斯条约》(1435)					弗瓦迪斯瓦夫三世 (1434—1444)		
						《巴塞尔协议》(1436)				
		葡萄牙对丹吉尔的进攻失败 (1437)	查理七世（争议）(1437—1461)							
		阿丰索五世 (1438—1481)			阿尔布雷希特二世 (1438—1439)	德意志国王阿尔布雷希特二世作为匈牙利国王阿尔布雷希特一世 (1438—1439)				
					公会议移到佛罗伦萨 (1439)					
					腓特烈四世 (1440—1493)		波兰国王弗瓦迪斯瓦夫三世作为匈牙利国王乌拉斯洛一世 (1440—1444)			
								匈雅提"远征"(1443)		
	斐迪南王子去世 (1443)									
	拉古什市场出售奴隶 (1444)							瓦尔纳战役 (1444)		穆罕默德二世 (1444—1446、1451—1481)
								拉迪斯劳斯作为匈牙利国王拉斯洛五世 (1444—1457)		
							卡齐木日四世 (1447—1492)		君士坦丁十一世 (1449—1453)	
			波尔多向法国投降 (1452)		腓特烈三世 (1452—1493)					
			查理七世生病 (1453)	亨利六世发疯 (1453)					君士坦丁堡陷落 (1453)	

注 释

01 重夺君士坦丁堡

1. Robert Lee Wolff and Harry W. Hazard, eds., *A History of the Crusades*, 2nd ed., vol. 2 (1969), p. 218.
2. Edwin Pears, *The Destruction of the Greek Empire* (1903), p. 12.
3. Akropolites, p. 270.
4. Ibid., p. 336.
5. Ibid., p. 343.
6. Ibid., p. 367.
7. Janet Shirley, trans., *Crusader Syria in the Thirteenth Century* (1999), p. 117.
8. Ibid., p. 141.
9. Nicol, *The Last Centuries of Byzantium*, p. 34; Abulafia, *The New Cambridge Medieval History*, p. 435.
10. Norwich, *Byzantium*, pp. 210–211.
11. Akropolites, p. 380.
12. Ibid., p. 386; George Ostrogorsky, *History of the Byzantine State* (1968), p. 581.

02 狮子的兽穴

1. Innocent IV, *Eger cui levia*, in Bernard Guillemain, *The Later Middle Ages*, trans S. Taylor (1960), p. 38.
2. Vacandard, pp. 108–109.
3. David Carpenter, *The Reign of Henry III* (1996), p. 184.
4. Tout, *The Empire and the Papacy*, p. 480.
5. Paris, vol. 3, p. 102.
6. Tout, *The Empire and the Papacy*, p. 490.
7. R. F. Treharne, *The Baronial Plan of Reform, 1258–63* (1971), pp. 30–32; Paris, vol. 3, p. 136, 151.
8. Treharne, pp. 66–67; Paris, vol. 3, p. 286.
9. J. R. M. Butler, *A History of England* (1928), pp. 99–100.
10. Paris, vol. 3, p. 291.
11. Ibid., p. 333; Treharne, pp. 252–253
12. J. R. M. Butler, pp. 109–110; Paris, vol. 3, p. 336; Carpenter, pp. 270–271.
13. Paris, vol. 3, p. 350.
14. Ibid., p. 352.
15. Jervis, p. 171; Stephen Runciman, *The Sicilian Vespers* (1960), p. 70.

16. Runciman, *Sicilian Vespers*, p. 85.
17. Dante Alighieri, *The Divine Comedy of Dante Alighieri*, trans. Henry F. Cary (1909), "Hell," canto 28, p. 115.
18. Dante, "Purgatory," canto 3, p. 156.
19. Tout, *The Empire and the Papacy*, pp. 486–487; Richard H. Lansing and Teodolinda Barolini, *The Dante Encyclopedia* (2000), p. 439; Ugo Balzani, *The Popes and the Hohenstaufen* (1889), p. 252.
20. Katherine L. Jansen et al., eds., *Medieval Italy* (2009), pp. 136–137.
21. James Sime and Edward A. Freeman, *History of Germany* (1874), p. 99.

03 最后的十字军东征

1. Abun-Nasr, *A History of the Maghrib in the Islamic Period*, p. 121; Peter M. Holt, Ann K. S. Lambton, and Bernard Lewis, eds., *The Cambridge History of Islam*, vol. 2A (1977), pp. 230–231.
2. Norman Housley, *Contesting the Crusades* (2006), p. 73.
3. Joinville, pp. 221, 223.
4. Ibid., p. 223; Villani, p. 238.
5. Gabrieli, p. 310; George Hill, *A History of Cyprus*, vol. 2 (1948), p. 170.
6. Villani, pp. 251–252.
7. Michael Prestwich, *Edward I* (1988), p. 78.
8. Joseph F. Kelly, p. 96; Milman, pp. 406–407.
9. Jonathan Harris, *Byzantium and the Crusades* (2006), p. 180.
10. Milman, vol. 6, pp. 408–409.
11. Villani, pp. 295–296.

04 忽必烈汗

1. Richard L. Davis, *Wind against the Mountain* (1996), p. 29.
2. Lorge, pp. 84–85; Michael E. Haskew et al., *Fighting Techniques of the Oriental World, ad 1200– 1860* (2008), pp. 188–189.
3. Richard L. Davis, p. 30.
4. Mote, p. 457; Thomas De Quincey, *Confessions of an English Opium-Eater and Related Writings*, ed. Joel Faflak (2009), pp. 287–288.
5. Marco Polo, *The Travels of Marco Polo the Venetian*, trans. W. Marsden, rev. T. Wright and Peter Harrison (2008), pp. 123–124.
6. Ibid., p. 103.
7. De Bary, p. 280.
8. Sansom, p. 442.
9. Mote, p. 464.
10. Richard L. Davis, p. 2; Mote, p. 465.
11. Kozo Yamamura, ed., *The Cambridge History of Japan*, vol. 3 (1990), pp. 145–146.
12. Ebrey, Walthall, and Palais, pp. 192–193; de Bary, p. 281; Yamamura, p. 147; Sansom, pp. 149–150.
13. Junjirō Takakusu, Wing-tsit Chan, and Charles A. Moore, *The Essentials of Buddhist Philosophy* (1973), p. 191; Masaharu Anesaki, *Nichiren, the Buddhist Prophet* (1966), p. 127.

14. Sailendra N. Sen, *Ancient Indian History and Civilization* (1988), p. 531; Coedès, *The Making of South East Asia*, pp. 127–128.
15. Chapuis, pp. 83–84.
16. Polo, pp. 110–114.

05 西西里晚祷

1. Robert H. Vickers, *History of Bohemia* (1894), pp. 262–263.
2. Sime and Freeman, pp. 96–97; Elizabeth Peake, *History of the German Emperors and Their Contemporaries* (1874), pp. 131–133.
3. Dante, "Purgatory," canto 24, p. 242.
4. Harris, p. 181.
5. Villani, pp. 267–268.
6. Jervis, p. 176.
7. Milman, p. 448.

06 爱德华一世的战争

1. Prestwich, *Plantagenet England*, pp. 146–147.
2. John Edward Lloyd, *A History of Wales* (1911), pp. 268–269.
3. Prestwich, *Edward I*, p. 188.
4. Ibid., p. 182.
5. Ibid., p. 194.
6. *The Chronicle of Lanercost, 1272–1346*, trans. Herbert Maxwell (1913), p. 35.
7. Ibid., pp. 40–41.
8. William Ferguson, *Scotland's Relations with England* (1977), p. 23.
9. Prestwich, *Edward I*, p. 371.
10. *The Chronicle of Lanercost*, p. 86.
11. Ibid., p. 115; Magnus Magnusson, *Scotland* (2000), p. 119.
12. John of Fordun, *John of Fordun's Chronicle of the Scottish Nation*, trans. Felix J. H. Skene (1872), p. 318.
13. Magnusson, pp. 132–133; Henry the Minstrel and William Hamilton, *The History of the Life and Adventures and Heroic Actions of the Renowned Sir William Wallace* (1812), p. 63.
14. Magnusson, pp. 134–135; Henry and Hamilton, pp. 83–84.
15. John of Fordun, p. 321.
16. J. M. I. Weatherford, *The History of Money* (1997), p. 68.

07 第二个德里苏丹国

1. Barani, pp. 125–126.
2. Ibid., pp. 132–133.
3. Ibid., pp. 146–147.
4. Ibid., p. 140; Chaurasia, p. 30.
5. Barani, p. 161.

6. Wolpert, p. 112; Ahmed, p. 60.
7. Spuler, p. 35.
8. Agha Hussain Hamadani, *The Frontier Policy of the Delhi Sultans* (1986), p. 120.
9. Barani, p. 162.
10. Ibid., p. 163.
11. Mehta, p. 161.
12. Barani, p. 166.
13. Ibid., pp. 168–169.
14. Kumar, p. 283; Chaurasia, p. 41.

08 教皇君主制的终结

1. Morris, p. 185; Chew and Latham, p. 187; William Francis Thomas Butler, *The Lombard Communes* (1906), p. 341; Lansing and Barolini, p. 439.
2. Jean-Charles-Léonard Sismondi, *Italian Republics* (1841), pp. 85–87; Villani, p. 332; Dante, "Purgatory," canto 20, lines 71ff., p. 225.
3. Tierney, pp. 186–188; Charles William Previte-Orton, *The Shorter Cambridge Medieval History* (1952), p. 55.
4. Jean Brissaud, *A History of French Public Law*, trans. James W. Garner (1915), pp. 367–368; Justo L. Gonzalez, *The Story of Christianity*, vol. 1 (1984), p. 331.
5. J. F. Verbruggen, *The Battle of the Golden Spurs* (2002), pp. 243–244.
6. Jean Edme Auguste Gosselin, *The Power of the Pope during the Middle Ages*, trans. Matthew Kelly, vol. 2 (1853), pp. 233–234.
7. Jervis, p. 185; David Jayne Hill, *A History of Diplomacy in the International Development of Europe*, vol. 1 (1967), pp. 401–402.
8. Creighton, vol. 1, pp. 27–29.
9. Jervis, p. 186; Creighton, vol. 1, pp. 31–32.
10. Malcolm Barber and A. K. Bate, trans. and eds., *The Templars* (2002), pp. 246–247.
11. Weatherford, p. 69; Barber and Bate, p. 254
12. Weatherford, pp. 70–71; Barber and Bate, p. 309.
13. Villani, p. 403.
14. Sismondi, pp. 115–116.
15. Skinner, p. 6.
16. Creighton, vol. 1, p. 33.
17. Sophia Menache, *Clement V* (1998), pp. 33–34.
18. Jervis, pp. 190–191.

09 奥斯曼崛起

1. H. A. Gibbons, *The Foundation of the Ottoman Empire* (1916), p. 24.
2. J. R. Tanner et al., eds., *The Cambridge Medieval History*, vol. 4 (1923), p. 655.
3. Ibid., p. 657.
4. Ramon Muntaner, *Chronicle*, trans. Lady Goodenough (2000), pp. 427–428.
5. Ibid., p. 460.
6. Nicol, *The Last Centuries of Byzantium*, p. 153; Norwich, *Byzantium*, p. 276.
7. Nicol, *The Last Centuries of Byzantium*, pp. 160–161.

8. J. L. Tanner et al., p. 662.
9. Norwich, *Byzantium*, p. 292.
10. Ibid., pp. 342–343.
11. Fine, p. 275.
12. Vasiliev, p. 617.

10 卡尔吉的败落

1. Eva Ulian, *Rajput* (2010), pp. 19–20; Mehta, pp. 148–149.
2. Ronald S. McGregor, ed., *A History of Indian Literature* (1984), pp. 69–70; Amir Khusru, *Tarikh'i Alai*, in *The History of India, as Told by Its Own Historians*, ed. H. M. Elliot and John Dowson, vol. 3 (1871), pp. 76–77.
3. Khusru, p. 80.
4. Stewart Gordon, *When Asia Was the World* (2008), pp. 13–14; P. N. Chopra, T. K. Ravindran, and N. Subrahmanian, *History of South India* (1979), p. 89; Stanley Lane-Poole, *Medieval India under Mohammedan Rule, 712–1764* (1903), pp. 113–114; Wolpert, p. 115; Khusru, p. 81.
5. Khusru, pp. 84–85.
6. Barani, pp. 204–205.
7. Ibid., p. 213; Wolpert, p. 115.
8. Barani, pp. 222–223.
9. Ibid., p. 223.
10. Ibid., p. 224.
11. Ibid., pp. 228–229; Kumar, p. 285.

11 布鲁斯的胜利

1. Prestwich, *Edward I*, pp. 501–502; Ralph Payne-Gallway, *The Book of the Crossbow* (1995), p. 261.
2. John of Fordun, p. 329.
3. Peter Langtoft, *Peter of Langtoft's Chronicle*, vol. 2, in *The Works of Thomas Hearne*, vol. 4 (1810), pp. 329–330.
4. Felix J. H. Skene, ed., *The Historians of Scotland*, vol. 10 (1880), p. 172; Prestwich, *Edward I*, pp. 505–507.
5. Skene, pp. 178–179.
6. Preswitch, *Edward I*, pp. 556–557.
7. Wendy R. Childs, ed. and trans., *Vita Edwardi Secundi* (2005), p. 7.
8. Nigel Saul, ed., *Fourteenth Century England*, vol. 5 (2008), p. 40; Walter Phelps Dodge, *Piers Gaveston* (1971), pp. 38–40.
9. W. M. Ormrod, ed., *Fourteenth Century England*, vol. 3 (2004), p. 31.
10. Childs, pp. 5–7.
11. Ormrod, p. 32; Childs, p. 15.
12. Childs, pp. 23–25; Andy King and Michael A. Penman, *England and Scotland in the Fourteenth Century* (2007), p. 25.
13. Childs, pp. 44–49.
14. John of Fordun, p. 340; *The Chronicle of Lanercost*, pp. 212–213.

12 大饥荒

1. Brian Fagan, *The Little Ice Age* (2000), pp. 16–17; Bauer, *The History of the Medieval World*, pp. 431, 575; William Chester Jordan, *The Great Famine* (1996), p. 12.
2. Skene, p. 182; Thomas Wright, ed., *The Political Songs of England, from the Reign of John to That of Edward II* (1839), pp. 323, 342, translation from Middle English mine; Neville Brown, *History and Climate Change* (2001), p. 252.
3. John Aberth, *From the Brink of the Apocalypse* (2001), p. 34; John Kelly, *The Great Mortality* (2006), p. 58.
4. Lynn Thorndike, *A History of Magic and Experimental Science* (1934), pp. 285–286; Neville Brown, p. 253; Jordan, p. 18; Fagan, *The Little Ice Age*, pp. 39–40; F. Donald Logan, *A History of the Church in the Middle Ages* (2002), p. 276.
5. Jacob and Wilhelm Grimm, *Hansel and Gretel*, trans. Monique Felix (2001), n.p.
6. Wolfgang Behringer, *A Cultural History of Climate*, trans. Patrick Camiller (2010), p. 105.
7. Ordericus Vitalis, *The Ecclesiastical History of England and Normandy*, trans. Thomas Forester, vol. 4 (1856), pp. 264–265; John of Fordun, p. 341; Jordan, p. 19.

13 苏丹和可汗

1. Petry, p. 252; Glubb, p. 154.
2. Glubb, pp. 203–204.
3. Tsugitaka Sato, *State and Rural Society in Medieval Islam* (1997), pp. 140ff.
4. Meri, vol. 2, p. 573
5. D. M. Lang, "Georgia in the Reign of Giorgi the Brilliant (1314–1346)," *Bulletin of the School of Oriental and African Studies* 17, no. 1 (1955): 75–76; Shai Har-El, *Struggle for Domination in the Middle East* (1995), pp. 33–34.
6. Petry, p. 277.
7. Ross E. Dunn, *The Adventures of Ibn Battuta, a Muslim Traveler of the Fourteenth Century* (2005), pp. 44–45; André Raymond, *Cairo*, trans. Willard Wood (2000) p. 120.
8. Arthur John Arberry, *Classical Persian Literature* (1958), p. 372.
9. Ibid.
10. Dunn, p. 98.
11. Boyle, p. 411
12. Ibid., p. 412; D. O. Morgan "Ibn Battuta and the Mongols," *Journal of the Royal Asiatic Society*, 3rd ser., vol. 11, no. 1 (April 2001): 9–10.
13. Ibn Battuta, *The Travels of Ibn Battuta in the Near East, Asia & Africa, 1325–1354*, trans. Samuel Lee (2004), p. 40.

14 马里寻萨穆萨

1. Levtzion and Hopkins, pp. 268–269; Ivan Van Sertima, ed., *African Presence in Early America* (1992), p. 171.
2. Levtzion and Hopkins, p. 211.
3. Ibid., p. 267.
4. Ibid., pp. 270, 335; Ghadah Hijjawi Qaddumi, *Book of Gifts and Rarities* (1996), pp. 197–198.

5. Levtzion and Hopkins, pp. 212–213.
6. Niane and Ki-Zerbo, pp. 147–148; Ibn Battuta, p. 239.
7. Levtzion and Hopkins, p. 271.
8. Ibid., p. 261.
9. Battuta, p. 240; Levtzion and Hopkins, pp. 265–266.
10. Niane and Ki-Zerbo, pp. 147–148; Levtzion and Hopkins, p. 335.

15 饥荒之后

1. Madden, *The New Concise History*, p. 192
2. Quoted in John E. Weakland, "Pastorelli, Pope, and Persecution," *Jewish Social Studies* 38, no. 1 (Winter 1976): 73, translation mine.
3. Gary Dixon, "Encounters in Medieval Revivalism," *Church History* 68, no. 2 (June 1999): 273.
4. Michael Goodich, ed., *Other Middle Ages* (1998), pp. 40, 47; Norman R. C. Cohn, p. 103.
5. Weakland, p. 75; Jervis, pp. 191–192.
6. Michael R. McVaugh, *Medicine before the Plague* (2002), p. 220; Elizabeth A. R. Brown, "Philip V, Charles IV, and the Jews of France," *Speculum* 66, no. 2 (April 1991): 301–302.
7. Jim Bradbury, *The Capetians* (2007), p. 283.
8. "The Simonie," lines 59, 73–74, in *Medieval English Political Writings*, ed. James M. Dean (1996), pp. 205–206, 211.
9. *The Chronicle of Lanercost*, p. 240; Jean Froissart, *Chronicles* (1978), p. 39.
10. T. F. Tout, *Chapters in the Administrative History of Mediaeval England*, vol. 2 (1928), p. 358; Childs, p. 108.
11. *The Chronicle of Lanercost*, p. 249; Froissart (1978), p. 40.
12. Alison Weir, *Queen Isabella* (2005), pp. 204ff.
13. Ibid., p. 211.
14. Sir Thomas Gray, *Scalacronica*, trans. Herbert Maxwell (1907), pp. 93, 96.
15. Froissart (1978), p. 44.
16. Weir, pp. 320–321.
17. Gray, p. 74
18. Ibid., p. 108; Oliver J. Thatcher and Edgar H. McNeal, *A Source Book for Mediæval History* (1905), p. 366.
19. Gray, p. 110; *The Chronicle of Lanercost*, p. 267; Weir, pp. 383–384.

16 南北朝时代

1. Marius B. Jansen, p. 83.
2. Ebrey, Walthall, and Palais, p. 193; Marius B. Jansen, p. 74.
3. Marius B. Jansen, p. 75.
4. Morten Oxenboell, "Images of 'Akuto,'" *Monumenta Nipponica* 60, no. 2 (Summer 2005): 235, 247–248; Marius B. Jansen, p. xiii.
5. Marius B. Jansen, p. 85.
6. Perkins, p. 162; Andrew Edmund Goble, *Kenmu* (1996), p. 33.
7. Ebrey, Walthall, and Palais, p. 206; Marius B. Jansen, p. 85; Peter Martin, p. 87.
8. Frank Brinkley and Dairoku Kikuchi, *A History of the Japanese People from the Earliest Times to the End of the Meiji Era* (1915), p. 377.

9. Ibid., p. 379; Helen Craig McCullough, trans. and ed., *The Taiheiki* (1959), p. 42.
10. Perkins, pp. 194–195; Friday, p. 54.
11. Pierre François Souyri, *The World Turned Upside Down*, trans. Kathe Roth (2001), p. 111.
12. Friday, p. 13; Marius B. Jansen, pp. 99–100.
13. Souyri, p. 111; Helen Craig McCullough, ed., *Classical Japanese Prose* (1990), p. 491.
14. Yamamura, p. 186.
15. Sansom, p. 52.
16. Milton W. Meyer, *Japan*, 3rd ed. (1993), p. 81.
17. Friday, p. 14.
18. Meyer, p. 81; Brownlee, p. 105.
19. Kitabatake Chikafusa, "Jinno Shotoki," in *Traditional Japanese Literature*, ed. Haruo Shirane (2007), p. 855.

17 叛乱

1. Richard Maxwell Eaton, *A Social History of the Deccan, 1300–1761* (2005), p. 18; Marika Sardar, "Golconda through Time" (Ph.D. diss., New York University, 2007), p. 26.
2. Barani, pp. 223–233.
3. Eaton, *A Social History*, pp. 20–21.
4. Kumar, pp. 285–286.
5. Henry Miers Elliot, *The History of India*, vol. 5 (1907), pp. 154–155.
6. Kumar, p. 286.
7. Elliot, p. 158.
8. Wolpert, p. 116; Ibn Battuta, p. 145.
9. Wolpert, p. 117; Elliot, p. 155.
10. Robert Sewell, Ferñao Nunes, and Domingos Paes, *A Forgotten Empire (Vijayanagar)* (1972), p. 23.
11. Ahmed, p. 61.
12. Barani, p. 263.
13. Ibid., pp. 266–267.
14. Shams-i Siraj, *Tarikh-i Firoz Shahi*, in *The History of India As Told by Its Own Historians*, ed. H. M. Elliot and John Dowson, vol. 3 (1871), pp. 277–278.
15. Elliot, pp. 164ff.

18 文艺复兴之得名

1. N. Robinson, ed., *A History of the World with All Its Great Sensations* (1887), p. 166; Michael Jones, ed., *The New Cambridge Medieval History*, vol. 6 (2000), pp. 537–538.
2. Michael Jones, pp. 539–540, Philippe Levillain, ed., *The Papacy* (2002), p. 850.
3. Henry Hart Milman, *History of Latin Christianity*, vol. 7 (1880), p. 86.
4. Michael Jones, p. 540; Milman, vol. 7, p. 87.
5. Marsilius of Padua, *Defensor Pacis*, trans. and ed. Alan Gewirth (2001), p. 354; Dante Alighieri, *De Monarchia*, trans. and ed. Aurelia Henry (1904), pp. 194–195.
6. Marsilius of Padua, pp. 135, 161, 502.
7. Irena Dorota Backus, *Historical Method and Confessional Identity in the Era of the Reformation (1378–1615)* (2003), pp. 26–27, 35.

8. Michael Jones, p. 541.
9. Milman, vol. 7, pp. 103–107.
10. Levillain, p. 850.
11. Michael Jones, p. 544.
12. Douglas Biow, *Doctors, Ambassadors, Secretaries* (2002), pp. 29–30; Victoria Kirkham and Armando Maggi, eds., *Petrarch* (2009), pp. 137–138.
13. Theodor E. Mommsen, "Petrarch's Conception of the 'Dark Ages,'" *Speculum* 17, no. 2 (April 1942): 234, 240–241.

19 湖上城市

1. Prem, p. 28.
2. Ibid., p. 32; Donald E. Chipman, *Moctezuma's Children* (2005), p. 9; Adams, p. 82.
3. Miguel León Portilla and Earl Shorris, eds., *In the Language of Kings* (2001), pp. 201–202.
4. Ibid., p. 202; Chipman, p. 10.
5. Exequiel Ezcurra, *The Basin of Mexico* (1999), pp. 10–12.
6. Prem, p. 32; Jacques Soustelle, *Daily Life of the Aztecs on the Eve of the Spanish Conquest* (1970), pp. 2–3.
7. Soustelle, p. 4.
8. Diego Durán, *The History of the Indies of New Spain*, trans. and ed. Doris Heyden (1994), pp. 46–47.
9. Ibid., p. 48.
10. Ibid., pp. 56–58.
11. Ibid., p. 50.

20 百年战争

1. Froissart (1978), p. 46; Jean Froissart, *Chronicles of England, France, Spain and the Adjoining Countries*, trans. Thomas Johnes, rev. ed., vol. 1 (1901), p. 8.
2. *The Chronicle of Lanercost*, p. 268.
3. Ibid., pp. 269–270.
4. Gray, p. 121.
5. *The Chronicle of Lanercost*, pp. 286–287.
6. Froissart (1978), p. 60.
7. L. J. Andrew Villalon and Donald J. Kagay, eds., *The Hundred Years War (Part II)* (2008), pp. 4–5.
8. Michael Jones, p. 544; Gray, p. 133.
9. Sime and Freeman, p. 101; Michael Jones, p. 545; Ernst Cassirer, "Some Remarks on the Question of the Originality of the Renaissance," *Journal of the History of Ideas* 4, no. 1 (Jan. 1943): 52.
10. Froissart (1978), p. 68.
11. Nicholas Hooper and Matthew Bennet, *The Cambridge Illustrated Atlas of Warfare* (1996), pp. 117–118.
12. Richard Barber, *The Life and Campaigns of the Black Prince* (1997), pp. 28–29; Froissart (1978), pp. 76–77.

13. Froissart (1901), vol. 1, p. 39; Froissart (1978), pp. 90–91.
14. Froissart (1978), pp. 94–95.
15. *The Chronicle of Lanercost*, p. 342.
16. Michael Jones, pp. 548, 551–552.
17. Froissart (1978), p. 111.

21 世界末日

1. Franke and Twitchett, pp. 561; Lorge, p. 94.
2. Susan Scott and Christopher Duncan, *Biology of Plagues* (2001), p. 82; Kelly, p. 8.
3. Kelly, pp. 4–5; Philip Ziegler, *The Black Death* (1997), pp. 3–4; H. A. R. Gibb, trans. and ed., *The Travels of Ibn Battuta, A.D. 1325–1354*, vol. 3 (1971), p. 717; Dunn, p. 245.
4. John Aberth, *The Black Death* (2005), pp. 17–18.
5. Ole Jorgen Benedictow, *The Black Death, 1346–1353* (2004), p. 60; Rosemary Horrox, trans. and ed., *The Black Death* (1994), p. 17.
6. Scott and Duncan, pp. 62–63; Aberth, *The Black Death*, p. 30.
7. Aberth, *The Black Death*, p. 29.
8. Horrox, pp. 24–25; Aberth, *The Black Death*, p. 33.
9. Quoted in Merry E. Wiesner et al., *Discovering the Global Past*, vol. 1 (2012), p. 389.
10. Ziegler, p. 46; Horrox, pp. 33, 43.
11. Kelly, p. 186; Horrox, pp. 80, 82–84.
12. Raymond, pp. 139–140.
13. Aberth, *The Black Death*, p. 81.
14. Benedictow, p. 214
15. Horrox, p. 80.
16. Quoted in David Herlihy, *The Black Death and the Transformation of the West* (1997), p. 41.
17. Horrox, pp. 118, 122, 159; Herlihy, p. 65.
18. Horrox, pp. 248–249.

22 战争的欲望

1. Froissart (1901), vol. 1, pp. 50–51.
2. Lawrence Earp, *Guillaume de Machaut* (1995), pp. 34–35; Jonathan Sumption, *The Hundred Years War*, vol. 2 (1999), p. 107.
3. Sumption, vol. 2, p. 133.
4. Ibid., p. 198.
5. Ibid., pp. 205–206.
6. Ibid., pp. 208–209.
7. Herbert James Hewitt, *The Black Prince's Expedition of 1355–1357* (1958), pp. 3–4, 64ff.
8. Jervis, pp. 210–211; Gray, pp. 121–124; Hewitt, pp. 101, 126ff.
9. Gray, p. 125.
10. Froissart (1901), vol. 1, pp. 231–323.
11. Nicholas Wright, *Knights and Peasants* (1998), p. 56.
12. Froissart (1839), p. 240; de Vericour, "The Jacquerie," *Transactions of the Royal Historical Society* 1 (1872): 187–290, 304; Wright, p. 13.

13. Jervis, pp. 214–215.
14. Ibid.
15. *Chronicon Anonymi Cantuariensis*, ed. and trans. Charity Scott-Stokes and Chris Given-Wilson (2008), p. 133.
16. Froissart (1901), vol. 1, pp. 79, 83; Christine de Pisan, *Fais et Bonnes Meurs du Sage Roy Charles* (1819), pt. 2, chap. 4.
17. Jean Froissart, *Chronicles of England, France, Spain, and the Adjoining Countries*, trans. Thomas Johnes, vol. 1 (1839), p. 314.
18. Froissart (1901), vol. 1, p. 91.
19. *Chronicon Anonymi Cantuariensis*, p. 149; Froissart (1901), vol. 1, p. 93.
20. Froissart (1901), vol. 1, p. 113.
21. David Nicolle, *The Great Chevauchée* (2001), pp. 10–11; Froissart (1901), vol. 1, p. 123.

23 白莲教与红巾军

1. Hubert Seiwert, *Popular Religious Movements and Heterodox Sects in Chinese History* (2003), pp. 179–180; B. J. Ter Haar, *The White Lotus Teachings in Chinese Religious History* (1999), pp. 115–116.
2. Harold Miles Tanner, p. 272.
3. Ibid., p. 273.
4. Frederick W. Mote and Denis Twitchett, eds., *The Cambridge History of China*, vol. 7, pt. 1 (1988), pp. 37–38; Haar, pp. 115–116.
5. Mote and Twichett, pp. 19–20.
6. Franke and Twitchett, p. 580; Edward L. Dreyer, *Early Ming China* (1982), pp. 24–25.
7. Mote and Twitchett, pp. 37–38.
8. Stephen Turnbull, *Fighting Ships of the Far East*, vol. 1 (2002), pp. 37–38.
9. Mote and Twitchett, pp. 96–98.
10. Henry Miles Tanner, pp. 287–288.
11. Mote, pp. 570–572.
12. Edward Luttwak, *The Grand Strategy of the Byzantine Empire* (2009), pp. 169–170.
13. Henry Miles Tanner, p. 286; Gernet, pp. 397–398; Kangying Li, *The Ming Maritime Trade Policy in Transition, 1368–1567* (2010), pp. 29–30.
14. Li, p. 40.

24 蒙古人之后

1. Higham, p. 139.
2. David K. Wyatt, *Thailand*, 2nd ed. (2003), p. 54.
3. Ooi, p. 192; Wyatt, p. 54.
4. Timothy D. Hoare, *Thailand* (2004), pp. 31–32.
5. Tarling, p. 163; Wyatt, pp. 56–57.
6. Hoare, p. 33.
7. Charles F. Keyes, *The Golden Peninsula* (1995), pp. 75–76.
8. Coedès, *The Making of South East Asia*, p. 205.
9. Chapuis, p. 91.
10. Sun Laichen, "Chinese Military Technology and Dai Viet," ARI Working Paper, no. 11

(2003), p. 4, available at http://www.ari.nus.edu.sg/docs/wps/wps03_011.pdf.
11. Ibid., pp. 5–6.
12. Andrew Hardy et al., eds., *Champa and the Archaeology of My Son* (2009), p. 67
13. Coedès, *The Making of South East Asia*, p. 206.

25　奥斯曼人和绝望的皇帝

1. Norwich, *Byzantium*, p. 309.
2. Ibid., p. 318; Nicol, *The Last Centuries of Byzantium*, p. 238.
3. Caroline Finkel, *Osman's Dream* (2005), p. 16; Nicol, *The Last Centuries of Byzantium*, p. 241; George Finlay, *History of the Byzantine and Greek Empires*, vol. 2 (1854), p. 562.
4. Nicol, *The Last Centuries of Byzantium*, pp. 241–242.
5. Norwich, *Byzantium*, pp. 320–321.
6. Donald M. Nicol, *The Reluctant Emperor* (1996), p. 130.
7. Nicol, *The Last Centuries of Byzantium*, pp. 245–246; Norwich, *Byzantium*, pp. 322–323.
8. Fine, pp. 334–335.
9. Diana Wood, *Clement VI* (1989), p. 120; Norwich, *Byzantium*, pp. 326–327; Nicol, *The Last Days of Byzantium*, pp. 260–261.
10. Theodore Spandounes, *On the Origin of the Ottoman Emperors*, trans. and ed. Donald M. Nicol (1997), p. 21.
11. Finkel, pp. 17–18; Michael Jones, pp. 849–850.
12. Milman, vol. 7, p. 209.
13. Ibid., p. 215.
14. Nicol, *The Last Centuries of Byzantium*, pp. 272–273.
15. Norwich, *Byzantium*, pp. 334–335; Nicol, *The Last Centuries of Byzantium*; Michael Jones, p. 823; Finlay, p. 579.
16. Finkel, p. 18.

26　德里的解体

1. Shams-i Siraj, p. 287.
2. Ibid., pp. 289–290.
3. Jamil M. Abun-Nasr, *Muslim Communities of Grace* (2007), pp. 48–51.
4. Quoted in Gustave E. von Grunebaum, *Medieval Islam*, 2nd ed. (1953), pp. 138–139.
5. Eaton, *The Rise of Islam*, pp. 85–86.
6. Kumar, p. 288.
7. Wolpert, p. 117.
8. Brenda J. Buchanan, ed., *Gunpowder, Explosives and the State* (2006), pp. 54–55.
9. George Michell and Mark Zebrowski, eds., *The New Cambridge History of India: I.7* (2008), p. 7; Kulke and Rothermund, p. 170.
10. Chelvadurai Manogaran, *Ethnic Conflict and Reconciliation in Sri Lanka* (1987), pp. 26–27; Ibn Battuta, pp. 185–188; Codrington, pp. 83–84.
11. Firoz Shah, "Futuhat-i Firoz Shahi," in *The History of India As Told by Its Own Historians*, ed. H. M. Elliot and John Dowson, vol. 3 (1871), pp. 375–376.
12. Shams-i Siraj, pp. 344ff.
13. Ibid., p. 317; Wolpert, p. 119; Kumar, p. 7.

27 克雷沃联合

1. Norman Davies, *God's Playground*, rev. ed., vol. 1 (2005), p. 82.
2. Ibid., pp. 77–78; F. W. Carter, *Trade and Urban Development in Poland* (1994), p. 154.
3. Frank N. Magill, *Great Lives from History: Ancient and Medieval Series*, vol. 1 (1988), p. 410.
4. Norman Davies, p. 84.
5. Natalia Nowakowska, *Church, State and Dynasty in Renaissance Poland* (2007), pp. 14–15; Norman Davies, pp. 89–90.
6. Sugar, p. 54.
7. Molnár, pp. 54–55.
8. Giedrė Mickūnaitė, *Making a Great Ruler* (2006), pp. 125–126; Daniel Stone, *The Polish-Lithuanian State, 1386–1795*, vol. 4 (2001), p. 8; Andrzej Piotrowski, *Architecture of Thought* (2011), p. 288.
9. Stone, p. 8.

28 蒙古帝国的复兴

1. Clifford E. Bosworth and Muhamed S. Asimov, *History of Civilizations of Central Asia*, vol. 4, pt. 2 (2000), p. 321
2. Peter Jackson, *The Mongols and the West*, p. 235; Mirza Muhammad Haidar Dughlat, *The Tarikh-i-Rashidi* (1895), pp. 30–31.
3. Abu Talib Hussyny, *The Mulfuzat Timury*, trans. Charles Stewart (1830), p. 36。尽管这本传记是以自传形式书写的，但其中也写了帖木儿死后的事情。
4. Haidar, p. 34.
5. Justin Marozzi, *Tamerlane* (2006), p. 98.
6. Haidar, p. 34.
7. Bosworth and Asimov, p. 327.
8. *Zafar Nama*, quoted in Haidar, p. 39; Peter Jackson and Laurence Lockhart, eds., *The Cambridge History of Iran*, vol. 6 (1986), pp. 50–51; Marozzi, pp. 96–97.
9. Janet Martin, p. 202.
10. Saunders, pp. 166–167.
11. *Beiträge zur "7. Internationalen Konferenz zur Geschichte des Kiever und des Moskauer Reiches"* (1995), pp. 268–269.
12. Levi and Sela, p. 171.
13. Sunil K. Saxena, *History of Medieval India* (2001), n.p.
14. Ibid.
15. N. Jayapalan, *History of India* (2001), pp. 50–51.

29 妥协与和解

1. Nahm, p. 92.
2. David M. Robinson, *Empire's Twilight* (2009), pp. 107–108.
3. Kang, p. 167.
4. Ibid., pp. 167–168.
5. Ibid., p. 169.

6. Ibid., pp. 168–169.
7. Ki-baik Lee, pp. 163–164.
8. Kang, pp. 178–180.
9. Kim Dae-haeng, *Classical Poetic Songs of Korea* (2009), pp. 68–69; Changbom Park, *Astronomy*, trans. Yoon-jung Cho and Hyun-ju Park (2008), pp. 116–118.
10. Thomas Donald Conlan, *From Sovereign to Symbol* (2011), pp. 173–174.
11. Ebrey, Walthall, and Palais, p. 207.
12. Conlan, pp. 170–171.

30 维斯孔蒂家族与教皇国

1. Michael Jones, p. 553; Richard Lodge, *The Close of the Middle Ages, 1272–1494* (1906), pp. 185–186.
2. D. M. Bueno de Mesquita, *Giangaleazzo Visconti, Duke of Milan (1351–1402)* (1941), pp. 1–2.
3. Sismondi, pp. 156–159; *The History of St. Catherine of Siena and Her Companions*, 3rd ed., vol. 1(1899), pp. 279–280.
4. George L. Williams, *Papal Genealogy* (1998), p. 34; Oscar Browning, *Guelphs & Ghibellines* (1893), pp. 149–150.
5. Denis Michael Searby, trans., *The Revelations of St. Birgitta of Sweden*, vol. 2 (2008), p. 249.
6. Sismondi, pp. 159–160.
7. William Caferro, *John Hawkwood* (2006), n.p.; Sismondi, pp. 160–161.
8. Creighton, vol. 1, p. 67.
9. Froissart (1901), vol. 1, pp. 165–166.
10. Sismondi, pp. 162–163; Froissart (1901), vol. 1, p. 165.
11. Sismondi, p. 177.
12. Ibid., pp. 188–193.

31 坏的开端

1. Froissart (1901), vol. 1, pp. 134–135.
2. Ibid., p. 135; Alan R. Rushton, *Royal Maladies* (2008), pp. 188–189.
3. Hooper and Bennett, p. 122.
4. Rushton, p. 87; Froissart (1901), vol. 1, pp. 148–149; Thomas Walsingham, *The Chronica Maiora of Thomas Walsingham, 1376–1422*, trans. David Preest (2005), pp. 32–33.
5. Walsingham, p. 39.
6. Creighton, vol. 1, pp. 85–89.
7. Duby, p. 286; Froissart (1901), vol. 1, pp. 232–233.
8. George M. Bussey, Thomas Gaspey, and Théodose Burette, *A History of France and of the French People* (1850), pp.564–565; Froissart (1901), vol. 1, pp. 258–261.
9. Jervis, p. 226; Froissart (1901), vol. 1, pp. 264–266.
10. J. S. Hamilton, *The Plantagenets* (2010), p. 184; Walsingham, p. 44.
11. Hamilton, pp. 185–186; Mark O'Brien, *When Adam Delved and Eve Span* (2004), pp. 30–31.
12. O'Brien, p. 30.

13. Walsingham, p. 29; Ian Christopher Levy, ed., *A Companion to John Wyclif, Late Medieval Theo- logian* (2006), pp. 330ff.
14. Leonard W. Cowie, *The Black Death and Peasants' Revolt* (1972), pp. 79–80.
15. O'Brien, pp. 36–37; Anthony Goodman, *A History of England from Edward II to James I* (1977); Charles Oman, *The Great Revolt of 1381* (1906), pp. 180–181.
16. Walsingham, p. 124; O'Brien, pp. 36–37.
17. Walsingham, pp. 126–127.
18. O'Brien, pp. 60–61; Goodman, pp. 181–182; Hamilton, p. 189.
19. Adam Usk, *The Chronicle of Adam Usk*, trans. C. Given-Wilson (1997), p. 5.
20. Walsingham, p. 153.

32 移位

1. Niane and Ki-Zerbo, p. 100.
2. Ibid., pp. 99–100.
3. Mark R. Lipschutz and R. Kent Rasmussen, *Dictionary of African Historical Biography*, 2nd ed. (1989), p. 240; Roland A. Oliver, ed., *The Cambridge History of Africa*, vol. 3 (1975), p. 312.
4. Lewis H. Gann and Peter Duignan, *African and the World* (2000), pp. 216–217.
5. Toyin Falola and Adebayo Oyebade, *The Foundations of Nigeria* (2003), p. 594.
6. Dierk Lange, *Ancient Kingdoms of West Africa* (2004), pp. 157–158.
7. Bovill and Hallett (1995), pp. 225–226.

33 疯癫和篡夺

1. Walsingham, p. 63.
2. Froissart (1901), vol. 1, p. 353.
3. Ibid., pp. 364–365; Livermore, pp. 102–103.
4. Froissart (1901), vol. 1, pp. 374–375; Walsingham, pp. 242–244.
5. Walsingham, pp. 278–279.
6. Froissart (1901), vol. 1, pp. 534–535.
7. John Ronald Moreton-Macdonald, *A History of France*, vol. 1 (1915), p. 268.
8. Walsingham, pp. 298–299.
9. Ibid., pp. 301, 306; John Julius Norwich, *Shakespeare's Kings* (1999), pp. 115–116; Usk, p. 49.
10. Norwich, *Shakespeare's Kings*, pp. 121–122; Walsingham, pp. 308–309.
11. Walsingham, p. 311.
12. Ibid., p. 317; Usk, pp. 89–91; Froissart (1901), vol. 2, pp. 214–215; Raphael Holinshed, *Chronicles of England, Scotland and Ireland*, vol. 3 (1808), p. 14.

34 尼科波利斯战役

1. Halil Inalcik, "Ottoman Methods of Conquest," *Studia Islamica*, no. 2 (1954): 103.
2. Nicol, *The Last Century of Byzantium*, pp.285–289.
3. Ibid., pp. 289–291; Norwich, *Byzantium*, p. 345.
4. Inalcik, p. 120; Norwich, *Byzantium*, p. 345.

5. Nicol, *The Last Century of Byzantium*, pp. 292–293.
6. Norwich, *Byzantium*, p. 347.
7. Vasiliev, p. 629.
8. Ibid.
9. Norwich, *Byzantium*, p. 353.
10. France, pp. 276–277.
11. Norwich, *Byzantium*, p. 355.
12. David Nicolle, *Nicopolis* (1999), pp. 68–69.

35 卡尔马联盟的成立与瓦解

1. Franklin Daniel Scott, *Sweden, the Nation's History* (1977), p. 81.
2. Vivian Etting, *Queen Margrete I, 1353–1412, and the Founding of the Nordic Union* (2004) p. 135.
3. Scott, pp. 81–82.
4. Ibid., p. 82; Hjalmar Hjorth Boyesen, *A History of Norway from the Earliest Times* (1900), p. 468.
5. Boyesen, pp. 468–470.
6. Etting, pp. 135–136.
7. Ibid.
8. Ibid., p. 136.
9. Ibid., pp. 142–144.
10. Boyesen, p. 473.
11. Lester B. Orfield, *The Growth of Scandinavian Law* (2002), p. 143.

36 胡斯起义

1. Mogens Herman Hansen, ed., *A Comparative Study of Thirty City-State Cultures* (2000), pp. 22, 296.
2. Henry Smith Williams, ed., *The Historians' History of the World*, vol. 14 (1907), pp. 188–189.
3. Ibid., p. 192; Richard K. Emmerson and Sandra Clayton-Emmerson, eds., *Key Figures in Medieval Europe* (2006), p. 663; Thatcher and McNeal, p. 400.
4. Emmerson and Clayton-Emmerson, p. 663; Francis Dvornik, *The Slavs in European History and Civilization* (1962), p. 186; Hans Prutz, *The Age of the Renaissance*, trans. John Henry Wright (1905), pp. 148–149; Michael Jones, pp. 559–560.
5. Niccolò Machiavelli, *The History of Florence and of the Affairs of Italy* (1891), pp. 438–439.
6. Williams, p. 194.
7. Philip Schaff and David Schley Schaff, *History of the Christian Church*, vol. 5, pt. 2 (1910), pp. 341–342.
8. Ibid., p. 343.
9. John Wycliffe, *Writings of the Reverend and Learned John Wickliff* (1831), pp. 156, 162–163; Walsingham, pp. 259, 272; Peters, pp. 257–259.
10. Henry Bettenson and Chris Maunder, eds., *Documents of the Christian Church*, 4th ed. (2011), pp. 192–193, Walsingham, p. 249.
11. Jan Hus, *The Letters of John Hus* (1904), p. 26.

12. Ibid., p. 27.
13. Dvornik, p. 193; Schaff and Schaff, p. 366.
14. Creighton, vol. 2, p. 162.
15. Williams, pp. 200–201; Prutz, p. 159.
16. Hus, pp. 144–145.
17. Ibid., pp. 160–161, 167–168.
18. Ibid., p. 179; Schaff and Schaff, pp. 373–374.
19. Prutz, p. 160.
20. Schaff and Schaff, pp. 380–382; Hus, p. 279.
21. Emmerson and Clayton-Emmerson, p. 664.

37 攻占法国

1. Froissart (1901), vol. 2, p. 211.
2. Ramsay, p. 43; Usk, p. 145.
3. Jams Grant, *British Battles on Land and Sea*, vol. 1 (1897), pp. 76ff.
4. Usk, p. 243.
5. Enguerrand de Monstrelet, *The Chronicles of Enguerrand de Monstrelet*, trans. Thomas Johnes, vol. 1 (1877), p. 34.
6. Ibid., pp. 53–54.
7. Ibid., pp. 53, 56.
8. Richard Vaughan, *John the Fearless* (2002), p. 70.
9. Moreton-Macdonald, p. 271; Vaughan, pp. 80–82.
10. Usk, p. 243; Walsingham, p. 389.
11. Moreton-Macdonald, pp. 272–273; Walsingham, p. 397.
12. Jervis, p. 238; Walsingham, p. 397.
13. Walsingham, pp. 407–409.
14. Jervis, p. 239.
15. Walsingham, p. 410.
16. Ibid., p. 412; Monstrelet, vol. 1, p. 342; Usk, p. 257.
17. Monstrelet, vol. 1, p. 343.
18. Moreton-Macdonald, p. 276; Ramsay, pp. 243–244.
19. Ramsay, pp. 267–270.
20. Moreton-Macdonald, pp. 280–281.

38 帖木儿帝国的兴亡

1. Brian M. Fagan, *From Stonehenge to Samarkand* (2006), p. 244; Ruy González de Clavijo, *Embassy to Tamerlane, 1403–1406*, trans. Guy Le Strange (1928), pp. 146–152.
2. Kulke and Rothermund, p. 170.
3. Rabbat, pp. 16–17, 136–137; Nezar AlSayyad, *Cairo* (2011), pp. 122–123, 127.
4. Marozzi, pp. 291–292.
5. Levi and Sela, pp. 171–175.
6. Nicol, *The Last Centuries of Byzantium*, p. 314.
7. Finkel, pp. 28–29.
8. Jackson, *The Mongols and the West*, p. 314; Finkel, p. 29.

9. Finkel, p. 31.
10. Grousset, p. 434.
11. Jackson, *The Mongols and the West*, p. 314.
12. Jackson and Lockhart, pp. 81–82.
13. Spuler, pp. 74–75; Ana Serrano et al., *Ibn Khaldun* (2006), pp. 110–111.
14. Norwich, *Byzantium*, p. 375.
15. Ibid., pp. 376–377; Finkel, pp. 35–36.
16. Norwich, *Byzantium*, pp. 376–377.

39 明朝撤军

1. Kenneth Chase, *Firearms* (2003), p. 41.
2. Timothy Brook, *The Troubled Empire* (2010), pp. 90–91.
3. Ibid., pp. 91–92; Timothy Brook, Jérôme Bourgon, and Gregory Blue, *Death by a Thousand Cuts* (2008), pp. 117–118.
4. Ma-Huan, *Ying-yai Sheng-lan*, trans. and ed. J. V. G. Mills (1970), pp. 6ff.; Brook, pp. 92–93; Chase, pp. 50–51.
5. Wang, pp. 153–154.
6. Ibid., pp. 155–156.
7. Gernet, p. 398; Denis Sinor, *Inner Asia* (1969), p. 205; Chase, pp. 46–47.
8. Chapuis, p. 101.
9. Julia Lovell, *The Great Wall* (2006), pp. 190–191.
10. Wang, p. 154.
11. Chase, p. 51.
12. Gernet, pp. 403–405; Chase, pp. 52–53.
13. Lovell, pp. 192–193.
14. Ibid., pp. 198–199.
15. Gernet, p. 405.

40 失败

1. Sismondi, p. 203.
2. John Addington Symonds, *Renaissance in Italy* (1883), pp. 152–153; Machiavelli, pp. 44–45.
3. Sismondi, pp. 210–211; Symonds, p. 152; Machiavelli, p. 159.
4. Creighton, vol. 2, pp. 40ff.
5. Robert Bideleux and Ian Jeffries, *A History of Eastern Europe*, 2nd ed. (2007), pp. 147–148; Emil Reich, *Select Documents Illustrating Medieval and Modern History* (1905), p. 630.
6. Bideleux and Jeffries, p. 150; Craig D. Atwood, *The Theology of the Czech Brethren from Hus to Comenius* (2009), p. 115.
7. Creighton, vol. 2, p. 69; Hans Ferdinand Helmolt, *The World's History* (1901), p. 199.
8. Creighton, vol. 2, pp. 81–82.
9. George Frederick Young, *The Medici*, vol. 1 (1911), p. 36.
10. Helmolt, p. 198; Creighton, vol. 2, pp. 105ff.
11. Hugh L. Agnew, *The Czechs and the Lands of the Bohemian Crown* (2004), pp. 49–59.

12. Creighton, vol. 2, p. 162.
13. Ibid., p. 176.
14. Ibid., pp. 179ff.
15. Kenneth Meyer Setton, *The Papacy and the Levant, 1204–1571*, vol. 2 (1978), pp. 65–66.

41 永久的奴隶

1. Pierre Bontier, Jean Le Verrier, and Richard Henry Major, *The Canarian, or Book of the Conquest and Conversion of the Canarians in the Year 1402* (1872), pp. 4, 41–44.
2. Felipe Fernández-Armesto, *Before Columbus* (1994), pp. 181–182.
3. C. Raymond Beazley, *Prince Henry the Navigator* (1911), pp. 149–150.
4. Malyn Newitt, *The Portuguese in West Africa* (2010), pp. 26–27.
5. Bailey W. Diffie and George D. Vinius, *Foundations of the Portuguese Empire, 1415–1580* (1977), p. 55.
6. Gomes Eanes de Zurara, *The Chronicle of the Discovery and Conquest of Guinea*, trans. Charles Raymond Beazley and Edgar Prestage, vol. 1 (1896), p. 27; Malyn Newitt, *A History of Portuguese Overseas Expansion, 1400–1668* (2005), p. 19.
7. Zurara, pp. 30–31.
8. Ibid., pp. 33.
9. W. A. Salisbury, *Portugal and Its People* (1893), pp. 98–99.
10. Zurara, pp. 40ff.; Newitt, *A History of Portuguese Overseas Expansion*, p. 24.
11. Diffie and Vinius, p. 79; Newitt, *The Portuguese in West Africa*, pp. 49–50.
12. Diffie and Vinius, pp. 80–81.
13. Arthur Helps, *The Conquerors of the New World and Their Bondsmen*, vol. 1 (1848), pp. 33–36.
14. Diffie and Vinius, p. 82; Newitt, *The Portuguese in West Africa*, p. 151.
15. Newitt, *The Portuguese in West Africa*, p. 44.
16. Salisbury, p. 105.
17. Stefan Goodwin, *Africa in Europe* (2009), p. 128; A. J. R. Russell-Wood, "Iberian Expansion and the Issue of Black Slavery," *American Historical Review* 83, no. 1 (Feb. 1978): 27–28.
18. Francis Gardiner Davenport, ed., *European Treaties Bearing on the History of the United States and Its Dependencies to 1648* (1917): 22–23.

42 失去法国

1. Walsingham, pp. 442–443.
2. Holinshed, p. 136; Rushton, p. 80; Enguerrand de Monstrelet, *The Chronicles of Enguerrand de Monstrelet*, vol. 6, trans. Thomas Johnes (1810), pp. 3–4.
3. Malcolm G. A. Vale, *Charles VII* (1974), pp. 27, 35.
4. Holinshed, p. 137.
5. Ibid., p. 143; Vale, p. 33; Monstrelet, vol. 6, pp. 49–51;
6. Prutz, pp. 215–216; Monstrelet, vol. 6, p. 248.
7. Monstrelet, vol. 6, p. 254.
8. Régine Pernoud and Marie-Véronique Clin, *Joan of Arc*, trans. Jeremy duQuesnay Adams (1998), p. 23.

9. Monstrelet, vol. 6, p. 255.
10. Clayton J. Drees, *The Late Medieval Age of Crisis and Renewal, 1300–1500* (2001), p. 252.
11. Donald Spoto, *Joan* (2007), p. 111.
12. Ibid., p. 118; Holinshed, p. 170.
13. Spoto, pp. 121ff.
14. Daniel Hobbins, trans., *The Trial of Joan of Arc* (2007), p. 20.
15. Pernoud and Clin, p. 135.
16. Ibid., pp. 136–137.
17. Jervis, pp. 251–252; Enguerrand de Monstrelet, *The Chronicles of Enguerrand de Monstrelet*, vol. 2, trans. Thomas Johnes (1853), p. 24.
18. Monstrelet, vol. 2, pp. 3–4, 6.
19. Ibid., pp. 28–29.
20. Jervis, pp. 253–254.
21. Vale, pp. 116–117; Holinshed, p. 229.
22. Holinshed, pp. 235–236; Hooper and Bennett, pp. 134–135.
23. Vale, pp. 173–175; Rushton, pp. 78–80.

43 君士坦丁堡的陷落

1. Finkel, pp. 41–42.
2. Pero Tafur, *Travels and Adventures, 1435–1439*, trans. Malcom H. I. Letts (1926), pp. 217–219.
3. Thomas Henry Dyer, *The History of Modern Europe*, vol. 1 (1861), pp. 14–15.
4. Tafur, p. 222.
5. Dyer, pp. 15–16.
6. Bertrandon de la Brocquière, *The Travels of Bertandon de la Brocquière*, trans. Thomas Johnes (1807), pp. 281–282; Peter Purton, *A History of the Late Medieval Siege, 1200–1500* (2010), p. 245.
7. Stephen R. Turnbull, *The Ottoman Empire, 1326–1699* (2003), pp. 32–33; Finkel, pp. 44–45; Theoharis Stavrides, *The Sultan of Vezirs* (2001), pp. 53–54.
8. Hazard, pp. 655–656.
9. Turnbull, *The Ottoman Empire*, pp. 31–32.
10. Nicol, *The Last Century of Byzantium*, p. 363; Stavrides, p. 53; Dyer, pp. 17–18.
11. Norwich, *Byzantium*, pp. 414–415; Donald M. Nicol, *The Immortal Emperor* (1992), p. 52; Hazard, p. 657.
12. Norwich, *Byzantium*, p. 414.
13. Finkel, p. 49; Norwich, *Byzantium*, p. 415.
14. Nicol, *The Immortal Emperor*, p. 56; Norwich, *Byzantium*, p. 415.
15. Setton, p. 114.
16. Monstrelet, vol. 2, p. 229; Setton, p. 114; Nicol, *The Immortal Emperor*, pp. 64–65.
17. Monstrelet, vol. 2, p. 229; Setton, p. 116.
18. Nicol, *The Immortal Emperor*, p. 65.
19. Hazard, p. 659; Setton, p. 130.
20. Stavrides, p. 54.
21. Finkel, p. 49.
22. Ibid., p. 51.

授权声明

The Lusiads, by Luis Vaz de Camões, translated by Landeg White (Oxford University Press, 2002). Reprinted with permission of Oxford University Press.

"The Simonie," edited by James Dean. From *Medieval English Political Writings,* edited by James M. Dean. Copyright © 1996 Medieval Institute Publications. Reprinted with permission of the publisher.

"To Show to My Sons," by Lu Yu, translated by Burton Watson. From *The Shorter Columbia Anthology of Traditional Chinese Literature,* edited by Victor H. Mair. Copyright © 2000 Columbia University Press. Reprinted with permission of the publisher.

Foreign Languages Press: Nine lines from *Poetry and Prose of the Tang and Song,* translated by Yang Xianyi and Gladys Yang. Copyright 1984 FLP.

致 谢

感谢诺顿的团队,感谢他们为这本书以及之前的两本书所做的一切。我无法说出所有为此做出努力的人的名字,但是这里特别要感谢艾琳·程、梅乐蒂·康罗伊、茱莉亚·德鲁斯金、瑞安·哈灵顿,比尔·鲁辛和诺米·维克多。

最应该感谢的,是长期担任我的编辑的斯塔林·劳伦斯,他不仅为我提供编辑指导,还提供精神上的支持。他耐心倾听我的想法,也时而给我强烈的劝告,让我停止无病呻吟,继续工作。我非常感激斯塔尔和珍妮的款待,他们给了我美食和我急需的烈性饮料。

像这样一个庞大的项目从来不是一个人就能做好的。我要感谢和平山上的团队:贾斯廷·穆尔,他知道的历史细节(以及信手拈来的趣事)比谷歌还多;萨拉·帕克,卓越的地图制作者兼更为卓越的诗人;金·诺顿,已知宇宙中最无懈可击的办公室主任;杰基·维奥莱特,她的工作经历丰富,但永远不及她的幽默段子丰富;还有马克·希克斯,当我在14世纪徘徊的时候,他们维持着这个农场的运转。

特别感谢行政助理帕特丽夏·沃斯，她在八小时的工作日内能订好飞往布拉格的机票，安排好在一所学校进行演讲，挑选好在小旅馆用的床单，还能帮忙阉割一只山羊。哦，对了，她不需要找一份新工作。

感谢梅尔·穆尔、莉斯·巴恩斯和艾克萨·费舍尔-那科思仍愿意回复我的电子邮件和电话，哪怕我发去的邮件或打去的电话其实早已是耽搁多时的；感谢鲍里斯·菲什曼愿意分享我的职业宇宙；感谢格雷格·史密斯时不时地问我进展如何；另外感谢黛安·惠勒生活在这个世界上。

我的家人还没有不要我，尽管我经常陷入因历史问题造成的紧张性精神分裂症。我要对克里斯托弗、本、丹和埃米莉说：我做的饼干非常好吃。希望我做的饼干能够弥补以往有那么多次你们喊"妈妈"，而我总是好不容易从历史中回过神来问："什么？"我要对杰伊和杰茜·怀斯说：你们教会我阅读。看看发生了什么？我要对彼得说：Sumus exules, vivendi quam auditores。学，然后知不足。此刻依然如此，但不会总是如此。